高等职业教育电子商务类专业系列教材

市场策划

SHICHANG CEHUA

主　编　杨剑钊　苏　屹　周海容
副主编　李静波　徐林海　陈文婕

新形态教材

本书另配教学资源

中国教育出版传媒集团
高等教育出版社·北京

内容提要

本教材是高等职业教育电子商务类专业系列教材之一。

本教材共10个项目，分为四个模块。第一部分是走进市场策划的基础模块，重点夯实岗位认知。第二部分是由市场调研策划和市场战略策划组成的综合模块，重在基础理论的传授并对应综合性高级岗位标准。第三部分是由产品策划、新媒体策划、促销策划、品牌策划、客户运维策划组成的专项模块，重点锤炼典型工作任务策划技能并对应初级岗位，对接1+X证书。第四部分是由直播方案策划和创业策划组成的特色模块，重点拓展学生的竞赛和创业技能。每个项目前设有“知识目标”“能力目标”和“素养目标”，并配有“思维导图”，旨在帮助学生快速建立知识脉络；大多数项目后设有“素养提升”和“习题”，旨在提升学生素养，并通过课后习题消化巩固。

本教材既可作为高等职业本科院校、专科院校电子商务类专业学生用书，又可作为社会相关人员培训用书。

图书在版编目(CIP)数据

市场策划 / 杨剑钊，苏屹，周海容主编. -- 北京 ：
高等教育出版社，2025. 9. -- ISBN 978-7-04-064872-0

Ⅰ. F713.50

中国国家版本馆CIP数据核字第20252RS669号

策划编辑 蒋 芬 毕颖娟　责任编辑 蒋 芬　封面设计 张文豪　责任印制 高忠富

出版发行	高等教育出版社	网　　址	http://www.hep.edu.cn
社　　址	北京市西城区德外大街4号		http://www.hep.com.cn
邮政编码	100120	网上订购	http://www.hepmall.com.cn
印　　刷	浙江天地海印刷有限公司		http://www.hepmall.com
开　　本	787mm×1092mm 1/16		http://www.hepmall.cn
印　　张	20.25		
字　　数	467千字	版　　次	2025年9月第1版
购书热线	010-58581118	印　　次	2025年9月第1次印刷
咨询电话	400-810-0598	定　　价	42.80元

本书如有缺页、倒页、脱页等质量问题，请到所购图书销售部门联系调换

物 料 号 64872-00

前言

2019 年国务院印发的《国家职业教育改革实施方案》明确了职业教育类型化定位，职业教育高质量发展有力助推教育强国战略实施。网络营销与直播电商专业建设周期短，教学资源不足，亟须专业教材支撑高素质、高技能人才的培养。

本教材的编写理念充分体现职业教育特色，旨在满足职业教育高质量发展的要求。以任务驱动、行动导向、项目载体、工作过程系统化模式组织教材内容，实现教、学、做于一体，有效提升教学质量。

本教材特色如下：

(1) 建立价值体系与技能体系双螺旋层次型的课程思政体系。本教材以社会主义核心价值观为指导，对相关课程内容和案例进行了筛选和改写，形成技能体系和价值体系的双螺旋提升。构建国家层面的文化自信、社会层面的社会责任感、职业层面的道德法规、个人层面的守信敬业四个层次“润物细无声”的课程思政体系。通过岗位素养提升和职业道德规范培养爱党爱国、政治立场坚定的直播专业策划人才。立足国情，结合区域特色，服务地方电商产业发展。通过对爱国企业家案例的剖析和讲解，弘扬爱岗敬业的工匠精神，树立正确的人生观和价值观。

(2) 构建模块化课程与模块化教学灵活式的整体架构。本教材立足典型工作任务和流程化设计，将内容分成基础、综合、专项、特色四个模块，教学方式灵活多元。既可以按照教材编排顺序以传统模式授课，也可以在学习完第一模块、第二模块之后，将第三模块项目按照专业实际需求随意调整先后顺序或进行取舍，还可以将第四模块穿插在其他模块中以实训任务的形式进行特色拓展。教材设置的每个项目可以独立教学，也可以组合形成工作任务集合进行教学。例如，项目五既是技能证书“新媒体运营”的对应章节，又可作为其他项目的新媒体推广环节，形成“岗课赛证”融合闭环教学。本教材适用于多教师对各自负责模块或项目在平行班级进行交叉授课。

(3) 建设精选案例与企业实际案例相结合的多维度案例库。本教材特别注重案例库的建设，精选与选品、推广、促销、品牌、客户多个模块贴合紧密的适用案例。从合作企业也选取了大量现实案例，通过第一视角，按发展进度进行剖面探讨，完成完整的策划实战演练。案例库点面结合，帮助学生完成"构思—思维—行动"的逻辑转变，将创意通过严谨的策划过程进行呈现。案例库还特别注重品牌意识的渗透，既树立严格的知识产权意识，还鼓励学生打破束缚，策划创建独立品牌并运营。

(4) 形成跨界融合与多元协作的教材编写队伍。本教材在规划之初，经过多方参与设计论证，建设队伍中既有教学经验丰富的职业院校教师，还有深谙策划经营的企业高管。编写团队多次走访政府、园区、中小微企业进行实地调研，获取第一手岗位需求与岗位标准。教材以多元协同建设为路径，与行业龙头企业珍岛信息技术(上海)股份有限公司、南京奥派信息产业股份公司、国家双一流本科院校哈尔滨工程大学、国家双高校温州职业技术学院合作开发。

(5) 课程资源与教学活动、智慧职教教学平台有机整合。教材整体布局十分注重数字化技术应用，在纸质基础上加入大量二维码(在线习题)等数字化拓展知识和交互技术手段，拓宽学生视野，增加学生学习兴趣，同时降低了使用成本。教材配套课程借助已建成的省级专业教学资源库，实现线上线下混合式教学。

本教材既可以供核心课使用，也可以服务相关专业基础课和拓展课，还可根据需要选取"综合模块＋专项模块"满足企业及社会培训需求。

本教材由义乌工商职业技术学院杨剑钊、哈尔滨工程大学苏屹、义乌工商职业技术学院周海容担任主编，由温州职业技术学院李静波、南京奥派信息股份有限公司徐林海、安徽国际商务职业学院陈文婕担任副主编。具体编写分工如下：项目一、项目二由杨剑钊、苏屹编写，项目三由李静波、杨剑钊编写，项目四由周海容、苏屹编写，项目五由杨剑钊、陈哲编写，项目六由王惠莲、余苗编写，项目七由谢玄玄、张毓匀编写，项目八由陈子诣、周海容编写，项目九、项目十由徐林海、陈文婕编写。杨剑钊、苏屹负责统稿。案例编写与部分实训由珍岛信息技术(上海)股份有限公司、南京奥派信息股份有限公司、厦门鹿课教育科技有限公司、上海荔之实业有限公司提供素材。特别感谢全国数字商务行业产教融合共同体、全国电子商务职业教育教学指导委员会网络营销与新媒体专委会和全国直播电商职业教育集团参与院校的教师和企业人员，为教材的编写提供了指导与支持，扬州工业职业技术学院、哈尔滨职业技术大学教师提供了宝贵的建议。

限于水平，教材中不妥之处在所难免，恳请读者批评指正。

2025 年 7 月

目录

模块一　基础模块

模块二　综合模块

模块三　专项模块

模块四　特 色 模 块

模块一

基础模块

项目一 走进市场策划

学习目标

1. 知识目标

(1) 理解市场策划的含义。

(2) 熟悉市场策划的岗位职能。

2. 能力目标

(1) 能够掌握市场策划流程。

(2) 能够掌握岗位规范与职业能力要求。

3. 素养目标

(1) 培养市场策划的团队协作精神,提升运用市场规律提升资源统筹的能力。

(2) 增强市场策划岗位的职业认同感,践行新时代爱岗敬业精神。

思维导图

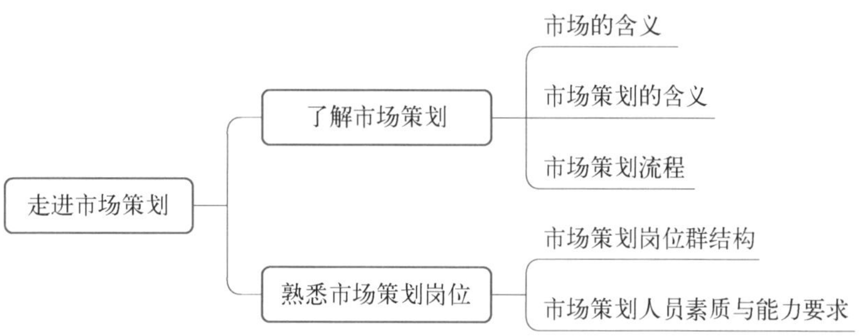

案例导入

阿里巴巴集团的“双十一”购物节活动已经成为全球最大的在线购物活动之一，不仅促进了电子商务的发展，也为众多品牌提供了展示机会。

“双十一”购物节起源于2009年，当时阿里巴巴旗下的淘宝网为了促进销售额的增长，在11月11日这一天举办大规模促销活动。选择这个日期是因为11月11日被称为“光棍节”，被当作单身人士的庆祝日，而阿里巴巴希望通过这样的促销活动吸引更多的消费者参与网购。

阿里巴巴创造了一种全新的促销模式，即通过大幅度折扣、限时抢购等形式吸引消费者。同时，商家需要提前备货，并与物流合作伙伴紧密合作以应对活动期间激增的订单量。

为了扩大活动影响力，阿里巴巴采取了线上线下相结合的方式进行宣传。线上通过社交媒体、电商平台等渠道进行预热和推广；线下则与各地政府、商场、品牌合作举办各类活动，提高公众关注度。

阿里巴巴利用大数据分析预测消费者行为，优化用户体验；通过云计算技术支撑高并发交易处理能力；运用人工智能推荐算法为用户提供个性化购物建议。

同时阿里巴巴邀请国内外知名品牌共同参与，提供专属优惠或限量版商品，增加产品的吸引力和独特性。

这一活动促使越来越多的消费者在网上寻找优惠，并在特定时间集中购物。不仅电商行业受益匪浅，物流快递业也因为“双十一”期间的大量包裹而迎来了旺季。

“双十一”购物节的成功，不仅仅体现在其创造了惊人的销售业绩上，更重要的是它成功地将一个原本普通的日期转化为全民参与的消费狂欢节，体现了中国企业在市场营销策划方面的创新能力和强大执行力。这也成了其他企业和品牌学习的对象，激励策划人员探索更多可能的市场推广方式。

任务一　了解市场策划

一、市场的含义

市场是商品经济的产物，是联系生产和消费的纽带。哪里有商品生产和商品交换，哪里就有市场。市场的概念不是一成不变的，随着商品经济和企业经营活动的发展，在不同的场合，从不同的角度看，市场有不同的含义。市场的含义有广义和狭义之分。

从狭义上讲，市场是买卖双方交易商品的场所。如我们所熟悉的农贸市场、家具市场、服装市场和超级市场。这些市场具有共同的特点：既有买卖双方，也有交易场所和条件，还有较为稳定的交易活动。从广义上讲，市场是指在一定时间、地点条件下商品交换关系的总和。市场是体现供给与需求之间矛盾的统一体。

从市场营销学的角度看，市场是人口、购买力和购买欲望三要素的总合，并决定市场规模和容量。

用公式表示就是：市场＝人口＋购买力＋购买欲望。

市场的三要素是相辅相成、缺一不可的。只有把三者有机地结合起来，才能构成完整的现实的市场，才能决定市场的规模和容量。它们之间的关系表现在以下几个方面。

1. 人口是构成市场的最基本条件

一个企业要向某地区销售产品，该地区必须有一定数量的人口，这些人口构成企业的潜在顾客，即企业产品的可能购买者，因此人口数量关系着市场规模和市场容量。

2. 购买力是构成现实市场的物质基础

如果一个区域人口虽多，但收入水平低，购买力有限，则不能构成容量大的市场。一个地区人口稀少，尽管购买力很强，同样也不能构成容量大的市场。只有人口数量多且购买力强的市场，才可能成为一个有潜力的大市场。

3. 购买欲望支配着人们的购买行为，是购买力得以实现的必不可少的条件

若某产品不适合某消费者群体的需要，不能引起他们的购买欲望，这一消费者群体的人数再多，购买力再高，对于该产品的销售者来说，也不能成为现实的市场。所以，从企业的角度来看，市场是某商品需求的总和，是人口、购买力、购买欲望三个要素的统一。

行业观察

市场究竟是什么？

做过市场的人都知道，新产品要想成功打开市场，市场渗透是非常重要的。一般情况下，刚开始时，市场渗透比较缓慢；随着市场渗透率达到 15%～20%，市场渗透增长的速度就会非常快。增长迅速的原因主要是这个市场中其他人会跟随或

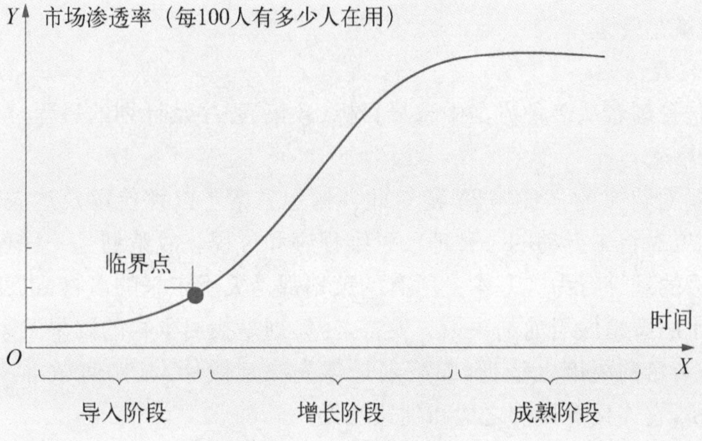

图 1-1　市场渗透率

者参考15%～20%的用户，从而实现消费者密度的快速裂变。

但是，现实中存在一个奇怪的现象：很多公司，甚至是做了几十年市场营销的专业人士连市场都不能准确界定。他们要么是用人群来确定自己的市场，比如依据性别、年龄、收入；要么是用产品来确定自己的市场，比如，一家做农产品的企业，定位健康、有机、安全的高品质农产品。由于市场界定不准确，造成的结果是，虽然企业投入了大量的营销费用，但消费者似乎就是不买账，市场渗透率低，销量也少得可怜。

那么市场究竟是什么？所谓的市场，是指一群消费者用类似的产品和服务满足类似需求，并且相互之间形成参考和讨论。这就是说，我们在确定市场时，需要从如何消费者满足需求来界定市场，而不是单纯地用人群和产品来定义市场。

二、市场策划的含义

市场策划是应用科学的思维和方法，对以营利为目的的社会经济组织的整体活动进行系统、科学的创造构思、谋划和设计，以期达到最佳效果。主要工作包括：目标导向、市场分析、策略制定、创意与创新、资源整合、执行与监控。

(一) 策划的概念

在中国古代，策划的本意是指计划、打算，策划也与筹划、谋划、计谋等意义相通。在现代社会中，人们对策划概念的界定也有多种，较为流行且有代表性的概念有：

1. 事前行为说

认为策划是指在事前决定做何事，是达成目标的一种手段，是对未来采取的行动作决定的过程。

2. 管理行为说

认为策划与管理同属一体，策划在其过程中能够影响管理者的决策预算、调整、执行等问题，策划也就是管理。

3. 选择决定说

认为策划是管理者从多种方案中选择目标、政策、程序及计划的过程。

4. 思维程序说

认为策划是对将来的一种构想，是对此种构想方案予以评价以及达成方案的各种有关活动，是策划者对将来行动的一种理性思维程序和过程。故策划是一种程序，在本质上是一种运用脑力的理性行为。基本上所有的策划都是关于未来的事物，也就是说，策划是针对未来要发生的事情做当前的决策。换言之，策划是找出事物的因果关系，考量未来可采取的措施，作为目前决策之依据，即策划是事先决定做什么，如何做，何时做，谁来做。策划如同一座桥，它连接着目前之地和到达之处。

综合各种不同的看法，可以认为：策划是人类社会活动中针对某些需要解决的问题而进行的一种谋略、打算的活动，是策划主体为了达到一定的目标，在调查、分析有关材料的基础上，遵循一定的程序，对未来某项工作、某项活动或某个事件事先进行系统的、全面的构思、谋划，制订和选择合理可行的执行方案，并根据目标要求及环境变化对方案进行调整的一种创造性活动。

上述定义包含了以下几个方面的内容：① 策划是为一定目标服务的，没有目标就无策划，策划是实现一定目标的手段，是寻求实现目标的途径。② 策划是建立在对有关情况进行调查研究的基础之上的。③ 策划作为一种策略、谋划的过程，包括制订方案、选择方案、调整方案三项连续性的工作。④ 策划是一种连续性、系统性的活动过程。

(二) 市场策划的内涵

市场策划，也称为营销策划，是市场营销的一部分，其核心是市场定位策略，即制定企业营销的目标，通过对服务、产品、价格、渠道、促销、公关、广告、物流、售后、运营、成本、流量、信息系统与品牌识别等要素的组合，满足目标客户群的需求。简而言之，市场策划就是企业以顾客需要为出发点，根据经验获得顾客需求量以及购买力的信息、商业界的期望值，有计划地组织各项经营活动，通过相互协调一致的产品策略、价格策略、渠道策略和促销策略，为顾客提供满意的商品和服务，从而实现企业营销目标的过程。

1. 目标导向

市场策划的首要任务是明确企业的营销目标，这些目标可能包括提高销售额、扩大市场份额、提升品牌知名度等。所有的策划活动都应围绕这些目标展开，确保资源投入和行动方向的一致性。

2. 市场分析

深入的市场分析是市场策划的基础。这包括对目标市场的消费者需求、购买行为、竞争态势等的深入研究，以便企业能够准确把握市场动态，为制定有效的营销策略提供依据。

3. 策略制定

基于市场分析的结果，市场策划需要制定一系列的策略，包括产品策略、价格策略、渠道策略、促销策略等。这些策略旨在满足目标市场的需求，提升企业的市场竞争力。

4. 创意与创新

市场策划需要不断寻求新的创意和创新点，以吸引消费者的注意力并激发他们的购买欲望。这包括新的营销手段、广告创意、活动形式等，旨在提升企业的品牌形象和市场影响力。

5. 资源整合

市场策划涉及多种资源的整合，包括人力资源、物力资源、财力资源等。策划者需要合理调配这些资源，确保营销活动的顺利进行，并达到预期的营销效果。

6. 执行与监控

市场策划不仅仅是制订计划，更重要的是执行和监控。策划者需要确保计划的顺利实施，并密切关注市场反馈和效果评估，以便及时调整策略，确保营销目标的顺利实现。

行业观察

李光斗以其独到的市场洞察力和创新策略，在中国营销界享有盛名。李光斗为伊利牛奶策划的“心灵的天然牧场”营销活动充分展示了他的策划才华与市场影响力。

20世纪末至21世纪初，中国乳制品市场竞争日益激烈，消费者健康意识提升，对乳制品品质的要求也越来越高。作为国内乳制品行业的领军企业之一，伊利面临着国内外品牌的双重竞争压力，亟须通过品牌升级和差异化策略，进一步稳固市场地位，提升品牌形象。李光斗在深入了解伊利品牌特性和市场需求后，提出了“心灵的天然牧场”这一核心概念。该策略旨在通过塑造一种自然、纯净、健康的消费体验，将伊利牛奶与大自然的美好联想起来，从而在消费者心中建立起独特的品牌认知。

1. 情感联结，塑造品牌故事

李光斗深知情感营销的力量，策划了一系列以“心灵的天然牧场”为主题的品牌故事和广告片，通过展示蓝天白云下的广袤草原、快乐奔跑的奶牛、纯朴的牧民生活等场景，传达出伊利牛奶源于大自然、纯净无污染的品牌形象，激发消费者对健康生活的向往。

2. 品牌联盟，提升品牌形象

通过与知名体育赛事、公益活动的合作，如赞助奥运会、世博会等国际大型活动，帮助伊利建立了高端、健康的品牌形象，借助这些平台的影响力，将“心灵的天然牧场”理念广泛传播，提升品牌知名度和美誉度。

3. 创新产品，满足消费升级

在李光斗的指导下，伊利不仅在市场策划上下功夫，还不断推出新品，如高端有机奶、功能型乳制品等，满足市场对高品质乳制品的需求。通过产品创新与市场策划的双重驱动，进一步巩固了伊利在市场中的领先地位。

“心灵的天然牧场”策划活动极大地提升了伊利的品牌形象，使伊利从众多乳制品品牌中脱颖而出，成为消费者心中健康、高品质乳品的代名词。这一系列策划活动不仅帮助伊利在国内市场份额上实现了显著增长，还为其后续的国际化战略打下了坚实的品牌基础。

这是中国市场策划领域的一个经典案例，充分展现了他对市场趋势的敏锐洞察、对消费者心理的深刻理解以及在品牌建设上的创新思维，至今仍被业界广泛讨论和借鉴。

三、市场策划流程

市场策划实际上是一个发现问题、提出问题、分析问题和解决问题的运筹谋划过程，主要从界定问题、确定策划目的、搜集和分析信息、形成创意、制定策划方案、评估策划方案、实施与控制策划方案、实施效果评估与修正等方面着手。这一过程表明策划流程有着严格的阶段性和程序性并有其自身的规律性。因此，要想使策划科学、行之有效，并能够收到预期的效果，就必须按照策划流程的特定程序去推进，否则就会影响策划质量，甚至导致策划失败。

（一）界定问题

策划委托者往往很难从众多的问题当中发现关键性的问题，那么发现问题、界定问题的重担就责无旁贷地落到了策划人员的肩上。在诸多问题中，选择重要的优先解决，然后逐一解决余下的问题，只有这样，策划目标才能够完全实现。界定问题就是要选准作为策划对象的问题，明确问题的性质和内容，明确策划需要而且能够解决什么问题，以便策划做到有针对性、有的放矢、对症下药。策划要做什么，必须是明白无误的，否则就会导致策划失误。策划对象的问题应该是这样的：对策划人员来说运用拥有的知识、经验和能力能够解决的问题，而对企业来说是最重要最紧迫的、企业在现有条件下以及主观努力下能够解决的问题。

（二）确定策划目的

策划目的是策划要实现的目标和要完成的任务，是整个策划的中心，指导着策划信息的搜集、创意的产生以及方案的形成。策划目的的确定，既要受到企业各种资源要素的约束；又要与企业所面临的政治、经济、竞争、市场等外部策划环境相适应；还要考虑策划实施过程中所面临的各种执行要素的影响。综合以上要素确定一个可以承受、可以实现，同时又能够为进一步策划预留空间的策划目的。

（三）搜集和分析信息

确定了策划目的就得根据策划目的搜集相关信息。策划人员应该知道，策划的目的是在搜集与分析信息之后提出来的，目的的提出和搜集分析信息这两个环节是交叉反复进行的。对策划有用的信息是策划的基础和依据，没有信息或信息不全、不准确，都会影响营销策划的效果。

搜集到大量的信息之后，策划人员可以对企业所处的外部环境、内部环境进行分析，以使企业明确外部市场的机会和威胁以及企业自身的优势和劣势，进而明确企业目前所处的位置。外部环境分析按照宏观环境、行业环境、经营环境的顺序进行。从关注的程度和花费的精力来看，应该遵循重小轻大的原则，即最重要的是经营环境，其次是行业环境，最后是宏观环境。内部环境分析的重点一般应当放在企业的总体战略和企业资源条件等方面，目的在于找到符合企业自身状况的营销策划方案，因为一个营销策划方案的实行需要得到企业内部各方面的支持。

（四）形成创意

确定了企业的策划目的，搜集并分析了相关信息后，市场策划人员就要运用各种创意技法进行创意构思，对策划对象进行系统设计，并分析创意的可行性。创意是市场策划的一个关键点，也是市场策划的核心部分。能否有好的创意并在整个策划过程中合理运用，关系到市场策划的成败。

（五）制定策划方案

从确定目的、搜集分析信息到形成创意，实际上策划已经开始了，只不过没有体现在书面方案中而已。随着创意的不断细化，对其可行性的不断评估以及策划的不断深入，一个完整的策划方案就逐渐显现出来了。一般情况下，制定策划方案的流程包括营销目标设定、营销战略策划、营销战术策划、制订实施计划、制订控制实施计划的措施五个环节。

1. 营销目标设定

清楚而准确地确定市场营销目标，是整个营销策划活动能够实现策划目的、取得良好效果的前提，也是评估策划方案实施结果的依据。营销目标必须科学合理，通过努力可以达到，并依据一定的原则和步骤来确定。确定目标的原则有方向性原则、客观性原则、科学性原则、系统性原则、明细性原则等。确定目标的步骤一般为：目标调查、目标拟定、目标评估、目标论证和目标深化。

2. 营销战略策划

确定了营销目标以后，就要根据策划的目的、资源约束条件、企业的市场地位等，围绕营销目标，将创意转化为完善的营销战略。营销战略策划在整个策划流程中居于十分重要的地位，因为营销目标的实现在很大程度上取决于营销战略策划这一环节。就目标市场战略策划来讲，这一策划主要包括市场细分、选择目标市场和市场定位三个步骤。

3. 营销战术策划

营销战术策划是指企业根据营销战略策划而制订的一系列更为具体的营销手段，具体内容包括产品策划、价格策划、分销策划、促销策划、品牌策划等。营销战术策划是营销战略策划由宏观层面向微观层面的延伸。企业的营销战术策划可以是全面的，比如企业整体的营销策划；也可以是单项的，比如企业的品牌策划。不管是全面策划还是单项策划，其策划的思路都是基本相同的，需要考虑的战术要素也是相似的。

4. 制订实施计划

制订了营销战略和战术之后，还要把战术转化为具体、明确的实施计划。实施计划包括建立营销组织机构、安排营销活动程序、编制营销预算和有关技术设备以及人员选择等。

5. 制订控制实施计划的措施

策划方案中还要制订实施计划的控制措施，为实施策划方案的人员提供控制依据，以便保证计划顺利实施。

（六）评估策划方案

企业制定营销策划方案并将其实施，需要花费大量的人力、物力、财力等资源，为了使方案达到一定的可行性标准，要对其进行评估。对营销策划方案进行评估的方法主要有：

1. 经验判断

经验判断是指借助评估人已有的经验对已经设计好的方案的可行性进行评估，评估人的经验包括自己直接的经验和借助他人间接的经验。

2. 逻辑推理

逻辑推理是指借助逻辑学原理，对需要论证的方案进行正确的推理，以此判断方案的可行性。在逻辑推理中，类比推理是营销策划方案评估中经常使用的方法，即根据其他类型的成功方案来推演目前的方案。不过在采用这种方法时，要清楚所论证的方案和其他成功方案的前提条件，或者说当两种方案的前提条件相似时，这种推理才具有科学性。

3. 专家论证

专家论证是指将营销策划方案提交给具有丰富知识和经验的营销专家进行论证，借助营销专家的知识和经验进行判断。这也是市场营销方案论证中经常使用的方法。

4. 选点试验

对于一些涉及面广、投入多的营销方案，除了采用上述方法进行论证外，还可以选择有代表性的市场进行选点试验，借此判断该方案的可行性。

（七）实施与控制策划方案

1. 含义

实施与控制策划方案是指执行策划方案过程中的组织、指挥、控制和协调活动，是把市场策划方案转化为具体行动的过程。企业必须根据策划方案的要求，分配企业的各种资源，处理好企业内部和外部的各种关系，加强领导，提高执行力，把策划方案的内容落到实处。

2. 实施与控制策划方案注意的问题

(1) 稳定性与灵活性相结合。一般情况下，策划方案要保持相对的稳定性，但当形势发生变化时，适当地调整方案可以更好地发挥方案的作用。

(2) 程序性与机遇性相结合。市场策划方案作为企业文件，要严格按程序执行，但这并不意味着把全部机会排斥在外，应该看到，对良好机会的利用是对策划方案的最好补充。

(3) 交替性与交叉性相结合。交替性是指一个步骤完成又进入下一个步骤；交叉性是指多个步骤交叉进行。在运行阶段上，不是一刀切，这样可以大大提高实施的效率。

(4) 全面贯彻与不断反馈调节相结合。策划能否全面贯彻实施，关系到企业的目标能否实现乃至企业的生死存亡，但在实施过程中，还必须及时反馈实施情况，出现问题要及时调整策略和行动。

（八）实施效果评估与修正

市场策划方案实施以后，需要对其实施效果进行评估与修正，这样做有利于完善策划方案，使之处于一个良性的循环状态。所谓实施效果的评估就是将策划方案的预期目标与现实中得到的实际结果加以比较，通过比较对策划方案实施的效果进行评价。实施效果的修正是当发现策划方案的实际实施效果不理想时，对造成不利影响的因素加以修正以使策划效果能够达到策划人员所希望的目标。市场策划方案实施效果的评估与修正主要包括项目考核、阶段考核、最终考核和反馈改进等内容。

1. 项目考核

项目考核是指在每一个项目完成以后对项目完成的情况所进行的评估。当一个项目完成得不理想时，营销策划人员和营销管理者应该首先找出原因，然后提出相应的解决办法，必要时，还要对整个营销策划方案做出调整。

2. 阶段考核

阶段考核是指当策划方案的某个标志性的阶段完成后，对其实施效果进行的评估。一般一个策划方案可分为几个标志性的阶段来进行，在某个阶段完成后，就要对这一阶段的策划实施情况进行评估，防止策划方案在后期实施过程中出现大的偏差。

3. 最终考核

最终考核是指对市场策划方案的实施结果进行分析，以便查看策划方案的期望值与实际结果是否有差异。若发现有差异，就必须找出原因并提出相应的解决办法。市场策划人员要善于总结市场策划方案及其实施过程中的经验，以便提高下一次策划的质量。

4. 反馈改进

对于市场策划方案在实施过程中出现的问题，必须加以总结并反馈到下一次的市场策划中，只有这样企业市场策划的水平才会不断得到提高。这一步骤也使得市场策划的流程成为一个闭合的循环通路。

任务二　熟悉市场策划岗位

市场策划是一项复杂且富有创意的实践活动，而搭建完善的项目团队和吸纳优秀的策划人才是市场策划活动顺利开展的重要前提和保证。

一、市场策划岗位群结构

(一) 市场策划岗位

市场策划岗位群结构通常是指在企业或组织的市场部门中，围绕市场营销策略制定与执行而设立的一系列职位的组合。这个结构旨在通过不同岗位的协调与合作，有效推动产品或服务的市场推广、品牌建设、客户关系管理等关键市场活动。市场策划岗位群往往汇聚了来自不同背景的人才，包括但不限于市场策划总监、市场分析专员、产品专员、品牌经理、活动策划专员、内容创作专员、数字营销专员、公关专员、客户关系管理专员等。

(二) 市场策划岗位职责

(1) 市场策划总监。市场策划总监作为市场策划团队的领导者，负责整体市场战略的规划、制定和监督执行。他们需要对市场趋势有深刻的理解，能够制定符合公司长期发展目标的市场策略，并管理整个团队以确保策略的有效实施。

(2) 市场分析专员。市场分析专员负责收集和分析市场数据，包括竞争对手分析、消费者行为研究、行业趋势预测等，为市场策略的制定提供数据支持和洞察。

(3) 产品专员。产品专员针对特定产品或产品线，制订并执行营销计划，包括产品定位、推广策略、价格策略等，以促进产品的市场接受度和销售业绩提升。

(4) 品牌经理。品牌经理专注于品牌建设和管理，负责制定品牌策略，确保所有营销活动与品牌形象保持一致，提升品牌知名度和美誉度。

(5) 活动策划专员。活动策划专员负责策划和执行各类营销活动(线上或线下)，如发布会、促销活动、赞助活动等，以提升产品或品牌的曝光度，促进销售。

(6) 内容创作专员。内容创作专员负责创建和分发高质量、有价值的内容，以吸引和保留目标受众，提升品牌影响力和顾客参与度。

(7) 数字营销专员。数字营销专员专注于利用互联网和数字平台(如社交媒体、电子邮件、搜索引擎、在线广告等）进行营销活动的策划与执行，提高在线可见度和用户互动。

（8）公关专员。公关专员负责维护企业和品牌的公共形象，处理媒体关系，策划公关活动，进行危机管理，确保信息传递的一致性和正面性。

（9）客户关系管理专员。客户关系管理专员专注于建立和维护良好的客户关系，通过数据分析来优化客户服务流程，提高客户满意度和忠诚度。

这些岗位相互协作，共同构成了一个完整的市场策划体系，以实现企业的市场营销目标。不同的公司根据其规模、行业特性及市场策略的需求，可能会对这些岗位进行调整。

二、市场策划人员素质与能力要求

（一）市场策划人员素质的一般要求

在当今这个竞争激烈、信息爆炸的时代，市场策划人员作为企业与市场之间的桥梁，扮演着举足轻重的角色。他们不仅是创意的源泉，更是推动企业品牌发展、产品推广的关键力量。因此，社会对策划人员的素质要求日益严格，这些要求不仅体现在专业技能上，更涉及个人品德、市场敏感度等多个维度。

1. 集理论与实践于一身

在知识经济时代，理论与实践相结合的复合型人才显得尤为重要。对于市场策划人员而言，这意味着不仅要掌握市场营销学、消费者行为学、广告学等基础理论知识，还需具备将这些理论灵活应用于实际工作的能力。在理论学习的基础上，实践经验的积累同样不可或缺。这包括对各类营销工具如 SEO、SEM、社交媒体营销、内容营销等的实际操作经验，以及对市场动态的实时把握，能够根据市场反馈迅速调整策略。复合型人才能够综合运用多学科知识，创新市场策划模式，为企业创造更大的价值。

2. 敏锐的观察力、判断力、行动力

市场是瞬息万变的，策划人员必须能够洞察市场的微妙变化，捕捉消费者的潜在需求和未来趋势。这种观察力不仅仅是对数据的敏感，还包括对社会文化、消费心理等非量化因素的深刻理解。基于观察到的信息，策划人员需要具备强大的判断力，能够在复杂多变的市场环境中做出准确的决策，识别哪些趋势值得跟进，哪些风险需要规避，如何有效整合资源，利用有限的预算创造出最大的市场效应，以及在危机出现时迅速反应，化险为夷。

3. 社会责任感和职业道德

市场策划活动虽以商业利益为目标，但其影响远远超出经济范畴，触及社会文化的方方面面。因此，市场策划人员应具备高度的社会责任感和良好的职业道德。在策划活动中，应遵循诚实守信的原则，避免夸大宣传，尊重消费者权益，维护公平竞争。在信息传播过程中，注重正面价值观的传递，避免低俗、误导性内容，促进健康向上的社会风气的形成。良好的职业操守不仅能赢得消费者的信任，还能为企业树立正面的品牌形象，实现长远发展。

4. 娴熟的表达技巧

市场策划的最终目的是通过有效的沟通，促使目标受众采取行动。因此，策划人员必须掌握出色的表达技巧，无论是文字、图像还是口头表达，都要求能够精准传达信息，触动人心。这不仅要求语言表达清晰、逻辑性强，还强调创意和情感的融入，使信息在众多营销噪声中脱颖而出。在数字化时代，跨平台的内容创作和传播能力也变得尤为重要，策划人员需要熟悉不同媒介的特点，能够根据不同平台的特性和受众偏好，个性化定制内容，以达到最佳传播效果。

综上所述，一名优秀的市场策划人员，不仅要在专业知识和实践技能上不断精进，还需培养敏锐的市场感知力、高尚的职业道德和出色的沟通技巧。这些综合素质的提升，将使他们在复杂多变的市场环境中游刃有余，成为推动企业乃至行业发展的关键力量。随着科技的进步和社会的发展，未来的市场策划人员还需要不断学习，拥抱变化，以创新思维引领营销潮流，为社会创造更多价值。

（二）市场策划人员应具备的能力

市场策划人员应具备的能力不同于一般专业人士，其能力要求更为广泛、全面、扎实，具体包括以下能力。

（1）市场分析能力。能够准确分析市场趋势、消费者行为和竞争对手动态，为决策提供数据支持。

（2）创意与创新能力。能够不断寻求新的策划思路和方法，设计引人注目的策划活动，提升品牌差异化。

（3）沟通与协调能力。能够有效沟通内外部合作伙伴，协调资源，推动项目顺利进行。

（4）项目管理能力。具备良好的时间管理技巧和项目管理技巧，能够确保策划项目按时按质完成。

（5）数据分析能力。能够利用数据分析工具，评估营销活动效果，优化策略，提高投入产出比。

（6）数字营销能力。熟悉搜索引擎优化（SEO）、搜索引擎营销（SEM）、社交媒体营销、内容营销等数字营销手段，能够有效运用在线平台推广品牌。

（7）适应变化能力。市场环境的不断变化，要求市场策划人员能够快速学习新知识、新技术，灵活调整策略以应对市场变化。

（8）领导与团队建设能力（针对高级职位）。能够领导团队、激励成员，培养团队成员的专业技能和团队精神。

市场策划岗位要求从业者具备综合性的能力，既要懂策略又要会执行，同时还需要不断学习和适应市场的新变化，以保持竞争力。

素养提升

团队协作与职业认同

市场策划的核心素养提升，须从团队协作与职业认同双维度发力。

团队协作方面，成员要善用“沟通—分工—整合”三步法，定期头脑风暴、建立线上协作平台强化沟通，依据成员专长明确市场调研、创意设计等分工，最终整合各方资源形成完整策划方案。同时，深入理解供求、竞争等市场规律，在校园模拟项目或企业实践中，尝试统筹人力、资金与信息资源，优化资源配置效率。

职业认同感培养方面，可主动参与行业峰会、企业实习，直观感受市场策划岗位为企业创造的品牌价值与商业效益；关注行业先锋人物故事，学习其面对挑战时的创新思维与敬业精神。将每次策划任务视为个人价值实现契机，以精益求精的态度打磨方案，逐步养成爱岗敬业的职业态度，为成为优秀市场策划人才筑牢根基。

习　题

一、单项选择题

1. 根据市场营销学的观点，构成市场的三个基本要素是（　　）。

A. 商品、货币、交易场所　　B. 人口、购买力、购买欲望

C. 供应者、需求者、交易规则　　D. 时间、地点、供需关系

2. 在市场策划中，不属于市场策划的基本原则的是（　　）。

A. 创新性原则　　B. 系统性原则

C. 盈利性原则　　D. 信息型原则

3. 市场策划的首要任务是（　　）。

A. 制定促销策略　　B. 明确营销目标

C. 分析竞争对手　　D. 创新营销手段

4. 在市场策划流程中，（　　）是策划活动能够实现策划目的、取得良好效果的前提。

A. 确定目标　　B. 搜集和分析信息

C. 形成创意　　D. 制定策划方案

二、多项选择题

1. 下列因素影响市场规模和容量的因素有（　　　）。

A. 地区人口数量　　B. 当地居民的平均收入水平

C. 居民对某一产品的需求强度　　D. 政府政策

2. 下列是市场策划活动的有（　　　）。

A. 目标定位　　B. 创意构想

C. 方案论证　　D. 实施操作

E. 效果评估

3. 在市场策划流程中，策划方案的评估方法有（　　　）。

A. 经验判断　　B. 逻辑推理

C. 专家论证　　D. 选点试验

4. 在实施与控制策划方案的过程中，需要注意的原则有（　　　）。

A. 稳定性与灵活性相结合　　B. 程序性与机遇性相结合

C. 交替性与交叉性相结合　　D. 全面贯彻与不断反馈调节相结合

三、简答题

1. 简述制定策划方案的五个基本步骤。

2. 简述市场策划岗位群结构中包含的主要职位，并概述其主要职责。

3. 简要说明市场策划人员所需具备的基本素质要求。

4. 简述市场策划人员应具备的核心能力。

实 训 项 目

组建市场策划项目团队

1. 实训目标

通过本次实训，学生将理解组建高效市场策划项目团队的重要性，掌握团队构建、角色分配、能力评估及协作流程的基本方法，提升团队协作、沟通协调及项目管理能力。

2. 实训背景

假设一家新兴科技公司计划推出一款面向年轻人的智能穿戴设备，目标是通过一次全面的营销策划活动，在市场中迅速建立品牌知名度并实现初期销售目标。公司现需要组建一个项目团队，负责从市场调研、产品定位、营销策略制定到执行落地的全过程。

3. 实训内容

(1) 角色设定：团队需要包含但不限于项目经理、市场研究员、创意设计师、内容营销专员、数字营销专家、公关与媒体关系经理、数据分析员等角色。

(2) 成员招募：每位参与者需要根据自身特长和兴趣选择适合的角色，并提交个人简介及相关经验说明。

(3) 团队成员自我介绍，明确各自角色和职责，讨论并确定初步的工作计划。

4. 组织与实施评价

(1) 全班学生划分为6～8人的小组，组成项目团队。

(2) 根据提交的书面材料质量、口头报告的表现等因素综合打分。重点关注原创性、实用性和创新性。考虑团队协作效率以及每位成员的贡献。

模块二

综合模块

项目二 市场调研策划

学习目标

1. 知识目标

(1) 了解市场调研方案的概念与内容。

(2) 掌握市场调研的方法。

(3) 了解市场调研实施的流程及技巧。

(4) 掌握市场调研报告的基本结构和写作技巧。

(5) 掌握市场预测的概念、类别、方法。

2. 能力目标

(1) 能够设计与撰写市场调研方案。

(2) 能够顺利组织与实施市场调研。

(3) 能够进行数据资料的收集与分析。

(4) 能够撰写市场调研报告。

(5) 能够运用预测的方法分析现象发展的趋势和规律。

3. 素养目标

(1) 通过市场调研策划的理论学习和实践,培养实事求是、认真踏实的工作态度。

(2) 通过观察和调研市场,提高分析问题和解决问题的能力。

思维导图

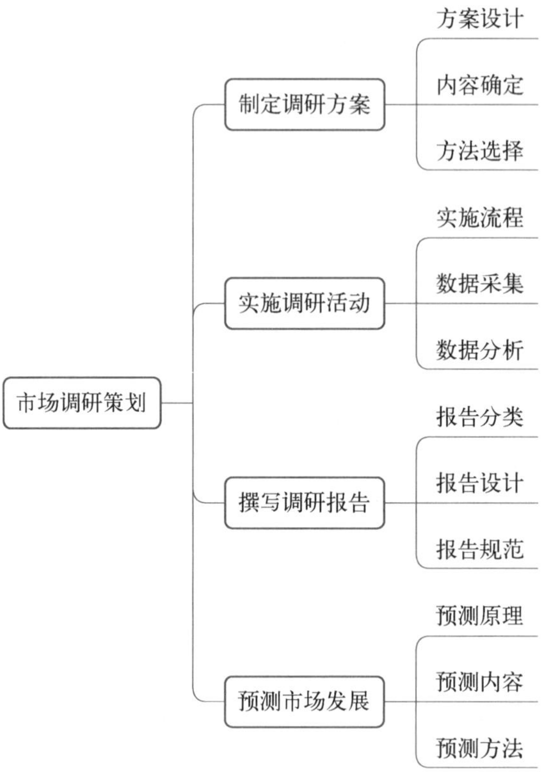

案例导入

宜家在中国市场的创新模式

宜家是全球最大的家居用品零售商之一，有着长期的发展历史和广泛的影响力。在中国这样一个以传统实木家具为主流产品的国家，宜家如何打开市场并取得成功呢？其中一个关键因素就是市场调研。宜家在进入中国市场之前，进行了深入的市场调研，了解了中国消费者的家居需求、审美偏好、购买行为和生活方式，以及中国市场的竞争格局、法律法规、文化差异和社会变化。基于市场调研的结果，宜家制定了一系列的创新模式，包括：

调整产品组合，推出符合中国消费者需求和审美的家居用品，如增加收纳空间、适应小户型、融合中西风格等，并且提供多样化的颜色、款式和尺寸选择。

调整价格策略，根据不同城市和地区的消费水平和购买力，制定合理的价格区间和折扣优惠，并且采用自助式购物模式。

调整渠道策略，选择适合中国消费者生活方式和消费场合的店铺位置和设计，如郊区、商业中心、地铁站等，提供宽敞、明亮、舒适的店内环境和服务，打造家居体验中心的概念。

调整促销策略，利用社交媒体、移动支付、会员计划等方式，与中国消费者建立互动和沟通，提升品牌知名度和忠诚度，推出针对中国节日和文化特色的主题活动和限量产品，增加品牌吸引力和差异化特色。

通过市场调研和创新模式，宜家在中国市场取得了巨大的成功。宜家也成了中国消费者心目中的高品质家居用品品牌之一，享有较高的品牌美誉度和客户满意度。

任务一　制定调研方案

一、方案设计

在市场竞争激烈的今天，没有市场调研就没有发言权，市场调研是整个市场营销活动决策的出发点，贯穿整个营销过程中，在企业的市场营销活动中起着举足轻重的作用。从发现问题，到调查分析提出解决问题的办法，为公司制订营销战略目标，进行产品及品牌设计，制定营销价格，决定销售渠道，采取新媒体及促销策略等，市场调研提供了科学依据；在营销决策的贯彻执行中，为调整计划提供依据，起到检验和矫正的作用。市场调研(marketing research)是指运用科学的方法，系统、有目的地搜集市场相关信息和数据，记录、整理和分析市场情况，了解市场现状及其发展趋势的一系列活动，包括调研问题界定、方案设计、资料数据的收集与分析、调研报告的形成。

(一) 市场调研方案概述

市场调研方案又叫市场调研计划书、市场调研策划书，是根据调查研究的目的和调研对象的性质，在进行实际调研之前，对调研工作的各个方面和各个阶段任务的通盘考虑和总体安排，从而制定相应的实施方案和工作程序。它是整个调研项目的构架和蓝图，使所有调研人员在调研方案的要求下统一步调、统一标准，保证调研工作有秩序、有步骤地顺利进行。

调研方案的设计是整个调研过程的开始，是提高整个市场调研工作质量的必要保障，其地位十分重要。调研方案设计中，需要把已经确定的市场调研问题转化为具体的调研内容，通过调研指标表现出来，并对调研指标做出明确定义。为了在调研过程中统一思想，统一认识，统一内容，统一方法，统一步调，圆满完成调研任务，就必须制订科学、严密、可行的工作计划，以使所有参加调研工作的人员步调一致、有章可循。

(二) 市场调研方案的设计

市场调研方案设计流程包括明确调研主题与目的、确定调研对象与内容、确定调研方式与方法、设计调研表、确定调研资料整理与分析方法、确定调研工作的组织、确定调研预算七个步骤，如图 2-1 所示。

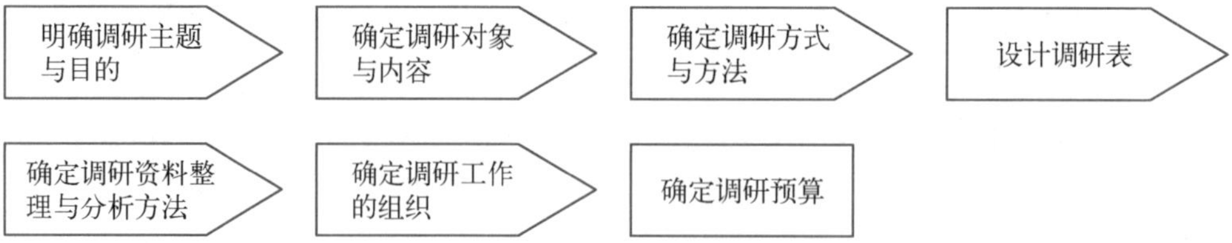

图 2－1 市场调研方案设计流程图

1. 明确调研主题与目的

明确调研主题与目的是制定市场调研方案的开端。在这个阶段，主要确定需要调研的具体问题。问题确定得准确与否，决定着调研能否取得成效。如果问题确定得不准确，整个调研将是无效劳动。具体可以分为以下步骤。

(1) 理解调研问题的背景。市场调研问题的背景包括但并不局限于以下信息：

① 市场调研的主要原因；

② 企业运营现状；

③ 企业以往的经营情况、销售量、市场占有率、利润、在同行中的优势和劣势；

④ 企业对市场前景的主观预测；

⑤ 企业要作的决策及要实现的目标；

⑥ 企业现有消费者的基本情况及其消费行为特征；

⑦ 企业财力及准备投入的调研费用；

⑧ 相关的法律环境和经济环境。

(2) 发现问题并确认调研主题。明确所要调查研究的问题之后，提出必要的研究假设。营销问题一般会在市场销售中表现出来。例如，消费者是否满意产品质量、如何进一步扩大市场占有率、要采取什么促销方法，等等。发现问题有多种渠道，可以来自经营者的观测，可以来自对信息资料的分析，也可以来自业务部门或用户的反映。发现经营中存在的问题以后，要对问题进行分析，判断问题的症结所在，明确调研主题。

(3) 确定调研目的。调研目的根据调研主题来确定。调研目的是指在市场调研中要解决什么问题、取得哪些材料。调研目的决定调研对象和单位、调研内容和方法。衡量市场调研方案是否科学，主要看调研方案能否体现调研目的和要求。每次组织市场调研，必须有很强的针对性，目的十分明确：为什么要进行这次市场调研？通过市场调研解决什么问题？收集哪些资料？有什么用途？如果市场调研目的不明确，在进行实际调研的过程中势必出现盲目和混乱，这样既浪费人力、物力、财力，又达不到市场调研的目的，无法完成市场调研的任务。因此，市场调研目的的确定十分重要，是关系市场调研能否成功发挥作用的第一步。

调研主题与目的的基本格式：了解或收集……(指调研的主要内容或任务)等方面的信息，为……(指调研主题)决策服务(或提供信息支持)。

2. 确定调研对象与内容

(1) 确定调研对象。在明确了市场调研的目的之后，接下来的工作是要确定调研对象，即明确向谁调研、由谁提供相关问题的资料。调研对象是指依据市场调研的主题与目的，确定本次调研的范围及涉及的调研单位总体。它是由一定数量的具有相同性质的若干个调研单位组成的。调研单位指的是所要调研的社会经济现象总体中的个体，即调研对象中的具体单位。

由此可见，确定调研的对象，是根据调研目的，确定要调研何种人、何种团体，根据人口、社会特征、心理特征和生活方式、个性、动机、知识量、行为、态度和观念等，来判断这些单位是不是合适的被调研对象。

(2) 确定调研内容。调研内容是指通过被调研者了解什么问题，收集哪些方面的信息资料。调研内容的确定取决于调研的目的、调研对象的特点以及数据资料搜集的可能性。一般来说，调研内容应包括调研对象的基本特征项目，调研主题的主体项目、调研主题的相关项目。例如，消费者需求调研，既要有消费者的基本特征项目（年龄、性别、职业、文化程度、家庭人口等），又要有消费者需求量、购买动机、购买行为等需求调研的主体项目，还应有消费者收入、消费结构、储蓄、就业、产品价格等引起需求变动的相关项目。

3. 确定调研方式与方法

(1) 确定调研方式。市场调研方式是如何选择、确定调研对象。调研方式有多种，每一种方式都有各自的优、缺点和适用条件。确定调研方式是根据调研的目的和内容、调研对象本身的特点、调研对经济性和准确性的要求和实际情况，选择合适的方式。目前主要分为全面调研和非全面调研，前者主要指普查，后者则包括重点调研、典型调研和抽样调研等类型。

全面调研又称为普查，是指在某一时点上对所有的调研对象逐一进行的调研。例如，我国进行的人口普查、农村耕地普查、全国基本单位普查等。

重点调研是指从调研对象总体中选取少数重点单位进行调研，并以此推断总体的一种非全面调研方法。其中重点单位是指在调研对象总体中单位数量较少，但某一标志值占总体标志值的比例很高。例如，要了解我国的汽油销售情况，可了解中国石化、中国石油等有限单位，它们属于重点单位。

典型调研是指在对调研总体进行深入细致了解的基础上，选择具有代表性的单位进行调研，并对总体进行推断的一种非全面调研方法。例如，要研究某城市居民的消费状况，可以将该城市的居民按收入分成高收入、中等收入和低收入三个层次，然后，在各层次中再选择一定数量的居民进行调研。

抽样调研，又称抽样调查，是国际上公认的和普遍采用的科学的调研方法，其理论基础是概率论。即按照一定的方式，从调研总体中抽取部分样本进行调研，并根据调研结果推断总体的一种非全面调研。抽样调查包括随机抽样和非随机抽样，具体组织形式如图 2-2 所示。

(2) 确定调研方法。调研方法是采用什么样的形式收集资料，资料搜集包括二手资料、一手资料的搜集。在市场调研活动中，可以供调研人员选择的方法有很多种，每种方法都有其相应的适用范围和优缺点。确定调研方法需要根据调研任务、调研目的、调研对象的特点、调研活动的经费预算及调研活动所需的时间等因素进行选择，明确采取哪种方

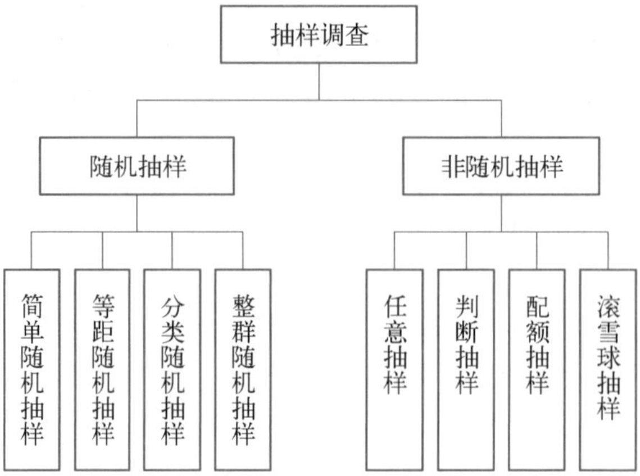

图 2-2 抽样调查的分类

式进行调研,即确定如何获得资料的方法。主要方法包括:文案调查法、访问法、观察法、实验法、网络调查法。本项目后续会对此进行详细介绍。

4. 设计调研表

调研表一般包括调研问卷和调研提纲(或称访问提纲)两种,调研表的设计主要依据调研内容、调研对象和调研方法,不同的调研内容、对象和方法决定了调研表的不同。一般情况下,如果采用深度访问法时,需要设计"调研提纲",其他的询问法则需要设计"调研问卷"。调研提纲的设计较为简单,没有固定的格式要求,只需将要调研的主要内容列出即可;调研问卷的设计较复杂,是一项十分细致的工作,而且不同的调研内容和对象,问卷设计也有差别,有时候一项市场调研可能需要设计几份不同的调研问卷。

5. 确定调研资料整理与分析方法

通过市场调研收集的一手资料一般零星、分散、不系统,对这些资料无法进行分析研究,无法认识其本质和规律。因此,必须对原始资料进行加工整理,使之成为系统的、条理化的、全面反映总体特征的资料。目前这种工作大多采用计算机进行,所以还应确定采用何种软件,使用何种统计技术等。

调研资料的分析方法主要有定性分析和定量分析,每种分析方法都有其自身特点和适用性,在调研方案中应事先确定,根据市场调研的目的和要求选择适当的分析方法。

6. 确定调研工作的组织

市场调研是一项有计划、有组织的调研活动,为了保证市场调研有计划、有秩序地进行,并取得预期成果,必须有一定的组织保障,即根据市场调研的目的和任务要求,建立专门的市场调研组织领导机构,配置相应的工作人员,组织、指挥、协调市场调研工作,检查调研工作进度(见表 2-1),确保完成调查任务。选择合适的市场调研人员,是完成市场调研任务的关键。调研人员的素质高低直接关系到市场调研工作的成败。因此,一定要选择业务素质高、具有敬业精神、热爱市场调研工作且有一定市场调研经验的人担任市场调研工作。还要注意对市场调研人员进行培训。对市场调研人员要规定调研期限和调研工作的进度,强调调研工作的协作配合,提高调研工作的效率。

表 2－1　调研进度计划示意表

工作内容	时　间	主要负责人及成员	备　注
项目运作规划与安排	××月××日—××月××日		
文献资料调研	××月××日—××月××日		
访问提纲、调研问卷设计	××月××日—××月××日		
预调研	××月××日—××月××日		
问卷修正、印刷、发布	××月××日—××月××日		
访问员培训	××月××日—××月××日		
调研实施	××月××日—××月××日		
数据收集、整理、分析	××月××日—××月××日		
撰写并提交调研报告	××月××日—××月××日		

7. 确定调研预算

在制订预算时，应当包括含有明细的调研工作项目费用计划，比如劳务费、礼品费、交通费等。通常调研前期（计划准备阶段）的费用安排应占到总预算的 20%左右，具体实施阶段的费用安排可占到总预算的 40%左右，后期（分析报告阶段）的费用安排占总预算的 40%左右。要注意考虑各个阶段的费用支出情况，避免由于预算不充分或者分配上出现问题而影响调研工作进行。

通常而言，调研项目的预算包括调研员劳务费、被访问者礼品费、交通费、材料费、资料印刷费等。另外，调研机构在编制调研项目的预算时，还要包括调研经费的来源以及经费开支预算。

二、内容确定

企业市场营销调研的内容很多，凡是影响企业市场营销的因素，都是营销调研的对象。

（一）宏观环境调研

社会的政治、经济、社会文化、科学技术环境对企业营销具有不同程度的影响，是营销调研的重要内容。宏观环境调研包括国家制度政策、世界政治环境关系、各项法律法规、经济发展状况、消费水平、教育文化水平、民族分布、宗教信仰、民俗习惯、文化潮流、技术发展等因素。

（二）市场状况调研

市场状况调研是为了发现企业的潜在市场，为企业今后制定市场营销策略提供可靠的资料。主要内容有：市场潜在容量、市场供应量、进出口量及其发展趋势等。

(三) 市场竞争状况调研

企业要在市场上站住脚,保持和扩大市场占有率,必须对市场竞争情况进行调研。包括:竞争对手的数量、主要的竞争对手、是否具有潜在的竞争对手;竞争对手的经营规模、人员组成及营销组织机构情况;竞争对手经营商品的品种、数量、价格、费用水平和盈利能力;竞争对手的供货渠道情况和对销售渠道的控制程度;竞争对手所采用的促销方式;竞争对手的价格策略;竞争对手的名称、生产能力、产品的市场占有率、销售量及销售地区等。

(四) 消费者调研

消费者需求是企业一切活动的中心和出发点。营销调研应该以消费者为重要内容,主要包括:消费者基本情况如性别、家庭、职业与教育、收入等,消费者数量、消费者地区分布、购买动机与购买行为、品牌偏好、购买数量、对企业产品的满意度等。

(五) 营销组合因素调研

(1) 产品调研。调研目的是能够按消费者需要,不断推出新产品。调研内容包括产品设计、产品功能及用途、产品品牌或商标、产品包装、产品生命周期、产品销售服务及产品开发等。

(2) 价格调研。调研目的是制定正确的定价策略。调研内容包括影响企业定价的因素、产品需求弹性、不同价格策略对产品销售的影响等。

(3) 销售渠道调研。企业需要了解中间商的情况,建立合理的销售渠道来完成企业营销目标。销售渠道调研的主要内容是中间商的信誉、实力及需要的中间商数目。

(4) 促销手段调研。通过对广告及其他促销手段的调研,制定最佳促销策略。调研内容包括广告媒体、广告效果、广告费用、推销人员分配情况及如何选择推销方式。

三、方法选择

市场调研方案设计流程中的第三个环节中提到了“确定调研方法”,也就是如何进行资料的收集。市场调研资料收集是根据市场调研的任务和要求,运用科学的方法,有计划、有组织地收集资料的工作过程。在此,将详细介绍下面五种调研方法。

(一) 文案调研法

文案调研法又称文献资料调研法、间接调研法,是搜集、利用企业内部和外部现有的数据资料,从中摘取与市场调研主题有关的信息,从而达到对调研内容进行分析研究的一种调研方法。文案调研是间接地通过查阅各种文献获得信息,即根据二手资料来判断问题是否解决。

1. 文案调研法的优点

不受时空的限制。文案调研法可以克服时空条件的限制,既可以获得现实资料,还可以获得实地调研无法取得的历史资料;既能获得本地域范围内的资料,还可以搜集其他地区的资料。

收集容易,成本低。调研人员只需花费较少的费用和时间就可以获得有用的信息资料。与实地调研相比,文案调研实施起来更为方便、自由,成本更低。

客观性、可靠性较强。二手资料一般都是以文字、图表等书面形式表现的,不受调研人员和调研对象主观因素的干扰,且经过他人验证,反映的信息内容较为客观、可靠。

2. 文案调研法的缺点

资料审核、整理工作较复杂。可收集到的二手资料较多且很多已经较老,需要进行一定的审核和整理,许多资料经人多次传抄引证,其真实性、准确性和时效性需要进行判断。

资料适应性差。一方面,由于受各种客观条件的限制,很难掌握所需要的全部文献资料;另一方面,收集、整理的资料和调研目的往往不能很好地吻合,对解决问题不能完全适用。因此,文案调研要求具有更多的专业知识、实践经验和技巧,需要具有一定文化水平的人才能胜任,否则难以加工出令人满意的资料。

3. 文案调研法的资料来源

文案调研应围绕调研目的,收集一切可以利用的现有资料,从一般线索到特殊线索,这是每个调研人员收集资料的必由之路。

文案调研法一般包括内部资料的收集和外部资料的收集两种。

(1) 内部资料的收集。内部资料是指企业内部各部门、机构保存的各种经营活动的资料,主要包括业务部门资料,如订货单、进货单、发货单、合同文本、发票、销售记录、业务员访问报告等;统计部门资料,主要包括各类统计报表,企业生产、销售、库存等各种数据资料,各类统计分析资料等;财务部门资料,即由企业财务部门提供的各种财务、会计核算和分析资料;企业积累的其他资料,如平时的剪报、各种调研报告、经验总结、顾客意见和建议、同业卷宗及有关照片和录像等。

(2) 外部资料的收集。外部资料是指企业之外的机构、团体、媒介等提供的资料。可从以下几个主要渠道收集:统计部门以及各级、各类政府主管部门公布的有关资料,比如国家统计局和各地方统计局定期发布的统计公报、各类统计年鉴;各种经济信息中心、专业信息咨询机构、各行业协会和联合会提供的信息和有关行业情报;图书馆的国内外文献资料;有关生产和经营机构提供的商品目录、广告说明书、专利资料及商品价目表等;各种国际组织、学会团体、外国使馆、商会提供的国际信息;国内外各种展销会、订货会等促销会议以及其他交流会议上发放的文件和材料;各种传播媒介传递的信息等。

(二) 访问调研法

访问调研法又称访问法、采访法,是将所要调研的事项以访问的方式,向被调研者提出询问,要求其给予回答,以获得所需要资料的一种方法。访问调研法是一手资料收集中最常用、最基本的一种方法,主要通过直接或间接的回答方式来了解被调研者的看法和意见,比如了解消费者的消费需求、消费心理、消费态度、消费习惯等现实信息以及被调研者是否愿意购买某商品等。

一般分为深度访谈法、入户访问法、街头拦截法、电话访问法、邮寄访问法、留置问卷访问法等。市场调研者可以根据调研的目的、想要搜集资料的类型、获取信息难度的大小等因素,决定是单独使用某种访问方法,还是混合使用几种访问方法来完成信息的收集工作。

1. 访问调研法的优点

(1) 灵活性。访问者可以根据实际情况灵活调整调研方式和内容,适应不同的调研需求。

(2) 可深入探索。访问调研法可以深入了解各种社会现象和问题,获取相较而言更深入的情况。

(3) 提高可靠性。面对面的交流方式可以使调研者更好地控制调研过程,从而提高调研资料的可靠性。

(4) 广泛适用性。访问法不受被调研者教育状况的限制,适合各类公众。

2. 访问调研法的缺点

(1) 成本高。实施访问法需要较多的人力、物力和财力投入,导致成本较高。

(2) 时间消耗大。访问法通常需要较长的时间来完成,不适合大规模的调研。

(3) 受主观因素影响。调研者和被调研者的社会经验、社会地位、价值观念等主观因素可能影响调研结果的客观性,访问结果的质量很大程度上取决于调研者的素质和被调研者的合作程度。

(4) 敏感性问题处理困难。对于一些敏感或隐私问题,当面询问可能导致结果不准确或无法获取信息。

(三) 观察调研法

观察调研法是调研者根据一定的调研目的、调研提纲或观察表,用自己的感官和辅助工具去直接观察被研究对象,从而获得资料的一种方法。观察调研法可为特定的调研目的专门使用,也可作为询问调研法的一种补充。观察调研法是进行市场调查研究的重要方法之一。观察调研法的特点是不直接向被调研者发问,在其没有察觉的情况下,从旁观察。

拓展阅读

神秘顾客

"神秘顾客"监督方法最早是由肯德基、罗杰斯、诺基亚、摩托罗拉、飞利浦等一批跨国公司为其连锁分部进行管理服务的。"神秘顾客"是指经过严格培训的调研员,在规定或指定的时间里扮演成顾客,对事先设计的一系列问题逐一进行评估或评定。由于被检查或需要被评定的对象,事先无法识别或确认"神秘顾客"的身份,故该调研方式能真实、准确地反映客观存在的实际问题。

"神秘顾客"法弥补了管理过程中的一些不足,其作用体现在以下几个方面:

"神秘顾客"的观察对象不仅是本企业,也可以是竞争对手。通过长时间连续的观察,可以对本企业和竞争对手的优势和薄弱环节有正确的认识,并且发现增强企业竞争力的机会。

"神秘顾客"为激励员工、提高服务水平和奖励员工提供了依据。

"神秘顾客"在与服务人员接触的过程中,可以听到员工对企业的不满和建议,帮助管理者及时发现和解决管理中的问题,拉近员工与管理者之间的距离,增强企业的凝聚力。

企业应积极地宣传开展"神秘顾客"活动,让员工充分认识到这只是希望能发现他们的优质服务,并予以奖励和推广,并非只是希望发现他们的错误。

1. 观察调研法的优点

(1) 直接性。能通过观察直接获得资料,不需其他中间环节。

(2) 方便性。用途较广,技术要求不高,操作较简单。

(3) 及时性。能够获取正在发生的情况。

(4) 灵活性。观察调研法简便易行,灵活性强,可随时随地进行调研。

2. 观察调研法的缺点

(1) 受主观因素影响。观察结果可能受到观察者主观意识的影响,难以做到绝对客观。

(2) 代表性较小。在大样本研究中,观察调研法的样本较小,可能影响研究结果的代表性。

(3) 成本较高。需要大量的时间与精力,调研时间较长,费用支出较高。

(4) 可控性较差。难以控制环境因素,可能影响观察结果的准确性。

(5) 资料分析难。资料的记录和整理较难系统化,结论较难类推或判断因果关系。

(6) 涉及伦理道德问题。在某些情况下,使用观察调研法可能不符合伦理道德。

思 考

咖啡杯的市场调研

某公司准备改进咖啡杯的设计,为此进行了市场实验。首先,他们进行咖啡杯选型调研,他们设计了多种咖啡杯子,让500个家庭主妇进行观摩评选,研究主妇们用干手拿杯子时,哪种形状好看;用湿手拿杯子时,哪一种不易滑落。最终根据调查研究结果,选用了四方长腰果型杯子。然后对产品名称、图案等,也同样进行调研。

接着他们利用各种颜色会使人产生不同感觉的特点,通过调研实验,选择了颜色最合适的咖啡杯子。他们的方法是,请了30多人,让他们每人各喝4杯相同浓度的咖啡,咖啡杯的颜色分别为咖啡色、青色、黄色和红色4种。试饮的结果:使用咖啡色杯子的人认为“太浓了”的占2/3,使用青色杯子的人都异口同声地说“太淡了”,使用黄色杯子的人都说“不浓,正好。”而使用红色杯子的10人中,竟有9个说“太浓了”。根据这一调研结果,公司咖啡店里的杯子以后一律改用红色杯子。该店借助于颜色,既可以节约咖啡原料,又能使绝大多数顾客感到满意。结果这种咖啡杯投入市场后,与市场上其他公司的产品展开激烈竞争,以销售量比对方多两倍的优势取得了胜利。

思考: 本案例中应用的是什么调研方法?这种方法有什么优缺点?

(四) 实验调研法

实验调研法也称试验法,是指市场实验者有目的、有意识地通过改变或控制一个或几个市场影响因素的实践活动来观察市场现象在这些因素发生变化时的变动情况,由此认识市场现象及其发展变化规律。实验调研法可以深入研究事物之间的因果关系。

1. 实验调研法的分类

根据选择实验场所的不同，实验调研法可以分为：

(1) 实验室实验，指市场调研人员人为地模拟一个场景，分析没有导入变量和导入变量之后经济效果的变化情况。它主要应用于新产品、包装和广告设计及其他调研的初始测试。

(2) 市场试销，指企业的某种产品进入某一特定地区进行试验性销售。目的是收集有关市场活动的信息和经验，预测市场活动计划在应用于全部目标市场时的结果。

2. 实验调研法的优点

(1) 能够获得相对客观的信息资料。通过严格控制实验条件，减少干扰变量，实验调研法可以帮助研究者或市场调研人员了解变量之间的因果关系。

(2) 结果具有可重复性。实验结果可以多次验证，增强结论的说服力。

(3) 适用于探索不明确的因果关系。在实验室环境中，通过操纵和控制系统内的变量，可以更准确地探索和理解变量之间的因果联系。

(4) 具有较高的准确性。由于对变量进行了严格控制，实验调研法的结果通常具有较高的准确性和可信度。

3. 实验调研法的缺点

(1) 实验对象和环境的代表性受限。在实际应用中，很难确保实验对象和环境完全代表总体，这可能影响结果的普遍性。

(2) 实验过程不易控制。尽管技术上可以控制某些变量，但仍有许多不可控因素可能影响结果。

(3) 实验调研法对调研者的要求较高。需要进行精心设计，确保实验的内部效度和外部效度。

(4) 时间和成本较高。进行实验调研通常需要较长时间来设计和执行，且费用较高。

(5) 难以推广。实验条件可能与现实世界的应用场景有所不同，在某些情况下，实验法的结果可能难以推广到更广泛的情境中去。

(五) 网络调研法

网络调研法指在互联网上针对调研问题进行调研设计、收集资料及分析咨询等活动。网络调查主要有两种方式：一种是利用互联网直接进行问卷调查，收集第一手资料，可称为网上直接调查；另一种是利用互联网的媒体功能，从互联网收集第二手资料，称为网上间接调查。而网络调研法又包括电脑网络访谈法、E-mail问卷调研法、BBS在线访谈法、站点法、搜索引擎法。

1. 网络调研法的优点

(1) 组织简单、费用低廉。网络调研可以节省大量的人力、物力和财力，避免了传统调研中的现场调研和数据录入等环节。

(2) 不受时空与地域限制。调研可以在任何时间、任何地点进行，使得调研范围更加广泛。

(3) 速度快、信息反馈及时。调研结果可以迅速获得，使得信息收集和处理更加高效。

(4) 真实性好。调查可以采用匿名方式进行，有助于收集更真实的反馈。

(5) 调研内容丰富。网络调研可以提供独特的视觉音响效果，增加调研的趣味性和吸引力。

(6) 资源查找方便。网络调研可以方便地查找和利用相关的调研资源。

2. 网络调研法的缺点

(1) 样本代表性受限。由于网民的代表性可能存在不准确性，样本可能无法全面反映总体情况。

(2) 网络安全问题。网络安全问题不容忽视，数据的安全性和隐私保护是重要的考虑因素。

(3) 调研内容具有局限性。网络调研的内容可能受到一定限制，无法全面展开。

(4) 具有技术要求。要求访问员具备一定的计算机操作能力，否则可能影响调研的顺利进行。

(5) 法律和管理问题。网络调研可能存在合法性问题和安全性问题，需要遵守相关的法律法规。

任务二　实施调研活动

当制定好了市场调研方案、确定了合适的调研方法并制作好了调研问卷，现在就要进行市场调研资料收集工作，即组织与实施市场调研活动。一个好的调研方案只有付诸实施，才能保证调研目标的达成。市场调研的实施需要组建访问员队伍，明确市场调研人员的素质要求，对调研人员进行培训，加强管理和控制市场调研现场，确保信息数据收集的准确性和有效性，并对其进行具体、深入的分析。

市场调研数据处理

一、实施流程

本任务提到的调研流程指的是市场调研活动的实施阶段，首先需要组织调研人员深入实际，按照调研方案的要求和安排，系统、细致地收集各种市场资料，该阶段也是最容易出现调研误差的。市场调研实施流程包括两个环节，一是组建与培训调研人员队伍，二是管理和控制市场调研。

(一) 组建与培训调研人员队伍

只有明确了调研人员队伍的标准，才能在调研人员队伍建设中有针对性地开展工作。判断一支调研人员队伍能力是否合格有如下标准：调研人员的数量，若调研区域主要在省内的公司，一般每次需要调研人员 20 人左右；调研人员队伍结构，包括调研人员等级结构、文化层次结构、来源结构；调研人员可用于现场工作的时间；调研人员对现场工作和公司的认同度等。

1. 明确调研人员的素质要求

市场调研实际上是一项复杂的工作，需要与不同文化层次、不同职业、不同个性特征的人打交道。需要较高的基本素质和职业道德精神，才能做好这项工作。

（1）思想政治素质。思想政治素质是决定调研人员成长方向的关键性因素，也是影响市场调研效果的一个重要因素。

① 政治素质。要求熟悉国家现行有关方针、政策、法规。

② 道德修养。具有较高的职业道德修养，在调研工作中能够实事求是、公正无私，绝不能满足于为完成任务而敷衍塞责，也不能迫于压力屈从或迎合委托单位及其决策层。

③ 敬业精神。具有强烈的社会责任感和事业心。在调研工作中要认真、细致，要具有敏锐的洞察力，严格区分有价值的资料数据和容易混淆的虚假资料。

④ 谦虚谨慎、平易近人。调研人员最主要的工作是与受访者打交道。谦逊平和、态度友好的调研人员往往更容易得到被调研对象的配合，从而更容易获得真实的信息。

（2）业务素质。业务素质的高低是衡量市场调研人员的首要条件。

① 具有市场调研的基础知识。调研员不是专业的研究人员，但应该具备市场调研基本知识：了解调研工作中访问员的作用和他们对整个市场调研工作成效的影响；了解调研计划的有关信息；掌握访谈的技巧；熟知询问问题的正确顺序；熟悉记录答案的方法；在访问中能保持中立。

② 具有一定的专业素养。包括阅读能力、表达能力、观察能力、书写能力、独立访问能力、随机应变能力。调研中会遇到各种各样的人，要能够随机应变，适应不同类型人的特点。

③ 具有良好的身体与心理素质。市场调研是非常艰苦的工作，特别是入户访谈和拦截调查，对调研人员的体力要求较高。市场调研人员的性格最好属于外向型，善于交际、谈吐自如，善于倾听并提出问题、分析问题、解决问题，如遭拒绝或不被理解，调研人员也要有较强的心理素质和抗挫折能力。

2. 培训市场调研人员

市场调研人员培训的主要内容包括基础培训、技能培训、技巧培训和项目培训四个方面，每个方面又有许多具体的内容和要求，不同内容培训的方法也有一些差异，主要采取集中讲授、模拟示范和个别指导相结合的培训方式。培训项目、内容与方法见表 2-2。

表 2-2　市场调研人员培训项目、内容与方法

培训项目	培训内容	培训方法
基础培训	公司基本情况简介 市场调研的基本知识 如何确定访问对象 市场调研问卷的性质 市场调研人员态度和行为准则 受访者的心态把握 如何处理访问中发生的特殊情况	集中讲授：基本知识由督导讲授 模拟示范：具体问题结合问卷进行模拟，由督导充当被访者，市场调研人员进行现场访问，全部演练完成进行培训总结

续　表

培训项目	培　训　内　容	培　训　方　法
技能培训	如何使用接触表 如何使用随机表 如何提问和如何追问 如何记录受访者的答案	集中讲授：由督导结合案例进行讲解 模拟示范：结合调研问卷进行模拟示范等
技巧培训	访问前的技巧 访问中的技巧 访问结束时的注意事项	模拟示范：由督导作为被访者，市场调研人员访问时督导进行指导 个别指导：由经验丰富的市场调研人员在现场进行指导，如陪访等
项目培训	针对具体调研项目进行的培训 该项目的调研内容和调研目的 该项目的问卷结构、问卷的内容 该项目的调研时间、调研步骤和调研注意事项	集中讲授：由督导交代本次调研的任务、要求，配额分配，完成时间 个别指导：由督导陪同试访问后，发现问题进行指导 加强管理：针对特定调研项目实施现场督导，加强对市场调研人员的监督，并对交回的问卷及时复核，过程监控

(二) 管理和控制市场调研

市场调研的实施需要大量的人力、财力作支撑，而且该阶段最容易出现调研误差。组织、管理、控制是该阶段工作成效的基本保障。因此，加强市场调研的管理和控制是市场调研工作的重要环节。

1. 建立调研项目领导组

不同的市场调研机构，其组织结构的形式可能不同，但是在接受委托单位的委托，开始按照委托方的要求，认真组织实施各个阶段的调研工作时，为了保证项目实施的顺利，需要在公司内部先建立项目领导小组，主要负责管理控制项目的实施，并及时向委托方反馈调研进程和调研工作的有关信息。

2. 市场调研项目控制

市场调研人员将方案付诸实施，就意味着市场调研资料的收集工作正式开始。该阶段的主要任务是设计调研问卷，组织调研人员深入实际，按照调研方案的要求和调研计划的安排，有组织、系统、细致地收集各种市场资料。

(1) 监督调研计划的执行。调研工作计划是指为确保调研的顺利实施而拟定的具体工作安排，包括调研人员安排和培训、调研经费预算、调研进度日程等。调研工作计划直接关系调研作业的质量和效益。调研人员的工作能力、职业态度、技术水平等会对调研结果产生重要影响，所以调研人员应具有良好的沟通能力、创造力和想象力。调研经费因调研种类和收集资料精确度的不同而有很大差异。调研组织者应事先编制调研经费预算，制定各项费用标准，力争以最少的费用取得最好的调研效果。调研进度日程指调研项目的期限和各阶段的工作安排，包括规定调研方案设计、抽样、人员培训、实地调研、数据录入、统计分析、报告撰写等工作的完成日期。为保证调研工作的顺利开展和按时完成，调研者可制定调研进度日程表，对调研任务加以具体规定和分配，并对调研进程随时进行检查和控制。

（2）审核调研问卷。在问卷的初稿完成后，调研者应该在小范围内进行试验性调研，了解问卷初稿中存在哪些问题，以便对问卷的内容和答案、问题的次序等进行检测和修正。试验性调研的具体方法可以是这样：选择一些有代表性的调研对象进行询问，将问卷中存在的问题尽可能表现出来，如问卷中的语言使用、问题的选项、问卷的长短等，然后依据试验性调研的结果，看调研对象是否乐意回答问卷中的所有问题，哪些问题是多余的，还有哪些不完善或遗漏的地方。发现问题，应该立即进行修改。如果预先测试导致问卷内容发生了较大的变动，调研者还可以进行第二轮测试，以使最后的定稿更加规范和完善。

（3）审核抽样方法。抽样方法的选择取决于调查研究的目的、调研问题的性质以及调研经费和允许花费的时间等客观条件。调研人员应该在掌握各种抽样方法的基础上，对拟选择的抽样方法进行验证。只有这样才能在各种环境和具体条件下选择最为合适的抽样方法，从而保证数据采集的科学性。

3. 市场调研人员控制

市场调研人员所收集的被访者的问卷是研究者重要的信息来源。但是，在实际中，由于各种原因，调研人员的问卷来源不一定真实可靠，因此必须对调研人员进行适当的监控，以保证调研问卷的质量。

（1）现场监督。在调研人员进行现场调研时，有督导跟随，以便随时进行监督并对不符合规定的行为进行指正。这种方法对于电话访谈、拦截访问、整群抽样调研比较适合。

（2）审查问卷。对调研人员收集来的问卷进行检查，看问卷是否有质量问题，如是否有遗漏、答案之间是否有前后矛盾之处、笔迹是否一样等。

（3）电话回访。根据调研人员提供的电话号码，由督导或专职访问员进行电话回访。

（4）实地复访。如果电话回访找不到有关的被访者，根据调研人员提供的真实地址，由督导或专职访问员进行实地复访。这种方法比电话回访更真实可靠，但需要花很多的时间和精力。

在电话回访和实地复访过程中，通常要根据以下几个方面来判断调研人员访问的真实性：一是电话能否打通或地址能否找到；二是家中是否有人接受访问；三是受调查的问题是否跟该调查吻合；四是调研时间是否跟问卷记录时间相符；五是被访者所描述的访问员形象是否与该访问员相符；六是访问过程是否按规定的程序和要求进行。

思 考

角色扮演市场调研人员

（1）假设你是一位市场调研人员，在街头拦截进行调研，你会怎么开口？

（2）当被调研者在填写问卷时，突然表示“不想继续”了，你会怎么办？

（3）假设你调研时被拒绝，你会怎么做？

（4）需要对所调研的人员进行电话回访，该怎么说？

二、数据采集

市场调研实施阶段所获得的原始资料，还只是粗糙的、表面的和零碎的信息，有些是可以直接使用的，有些则不合乎要求，不能使用，需要经过审核和整理，才能进行数据分析研究以得到科学的结论。

（一）调研资料审核

调研资料审核就是对原始资料进行审查与核实，检查资料中是否存在问题，以达到去粗取精、去伪存真的目的。

1. 调研资料审核的原则

调研资料审核主要包括四个方面，即资料的准确性、完整性、有效性和及时性。

（1）准确性审核。审核调研者的操作是否按照调研的正常程序和规范进行，重要工作是否有记录、有备案、可查证，各流程职责是否明确。审核时，针对每位访问员所做的调研问卷按10%～20%抽查，通过电话核实或者复核员再次访问被调研者进行复核，比如查实问卷上的被访者是否真正接受了调研、查实受访者是否符合过滤条件、检查是否按规定的方式进行访问、查实问卷回答内容是否全面真实。

（2）完整性审核。审核问卷是否包括所有的信息，所有问题的答案是否完整。完整性审核包括两个方面：① 检查调研问卷是否收全，计算问卷回收率。② 检查调研问卷中所有问题是否都填写齐全，对于有答案缺失的问卷，要查明原因，然后决定是否采纳，如果采纳，应采取措施补填，否则就应剔除该问卷。

（3）有效性审核。审核问卷上的信息资料有无造假、虚报、前后不一致等情况，以及问卷是否符合配额要求。

（4）及时性审核。及时性是指资料是否符合调研的时效性要求，如查看网络资料的发布日期，图书馆文献的记录日期，问卷资料填写和提交日期，审核所得资料是否符合要求。避免将失效、过时的信息资料用作决策的依据。

2. 资料审核的一般方法

（1）分析判断法。运用知识和经验对资料进行分析判断，如夸大的数据和前后矛盾、含糊其词的信息可能存在问题，通过分析被调查者的工资与职位、年龄、行业、生活方式是否一致等判断被调查者的问卷质量。

（2）核对法。将信息资料与客观事实、权威资料相核对进行评价。如将被调研者填写的住房情况与楼盘资料对照看是否真实，所填写的产品价格是否与实际市场价格一致等进行判断。

（3）比较法。将来自不同渠道或不同表现形式的信息资料进行比较，证实资料的准确性。如将所收集的资料随机分成两半，比较其部分问题的分析结论是否趋向一致，或将电话访问与拦截访问的问卷结果进行比较。

（4）佐证法。通过调查、收集能验证原信息资料的真实性、准确性、适用性的佐证信息来鉴定资料。如通过比对调研录音、被调研者笔迹和实地复核调研等方式鉴定资料的准确性和真实性。

3. 对不合格问卷的处理方法

(1) 对答案缺失问卷的处理。

① 空卷或绝大多数问题没有回答，此类问卷应作废。

② 个别问题没有回答，可能是由于访问员遗漏疏忽或被访者不愿回答所致，这类问卷应作为有效问卷，应采取补救措施，比如由访问员回忆或对被访者进行补充调研，或归入"暂未决定"或"其他答案"中。

③ 相当多的问卷对同一个问题都没有回答，这类问卷仍应作为有效问卷，因为这很有可能是问题本身的设计出了问题，可删除此项提问。

(2) 对回答明显错误问卷的处理。回答明显错误是指回答前后矛盾或答非所问。如没有使用过某产品却回答了购后评价的问题，这类问卷应作为无效问卷。

(3) 对敷衍作答问卷的处理。如全部或者大多数题目都只选择C答案，或开放式问题均未作答等，都应视为无效问卷。

(二) 数据编码与录入

对于调研得到的数据资料，在进行了审核与整理之后，调研人员就可以进行数据编码与录入，也就是数据库的建立。

1. 数据编码

编码就是将原始资料转化为计算机可以识别的数据或符号的过程。在大规模的问卷调研中，通过编码技术和计算机，可以大大简化调研资料的统计汇总工作，因此资料编码是调研资料整理和分析中的一项重要工作。

(1) 事前编码。事前编码是在问卷设计的同时就对问题设计出编码。大多数问卷中的问题都是封闭式的，而封闭式问题采用的都是事前编码，因为这类问题的答案是设计好的。比如单项选择题，编码方法是可直接将答案选项对应的序号作为编码，即A、B、C、D分别对应1、2、3、4。如果是多项选择题，将各个可能回答的答案选项设为0或1的指示变量，如果被调查者选择了该答案，此变量的取值为1，否则为0。

(2) 事后编码。事后编码是指在调研工作完成以后再设计的编码。问卷中有时会设计一些开放式问题或者封闭性问题的"其他"选项，这类问题调研者事先不知道可能的答案种类，只能在资料收集好之后根据被调研者的回答内容来决定类别的指定代码，也就是只适合利用事后编码。

2. 编制编码本

为了查找、录入以及分析的方便，编码人员要编制编码本，说明各英文字母、数码的意思。录入人员可根据编码本的说明来录入数据；研究人员或电脑程序员根据编码本编写统计分析程序；阅读统计分析结果时，若不清楚各种代码的意义，可以从编码本中查询。

一般来说，编码本不但是编码人员的工作指南，也提供了变量的必要信息。编码本一般包含以下几方面的信息：变量序号、题号、变量含义、变量名称及编码说明、变量取值范围等内容，见表2-4。对问卷变量和取值的编码设计比较复杂。一份市场调研问卷通常包含若干问题。必须先给每一个问题或变量起一个变量名称。变量名称一般是英文字母或数字的组合，可以用B(background)代表"背景"部分，B1代表背景部分的第一个问题，以此类推。可以用 Q(question)，代表"主体问题"，Q1 代表第一个主体问题，以此类推。可以用 S(sink)代表问卷的"筛选问题"，S1 代表第一个筛选问题，以此类推。

表 2-3　编码表示意图

变量序号	题　号	变量含义	变量名称	编码说明	变量取值范围
—	—	问题/选项	缩写/Q1/Q2-1	具体编码的含义	类似[1,4]
例：1	Q1	是否拥有手机	Q1	1=有 2=没有	[1,2]

3. 数据库的建立与录入

根据编码的结果来设计数据库的结构，以表 2-3 编码表示意图为基础，设计以下数据库结构案例，见表 2-4。

表 2-4　数据库结构案例

序号	Q1	Q2	Q3-1	Q3-2	Q3-3	Q3-4	……	Q15
1								
2								
3								
4								
5								
……								
150								

建立好数据库结构后，要进一步确定数据的录入。数据录入是指将信息从计算机不可识别的形式转为计算机能够识别的形式的过程。数据录入时要特别注意：提供给每个录入人员一份记录格式的说明文件；录入前几份问卷时，研究人员必须在场；决不能假定录入人员是懂得如何进行数据录入的。如有可能，应对录入的数据进行全面核查，要求每一份问卷必须录入两次，采用一台核查机和两个录入人员；若全面核查不行，则采取抽查的方式，一般抽查 25%或稍多一点即可。

通过实地调研取得大量反映个体情况的原始资料，并对这些原始资料进行科学的分类、汇总整理以后，则可得到反映总体综合情况的统计资料，这些资料数据必须通过有效的方式显示，主要是统计表和统计图。统计表是反映统计资料的表格，它对统计指标加以合理叙述，是由纵横交叉线条所绘制的表格来表现统计资料的一种形式，它使统计资料条理化、简明清晰，便于检查数据的完整性和准确性，以及对数据进行对比分析。统计图是根据统计数字，用几何图形、事物形象和地图等元素绘制的各种图形，包括饼图、条形图、折线图、直方图、散点图、象形图等类型，具有直观、形象、生动、具体等特点。统计图可以使复杂的统计数据简单化、形象化，使人一目了然，便于理解和比较。因此，统计图在统计资料整理与分析中占有重要地位，并得到广泛应用。

三、数据分析

在对市场调研活动收集到的数据资料进行了初步的图表化处理后，为了使这些资料服务于调研结论的提出，还必须对其进行具体、深入的分析，才能使这些资料说明一定的问题，有实际意义。数据分析是指用适当的统计分析方法对收集的大量数据进行分析，将它们加以汇总并理解，以求最大化发挥数据的作用。数据分析是为了提取有用信息和形成结论而对数据加以详细研究和概括总结的过程。

数据分析的目的是把隐藏在看起来杂乱无章的数据中的信息集中和提炼出来，从而找出所研究对象的内在规律。在实际应用中，数据分析可帮助人们做出判断，以便采取适当行动。数据分析是有组织有目的地收集数据、分析数据，使之成为信息的过程。这一过程是质量管理体系的支持过程。在产品的整个寿命周期，包括从市场调研到售后服务和最终处置的各个环节，都需要适当运用数据分析，以提升有效性。

思　考

沃尔玛经典营销案例：啤酒与尿布

“啤酒与尿布”的故事产生于20世纪90年代的美国沃尔玛超市，沃尔玛的超市管理人员分析销售数据时发现了一个令人难以理解的现象：在某些特定的情况下，“啤酒”与“尿布”两件看上去毫无关系的商品会经常出现在同一个购物篮中，这种独特的销售现象引起了管理人员的注意，经过后续调查发现，这种现象出现在年轻的父亲身上。

在美国有婴儿的家庭中，一般是母亲在家中照看婴儿，年轻的父亲前去超市购买尿布。父亲在购买尿布的同时，往往会顺便为自己购买啤酒，这样就会出现啤酒与尿布这两件看上去不相干的商品经常会出现在同一个购物篮中的现象。如果这个年轻的父亲在卖场只能买到两件商品之一，则他很有可能会放弃购物而寻找另一家商店，直到可以一次同时买到啤酒与尿布为止。沃尔玛发现了这一独特的现象，开始在卖场尝试将啤酒与尿布摆放在相同的区域，让年轻的父亲可以很快找到这两件商品，并很快地完成购物。客户一次购买多件商品，超市也获得了很好的商品销售收入。

当然“啤酒与尿布”的故事必须借助数据挖掘技术的支持。1993年美国学者艾格拉沃提出通过分析购物篮中的商品集合，找出商品之间关联关系的关联算法，并根据商品之间的关系，分析客户的购买行为。艾格拉沃从数学及计算机算法角度提出了商品关联关系的计算方法——Aprior算法。沃尔玛从20世纪90年代开始尝试将

Aprior 算法引入 POS 机数据分析中，并获得了成功。

思考： 如何发现啤酒和尿布这两个看似风马牛不相及的商品在销售之中的联系呢？这给了我们什么样的启示？

（一）描述性分析

市场调研中最常用的描述性分析方法主要包括数据的集中趋势分析和离散程度分析。

1. 集中趋势分析

数据的集中趋势分析在于揭示被调查者回答的集中程度，数据的集中趋势通常用最大频数或最大频率对应的类别选项来衡量。数据的集中趋势是指大部分变量值趋向于某一点，将这点作为数据分布的中心。数据分布的中心可以作为整个数据的代表值，是准确描述总体数量特征的重要内容。

集中趋势统计量按处理方法不同可分为平均数、众数、中位数等，都是反映总体一般水平的平均指标。

(1) 平均数。平均数是数列中全部数据的一般水平，是数据数量规律性的一个基本特征值，反映了一些数据必然性的特点。平均数是最典型也是最常用的统计量，适用于定距变量和定比变量。平均数也是最有“意义”的统计量，它可以看作是数据的“平衡点”或“重心”位置所在。平均数包括算术平均数、调和平均数和几何平均数。

① 算术平均数：这是最基本、最常用的一种平均指标，也是平均指标中最重要的一种，包括简单算术平均数和加权算术平均数。

$$\bar{x}=\frac{\sum x_i}{n}\text{——简单算术平均数}$$

$$\bar{x}=\frac{\sum x_i f_i}{f_i}\text{——加权算术平均数}$$

② 调和平均数：调和平均数是算术平均数的一种变形。当要分析的资料难以直接运用加权算术平均数的公式计算时，分析人员应利用调和平均数来计算。调和平均数包括简单调和平均数和加权调和平均数。

$$\bar{x}_{\mathrm{h}}=\frac{1}{\dfrac{\sum \dfrac{1}{x_i}}{n}}\text{——简单调和平均数}$$

$$\bar{x}_{\mathrm{h}}=\frac{1}{\dfrac{\sum \dfrac{1}{x_i}f_i}{\sum f_i}}=\frac{\sum f_i}{\sum \dfrac{1}{x_i}f_i}\text{——加权调和平均数}$$

③ 几何平均数：几何平均数是计算平均数的另一种形式，主要用于计算比率或速度的平均数，包括简单几何平均数和加权几何平均数。

$$\overline{x_G}=\sqrt[n]{x_1\times x_2\times x_3\times\cdots\times x_n}\text{—— 简单几何平均数}$$

$$\overline{x_G}=\sqrt[f_1+f_2+f_3+\cdots+f_n]{x_1^{f_1}\times x_2^{f_2}\times\cdots\times x_n^{f_n}}\text{—— 加权几何平均数}$$

$$\lg G=\frac{\sum\lg x_i f_i}{\sum f_i}\text{，查对数表得出 } G \text{ 值。}$$

(2) 众数。众数是出现次数最多的变量数值，也是测定数据集中趋势的一种方法，它克服了平均数指标会受到数据中极端值影响的缺陷。

在通过市场调研得到的统计数据中，众数是大多数数据的代表值，可以让我们在实际工作中抓住事物的主要问题，有针对性地解决问题。要注意的是，由于众数只依赖于变量出现的次数，所以对于一组数据，可能会出现两个或两个以上的众数，也可能没有众数。比如：

第一组数据：2、2、5、5、7、8、9 的众数是多少？（答案：2、5）

第二组数据：2、3、4、5、7、8、9 的众数是多少？（答案：没有）

第三组数据：1、2、5、5、7、8、9 的众数是多少？（答案：5）

在调研实践中，调研人员有时没有必要计算算术平均数，只需要掌握最普遍、最常见的标志值就能说明社会经济现象的某一水平，这时就可以采用众数。

(3) 中位数。中位数表示一组数据按照大小顺序排列时，中间位置的那个数值，即针对某个变量，有 50%的个案的取值在中位数以下。通俗地说，样本的所有观测值中，有一半数值比中位数大，有一半数值比中位数小。

2. 离散程度分析

离散程度分析又称差异性分析，其目的在于测定变量值之间的离散程度或差异程度，评价平均数代表性的大小，衡量事物变动的均衡性或稳定性。离散趋势通常由全距、平均差、平均差系数、标准差、标准差系数来表示。

(1) 全距。全距是数列中最大变量值与最小变量值之差，又称极差，是表明总体变量值变动范围的指标。因为全距是数据中两个极端值的差值，所以不能反映中间数据的变化。由于全距只受最大值和最小值的影响，所以它是一个粗略测量离散程度的指标。在实际调查中，全距主要用于离散程度比较稳定的调查数据。同时，全距可以一般性地检验平均值代表性的大小，全距越大，平均值的代表性越小；反之，平均值的代表性就越大。

(2) 平均差。平均差即平均离差，是总体各单位标志值与其算术平均数离差绝对值的算术平均数。它反映平均数代表性的大小，由于平均差的计算涉及总体中所有的数据，因而能够更加综合地反映总体数据的离散程度。其计算公式为

$$\text{平均差}=\frac{\sum|x_i-\bar{x}|}{n}$$

平均差越大，反映各单位标志值的离散程度越大，集中趋势的统计量代表性越小；平均差越小，反映离散程度越小，集中趋势的统计量代表性越大。

(3) 平均差系数。平均差系数就是将平均差除以相对应的平均指标得到的数值。因为平均差系数计算出来的结果是一个相对数，所以克服了平均差的局限，可以应用于比较两个平均指标水平不同总体的问题。其计算公式为

$$平均差系数=\frac{平均差}{\bar{x}}\times 100\%$$

(4) 标准差。标准差即均方差或均方根，是各个离差平方的算术平均数的平方根。标准差是测定标志变异程度最常用的综合指标，它的含义和平均差基本相同，也是各个标志值对其算术平均数的平均离差，但在数学处理上有所不同。平均差利用绝对值来消除离差的正负号，标准差利用平方来消除离差的正负号。比较起来，标准差在数学处理上比平均差优越，故测定总体各单位数量标志值的平均离差，通常以它为标准。其计算公式为：

$$标准差=\frac{\sqrt{\sum[X-E(x)]^2}}{n} \quad 或 \quad 标准差=\frac{\sqrt{\sum[X-E(x)]^2}\cdot f}{\sum f}$$

(5) 标准差系数

标准差系数是标准差与相应的平均指标对比得出的相对数值。其计算公式为标准差系数＝Vσ＝σ/E(x)，与平均差一样，标准差也是反映标志变异程度的绝对指标，它受标志值的变异程度和平均程度两个因素影响。标志值的平均水平不同或计量单位不同的总体，其标准差是不能直接比较的。此时应用标准差系数，以比较具有不同变量值的两组数据的代表性。

(二) 变量关系分析

任何事物的存在都不是孤立的，而是相互联系、相互制约的。在实际经济问题中，某一经济行为常受诸多因素的影响和制约，调研人员经常利用相关分析来说明客观事物相互关系的密切程度。

1. 方差分析

方差分析也称“变异数分析”或“F检验”，用于两个及两个以上样本均数差别的显著性检验。它的用途是分析市场调研和实验数据中不同来源的变异对总变异的影响程度，从而了解数据中自变量是否对因变量有重要的影响。一个复杂的事物，其中往往有许多因素既互相制约又互相依存。方差分析的目的是通过数据分析找出对该事物有着显著影响的因素、各因素之间的交互作用以及显著影响因素的最佳水平等。

因素是一个独立的变量，也是方差分析研究的对象。因素中的内容称为水平。在具体应用中，分析人员如果进行的方差分析研究是一个因素对于调查结果的影响，就称作单因素方差分析。

2. 相关分析

相关分析是研究现象之间是否存在某种依存关系，并对具有依存关系的现象探讨其

相关方向以及相关程度，是研究随机变量之间相关关系的一种统计方法。

相关分析主要用来分析那些具有密切关联又不能用函数关系精确表达的变量之间的关系，它主要表述两类随机变量间线性相关的密切程度。例如，购买者的消费额和自身的收入密切相关，但是购买者的收入并不能完全决定他们的消费额，影响消费的因素还有很多，包括消费观念、生活习惯、季节气候等。对于这种不能用线性关系或其他函数关系式来精确描述的变量间的关系，就可以用相关分析方法来解决。

在判断相关关系密切程度之前，首先要判断现象之间有无相关关系，通过散点图或散布图的形状，大致可以认识变量之间是否相关，是正相关还是负相关，是线性相关还是非线性相关。而确定变量之间线性相关的密切程度，通常可通过相关系数来衡量，其计算方法中最简单也是最常用的为积差法，是用两个变量的协方差与两个变量的标准差的乘积之比来计算的，计算公式如下所示。

$$r=\frac{n\sum xy-\sum x\sum y}{\sqrt{n\sum x^2-\left(\sum x\right)^2}\sqrt{n\sum y^2-\left(\sum y\right)^2}}$$

相关系数的取值范围是：$-1\leqslant r\leqslant 1$。

当 $r>0$ 时，变量间的线性相关关系为正相关。当 $r<0$ 时，变量间的线性相关关系为负相关。当 $r=0$ 时，变量间无线性相关关系，但可能存在其他非线性关系。

当 $|r|$ 越接近 1，变量间的线性相关程度越高，当 $|r|=1$ 时，变量之间存在完全确定的线性相关关系。

当 $|r|>0.7$，为高度线性相关；当 $0.3<|r|\leqslant 0.7$，为中度线性相关；$|r|\leqslant 0.3$，为低度线性相关。

在数据分析过程中，需要选择合适的分析方法和技巧，并根据具体的数据和分析目的来选择和应用。同时，需要确保数据的准确性和可靠性，避免分析结果出现偏差或误导。

任务三　撰写调研报告

撰写调研报告是市场调研的最后一步，也是十分重要的一步。对调研数据的统计分析，只是为得出有关结论提供了基本依据和素材，要将整个调查研究的成果用文字形式表现出来，使调研真正起到解决社会问题、服务于社会的作用，则需要撰写调研报告。一份好的市场调研报告，可以使调研委托者和决策者清楚地了解本项市场调研信息与结论的可信度，并可作为决策的重要依据。因此了解并能熟练撰写市场调研报告，对于从事市场研究的人来说是必不可少的一项技能。

市场调研报告是通过文字、图表等形式将调研结果表现出来，使人们对调研的市场现象或问题有一个全面、系统的了解和认识，是调研结果的集中表现。市场调研报告是在对市场调研得到的资料进行分析整理、筛选加工的基础上，写出的分析性书面报告。

一、报告分类

市场调研报告可以从不同角度进行分类。

(1) 按其所涉及内容含量的多少,可以分为综合性市场调研报告和专题性市场调研报告。综合性市场调研报告反映的是整个调研活动的全貌,详尽说明调研结果及其发现,包括调研概况、样本结构、基本结果、对不同组群的分析和主要发现等。专题性市场调研报告则是针对调研活动的某个具体问题撰写的报告。

(2) 按调研对象的不同,可以分为关于市场供求情况的市场调研报告、关于产品情况的市场调研报告、关于消费者情况的市场调研报告、关于销售情况的市场调研报告和关于市场竞争情况的市场调研报告。

(3) 按表述手法的不同,可分为陈述型市场调研报告和分析型市场调研报告。

(4) 按报告性质的不同,可分为普通调研报告、研究性调研报告和技术报告。

(5) 按调研报告呈递形式的不同,可分为书面调研报告和口头报告。

二、报告设计

(一) 市场调研报告的设计原则

(1) 实事求是。市场调研报告是在分析调研所获基本信息的基础上对市场发展趋势做出预测,从而为有关部门和企业领导的决策行为提供参考依据,关系到企业未来决策和行为的正确性,所以从调研的实施到调研报告的撰写,整个流程都必须严格把关,实事求是,不可杜撰、增减数据,做出的预测必须有理有据。

(2) 目的明确、重点突出。一份市场调研报告的主题往往只有一个,调研报告应避免数据堆砌、表达不清、主题不明。

(3) 文字表达简明清晰。阅读市场调研报告的人,一般都是繁忙的企业经营管理者或有关机构负责人,因此,撰写市场调研报告时,力求条理清楚、言简意赅、易读好懂。

(二) 市场调研报告的结构

市场调研报告一般是由封面、目录、摘要、正文和附件等几部分组成。

1. 封面

封面主要包括报告的题目、报告的使用者、报告的编写者及提交报告的日期等内容。

2. 目录

目录主要是当调研报告的内容、页数较多时,为了方便读者阅读,使用目录或索引形式列出报告所分的主要章节和附录等内容,并注明标题、有关章节号码及页码。一般来说,目录的篇幅不宜超过一页。当然,如果报告的页数较少时,一般不需要用目录。

3. 摘要

摘要主要概述整个调研报告的基本内容,重点阐述主要的结论与建议,目的是让读者对整个调研报告有粗略的认知。

4. 正文

正文是市场调研报告的主要部分。正文部分必须准确阐明全部有关论据,包括从问题的提出到引出的结论,论证的全部过程,分析研究问题的方法。还应当有可供市场活动决策者参考的全部调研结果和必要的市场信息，以及对这些情况和内容的分析、评论。一般包括前言、主体(数据分析)、结论和建议几项。

5. 附件

附件是指调研报告正文包含不了或没有提及，但与正文有关，必须附加说明的部分，它是对正文报告的补充或详尽说明。主要包括调研方案、抽样技术方案、调研问卷、数据整理表格、数据分析表格、参考文献和其他支持性材料。调研报告的结构不是固定不变的，不同的调研项目、不同的调研者或调研公司、不同的用户以及调研项目自身性质不同的调研报告，都可能会有不同的结构和风格。在实际写作过程中需要灵活选择。

三、报告规范

市场调研得到的材料往往是大量而庞杂的，要善于根据主旨的需要对材料进行严格的鉴别和筛选，给材料归类，并分清材料的主次轻重，按照一定的条理，将有价值的材料组织到市场调研报告中去。

(一) 标题的写作技巧

市场调研报告的标题往往跟之前的市场调研题目是一致的。标题应简单明了、高度概括、题文相符，能准确地表达调研报告的主题思想，把被调研单位、调研内容明确而具体地表示出来。标题的格式类型有：

(1) 直叙式标题，即用调研对象和调研的主题作题目。如“××液晶电视市场占有率调研”“中国联通市场竞争态势调研”等，这类题目简明扼要，比较客观，但略显呆板。

(2) 表明观点式标题，即直接阐明观点、看法或对事物做出判断、评价。如“高档羊绒大衣在北京市场畅销”“必须提高销售人员素质——A 公司销售人员情况调研”等，这种标题既表明了报告编写者的态度，揭示了主题，又有一定的吸引力，但通常要加上副标题才能将调研对象和内容表达清楚。

(3) 提问式标题，即报告的题目是一个设问句或反问句，而报告的内容就是对这个问题的问答。例如，“消费者愿意到网上购物吗”“为什么 A 公司在广东市场的分销渠道不畅通”“B 公司的促销活动为什么没有达到预期的效果”等。这类题目比较尖锐，具有较大的吸引力，一般用于揭露问题的调研分析报告。

(二) 目录的写作技巧

目录是整个报告的检索部分，便于读者了解报告结构，有利于读者阅读某一部分内容。如果可能，目录应当尽可能详细。国外调研报告的惯例是将文字、表格和图形分别编写目录，这样如果读者不需要阅读某些文字，只需要检索某一张表格，也可以很轻松地找到。

(三) 摘要的编写技巧

摘要即调研报告的内容摘要，主要作用一方面是为那些没有大量时间阅读整个报告的使用者，特别是高层管理人员或者不具备太多的专业知识，只想尽快得到调研分析报告的主要结论的阅读者而准备。另一方面是让阅读者在正式阅读报告前能对整个报告的内容有大概的把握，增强进一步阅读的兴趣。

报告摘要具体包括以下几个方面的内容：简要说明调研目的，即简要说明调研的原因;介绍调研对象和调研内容,包括调研时间、地点、对象、范围、调研要点及所要解答的问题;简要介绍调查研究的方法;简要说明调研结论与建议。

一般来讲,调研分析报告摘要的书写有以下要求:从内容来讲,要做到清楚、简洁和高度概括,其目的是让阅读者通过阅读摘要不但能了解本项目的调研全貌,同时对调研结论也有概括性的了解;从语言文字来讲,应该通俗、精练,尽量避免应用生僻的字句或过于专业性、技术性的术语。摘要一般在完成报告后编写。

(四) 正文的撰写技巧

正文是市场调研报告的主要部分。通常在阅读报告摘要知晓主要的结论和建议后,如果对结论和建议部分感兴趣,还会进一步了解更多的调研信息。比如,调研结果的逻辑性,在调研过程中有没有遗漏,关键的调研结果是如何得出的,是否可靠等。这时,这些人员会详细地研究调研报告的主体部分,即正文。这就要求正文部分必须正确阐明全部有关论据,包括从问题的提出到获得的结论,论证的全部过程,分析研究问题的方法等。正文一般由前言、主体(数据分析)、结论与建议三部分构成。

1. 前言

前言是市场调研报告的开头部分,主要阐述调研的基本情况。包括:

(1) 市场调研的目的和意义。

(2) 市场调研工作的基本情况,包括市场调研的时间、地点、对象、范围、调研要点及所要解答的问题。

(3) 调查研究的方法。为了使人确信调研结果的可靠性,有必要对所用方法进行简短叙述,并说明选用方法的原因。

以上是比较常见的写法,但也有先写调研结论,或直接提出问题等方式,这种写法能增强读者阅读报告的兴趣。

2. 主体

这部分是市场调研报告的重点及难点。具体的写作内容及要求如下:

(1) 分析调研数据。通过详细分析调研所收集到的各类材料与数据,发现问题,深入剖析原因。可以按照调研问卷的问题进行归类分析说明,也可以根据调研主题分层次用小标题提出。在此部分,应多采用分析文字与数据统计图形、表格相结合的方式,让阅读者一目了然,从图表上获得直接的感观印象,从文字中读取深层的原因分析。

(2) 概括观点。随着调研报告的深入分析,调研组应从各类统计数据和分析中归纳和总结出有价值的观点。比如“某市居民消费习惯调研”中,通过调研发现大部分居民倾向于在节假日采购,进一步分析影响因素与原因,原来是商家都喜欢在节假日搞优惠活动,年年如此,居民已经摸清了商家的规律,居民的消费逐渐趋于理性。因此,在市场调研报告中要体现和概括出类似的鲜明观点,如“居民消费趋于理性”“商家活动依旧对居民消费起很大作用”等。

3. 结论与建议

结论与建议是撰写市场调研报告的主要目的,也是报告使用者最关注的部分。该部分的写法灵活多样,一般有以下几种形式:

(1) 概括全文。经过层层剖析后,综合说明调研报告的主要观点,深化文章的主题。

(2) 形成结论。在对真实资料进行深入细致的科学分析的基础上，得出报告的结论。

(3) 提出看法和建议。通过分析，形成对事物的看法，在此基础上，提出建议和可行性方案。

(4) 展望未来、说明意义。通过调研分析展望未来前景，进行预测。

结论与建议的语言要求简明扼要，使读者明确主旨，加深认识。结论与建议部分和正文部分的论述要紧密对应，不可以提出无证据的结论。

(五) 附件的注意事项

附件是与调研过程有关的各种资料的总和，这些内容不便在正文中涉及，但在阅读正文或者检验调研结果的有效性时，需要参考这些资料。它是对正文的补充或详细的说明，包括数据汇总表、原始资料背景材料和必要的工作技术报告。附件应在报告正文最后另起一页列出所有内容。

拓展阅读

××城市垃圾分类现状与实施效果调研报告模板

一、引言

调研背景：

(1) 简要介绍城市垃圾问题的现状及分类的重要性。

(2) 阐述垃圾分类政策出台的背景和目的。

调研目的：

明确本次调研的目标和期望解决的问题。

调研范围与方法：

(1) 界定调研的地理范围、时间范围和目标群体。

(2) 描述采用的调研方法，如问卷调查、实地观察、访谈等。

二、调研内容

居民认知与接受程度：

(1) 分析居民对垃圾分类的认知程度。

(2) 探讨居民对垃圾分类的接受程度和态度。

垃圾分类实施现状：

(1) 描述城市垃圾分类的整体实施情况。

(2) 展示垃圾分类设施的配置和使用情况。

三、数据分析

数据收集与整理：详细描述数据的来源、收集方法和整理过程。

数据分析方法：介绍使用的数据分析方法，如交叉分析、漏斗分析、矩阵分析等。

数据结果展示：以图表、表格等形式展示数据分析的结果，并对数据进行解读和说明，分析其中的规律和趋势。

四、结论与建议

结论：总结调研的主要发现和结论，对垃圾分类政策的实施效果进行客观评价。

建议：针对调研发现的问题提出具体的改进建议，比如加强宣传教育、完善分类设施、加强执法监督等方面的建议。

五、附件

调研问卷样本。

实地观察记录。

访谈记录。

注意：在撰写调研报告时，应根据实际情况调整模板内容，确保报告的准确性和完整性。同时，注意报告的逻辑性和条理性，使读者能够清晰地理解调研的目的、内容、方法和结论。

任务四　预测市场发展

市场预测是在对影响市场供求变化的诸多因素进行调查研究的基础上，运用科学的方法，对未来市场商品供应和需求的发展趋势以及有关的各种因素的变化，进行分析、估计和判断。预测的目的在于最大限度地减少不确定性对预测对象的影响，为科学决策提供依据。市场预测与市场调研的区别在于，前者是人们对市场的未来的认识，后者是人们对市场的过去和现在的认识。

市场趋势分析

一、预测原理

（一）可测性原理

从理论上说，世界上一切事物的运动、变化都是有规律的，因而是可以预测的，即使是像扔硬币那样的通常人们认为是不可测的事件也不例外。扔硬币的结果是正面朝上还是反面朝上，受到多种因素的影响。例如，硬币出手时的位置、初速度、空气流速等。虽说一次性扔硬币的结果是不可测的，但是，如果扔硬币多次，则能找出正面向上的次数的统计规律，进而预测正面向上的次数。市场预测也有类似之处，我们想预测某个消费者的购买行为，是相当困难的，也无必要，但大量消费者所表现出来的总购买力，却有一定的规律，是可以预测的。

（二）连续性原理

连续性原理，又称连贯性原理或惯性原理，是指一切客观事物的发展都具有符合规律的连续性，一切社会经济现象都有它的过去、现在和未来。没有一种事物的发展会与其过去的行为没有联系，过去的行为不仅影响现在，还会影响未来。市场作为一个客观经济事物，从时间上考察，它的发展也是一个连续的过程，即未来的市场是在过去和现在的基础上演变而来的，是其过去和现在的延续。因此，企业在进行市场预测时，必须从收集过去和现在的资料入手，然后推测出将来的发展变化趋势。在市场预测中，运用连续性原理需注意以下两点。

（1）要求预测目标的历史发展数据所显示的变化趋势具有一定的规律性。如果事物的变化是不规则的，预测目标将带有很大的偶然性，就不能依据连续性原理进行预测。

（2）要注意分析预测目标历史演变规律发生作用的客观条件，在未来预测期内是否发生变化。事物发展的规律是在一定的条件下显示出来的，是会随客观条件的变化而变化的；运用连续性原理进行预测，要以经济系统的稳定性为前提，即只有在系统稳定时，事物之间的内在联系及基本特征才有可能延续下去。

然而，由于企业所处的营销环境的影响，绝对稳定的企业系统是不存在的。一般认为只要企业系统是处于相对稳定状态或者预测对象的发展是处于相对稳定阶段，就可以运用连续性原理进行预测。

（三）类推性原理

类推性原理是指许多事物相互之间在发展变化上常有类似之处。利用预测对象与其他事物的发展变化在时间上有前后不同，但在表现上有类似之处的特点，人们有可能根据已知事物的基本类似的结构和发展模式，通过类推的方法对后发展事物的前景做出预测。这种类推既适用于同类事物之间，又适用于不同类事物之间。之所以如此，是因为客观事物之间存在着某些类似性，这种类似性具体表现在事物之间的结构、模式、性质、发展趋势等方面的接近。经济运动的模式是可以认识的，它有基本规律。观察到某种现象（征兆），就可以根据以往的经济发展来预测将来会发生什么样的变化，并进一步预测未来的情况。世界上存在着许多相似、同类的事物，掌握了其中一种事物的发展变化规律，就可以推测出其他类似事物的演变规律。人们常说的“举一反三”“以此类推”，就是这个道理。

（四）相关性原理

世界上各种事物之间都存在着直接或间接的联系，事物之间或构成一种事物的诸多因素之间存在着或大或小的相互联系、相互依存、相互制约的关系，要么相生，要么相克。任何事物的发展变化都不是孤立的，都是与其他事物的发展变化相互联系，相互影响的。市场需求量和供应量的变化，也存在着各种相关因素。如随着我国经济体制改革的深入发展、城乡人民收入增加，会引起消费水平的提高和消费结构的变化；商品价格的上涨，会刺激生产资料需求量的增加等。因此，当人们知道影响市场需求量的某一个因素发生变化时，就可以预测出需求量的增减。一元线性回归和多元回归中的因果关系法，就是根据这一原理建立起来的；因果关系是相关性多种表现形式中最重要的、应用最广的一种形式。同时，相关性还包括不表示为因果关系的某一事物伴随着其他事物变化而变化的相关现象。因此，相关性和因果性并不完全等同。因果关系，是指任何事物的发展变化都是有原因的，它的变化是原因作用的结果。人们可以从已知的原因推测未知的结果。一般情况下，原因在前，结果在后，或原因与结果几乎同时出现。但在一定条件下，原因和结果可以互相转化，此时此地是结果，在彼时彼地就成为原因。而且在事物的发展过程中，还存在着一因多果、一果多因、互为因果等种种复杂情况，因此，在市场预测中，必须对客观事物的因果关系进行具体的、多方面的分析，才能在事物发展的因果关系中正确揭示对预测目标起作用的主要和次要、内部和外部原因，把握住影响预测目标的诸因素的不同作用，预测事物发展的必然趋势和偶然因素可能产生的干扰。相关原则是进行预测工作时首先要考虑的重要原则，特别是对于定量分析方法，如果能找到一个或几个与预测对象密切相关的、可控的或可以预先知道其变化情况的经济变量，利用历史数据建立起它们与预测对象之间的数学模型，一般能收到较好的预测效果。

（五）系统性原理

系统性原理，是把预测对象看作一个系统，以系统观点指导市场预测活动，强调运用系统分析的方法对所要预测的问题加以定量化和模式化，把预测对象——市场行情看成一个系统，它同其他预测系统如人口预测、工业预测、农业预测等相互联系、相互制约。进行市场预测，既需要从宏观经济方面预测市场供求关系、消费需求结构及其发展变化趋势，也应从微观经济方面研究本行业和本企业在历史上的市场份额，预测采用改善经营管理的新措施、新方法的效果，只有这样，才能通过系统、全面、翔实的材料进行市场预测，做出正确的经营决策。

（六）概率性原理

任何事物的发展都有一个被认识的过程。人们在充分认识事物之前，只知道其中有些因素是确定的，有些因素是不确定的，即存在着偶然性因素。市场的发展过程中也存在必然性和偶然性，而且在偶然性中隐藏着必然性。通过对市场发展偶然性的分析，揭示其内部隐藏着的必然性，可以凭此推测市场发展的未来。从偶然性中发现必然性是通过概率论和数理统计方法，求出随机事件出现各种状态的概率，然后根据概率去推测预测对象的未来状态。马尔柯夫预测法、交叉影响法等都需要运用概率性原理。

二、预测内容

市场预测的内容非常丰富，从国家宏观经济管理部门的角度进行的宏观市场预测，主要包括预测生产的发展及其变化，市场容量及其变化，市场价格的变化趋势，消费需求的变化趋势及对外贸易的变化等内容。从企业角度进行市场预测，主要是在宏观预测指导下，根据已有资料预测企业目标市场的未来发展趋势，预测企业的市场占有率变化，以便及时调整企业的经营发展方向，做出正确的经营决策，在激烈的市场竞争中立于不败之地。

（一）市场需求预测

市场需求预测是指特定的时间、特定的地域和特定的顾客群体，对某一商品现实和潜在的需求量。市场需求受很多因素的影响，有市场主体外部的因素，如政治、法律、文化、技术、消费心理和消费习惯等；也有市场主体内部的因素，如目标市场的选择、销售价格的制定与变动、促销手段的选择与实施、营销方法的确定等。市场需求预测的内容主要包括以下几个方面：市场商品需求总量预测、市场需求构成预测、消费者购买行为的预测等。

（二）社会购买力倾向预测

社会购买力倾向预测就是对市场需求结构的预测，是指商品购买力在各类商品之间的分配比例。由于人们生活水平的不断提高、商品的更新、商品价格结构的调整与变化等种种因素的影响，消费者对商品的需求在种类上、数量上是不断变化的。预测消费结构变化，不但要研究人们的购买力、消费者的偏好与生活习惯，还需要研究消费者的心理状态和社会风尚的变化。比如，不同地区、不同消费者，对商品的需求是有所不同的，有的注重商品质量、寿命，有的追求花色、式样。面对商品的不同供求关系，消费者的需求心理会发生很大的变化，因而引起需求结构的变化。人们收入的增加和商品供需关系的变化，会影响消费者的心理状态，同时，后者反过来又会引起市场商品需求的变化，两者是互相影响的。

（三）产品寿命周期预测

产品寿命周期是指从产品投放市场开始到产品基本退出市场的时期，包括导入期、成长期、成熟期和衰退期四个阶段。当产品处于导入期或成长期，一般发展前景较好。如果处于成熟期或衰退期，则说明产品已接近饱和点或已达到饱和点，产品的销售量便会下降，所以企业在进行市场预测时，准确地判断自己的产品处于寿命周期的哪个阶段是十分必要的。

（四）产品饱和点预测

产品饱和点预测是对产品寿命周期四个阶段中的成熟期的末期的预测。产品饱和点有两种含义：一是原有产品市场供应量的饱和；二是有支付能力的需求的暂时饱和。影响产品饱和点的主要因素包括社会商品的市场供应量和市场需求量的变化、产品寿命周期、竞争对手情况、替代品的出现、经济周期的影响等。

（五）市场占有率预测

在市场经济条件下，任何一种商品，既有许多企业向市场提供货源，又有许多商业部门和企业从事市场销售。无论是哪一个生产企业，也无论是哪一个商品部门和商业企业，都不可能独占某个市场，而只能占有某个市场的一定份额。因此，进行市场预测，既要从宏观经济方面预测市场供求关系、消费需求结构、花色式样及其变化趋势，也应当从微观经济方面预测部门和企业在社会商品流通发展中的市场占有率及其未来的发展变化。这就需要研究企业历史上的市场占有率，现实的竞争对手，各自的优势、竞争能力和经营管理的新措施以及市场未来占有率的变化趋势。只有对市场占有率做出正确预测，才有助于做出切合实际的决策。

（六）市场营销组合预测

市场营销组合预测是对企业的产品、价格、销售渠道和促销方式等营销因素所进行的预测。

1. 产品预测

现代产品，不仅指产品的物质实体，还包含产品的商标、包装以及安装、维修、咨询等方面。产品组合是由产品线的不同宽深度和关联度所决定的生产策略。现代企业既要提高专业化程度，组织大批量生产，强化产品线的深度；又要实行多样化经营，适应市场变化的需要，扩大产品线的宽度。前者可以更加广泛地满足各种需要，甚至是特殊的消费需要，有利于占领更多的细分市场。后者有利于挖掘企业潜力，分散投资风险，不断占领新的市场。加强产品线的关联性，则可以增强企业的竞争地位，提高产品的市场占有率。开展产品组合预测，有利于企业制定正确的产品组合策略，提高企业在行业中的优势。产品的商标，是现代整体产品的组成部分。人们购买某种商品，有时候是奔着该种商标来的。因为他们认为该产品的质量信得过，价格也合理，还可以享受到良好的服务。产品的包装，除了能保护商品、方便运输外，还起着“无声的推销员”的作用。高质量的售后服务，能使用户得到更大的满足，促使其重复购买。对市场上将会受欢迎的商标、包装和售后服务进行预测，有利于合理运用营销手段促进产品的销售。

2. 价格预测

价格是市场营销活动中最重要的内容。每个企业都需要了解竞争企业或竞争产品的价格，还必须注意到不同价格水平会导致不同的需求量。因此需要对竞争产品的成本和价格进行预测。企业的产品价格确定后，应当及时地调查价格是否偏高或偏低，是否对消费者与经营者都有利，与竞争对手相比，是否具有优势或主动性等。有条件的企业，还应当进行产品需求曲线的预测。当产品需求曲线呈非弹性的时候，提高产品价格可以增加企业收入；如果产品需求曲线呈弹性的时候，降低价格则可以增加企业收入。企业掌握这些情况，对产品价格的及时调整很有帮助。

3. 销售渠道预测

销售渠道即商品流通渠道，是企业产品实现其价值的重要环节。它包括合理制定分销路线，选择与配置中间商，有效地安排运输与储存，适时地向用户提供适用的商品。如果企业的销售渠道数量多，商品流通的路线就广，市场占有率就高。消费品的销售渠道，可以在代理、批发和零售等中间商中选择一个或几个层次；生产资料的销售渠道一般不需要零售中间商。生产者选择销售渠道时，应对自身的条件、产品的情况和所处的市场进行综合分析。如企业的资本、商誉、服务和管理能力等；产品的单价高低、体积大小、易毁或易腐、通用或专用等；市场上同类商品的多少、潜在顾客的数量、购买者的习惯等。企业开展销售渠道的预测，就是要对这些影响因素的未来变化情况做出推测与判断，以确定相应的策略。

4. 促销方式预测

促销是企业通过一定的方法或手段向消费者传递信息，从而促进消费者对产品或企业的了解，并影响消费者的购买行为。市场营销的实践表明，客户接受一种产品的前提，首先是接受消费这一产品的观念。通过多种媒介传递信息，说服客户，就能创造使用这种产品的社会氛围。促销方式主要有广告、人员推销、销售促进和公共关系四种具体形式。各种形式都有自身的特性，相互之间又存在着一定的替代性。营销部门在大多数情况下都必须配合使用。企业开展促销方式的预测，就是要估计不同产品最适合的信息传递途径，推测顾客在不同促销方式下消费观念的变化，测算企业在各种促销组合下的经济效益。

上述营销要素各自的单体优势不一定能形成整体优势，单体优势之间还有一个整体优化问题。因此必须结合起来进行整体研究。将企业的产品、价格、销售渠道和促销方式结合起来进行综合性的预测，是市场营销组合预测的关键。

行业观察

字节跳动的短视频平台战略

字节跳动成立于2012年，是一家以建设全球创作与交流平台为愿景的信息科技公司，其旗下产品有今日头条、西瓜视频、抖音、头条百科、皮皮虾、懂车帝、悟空问答等，涵盖的技术范围广泛。随着移动互联网的普及和短视频的兴起，字节跳动成功预测了短视频市场的巨大潜力。

字节跳动通过深入研究用户需求和喜好，发现短视频具有短平快、互动性强的特点，深受年轻用户的喜爱。因此，他们投入大量资源进行短视频平台的研发和推广，不断优化产品功能和用户体验。同时，字节跳动还通过算法推荐等技术手段，精准推送符合用户兴趣的内容，进一步提高了用户黏性和活跃度。抖音等短视频平台在全球范围内取得了巨大的用户增长和活跃度提升，成为移动互联网领域的佼佼者。字节跳动之所以能够成功预测市场并取得显著成果，得益于其敏锐的市场洞察能力、精准的市场预测、前瞻性的战略眼光以及持续的创新和研发投入。

三、预测方法

选择什么样的预测方法，是依据预测的目的、占有资料的情况、对预测准确度的要求、预测的费用以及所预测事物的特点决定的。不同的方法适应的条件也不相同，各种方法都有其相应的优点和缺点。进行市场预测，要具体问题具体分析，选择最合适的预测方法进行预测，以保证预测结果的正确性和有效性。

（一）定性预测法

定性预测，是依靠预测者的专业知识和经验，来分析判断事物未来发展趋势的预测方法。它要求在充分利用已知信息的基础上，发挥预测者的主观判断力。定性预测适合预测那些模糊的、无法计量的社会经济现象，并通常由预测者集体进行。

集体预测是定性预测的重要内容，能集中多数人的智慧，克服个人的主观片面性。在实际工作中，由于影响市场发展的因素错综复杂，资料难以量化，甚至根本不可能用数量指标表示。比如，一定时间内市场形势的发展变化情况，国家某项政策出台对消费倾向、市场前景的影响，我国加入世界贸易组织后对我国企业的利弊影响等。这种情况下的预测，一般只能采用定性预测方法。另外，企业经营活动中的经营环境分析、战略规划制定、技术开发或新产品研制等，往往也只能采用定性预测方法。定性预测要求预测者具有从事预测活动的经验，同时要善于收集信息、积累数据资料，尊重客观实际，避免主观臆断，才能取得良好的预测效果。定性预测方法简便，易于掌握，而且时间快、费用省，因此得到广泛采用。特别是进行多因素综合分析时，采用定性预测法，效果更加显著。但是，定性预测法缺乏数量分析，主观因素的作用较大，预测的准确度难免受到影响。因此，在采用定性预测法时，应尽可能结合定量预测法，使预测过程更科学，预测结果更准确。定性预测方法，可分为主观估计法和技术分析法两类。主观估计法包括经验判断法、集体意见法和主观概率法等。技术分析法包括特尔菲法、历史类推法、形态分析法和系统分析法等。经常采用的方法有特尔菲法、主观概率法、经验判断法等。

（二）定量预测法

定量预测，是指在数据资料充分的基础上，运用数学方法，有时还要结合计算机技术，对事物未来的发展趋势进行数量方面的估计与推测。

定量预测法有两个明显的特点：一是依靠实际观察数据，重视数据的作用和定量分析；二是建立数学模型作为定量预测的工具。

随着统计方法、数学模型和计算机技术日益为更多的人所掌握，定量预测的运用会越来越多。市场预测中的定量预测方法，是在分析影响市场供求变动的因素的基础上，找出相关变量之间的因果关系，建立数学模型，通过运算来得到预测结果。例如，假设某种商品价格稳定，该商品销售额便由销售量决定。这时，销售量是自变量，设为 X，销售额是因变量，设为 Y，它们之间用函数式表示为：$Y=f(X)$。这一函数式就描述了这种商品在价格确定条件下的销售额与销售量之间的相互关系及其变化规律。如果变量之间的关系能确定地描述，则称变量之间存在因果关系；如果变量之间的关系不能确定地描述，就称变量间为相关关系。不论变量之间存在的是因果关系还是相关关系，都可采用定量分析方法进行预测。定量预测法的运用，要求有充分的历史资料；影响预测对象发展变化的因素相对稳定；能在预测对象的某一指标与其他相关指标的联系中找出规律性，并能以此作为依据建立数学模型。实际工作中，由于社会经济现象错综复杂，不可能把所有变动因素都纳入数学模型，有些数据难以取得或取得数据成本过高，使定量预测法的运用也存在一定的局限性。总之，定性预测法和定量预测法各有其长处和短处，在市场预测实践中，要根据具体条件，扬长避短地选择适当的预测方法，大多数情况是将两种预测法结合起来运用，相辅相成地对市场未来的发展变化做出科学的预测。

素养提升

严守法律规范与秉持职业道德

在市场调研策划实践中，需要将法律规范、职业道德与政策导向融入工作态度与能力培养。依据《中华人民共和国统计法》《中华人民共和国消费者权益保护法》，调研全程需确保数据真实、合法采集，杜绝篡改数据、泄露用户隐私等违规行为，以严谨态度尊重市场规律，培育实事求是作风。

秉持职业道德，调研人员应坚守中立立场，拒绝因商业利益歪曲调研结果，以认真踏实的态度深入市场一线，通过实地走访、问卷访谈等方式获取一手资料，避免主观臆断。同时，积极响应国家政策，如在乡村振兴、绿色发展战略背景下，针对性调研地方特色产业、绿色消费需求，运用调研成果为产业升级提供数据支撑，助力企业精准对接市场。在分析调研数据、解决市场问题时，既要运用专业方法科学研判，也要将个人实践与社会发展需求结合，实现专业能力与社会责任的共同提升。

习　题

一、单项选择题

1. 在对调研资料审核时，审核调研者的操作是否按照调研的正常程序和规范进行，重要工作是否有记录、有备案、可查证，各流程职责是否明确。这点体现了（　　）审核原则。

A. 准确性　　B. 完整性　　C. 有效性　　D. 及时性

2. 以下不属于网络调研法的优点是（　　）。

A. 组织简单、费用低廉　　B. 不受时空与地域限制

C. 速度快、信息反馈及时　　D. 调研对象可控性强

3. 在电话回访和实地复访过程中，以下（　　）不是用来判断调研人员访问的真实性。

A. 电话能否打通或地址能否找到

B. 调研的内容前后逻辑性是否一致

C. 调研时间是否跟问卷记录时间相符

D. 访问过程是否按规定的程序和要求执行

4. 以下关于相关系数的表述不正确的是（　　）。

A. 相关系数的取值范围是：$-1\leqslant r\leqslant +1$

B. 当 $r>0$ 时，变量间的线性相关关系为高度正相关

C. 当 $r=0$ 时，变量间无线性相关关系，但可能存在其他非线性关系

D. 当 $|r|=1$ 时，变量之间存在完全确定的线性相关关系

5. 市场调研方案设计流程中，第一步是（　　）。

A. 明确调研主题和目的　　B. 确定调研内容与对象

C. 确定调研方式和方法　　D. 确定调研工作的组织

二、多项选择题

1. 企业市场营销调研的内容很多，凡是影响企业市场营销的因素，都是营销调研的对象，具体包括（　　　）。

A. 宏观环境调研　　B. 市场调研

C. 竞争状况调研　　D. 消费者调研

E. 营销组合因素的调研

2. 统计图是根据统计数字，用几何图形、事物形象和地图等绘制的各种图形，包括（　　　）。

A. 饼图　　B. 条形图　　C. 折线图　　D. 直方图

E. 散点图

3. 市场预测能帮助经营者制定适应市场的行动方案，使自己在市场竞争中处于主动地位，除了可预测性外，以下属于预测原理的有（　　　）。

A. 连续性原理　　B. 类推性原理　　C. 相关性原理　　D. 系统性原理
E. 概率性原理

4. 在21、21、22、23、24、25、26、26、27中，众数是(　　　　)。
A. 21　　B. 22　　C. 24　　D. 25
E. 26

5. 属于抽样调查方法的有(　　　　)。
A. 简单随机抽样　　B. 分类随机抽样
C. 配额抽样　　D. 典型调查
E. 滚雪球抽样

三、简答题

1. 如果审核中发现了有问题的问卷，该怎么处理？

2. 市场调研中最常用的描述性分析主要包括数据的集中趋势和离散程度分析，分别可以用什么数值来表示？

3. 市场调研报告的设计原则是什么？

4. 可以对市场上哪些内容进行预测？

5. 比较本项目中提到的五种调研方法的优缺点。

实训项目

制定调研计划书

1. 实训目标

学生能够根据实际资料及市场背景制定调研计划书，提高其对问题的分析和思考能力，提升计划构思和文字撰写能力，培养团队合作能力。

2. 实训内容

(1) 选定主题：小组讨论后提出几个调研主题的备选方案并向指导教师汇报，最终确认一个具体的调研题目。

(2) 资料搜集与分析：利用网络资源及其他途径广泛收集相关信息，并对获取的数据进行整理归纳，提炼关键点。

(3) 设计调研框架：明确研究目的及其潜在价值；规划采用的研究方法(如问卷调研、案例研究等)；拟定详细的操作步骤，包括样本选取规则、数据采集方式及时间进度安排。

(4) 编写计划书：编写格式规范的调研计划书，确保涵盖所有必要内容(封面、摘要、正文等)。

3. 组织与实施评价

(1) 全班学生划分为6～8人的小组，组成项目团队。

(2) 根据提交的书面材料质量、口头报告的表现等因素综合打分。重点关注原创性、实用性和创新性。考虑团队协作效率以及每位成员的贡献。

项目三 市场战略策划

学习目标

1. 知识目标

(1) 了解市场环境的含义、构成要素与特点。

(2) 掌握市场细分的概念与方法。

(3) 掌握客户画像与客户行为的概念与特点。

(4) 掌握市场定位的含义与方式。

(5) 熟悉企业竞争对手的类型和应对策略。

(6) 理解企业营销战略的内涵与特点。

2. 能力目标

(1) 能够分析市场营销宏观环境和微观环境因素。

(2) 能够根据细分市场特点,分析客户画像与客户行为。

(3) 能够实施科学的市场定位策略。

(4) 能够基于市场分析,为企业制定合理的竞争战略。

(5) 能够制定企业营销战略方案。

3. 素养目标

(1) 培养分析市场环境的能力。

(2) 培养精准细分市场与用户洞察能力。

(3) 培养市场良性竞争意识。

思维导图

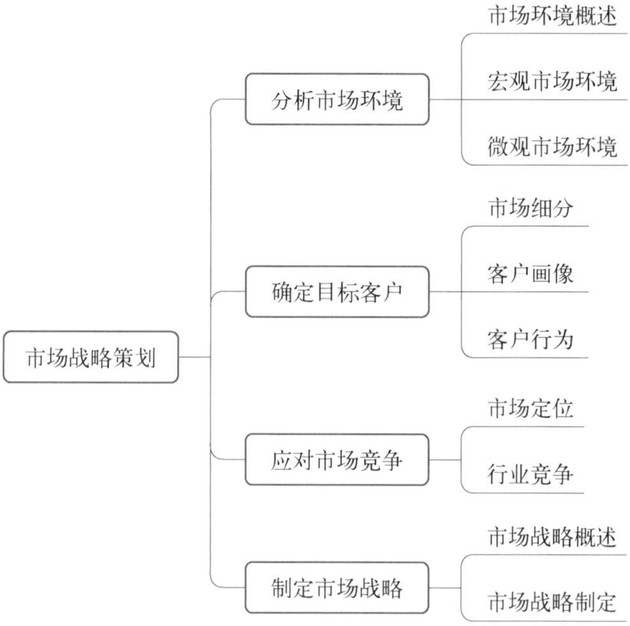

案例导入

花西子的文化定位与传播

花西子是中国知名的美妆品牌，它成功地将中国传统文化元素融入产品设计和营销策略中，在竞争激烈的市场中脱颖而出。

花西子从创立之初就非常注重对中国传统美学的研究与传承，比如使用东方古典色彩、图案作为产品包装的设计灵感来源，或是推出以古代四大美女为主题的限量版彩妆系列等。这些都不仅仅是简单的视觉装饰，而是通过深入挖掘背后的故事来增强消费者的情感共鸣。

除了外观设计上的巧思，花西子还致力于通过各种形式向世界讲述更加立体多元化的“中国故事”。例如，在其官方社交媒体平台上发布关于中国古代化妆术的知识；或者是与非物质文化遗产项目合作，支持并推广那些濒临失传的手工艺技术。

花西子不仅仅满足于成为一个卖产品的公司，更希望通过自己的行动去弘扬中华民族优秀的传统文化价值观念，如自然和谐共生之美学理念等。这种超越商业本身的社会责任感赢得了广大消费者的认可和支持。

通过上述方式，花西子不仅能够吸引国内消费者的目光，也逐渐打开了国际市场的大门。在全球范围内，“中国风”正成为一种流行趋势，而花西子凭借其独特鲜明的文化特色成为这一潮流中的佼佼者。这表明，当一个品牌能够有效地将其所在国家或地区特有的文化精髓转化为自身竞争力时，就能创造出难以被竞争对手复制的独特优势，进而获得长期稳定的发展空间。

任务一　分析市场环境

在市场策划过程中，企业不仅要审视自身的资源和能力，还要密切关注外部市场环境的动态。为了在激烈的市场竞争中保持优势，企业需要基于对环境的深入理解和预测，制定并适时调整其市场战略。

一、市场环境概述

PEST 分析方法

市场环境是企业不可控制的因素和力量，这些因素和力量是与企业营销活动有关的、影响企业生存和发展的外部条件。企业要主动地适应环境，而且要通过营销去努力影响外部环境，使环境有利于企业的生存和发展，有利于提高企业营销活动的有效性。

市场环境包括微观市场环境和宏观市场环境。宏观市场环境指影响微观市场环境的一系列巨大的社会力量，也称作间接市场环境，主要包括人口、经济、政治法律、科学技术、社会文化及自然资源等因素。宏观市场环境一般以微观市场环境为媒介去影响和制约企业的营销活动，在特定场合，也可直接影响企业的营销活动。微观市场环境指与企业紧密相连，直接影响企业营销能力的各种参与者，也称直接市场环境，包括企业本身、供应商、营销中介、顾客、竞争者以及公众。如图 3－1 所示。

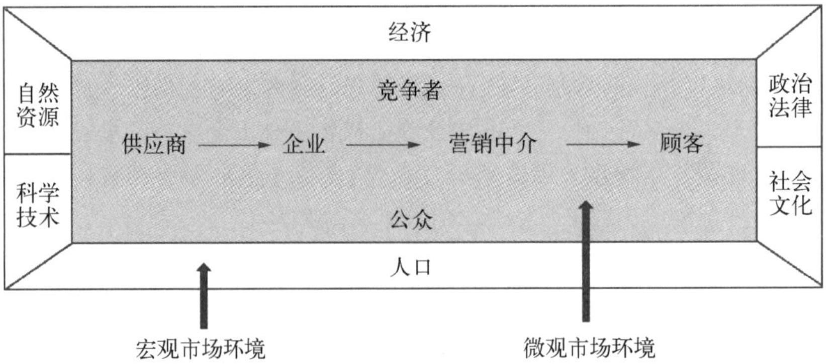

图 3－1　市场环境

二、宏观市场环境

宏观市场环境指对企业营销活动造成市场机会和环境威胁的主要社会力量，包括人口、经济、自然资源、政治法律、科学技术、社会文化等因素。

（一）人口环境

人口环境是构成市场的第一大要素。人口的数量直接决定市场的规模和潜在容量；人口性别、年龄、教育、民族、职业、婚姻状况、居住分布等也会对市场格局产生深刻影响，继而影响企业的营销活动。

1. 人口总量

人口总量直接影响市场需求总规模。在人均收入既定的条件下，人口总量的多少与市场需求总规模成正比例变动。中国人口总数已超过 14 亿，超过欧洲和北美洲的人口总和，随着社会主义市场经济的发展，人民收入水平不断提高，中国已被视作世界最大的潜在市场。

2. 年龄结构

不同年龄的人，其需求倾向亦不相同。因此，人口年龄结构不同，其需求结构，不尽相同。例如：相关数据表明，2023 年我国 65 岁以上人口占总人口的比例已超过 15%，随着老年人口的绝对数和相对数的增加，银色市场日渐形成并扩大。

3. 地理分布

人口在地区上的分布，关系到市场需求的异同。居住在不同地区的人群，由于地理环境、气候条件、自然资源、风俗习惯的不同，消费需求的内容和数量也存在差异。例如，中国北方地区，由于气候和风俗习惯的影响，对白酒的需求量大，而在中国南方许多地区的人们更偏爱饮用啤酒。

4. 家庭组成

一个市场拥有家庭单位和家庭平均成员的多少，以及家庭组成状况等，对市场消费需求的潜力和需求的结构，都有十分重要的影响。随着生育支持政策的变化，中国家庭消费需求也发生了很大变化。

5. 性别差异

不同性别的消费者有不同的消费需求，且购买习惯与购买行为也有差别。例如：大多数日用消费品由女性采购，因此，很多家庭用品和儿童用品也逐渐纳入女性消费市场。

（二）经济环境

经济环境是指一个国家或地区的经济结构、国民收入水平及个人可支配的收入水平。经济环境对市场规模、消费者购买力、市场竞争及企业的交易成本等方面有较大的影响。

1. 消费者收入水平

消费者收入水平的高低制约着消费者支出的多少和支出方式，从而影响市场规模的大小和不同产品与服务的市场需求情况。市场消费需求指人们有支付能力的需求。在研究收入对消费者需求的影响时，常应用以下概念：

（1）人均国内生产总值。它是一个国家或地区，所有常住单位在一定时期内（如一年），按人口平均所产生的全部货物和服务的价值超过同期投入的全部非固定资产货物和服务价值的差额。人均国内生产总值从总体上影响和决定了消费结构与消费水平。

(2) 个人收入。指城乡居民从各种来源所得到的收入。

(3) 个人可支配收入。从个人收入中,减除缴纳税金和其他经常性转移支出后,所余下的实际收入。

(4) 可任意支配收入。在可支配收入中减去维持生活的必需支出,才是个人可任意支配收入。

2. 消费者支出水平

消费者支出水平主要指消费者支出模式和消费结构。

1857 年,世界著名的德国统计学家恩格尔阐明了一个定律:随着家庭和个人收入增加,收入中用于食品方面的支出比例将逐渐减小,这一定律被称为恩格尔定律,反映这一定律的系数被称为恩格尔系数。其公式表示为:

$$恩格尔系数=\frac{食品支出总额}{家庭或个人消费支出总额}\times 100\%$$

恩格尔定律主要表述的是食品支出占总消费支出的比例随收入变化而变化的一定趋势。揭示了居民收入和食品支出之间的相关关系,用食品支出占消费总支出的比例来说明经济发展、收入增加对生活消费的影响程度。一个国家或家庭生活越贫困,恩格尔系数就越大;反之,生活越富裕,恩格尔系数就越小。

3. 消费者储蓄

消费者储蓄能够衡量一个国家、地区或家庭的储蓄状况,通常运用以下三个指标:储蓄额、储蓄率和储蓄增长率。储蓄额是消费者储蓄的绝对数量,反映一定时期的储蓄水平;储蓄率指储蓄额占消费者收入的比例;储蓄增长率则反映某一时期的储蓄增长速度。

4. 消费者信贷

消费者信贷,是指消费者凭借信用先取得商品使用权,然后按期归还贷款,即消费者预先支出未来的收入提前消费。

(三) 自然资源环境

企业所进行的经营活动必须以一定的物质资源为保证,而物质资源的供应又同自然资源环境有着密切的关系。因此,企业要密切关注自然环境的发展变化所带来的环境威胁与发展机会。营销活动要受到自然环境的影响,也对自然环境的变化负有责任。

(四) 政治法律环境

1. 政治环境

政治环境指企业市场营销的外部政治形势。安定团结的政治局面,不仅有利于经济发展和人民的收入增加,而且影响群众心理状况,导致市场需求的变化,从而影响企业的营销活动。

2. 法律环境

法律环境指国家或地方政府颁布的各项法规、法令和条例等。企业研究并熟悉法律环境,既可保证自身严格依法管理和经营,也可运用法律手段保障自身的权益。企业在制定市场营销策略时,必须充分考虑法律环境的要求,确保营销活动合法合规。违反法律不仅会导致经济损失，还会损害企业声誉，影响长期发展。

（五）科学技术环境

科学技术是第一生产力，科技的发展对经济发展有巨大的影响，不仅直接影响企业内部的生产和经营，还与其他环境因素互相依赖、互相作用，给企业经营活动带来影响。

（六）社会文化环境

社会文化环境主要指一个国家、地区的民族特征、价值观念、生活方式、风俗习惯、宗教信仰、伦理道德、教育水平、语言文字等总和。教育水平、宗教信仰、价值观念、消费习俗对营销活动影响显著。

1. 教育水平

教育程度不仅影响劳动者收入水平，而且影响着消费者对商品的鉴别能力，影响消费者心理、购买的理性程度和消费结构，从而影响着企业营销策略的制定和实施。

2. 宗教信仰

宗教信仰会对人们认识事物的方式、观念、价值和行为产生影响，进而影响人们的消费行为或产生特殊的市场需求。许多宗教信仰及禁忌限制了教徒的消费行为，所以宗教团体对企业产品进入市场也会产生影响。企业在进入一些宗教色彩浓厚的市场时，应充分了解他们的宗教信仰，提供适合其需要的产品。

3. 价值观念

价值观念指人们对社会生活中各种事物的态度和看法。不同文化背景下，价值观念差异很大，影响着消费需求和购买行为，营销管理者应研究并采取不同的营销策略。例如，在消费者的心目中，包装的精美程度和产品的质量息息相关，所以商家会在产品的包装上花费很大的精力，以期吸引消费者的注意力。

4. 消费习俗

消费习俗指历代传递下来的一种消费方式，是风俗习惯的一项重要内容。消费习俗在饮食、节日、居住等方面表现出独特的消费心理特征和行为方式。

社会文化多方面的影响，会使消费者产生共同的审美观念、生活方式和情趣爱好，从而导致社会需求的一致性，这就是消费流行。消费流行在服饰、家电以及某些保健品方面，表现最为突出。例如：近年来随着健康意识和环保意识的提升，植物性食品和肉类替代品变得越来越流行，许多企业迎合了消费者对健康和可持续生活方式的追求，推出具有高蛋白、低脂肪、环保等特性的代餐。这种消费趋势促使食品行业调整产品线，开发更多植物性产品，并通过社交媒体、健康食品博客和名人代言等营销手段来推广这些产品，以满足市场需求并抓住新的商机。

思　考

稻香村老字号创新发展

稻香村始创于清朝乾隆年间，距今已有两百多年历史，是中式糕点老字号品牌。其传统糕点制作技艺传承至今，历经岁月沉淀，成为中式糕点文化的重要代表。

在快速发展的时代浪潮中，传统老字号面临着消费升级、市场竞争加剧等诸多挑战。稻香村积极求变,以创新驱动发展。在产品研发上,稻香村在坚守传统工艺与配方的基础上,结合当代消费者的口味偏好和健康需求,推出低糖、低脂、无添加的新式糕点。例如,研发出融入酸奶、水果等元素的特色糕点,以及适合儿童食用的卡通造型糕点,既保留传统风味,又满足多样化需求。同时,稻香村还拓展产品品类,将业务延伸至熟食、速冻食品等领域,丰富产品矩阵。

在营销模式方面,稻香村积极拥抱互联网。一方面,搭建线上销售平台,入驻各大电商平台,实现线上线下全渠道销售,突破地域限制,让消费者随时随地都能购买到稻香村的产品;另一方面,借助社交媒体开展营销活动,通过短视频、直播等形式展示产品制作过程、品牌故事,吸引年轻消费者关注。此外,稻香村还推出定制化产品和礼盒,满足消费者在节日、婚庆等不同场景下的个性化需求。

在品牌建设上,稻香村注重文化传承与创新结合。通过举办糕点制作体验活动、文化展览等,传播中式糕点文化;与其他知名品牌、IP进行跨界合作,推出联名产品,提升品牌的时尚感和年轻活力。例如,与热门动漫IP合作,推出联名糕点礼盒,吸引年轻消费群体,使品牌形象更加年轻化、多元化。

如今,稻香村不仅守住了传统市场,还在年轻消费群体和新兴市场中开辟出一片新天地,品牌影响力和市场份额不断提升,成为老字号创新发展的典范。

思考: **从市场营销微观环境的角度,分析稻香村在产品、渠道、促销等方面采取了哪些策略实现创新发展。**

三、微观市场环境

企业的微观市场环境包括企业本身、营销渠道企业、顾客、竞争者、公众,营销活动能否成功,除营销部门本身的因素外,还要受这些因素的直接影响。

(一) 企业本身

企业为开展营销活动,必须设立某种形式的营销部门,而且营销部门不是孤立存在的,它还面对着其他职能部门以及更高层次的管理部门。这些部门的业务状况如何,它们与管理部门的合作以及它们之间是否协调发展,对营销决策的制定与实施影响极大。例如,财务部门能够给予营销部门营销运作方面的资金支持,生产部门能够给予营销部门产品数量、质量上的保证,人力资源部门能够给营销部门物色优秀的营销人才,等等。企业营销部门要争取高层管理和其他职能部门的理解和支持,加强与财务、生产、采购、人力资源及研发等部门的合作。

(二) 营销渠道企业

1. 供应商

供应商是为企业及其竞争者提供生产经营所需资源的企业或个人,包括提供原材料、零配件、设备、能源、劳务及其他用品等。供应商对企业营销业务有实质性的影响,其所供应的原材料数量和质量将直接影响产品的数量和质量,所提供的资源价格会直接影响产品成本、价格和利润。企业为取得良好效益和长久发展,必须和供应商保持密切联系。如乳制品企业为了生产出优质的牛奶，制定严格的鲜奶收购条件和标准，只有符合条件和标准的奶站或奶农才可向其供奶。

2. 营销中介

营销中介主要指协助企业促销、销售和经销其产品给最终购买者的机构，包括中间商、物流公司、营销服务机构和财务中介机构。

（1）中间商。包括商人中间商和代理中间商。其中，商人中间商是从事商品购销活动，并对所经销的商品拥有所有权的批发商、零售商等；代理中间商是专门介绍客户或协助商订合同但不取得商品所有权的中间商，包括专门代理购销收取佣金的商品经纪人。

（2）物流公司。主要职能是协助企业储存并把货物运送至目的地。

（3）营销服务机构。协助企业推出并促销其产品到合适的市场的机构，如营销研究公司、广告公司、传播公司等。

（4）财务中介机构。协助企业融资或防范货物购销储运风险的机构，如银行、保险公司等。

（三）顾客

顾客就是企业的目标市场，是企业服务的对象，也是营销活动的出发点和目标。企业的一切营销活动都应以顾客为中心，通过满足顾客需求，来获取利润。例如，海尔品牌很早就提出“星级服务”口号，宗旨是：用户永远是对的。只要能够不断给用户提供最满意的产品和服务，用户就会给企业带来效益。

行业观察

海尔为冰箱制作“轿子”，获“全国用户满意服务”称号

2001 年 12 月 30 日，中国质量管理协会用户委员会在北京向海尔空调无尘安装示范服务授予了“全国用户满意服务”称号，这是中国质量管理协会用户委员会根据对全国大量用户的调查结果做出的评价。海尔的每一位员工甚至一名普通的服务人员都会想尽一切办法满足用户的需求。

在四川省三台县境内有一座海拔 1 800 米的南瓜山，该县的古井镇心妙乡四村八组就位于海拔 1 500 米的位置。由于山高路陡，山上的住户从来都与冰箱、冷柜等大型家电绝缘。山上住户想买家电，商场的人一听是“心妙乡”的就直截了当地说“不送货”；到心妙乡必须经过一处险峻的悬崖，没有商家愿意冒险。用户的难题就是海尔人开发的课题，四川三台潼川海尔售后服务部许美智知道后，专门找人为用户购买的冰箱制作了“轿子”，将冰箱牢牢地固定在轿子上，为了防止上山的时候脚下滑，还特意让抬“轿子”的人穿上草鞋。此后，心妙乡马上有 8 家用户购买了冰箱，购买其他家电的用户达到了 10 家，这些产品都是海尔人用“轿子”抬上去的。

（四）竞争者

企业不可能独占市场，都会面对形形色色的竞争对手。在竞争性的市场上，除来自本行业的竞争外，还有来自代用品生产者、潜在加入者、原材料供应者和购买者等多种力量的竞争。企业要成功，必须在满足消费者需要和欲望方面比竞争对手做得更好。例如：宝洁和联合利华都是全球日用品的巨头公司，两家公司同为全球500强企业。作为同一商业领域的公司，不可避免地产生激烈的竞争。

（五）公众

公众指对企业实现营销目标有实际或潜在利害关系和影响力的团体或个人。企业面对公众的态度，会协助或妨碍企业营销活动的正常开展。企业必须采取积极的措施，树立良好的企业形象，力求保持和主要公众之间的良好关系，微观市场环境中的公众如图3－2所示。

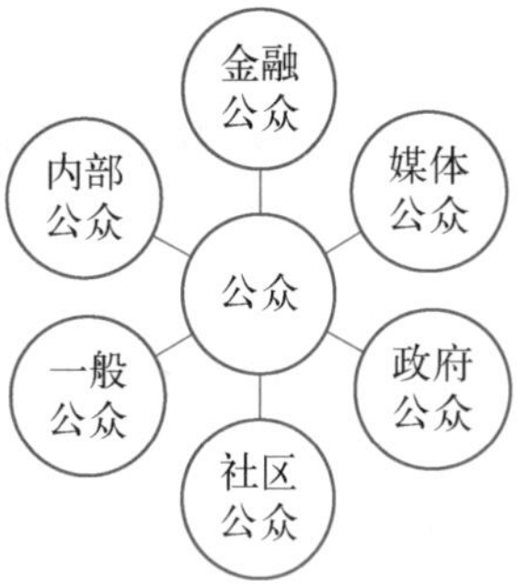

图3－2 微观市场环境中的公众

任务二 确定目标客户

绘制客户画像

目标客户分析对企业至关重要，它能帮助企业精准定位市场，开发符合需求的产品，实施个性化营销策略，从而提高资源使用效率和市场竞争力。通过深入了解目标客户群体的特征、偏好和行为，构建客户画像、分析客户行为，企业能够提供更贴心的服务，增强客户满意度和忠诚度，建立长期的客户关系。

一、市场细分

（一）市场细分的概念

市场细分，即从消费者的不同需求出发，根据消费者需求和购买行为的明显的差异性，将整体市场细分为两个或更多具有类似需求的消费者群，从而确定企业目标市场的过程。例如，服装市场根据消费者年龄可分为儿童服装市场、青年服装市场、中年服装市场、老年服装市场等；根据性别可分为男性服装市场、女性服装市场；根据职业和个性可分为职业装服装市场、休闲装服装市场和运动装服装市场等。

（二）市场细分的标准

针对消费者市场的细分标准可归纳为四大类：地理环境因素、人口因素、消费心理因素和消费行为因素。这些因素有些相对稳定，多数则处于动态变化中，需要系统、综合地考虑。

1. 地理环境因素

按照消费者所处的地理位置、自然环境来进行市场细分，具体变量包括：国家、地区、城市规模、不同地区的气候及人口密度等。处于不同地理位置的消费者，对同一类产品往往呈现出差别较大的需求特征，对企业营销组合的反应也存在较大的差别。例如，按国家可分为国内市场、国外市场或中国市场、欧洲市场等；按地区可把中国市场分为东北市场、西北市场、华北市场、华中市场及东南市场等；按城市规模可分为大城市市场、中小城市市场等。

2. 人口因素

按照各种人口统计变量来细分市场，具体变量包括：年龄、婚姻、职业、性别、收入、受教育程度、家庭生命周期、国籍、民族、宗教、社会阶层等。年龄、受教育程度不同的消费者在价值观念、生活情趣、审美观念和消费方式等方面会有很大的差异。例如，奶粉市场按年龄可分为婴幼儿市场、中老年市场等。

3. 消费心理因素

按照消费者的心理特征来细分市场，包括个性、购买动机、价值观念、生活格调、利益追求等变量。消费者的个性、价值观念等心理因素对需求有一定的影响，也决定着消费者对商品的偏好差异。企业可以把个性、爱好、兴趣和价值取向相近似的消费者集合成群，有针对性地制定营销策略。例如，理发店可根据不同消费者的个性进行市场细分，对个性前卫的人士推荐各种潮流的发型；对相对保守和传统的人士推荐适合他们的较正式和传统的发型。

4. 消费行为因素

按照消费者的购买行为来细分市场，包括消费者进入市场的程度、使用频率、偏好程度等变量。按消费者进入市场的程度，通常可以划分为常规消费者、初次消费者和潜在消费者。

一般而言，实力雄厚、市场占有率较高的企业，特别注重吸引潜在购买者，争取通过营销战略，把潜在消费者变为初次消费者，进而再变为常规消费者。一些中、小企业，特别是无力开展大规模促销活动的企业，主要吸引常规消费者。

消费者对产品的偏好程度是指消费者对某品牌的喜爱程度，据此可以把消费者市场划分为四个群体：绝对品牌忠诚者、多种品牌忠诚者、变换型忠诚者和非忠诚者。在绝对品牌忠诚者占比很高的市场上，其他品牌难以进入；在变换型忠诚者占比较高的市场上，企业应努力分析消费者品牌忠诚转移的原因，以调整营销组合，加强品牌忠诚程度；而对于那些非忠诚者占比高的市场，企业应审查品牌定位和目标市场的确立等是否准确，并随市场环境和竞争环境变化重新加以调整和定位。

（三）市场细分的方法

1. 单一因素法

单一因素法是基于单一标准来划分市场的方法。这种方法简单明了，易于操作，尤其适用于那些产品特性与消费者某一特征紧密相关的市场。以服装市场为例，根据消费者的年龄特征，可以将其细分为儿童、青年、中年和老年市场。每个细分市场都有其独特的需求和偏好，如儿童服装市场可能更注重服装的舒适性和耐用性，而青年服装市场可能更注重时尚和个性化设计。企业可以针对每个细分市场的特点，设计和推广相应的产品，制定针对性的营销策略。然而，单一因素法也有其局限性，它可能忽略了消费者的其他重要特征，如收入水平、生活方式等，因此在实际应用中需要谨慎。

2. 综合因素法

综合因素法是更为复杂的市场细分方法，它根据多个因素的组合来划分市场。这种方法能够更全面地反映市场的特征，帮助企业更准确地识别和满足不同消费者群体的需求。以乳品市场为例，除了考虑消费者的年龄、性别、收入水平等人口统计因素外，还可以考虑其生活方式、健康意识、消费习惯等心理和行为因素。通过综合考虑这些因素，乳品市场可以细分为大众市场和餐饮市场等。大众市场可能更关注产品的营养价值和健康效益，而餐饮市场可能更注重产品的口味和外观。企业可以根据这些细分市场的特点，开发差异化的产品，制定个性化的营销策略。综合因素法虽然能够提供更深入的市场洞察，但也要求企业具备较高的市场研究能力和数据分析能力。

3. 系列因素法

系列因素法是多层次的市场细分方法，它首先根据一个主要因素进行市场细分，然后在此基础上进行二次、三次甚至更多层次的细分。这种方法能够更精细地划分市场，帮助企业更精准地定位目标消费者。以乳品市场为例，首先可以根据消费者的年龄特征将其细分为婴儿、学生、中老年人和青年等市场。然后，针对中老年人市场，可以进一步根据其具体的健康需求进行二次细分，如缺钙、缺铁、缺锌等人群。每个细分市场都有其独特的需求和偏好，企业可以针对这些需求，开发特定的产品。系列因素法能够提供更细致的市场划分，但也要求企业具备较强的市场细分能力和产品开发能力。

二、客户画像

(一) 客户画像的概念

客户画像是企业通过收集与分析客户的社会属性、生活习惯、消费行为等各方面信息的数据，抽象化出来的客户商业特征，如图 3-3 所示。客户画像分析是市场策划领域中至关重要的一环，深入了解目标客户的特征、需求和行为习惯，可以帮助企业精准定位市场，了解客户的真正需求，设计出更符合客户需求的产品和服务，制定出更具针对性的营销策略。此外，客户画像还能够揭示市场上的潜在机会和风险，为企业的战略规划和风险管理提供支持。

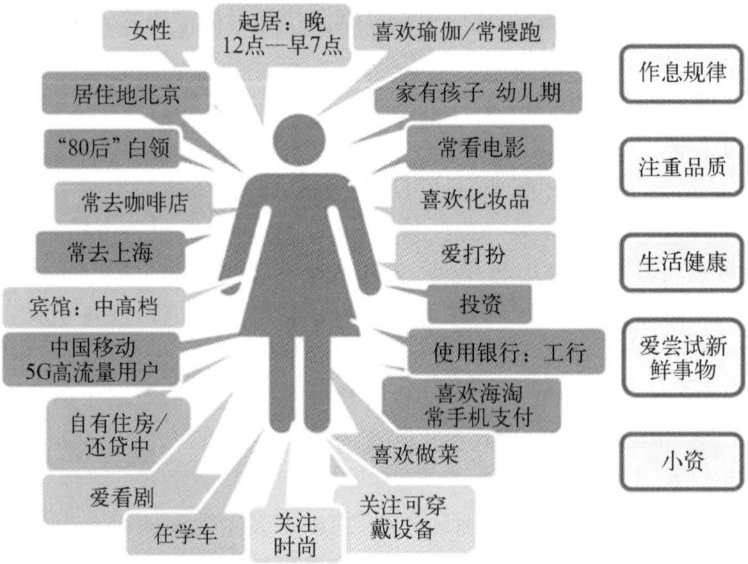

图 3-3 客户画像示例

（二）客户画像的基本属性

1. 描述性数据

描述性数据是构建客户画像的基础，它涉及客户的个人特征和背景信息。这些信息通常包括客户的性别、年龄、受教育水平、职业、收入水平、家庭状况等，见表3－1。通过描述性数据，企业可以对客户的基本社会经济状况有清晰的认识，从而对客户的生活方式、消费能力和消费偏好有初步的判断。例如，年轻消费者可能更偏好时尚和科技产品，而中老年消费者可能更注重产品的实用性和性价比。此外，描述性数据还可以帮助企业识别不同客户群体的特征，为市场细分和目标市场选择提供依据。企业可以根据描述性数据，设计出更符合特定客户群体需求的产品和服务，提高市场竞争力。

表3－1　客户画像描述性数据

客户类型	项　目
个人客户	姓名、地址、性别、出生年月、电话、邮箱、账号、工作类型、收入水平、婚姻状况、家庭成员情况、信用情况、客户类型等
企业客户	公司名称、公司基本情况（注册资本、员工数、年销售额、收入及利润等）、经营项目、经营规模、经营时间、信用级别、付款方式；总部及相应机构营业地址、电话、传真；主要联系人姓名、头衔及联系渠道；关键决策人姓名、头衔及联系渠道；公司其他部门和办公室电话；资金实力、固定资产、厂房所有权、发展潜力、经营观念、经营方向、经营政策、内部管理状况、经营历史等

2. 行为性数据

行为性数据是反映客户实际行为的数据，它包括客户的购买记录、消费习惯、服务使用情况、与企业的互动历史等，见表3－2。这些数据能够直接反映客户的消费行为和偏好，是企业制定营销策略的重要依据。通过分析客户的购买记录，企业可以了解客户的购买频率、购买品类、购买金额等信息，从而识别出忠诚客户和潜在的高价值客户。通过分析客户的消费习惯，企业可以获得客户的使用场景、偏好的品牌和产品等信息，从而优化产品组合和定价策略。此外，客户对产品服务的要求和与企业的互动历史，也能够提供客户满意度和忠诚度的重要信息。企业可以通过改善服务质量、提升客户体验，来增强客户黏性，提高客户生命周期价值。

表3－2　客户画像行为性数据

客户类型	项　目
个人客户	商品、货号、数量、总金额、平均单价、订单号、订单状态、支付状态、发货状态、下单日期、实付金额等；促销活动名称、活动有效期、活动执行时间、参加活动人数、操作人、促销活动反应等
企业客户	客户类型（分销商、咨询者、产品协作者等）；银行账号、信贷限额及付款情况；购买过程；与其他竞争对手的联系情况等

3. 关联性数据

关联性数据是指与客户行为相关的其他信息，它包括客户的社交网络、兴趣爱好、生活方式、价值观等，见表 3-3。这些数据虽然不直接反映客户的消费行为，但能够影响和预测客户的行为和决策。例如，客户的社交网络可以影响其消费观念和品牌偏好，客户的兴趣爱好可以影响其产品选择和使用场景。通过分析关联性数据，企业可以更全面地理解客户的需求和动机，从而提供更加个性化和差异化的产品和服务。此外，关联性数据还可以帮助企业发现客户的潜在需求和新的市场机会。例如，通过分析客户的兴趣爱好，企业可以开发出新的产品线，拓展新的市场领域。关联性数据的分析和应用，需要企业具备较强的数据分析能力和创新能力，它能够为企业带来更大的市场空间和更高的利润回报。

表 3-3　客户画像关联性数据

客户类型	项　目
个人客户	感兴趣的话题、评论内容、品牌偏好、位置偏好、时间偏好等。生活方式、特殊爱好、对企业产品和服务的偏好、对问卷和促销活动的反应、其他产品偏好、试用新产品的倾向等
企业客户	忠诚度指数；潜在消费指数；对新产品的倾向等

(三) 客户画像基本特征分析

客户画像基本特征分析需要整合客户的年龄段分布、职业、地域分布、消费习惯等多方面基本信息，确定消费主体店铺的消费人群定位不仅要与行业客群定位有着一定的相似度，还需要符合产品受众人群。如果客群定位不够精准，可能会导致店铺的流量质量整体下降，无法进一步实现转化。客户画像基本特征分析示例如图 3-4 所示。

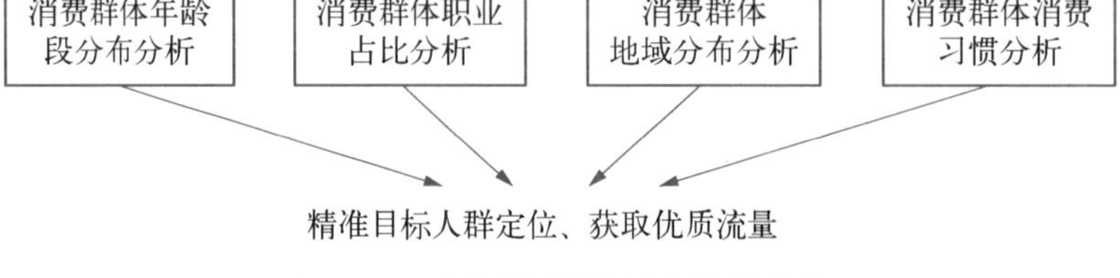

图 3-4　客户画像基本特征分析示例

1. 年龄段分布分析

年龄是客户画像中非常关键的维度。以男装毛衣为例，通过分析消费者的搜索记录和购买数据，企业可以识别出不同年龄段客户对男装毛衣的不同偏好。这不仅有助于企业在设计、定价和推广策略上做出更有针对性的决策，还能帮助企业预测不同年龄段的市场需求和潜在增长点。例如，年轻消费者可能更偏好时尚和潮流的款式，而中老年消费者可能更注重毛衣的舒适度和保暖性。了解产品目标客户群的年龄分布对于企业在商品布局、库存管理和市场推广上具有指导意义。

2. 职业占比分析

职业是影响消费者购买行为的另一个重要因素。不同职业的消费者往往有不同的需求和偏好。工薪阶层可能更看重商品的性价比和耐用性;教职工可能偏好简约而有品位的设计;公司职员可能更注重商品的时尚度和品牌形象;个体经营者或服务人员可能更看重购物的便捷性和效率;医护人员可能对商品的安全性和健康性有特殊要求;而学生群体可能更容易受到同龄人影响,追求个性化和情感价值。企业可以根据职业特征来调整产品线,设计符合不同职业群体需求的产品和服务。

3. 地域分布分析

地域分布是客户画像中的一个重要组成部分,它反映了不同地区消费者的购买行为和市场潜力。通过分析消费者的地理位置数据,企业可以识别出销售的热点区域和潜在的市场机会。例如,一些地区可能对高端品牌有更高的接受度,而其他地区可能更偏好性价比较高的商品。此外,地域文化差异也会影响消费者的购买决策,如对颜色、图案和款式的偏好。企业可以根据地域分布特征来制定区域性的营销策略,优化物流配送,甚至开发符合当地文化特色的产品,以更好地满足不同地区消费者的需求。

4. 消费习惯分析

(1) 品类偏好:反映消费者对不同品类产品的喜好程度,是影响市场需求的一个重要因素。

(2) 搜索偏好:能够找到消费者在网络上的搜索词偏好,以此优化产品页面标题,提升产品页面的点击率。

(3) 支付时间偏好:了解消费者支付时间偏好可帮助调整产品上下架时间,也能查看整体的流量趋势,优化客服排期,时刻为消费高峰期做好准备。

(4) 支付金额偏好:通过支付金额偏好初步了解客户消费能力,也可通过分析热销价格段帮助产品定价。

三、客户行为

客户行为分析对于企业至关重要,它是制定有效营销计划和营销组合策略的关键出发点。通过深入研究客户的购买行为,企业能够洞察消费者的需求、偏好和决策过程,从而设计出更加符合市场需求的产品和服务。此外,客户行为分析还能够帮助企业识别最有价值的客户群体,优化产品定位,制定针对性的推广策略。

(一) 客户购买行为类型

在购买不同商品时,客户决策过程的复杂程度有很大区别。一些商品的购买过程很简单,如买牙膏、牙刷;另一些则比较复杂,需要深入研究和比较才可能发生购买过程,如买电脑、轿车等。因此,在考察客户购买决策过程之前,需要对购买行为进行分类,企业根据不同的购买类型,实行不同的营销策略。划分消费者的购买行为,主要根据以下两个标准:购买者介入购买的程度和不同品牌之间的差异程度。根据客户介入购买的程度,可以把购买行为分为高介入的行为和低介入的行为。根据品牌差别的程度,可以把消费者的购买行为分为品牌差别大的购买行为和品牌差别小的购买行为。这样,我们可以将消费者购买行为分为四种类型,如图 3-5 所示。

品牌差异 \ 购买介入程度	高	低
差异大	复杂型	多样型
差异小	和谐型	习惯型

图 3－5 客户购买行为分类

1. 复杂型购买行为

复杂型购买行为多发生在客户初次购买单价高、品牌差异大的耐用消费品的场合。由于多数客户不太了解这些商品的品种、规格、性能等技术细节，因此，购买时需要经历认识学习的过程。例如，家用电脑价格昂贵，不同品牌之间差异大，某人想购买家用电脑，但又不知硬盘、内存、主板、中央处理器等为何物，对于不同品牌之间的性能、质量、价格等无法判断，贸然购买有极大的风险。他要广泛收集资料，对供选择品牌的重要特性进行评价，再慎重地做出购买选择。对于复杂型购买行为，营销者应制定策略帮助购买者掌握产品知识，如运用印刷媒体、网络媒体、销售人员宣传等方式宣传本品牌的优点，通过购买者的亲友影响购买者的最终购买决定，简化购买过程。

2. 和谐型购买行为

和谐型购买行为常发生在客户介入程度高，但所购商品品牌差异不大的场合。由于品牌差异不明显，客户一般不必花很多时间收集不同品牌商品的信息并进行评价，购买过程迅速而简单，因而购买后会认为自己所买产品具有某些缺陷，怀疑原先购买决策的正确性。地毯、户内装饰材料、服装、首饰和家具等商品的购买多属于这种购买行为。对于这类购买行为，营销者要提供完善的售后服务，通过各种途径经常提供有利于本企业和产品的信息，使顾客相信自己的购买决定是正确的。例如，一些首饰商品的卖者，在消费者购买首饰后，定期建议顾客对首饰进行保养，并提供一些首饰保养小常识，大大提高了消费者的满意度。

3. 习惯型购买行为

习惯型购买行为常发生在价格低廉、经常购买、品牌差异小的产品购买场合。此时客户并未深入搜集信息和评估品牌，只是习惯于购买自己熟悉的品牌，在购买后可能评价也可能不评价产品。这时市场营销者可以用价格优惠、电视广告、独特包装、销售促进等方式让顾客消费者试用、购买和续购其产品。例如，日化公司为培养消费者的购买习惯，经常在媒体上进行宣传洗发产品。

4. 多样型购买行为

多样型购买行为多发生在价值低、需频繁购买，品牌有差异的产品购买场合。此时消费者购买产品有很大的随意性，并不深入收集信息和评估比较就决定购买某一品牌，在消费时才加以评估，但在下次购买时又转换其他品牌。市场营销者可通过占有货架、避免脱销和提醒购买的广告来鼓励消费者形成购买习惯，或是以降价、折扣、赠券、赠送样品和强调试用新产品的广告来鼓励消费者改变原习惯性购买行为。例如，夏天消费者对冷饮的消费，经常会变换购买的品牌，以尝试多种新鲜口味。

(二) 客户购买行为分析

营销学者对客户购买决策行为的一般过程做了深入研究，提出较为通用的五阶段模式，如图 3－6 所示。这个模式适用于复杂型购买行为分析，其他几种购买类型是越过其中某些阶段后形成的，是复杂型购买行为的简化形式。对客户购买决策行为进行深入分析，有助于企业针对决策过程不同阶段的主要矛盾，采取不同的营销对策。

图 3－6　客户购买决策行为阶段

1. 确认需要

当客户感受到一种需求并准备通过购买商品来满足这一需求时，商品的购买决策过程便正式启动。需求的产生可以由内外部因素触发，如个人欲望或外界刺激，这些因素都可能激发购买动机。企业需要深入了解消费者需求的具体内容、产生原因及其紧迫性，并将这些需求有效地引导至特定商品，进而转化为购买动机。为此，企业应制定精准的市场营销策略，旨在激发消费者的特定需求并引发购买动机。例如，通过广告、产品展示或口碑传播，企业可以利用社会影响来激发需求。假设一位同事购买了一台新笔记本电脑，其他同事可能因受到这一行为的影响而萌生购买相同或类似产品的欲望。通过这种方式，企业不仅能够满足消费者的需求，还能促进产品的销售和提升品牌的忠诚度。

2. 收集信息

客户形成了购买某种商品的动机后，就要先收集信息。以购买手提电脑为例，这时，客户增加了对有关手提电脑广告、谈话等的注意，比以往更容易接受这种商品的信息，可能还会通过查阅资料、向亲友和熟人询问情况等方式，更积极地搜集信息。为了向目标市场有效地传递信息，营销人员需要了解消费者获得信息的主要来源及其对消费者的影响程度。消费者一般从以下四种来源获得信息：

(1) 个人来源，即从家庭、朋友、邻居和其他熟人处得到信息。

(2) 商业来源，即通过广告、售货员介绍、商品展览与陈列、商品包装、商品说明书等得到信息。

(3) 公众来源，即通过报刊、电视等大众宣传媒介的客观报道和消费者团体的评论得到信息。

(4) 经验来源，即通过触摸、试验和使用商品得到信息。

企业利用商业来源传播信息，还要设法利用和刺激个人来源、公共来源和经验来源。也可多种渠道同时使用，以加强信息的影响力和有效性。

3. 评估方案

客户在获得全面的信息后，会根据这些信息和一定的评价方法对同类产品的不同品牌加以评价并做出选择。一般而言，消费者的评价行为涉及以下三个方面。

(1) 产品属性。即产品能够满足消费者需要的特性。例如：计算机的存储能力、图像显示能力、软件的适用性等都是消费者感兴趣的产品属性。市场营销人员应分析本企业产品具备哪些属性，以及不同类型的消费者分别对哪些属性感兴趣，以便进行市场细分，为不同需求的消费者提供具有不同属性的产品。

（2）品牌信念。即消费者对某品牌优劣程度的总体看法。例如，联想电脑因其优越的质量和良好的售后服务，深受消费者的喜爱。市场营销人员应深入认识本企业产品的优良性能，激发消费者的购买欲望。

（3）效用要求。指消费者对该品牌某一属性的效用功能应当达到何种水准的要求。例如，现在计算机的存储能力达到256G才能符合普遍要求。

4. 购买决策

通过对供选择品牌的评价，客户形成了对某种品牌的偏好和购买意向。但是，客户是否能实现或立即实现其购买意向，还要受以下因素的影响。

（1）他人态度。例如，某一客户决定购买A品牌电脑，但家人不同意，就很可能改变购买意向。

（2）意外情况。例如，如果出现家庭收入减少，急需在某方面用钱或得知准备购买的电脑品牌令人失望等意外情况，客户也可能改变购买意向。

因此，营销人员应充分注意消费者购买行为的变化，及时强化消费者的购买决策。

5. 购后行为

客户购买商品后，往往会通过使用体验和他人的评判，对其购买选择进行检验，把他所觉察的产品实际性能与以前对产品的期望进行比较。若发现产品性能与期望大体相符，客户就会感到基本满意；若发现产品性能超出了期望，就会感到非常满意；反之就会感到失望和不满。客户是否满意，会直接影响他购买后的行为。

企业应采取有效措施，尽可能使客户购买后感到满意。比如，有的电脑经营企业在产品售出后，请客户留下姓名、地址、联系电话等，定期与客户联系，祝贺他们买了一件理想的产品，通报本企业产品的质量、服务和获奖情况，指导客户正确使用产品，征询改进意见等，建立良好的沟通渠道处理来自客户的意见，并迅速赔偿客户所遭受的不公平损失。

行业观察

数字时代的客户评价收集方法

在数字经济时代，客户评价的收集方法已经从传统的面对面交流和纸质问卷，转变为更加多样化和数字化的手段。随着科技的发展和消费习惯的变化，企业现在可以利用各种在线平台和工具来收集客户反馈。这些数字化工具不仅可以实时收集客户意见，还能帮助企业快速响应客户需求，提升客户体验。同时，通过分析客户评价数据，企业能够洞察市场趋势，优化产品和服务，实现持续改进和创新。

1. 社交媒体监控

社交媒体是现代消费者表达意见和分享体验的重要渠道。企业可以通过监控平台上的讨论，收集客户的即时反馈。这种方法可以帮助企业快速响应客户的需求和问题，同时也可以利用客户的正面评价作为口碑传播的素材。

2. 在线调查与移动应用

在线调查和移动应用提供了一种便捷的方式，让客户能够在任何时间、任何地点提供反馈。通过设计简短而有针对性的调查，企业可以鼓励客户参与，并提供激励措施以提高回应率。移动应用还可以通过推送通知等方式，直接与客户互动，收集实时反馈。

3. 客户服务与产品评价系统

客户服务中心和在线聊天服务是收集客户评价的传统方式。企业可以通过这些渠道直接与客户沟通，收集他们的意见和建议。同时，在电子商务网站上设置产品评价系统，鼓励客户在购买后留下评价，这些评价可以为其他潜在客户提供参考，同时也为企业提供了宝贵的市场信息。

4. 社区论坛与客户访谈

社区论坛为企业和客户之间的互动提供了一个平台。企业可以通过这些平台收集客户的集体智慧和反馈。此外，一对一的客户访谈可以提供更深入的客户见解，帮助企业了解客户的具体需求和期望，从而制定更有针对性的产品和服务改进措施。

5. 客户关系管理(CRM)系统

CRM系统可以帮助企业跟踪客户的购买历史、互动记录和反馈信息。通过分析这些数据，企业可以获得关于客户满意度和忠诚度的指标，从而更好地理解客户需求和行为模式。CRM系统的应用有助于企业实现客户信息的整合和营销活动的个性化。

6. 大数据分析与客户成功平台

大数据分析可以帮助企业从海量的客户数据中发现客户消费模式和趋势。通过分析客户的在线行为、购买历史和反馈信息，企业可以更准确地预测客户需求和市场趋势。客户成功平台集成了满意度收集、健康度分析等功能，帮助企业更高效地收集和处理客户反馈，提升客户体验和忠诚度。

任务三　应对市场竞争

一、市场定位

(一) 市场定位的含义

市场定位，也被称为产品定位或竞争性定位，是根据竞争者现有产品在细分市场上所处的地位和顾客对产品某些属性的重视程度，塑造出本企业产品与众不同的鲜明个性或形象并传递给目标顾客，使该产品在细分市场上占有强有力的竞争位置。亦即，市场定位是塑造产品在细分市场的位置。产品的特色或个性可以从产品实体上表现出来，如形状、成分、构造、性能等；也可以从消费者心理上反映出来，如豪华、朴素、时髦、典雅等；还可以表现为价格水平、质量水准等。

（二）市场定位的方式

市场定位作为一种竞争战略，显示了一种产品或一家企业同类似的产品或企业之间的竞争关系。定位方式不同，竞争态势也不同，下面介绍三种主要定位方式。

1. 避强定位

这是一种避开强有力的竞争对手的市场定位方式。其优点是能够迅速地在市场上站稳脚跟，并能在消费者或用户心目中迅速树立形象。由于这种定位方式市场风险较小，成功率较高，常常为多数企业所采用。

2. 对抗性定位

这是一种与在市场上占据支配地位的，亦即最强的竞争对手“对着干”的定位方式。显然，这种定位有时会产生风险，但不少企业认为能够激励自己奋发上进，一旦成功就会取得巨大的市场优势。以餐饮行业为例，百事可乐与可口可乐之间的竞争，“汉堡包王”与“麦当劳”的竞争，等等。

3. 重新定位

重新定位是指对销路少、市场反应差的产品进行二次定位。这种重新定位旨在摆脱困境，重新获得市场增长与活力。这种困境可能是企业决策失误引起的，也可能是对手有力反击或出现新的强有力竞争对手而造成的。不过，也有些产品的重新定位并非因为已经陷入困境，而是因为产品意外地扩大了销售范围。例如，专为青年人设计的某种款式的服装在中老年消费者中也流行开来，该服饰就会因此进行重新定位。

（三）市场定位策略

1. 产品差别化战略

产品差别化战略是从产品质量、产品款式等方面实现差别以获取优势的战略。寻求产品特征是产品差别化战略经常使用的手段。实践证明，某些产业特别是高新技术产业，哪个企业掌握了最尖端的技术，率先推出具有较高价值的产品创新特征，就能够发展成为一种十分有效的竞争优势。

产品质量是指产品的有效性、耐用性和可靠程度等。例如，A品牌的止痛片比B品牌疗效更好，副作用更小，顾客通常会选择A品牌。

产品款式是产品差别化的有效工具，对汽车、服装、房屋等产品尤为重要。以中国品牌李宁为例，它在服装行业通过款式差异化成功吸引了大量年轻消费者。李宁最初以专业运动装备为主，但近年来开始转型，推出了一系列融合了中国传统元素与现代设计风格的潮流服饰。特别是“中国李宁”系列，在巴黎时装周上大放异彩后迅速走红，成为国内外年轻人追捧的对象。该系列采用鲜明的汉字标识、“悟道”等文化符号作为设计灵感，结合大胆的颜色搭配和创新的剪裁技术，创造出既具民族特色又不失时尚感的产品。这种独特的设计理念不仅帮助李宁品牌树立了鲜明的品牌形象，也使其在国际市场上获得了更高的认知度，展现了中国品牌的创造力和竞争力。

2. 服务差别化战略

服务差别化战略是向目标市场提供与竞争者不同的优异服务以获得优势的战略。企业的竞争力越能体现在顾客服务水平上，市场差别化就越容易实现。服务差别化战略能够提高顾客总价值，保持牢固的顾客关系，从而击败竞争对手。服务战略在各种市场状况下都有驰骋的天地，尤其在饱和的市场上。例如，中国房地产企业万科集团，正是在服务差别化战略上进行经营突破的。万科从产品构思设计到住宅环境建设、从住户安逸舒适到小区生活方便，都是围绕着客户服务在做文章。

3. 人员差别化战略

人员差别化战略是通过聘用和培训比竞争者更为优秀的人员以获取差别优势。市场竞争归根到底是人才的竞争。

受过良好训练的员工应具有以下基本素质：

(1) 能力。具有产品知识和技能。

(2) 礼貌。友好对待顾客，尊重和善于体谅他人。

(3) 诚实。使人感到坦诚和可以信赖。

(4) 可靠。强烈的责任心，能准确无误地完成工作。

(5) 反应敏锐。对顾客的要求和困难能迅速做出反应。

(6) 善于交流。尽力了解顾客，并能将有关信息准确地传达给顾客。

4. 形象差异化战略

形象差异化战略是在产品的核心部分与竞争者类同的情况下塑造不同的产品形象以获取差别优势。为企业或产品成功地塑造形象，需要具有创造性的思维和设计，需要持续不断地利用企业所能利用的所有传播工具。具有创意的标志融入某一文化的气氛，也是实现形象差别化的重要途径。

拓展阅读

麦德龙的"启业套餐"

2002年7月，麦德龙在上海虹口商场推出了"启业套餐"，为自主创业者"雪中送炭"。

你如果想开一家小超市或者杂货店，麦德龙会为你提供目前市场畅销的商品，并帮助配货，让你用最少的现金配齐全的货物；如果想组织一支小型装修队，麦德龙会为你配备所需要的电动工具和手动工具，提供相应装修材料的商品建议清单；若想开一家小饭店，则有餐具套餐、酒水套餐供选择。此外，麦德龙还为食堂及酒店提供配菜服务，根据客户的菜单、人数，麦德龙可帮助配齐所需的蔬菜、鱼、肉及水果，并提供若干参考菜单。麦德龙还为工厂及事业单位的防暑降温准备了建议商品目录；为新婚夫妇设计了经济型及豪华型组合的电器、家具、床上用品套餐等。

顾客与商家之间，不只是简单的一手交钱一手交货的买卖关系。商家只有重视顾客的存在，真正了解顾客并满足顾客的需求，才能获得顾客的青睐，从而使商家与顾客得到共同发展。

二、行业竞争

竞争是市场经济的基本特性。市场竞争所形成的优胜劣汰，是推动市场经济运行的强制力量，它迫使企业不断研究市场，开发新产品，改进生产技术，更新设备，降低经营成本，提高经营效率和管理水平，获取最佳效益并推动社会的进步。在发达的市场经济条件下，任一企业都处于竞争者的重重包围之中，竞争者的一举一动对企业的营销活动和效果都具有影响。企业必须认真研究竞争者的优势与劣势、竞争者的战略和策略，明确自己在竞争中的地位，有的放矢地制定竞争战略，才能在激烈的竞争中求得生存和发展。

(一) 识别竞争对手

与企业相关的环境范围很广，对企业影响最大的是其所在行业中各个企业之间的竞争。企业在决定竞争原则和竞争战略时，必须考虑同行成员状况。此外，行业外的力量也不可忽视，它也会对本行业中所有的企业产生影响。

企业要正确识别竞争对手，需要掌握竞争者的四个层次，本节以通用汽车公司及其生产的别克汽车为例。

1. 品牌竞争者

品牌竞争者是指满足同一需要的同种形式产品的不同品牌之间的竞争。例如，生产别克轿车的通用汽车公司，将福特、丰田及其他中档汽车生产商视作竞争对手，而不会把生产高档车的奔驰和生产低档车的一些汽车公司视作竞争对手。

2. 行业竞争者

行业竞争者是指满足同一需要的产品的各种形式之间的竞争。例如，生产别克轿车的通用汽车公司，将生产 SUV、MPV 和越野车等的汽车生产商视为竞争对手。

3. 形式竞争者

形式竞争者是指提供不同的产品以满足相同需要的竞争者。在这一竞争层面上，企业会把能满足消费者某种相同需要或欲望的产品形式的企业，视为企业的竞争者。

例如，能帮助消费者解决“代步”问题的产品形式有很多，因此在形式竞争者这一方面，通用汽车公司的竞争对手就不仅仅是汽车制造商，还包括摩托车、自行车的产品制造商。

4. 愿望竞争者

愿望竞争者是指提供不同产品以满足不同需要的竞争者。例如，通用汽车公司把销售和提供耐用消费品、旅游、房产等的企业视为竞争对手，力图从目标消费者的不同需要中分一杯羹。

(二) 制定竞争性营销战略

不同企业有不同的市场位置，不同的营销战略。美国哈佛大学商学院教授迈克尔·波特在其《竞争战略》中，提出了三种基本战略。

1. 总成本领先战略

总成本领先战略是指企业努力降低产品的生产成本和分销成本，从而使产品价格低于竞争对手的产品价格，以迅速扩大销售量，提高市场占有率。

2. 差异性战略

差异性战略是指企业大力发展别具一格的产品线或营销项目，以争取在产品或服务等方面有独到之处，从而取得差异优势，使顾客愿意接受较高价格的产品。

3. 聚焦战略

聚焦战略是指企业集中力量为某一个或几个细分市场提供最有效的服务，更好地满足一定顾客的特殊需要，从而争取局部的竞争优势。例如，玻璃公司将有色钢化玻璃瞄准了微波炉、淋浴室玻璃门等细分市场。

（三）制定竞争者营销战略

根据企业在行业中的地位，可以将竞争者分为以下几种类型，如表 3－4 所示。

表 3－4　竞争者市场结构

竞争者类型	所占市场份额/%
市场领先者	40
市场挑战者	30
市场追随者	20
市场补缺者	10

1. 市场领先者及其营销战略

市场领先者是指在相关产品市场上占有率最高，拥有最大的市场份额的企业。一般来说，大多数行业都存在被公认为市场领先者的一家企业。作为领先者，该企业是市场竞争的一个导向点，其他企业可以挑战、模仿或避免与之竞争。市场领先者的经营生涯并不轻松，必须时刻保持警惕，防止其他企业向它发起挑战或利用其弱点占据市场领先者的地位。市场领先者为了保护现有的市场份额，可以采取以下防御与进攻战略。

（1）以攻为守战略。例如，某精工公司在全世界分销 2 300 种手表的计划，就是为了确定一个宏大的市场包围范围，以便采取全面出击的进攻式防御。

（2）“堵漏洞”以防进攻的战略。例如，一个经营包装商品行业的领先者，就应经营多种规格、形式的商品，以满足消费者的各种偏好，尽可能多地占领市场。

（3）其他防御战略。其他防御战略有阵地防御、侧翼防御、先发制人防御、反击式防御、运动防御、收缩防御等。例如，某公司最初用制作降落伞的尼龙纤维生产尼龙丝袜、衬衫面料，进而制作汽车轮胎、沙发椅套和地毯，不断延长尼龙纤维的生命周期。

2. 市场挑战者及其营销战略

市场挑战者是指相关产品在市场上处于次要地位，但又有能力向市场领先者发动全面或局部攻击的企业。这类企业并不甘心居于第二位，一旦条件、时机成熟，它们就会向市场领先者和其他竞争对手发起攻击，以夺取更多的市场份额，并试图成为市场领先者。

大多数挑战者的战略目标是增加其市场份额，从而获得更高的盈利。市场挑战者往往采取以下几种战略来进攻竞争对手。

（1）正面进攻。正面进攻是指集中全力向竞争对手的主要市场阵地发起进攻。为此，企业要投入大量的研发费用，降低产品成本以低价向竞争对手发动进攻，这是实行正面进攻策略最可靠的手段之一。

(2) 侧翼进攻。侧翼进攻是指集中优势力量攻击竞争对手的弱点，是最有效和最经济的一种策略形式，较正面进攻有更多的成功机会。侧翼进攻可以分为两种情况：一种是地理性的侧翼进攻，即在一定区域内寻找并攻击竞争对手市场力量薄弱的地区；另一种是细分性侧翼进攻，即寻找竞争对手尚未关注或服务的细分市场，并在这些市场上迅速填空补缺。

(3) 包围进攻。包围进攻是指当企业确信自己拥有足够的优于竞争对手的资源，并确信围堵竞争对手的计划足以打垮对手时，就可以采取全方位、大规模进攻竞争对手的包围进攻战略。

(4) 迂回进攻。迂回进攻是指完全避开竞争对手现有的市场阵地在对手没有防备的地方发动进攻，是一种间接的进攻策略。具体操作可以采取以下三种方法：一是实现产品主角化；二是以现有产品进入市场，实行市场多元化；三是研发新技术，开发新产品，取代现有产品。

(5) 游击进攻。游击进攻是指企业主要以小型的、间断性的进攻干扰对手，以占据长久性的市场立足点。这一进攻战略主要适用于规模较小、力量较弱，无力发动正面进攻或有效的侧翼进攻的企业。

3. 市场追随者及其营销战略

市场追随者是指在相关产品市场上处于中间状态，并力图保持其市场占有率不下降的企业。该类企业只求维持自己的市场份额，并不希望扰乱市场局面，所以其定位是追随领先者而非攻击领先者。

在钢铁、化肥、化工等资本密集的同质产品行业，产品形象差异小，服务质量相仿，价格敏感性却很高。这些行业中的企业一般都反对攫取短期市场份额的做法，大多数企业不互相拉客，而经常效仿市场领先者，为顾客提供相似的产品，所以市场份额高度稳定。但市场追随者并非没有营销战略，它们通常应用其特有的能力积极活动，保持自己一定的市场份额，并有所成长。一般有三种可供选择的追随战略。

(1) 紧密追随战略。紧密追随战略是指企业在各个细分市场和营销组合方面，尽可能地效仿市场领先者。这种追随者有时好像是挑战者，但只要它们不从根本上侵犯市场领先者的地位，就不会与市场领先者发生直接冲突。有些追随者表现出较强的寄生性，因为它们很少刺激市场，总是依赖市场领先者的市场而努力生存。

(2) 有距离追随战略。有距离追随战略主要是指企业在目标市场、产品创新、价格水平和分销渠道等主要方面追随市场领先者，但仍与市场领先者保持差异。这种追随者可通过兼并小企业使自己发展壮大。

(3) 有选择追随战略。有选择追随战略的追随者不是盲目追随市场领先者，而是择优追随，在追随的同时不断发挥自己的独创性，但不进行直接的竞争。有些追随者可能发展成为挑战者。

4. 市场补缺者及其营销战略

市场补缺者也叫市场利基者，是指专门为规模较小或大企业不感兴趣的细分市场提供产品或服务的企业。市场补缺者常常是因在市场上缺乏竞争力而尽量避免与大企业发生冲突的、从事专门化经营的小企业，其业务范围常常是较少引起大企业兴趣的市场的某一部分。市场补缺者拾遗补缺、见缝插针，虽然在整体市场上仅占很小份额，但比其他企业更了解也更能满足某一细分市场，同样能通过提供高附加值得到高利润和快速成长。

在选择市场空缺时，多重补缺比单一补缺更能减少风险。因此，企业通常会选择两个或两个以上的市场空缺，以确保生存与发展。

市场补缺者的营销策略的特点是专门化，即在最终使用者、垂直层面、顾客规模等方面实行专门化经营。

(1) 最终使用者专门化。市场补缺者专门致力于为某类最终使用者服务，如计算机行业有些小企业专门针对某一类用户（如诊所、银行等）进行营销。

(2) 垂直层面专门化。市场补缺者专门致力于生产某一分销渠道中的某些层面，如制铝厂专门生产铝锭、铝制品或铝质零部件等。

(3) 顾客规模专门化。市场补缺者专门为某一种规模（大、中、小）的客户服务。

(4) 地理区域专门化。市场补缺者只在某一地点或地区范围内经营业务。

(5) 产品或产品线专门化。在产品方面，可以从事某种产品生产的某一工序，或专门生产某种规格的产品，又或专门生产某一类产品，抑或专门生产经营某一质量和价格的产品。

(6) 营销服务专门化。专门提供某一种或几种其他企业没有的服务项目。

(7) 分销渠道专门化等。专门服务于某一类分销渠道。

任务四　制定市场战略

战略规划是企业面对瞬息万变的市场和激烈的竞争，为长期生存和发展而进行的谋划和思考，是事关企业大局的科学规划，是市场营销管理的指导方针。

一、市场战略概述

市场战略是企业面对激烈变化和竞争的经营环境，为求得长期生存和不断发展而进行的总体性谋划，这种谋划主要包括确定企业总体发展目标并为实现发展目标制定行动方案两大部分。战略管理即企业对自身的战略进行计划、组织、领导和控制的全过程。

(一) 市场战略的特性

1. 全局性

市场战略是以企业大局为对象，根据企业整体发展的需要而制定的。规定的是企业整体的行动，所追求的是企业的整体效果。虽然它也包括企业的局部活动，但是这是作为整体行动的有机组成部分在战略中出现的。

思 考

追求全网利益

电信业中固定电话业务的最大特点是全程全网联合作业，所以就一定要谋求全网的效益，而不是局部效益。在经营成本中，最大的部分是交换局到千家万户的用户电话线。这部分成本远高于两个长途城市之间的通话成本，这就使得长途电话的通话成本只是微微高于甚至基本等于本市的通话成本，但在对用户的收费上，却是长途电话费远高于本地电话费。电信部门用长途业务的盈利弥补本地业务的亏损，全局上是盈利的。

思考：从战略的角度考虑这样做的理由。

2. 长远性

战略既是一家企业谋取长远发展要求的反映，又是这家企业对未来较长时期内生存和发展的通盘考虑。凡是为适应环境、条件的变化所确定的长期基本不变的目标和实现目标的方案，都属于战略的范畴。针对当前形势，灵活地适应短期变化、解决局部问题的方法，是战术的概念。

3. 抗争性

战略是关于企业在激烈的竞争中如何与对手抗衡的行动方案，也是针对来自各方的冲击、压力、威胁和困难，迎接这些挑战的基本安排。与那些不考虑竞争、挑战，单纯为了改善企业现状、增加经济效益、提高管理水平等的计划、打算不同，只有这些工作与强化企业竞争能力和迎接挑战直接相关、具有战略意义时，才构成企业战略的内容。

4. 纲领性

战略所规定的是企业整体的长远目标、发展方向和重点，应当采取的基本方针、重大措施和基本步骤。这些都是原则性的、概括性的规定，具有行动纲领的意义，必须通过展开、分解和落实等过程，才能变为具体的行动计划。例如，海尔早期确定本企业的使命和目标是“用心奉献给民族一个中国人自己的世界级的家电产品驰名品牌。”这个目标是原则性的、概括性的界定，海尔把这个使命分解、落实到每一天的行动中去，形成了“日清制度”，提出“日事日毕，日清日高”。

二、市场战略制定

（一）认识和界定企业使命

企业使命反映企业的目的、特征和性质。明确企业使命，就是对本企业是干什么的、本企业应该是怎么样的两个问题进行思考和解答。可以向所有者如股东、上级主管部门，向顾客、经销商以及员工广泛征求意见。关键在于如何深入分析构成企业外部环境和内部条件的各种因素，详尽了解它们对企业的要求、期望和约束，从中找出企业目前的以及理想的特征。

思考企业使命的结果，最后应当形成文字——撰写企业使命说明书。在形式上，企业使命说明书可以多种多样，但是，必须包括以下基本要素：

(1) 活动领域。说明企业拟在哪些方面发挥作用、参与竞争。一般可从产业范围、市场范围(即企业拟为哪些市场或类型的顾客服务)、纵向范围(指企业内部自给自足生产的程度)以及地理范围等方面加以说明。例如,雀巢给自己的定位是食品行业、向全球的男女老少提供各种食品,在全球建立了 27 家研究所,研究各国人的口味,还建立自己的原材料基地,实现充分的自给自足。

(2) 主要政策。用以指导员工如何对待顾客、供应商、经销商、竞争者和一般公众,使整个企业在重大问题或原则上步调一致,行动上有共同的标准参照、遵循。

(3) 远景和发展方向。揭示、指明今后若干年,比如未来 10 年、20 年的远景和发展方向。要使企业使命说明书收到实效,内容必须具体化,特点应当明晰化。好的企业使命说明书在表达和陈述上,应当富有激励性,能够鼓舞人心。

还要注意的是,企业使命的确定一定要现实,不能盲目确定。例如,微软在创办初期,曾用一句话界定企业使命,即"让每张桌面上和每个家庭都有一台电脑。"但这显然不太现实。在 2000 年前后,微软又重新将其表述为"创造优秀的软件,不仅使人们的工作更有效益,而且使人们的生活更有乐趣。"

(二) 区分战略经营单位

大多数企业,包括规模较小的企业,都有可能同时或准备经营若干项业务。比如一家公司既从事公路汽车运输,又经营房地产,还生产医药用品。即使专门从事汽车运输,也有客运、货运、长途运输、短途运输等多种类型。每项业务都会有自己的特点,面对的市场、环境也未必完全一样。界定企业的活动领域,只是在大范围上说明了企业经营的总体范围。为了便于从战略上进行管理,有必要将组成企业活动领域的各项业务,从性质上区别开来,划分为若干个战略经营单位。战略经营单位就是企业值得为其专门制定一种经营战略的最小经营单位。有的时候,一个战略经营单位会是企业的一个部门,或一个部门中的某类产品,甚至某种产品;有的时候,又可能包括几个部门、几类产品。

区分战略经营单位的主要依据,是各项业务之间是否存在共同的经营主线。所谓"共同的经营主线",是指目前的产品、市场与未来的产品、市场之间的一种内在联系。

(三) 规划投资组合

如何把有限的人力、物力,尤其是财力资源,合理分配给现状、前景不同的各个战略经营单位,是总体战略必须考虑的主要内容。企业高层必须对各个经营单位及其业务进行评估和分类,确认它们的发展潜力,决定投资结构。

"市场增长率/相对市场占有率"矩阵,是美国管理咨询服务企业波士顿咨询公司提供的一种分析模式,如图 3-7 所示。

在矩阵中,纵坐标代表市场增长率。增长率高低可依具体情况确定。横坐标为相对市场占有率,表示各经营单位与其最大的竞争者之间,在市场占有率方面的相对差异。矩阵中的圆圈,代表企业所有的战略经营单位。圆圈的位置表示各单位在市场增长率及相对占有率方面的现状。圆圈的面积,表示各单位销售额的大小。

该矩阵有四个象限,经营单位因而可划分为不同类型:

(1) 问号类。有较高增长率、较低占有率的经营单位或业务。这一类经营单位需要较多的资源投入,以赶上最大竞争者和适应迅速增长的市场。但是它们又都前程未卜,难

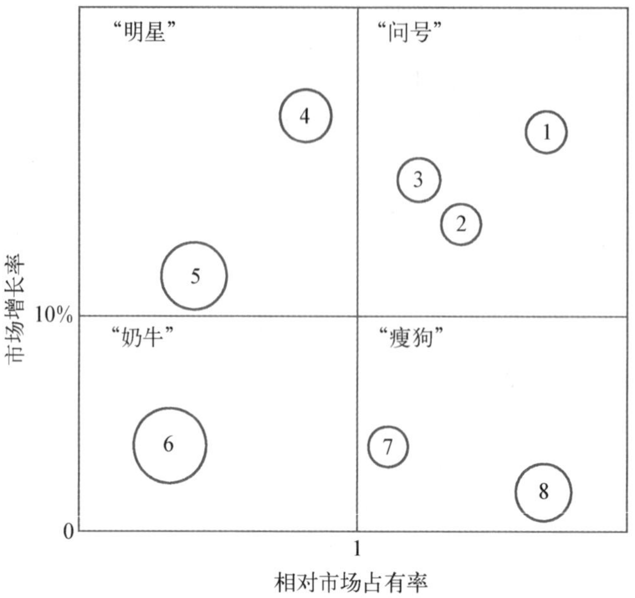

图 3-7 "市场增长率/相对市场占有率"矩阵

以确定远景。对于该经营单位或业务,企业应该深入思考、密切关注,先慎重考虑到底前景如何,再确定方案,是继续增加投入还是维持现状,或减少投入,精简、淘汰。

(2) 明星类。市场增长率和市场占有率都很高,需要大量投入资源,以保证该经营单位能够跟上市场的扩大,并击退竞争者,因此短时期内未必能给企业带来可观的收益。但是,它们是企业未来的"财源"。图中企业有两个明星类单位。如果一个都没有,则是危险的信号。对于该经营单位或业务,企业应该政策倾斜、优先发展、大量投资。

(3) 奶牛类。明星类单位的市场增长率降到10%以下,但有较高的相对市场占有率,便成为奶牛类单位。由于市场增长率降低,不再需要大量资源投入,又由于相对市场占有率较高,这些经营单位可以产生较高的收益,支援问号类、明星类及瘦狗类单位。对于该经营单位或业务,企业应该维持其现状,并尽力延长其生命周期。

(4) 瘦狗类。市场增长率和相对市场占有率较低的经营单位。它们也许还能提供一些收益,但盈利甚少或有亏损,一般难以再度成为"财源"。例中企业有两个瘦狗类单位,情况显然不妙。对于该经营单位或业务,企业应该认真考虑,发现确无发展前景就关门停产或出售或任其自身发展。

战略经营单位分类以后,企业要评价其业务组合是否恰当。一方面,市场占有率越高,这个单位的盈利能力越强,利润水平与市场占有率同向增长;另一方面,市场增长率越高,经营单位的资源需要量也越大,因为它要继续发展和巩固市场地位。同时,各单位所处的情况也会发生变化。最初的"问号",可能就是未来的"明星";"瘦狗"经营得法,也未必不能转变为"问号"或"奶牛"。企业要看到现状,又要分析前景,将目前的矩阵与未来的矩阵两相比较,考虑主要的战略行动,并依据资源有效分配的原则,决定各单位将来应该扮演的角色,从整体角度规划投入的比例和数量。

（1）发展。以提高经营单位的相对市场占有率为目标，甚至不惜放弃短期收益。比如对问号类单位，想要使其尽快成为“明星”，就要增加投入。

（2）保持。维持经营单位的相对市场占有率。比如对奶牛类单位，尤其是较大的“奶牛”。以此为 R 标，可使它们提供更多的收益。

（3）收割。这种战略以获取短期效益为目标，不顾长期效益。比如较弱小的奶牛类单位，因其很快要由成熟期进入衰退期，前景黯淡，企业又需要较多的收益，就可以对其进行“收割”。此外，这种战略也可用于“问号”及“瘦狗”类单位。

（4）放弃。目标是清理、撤销某些经营单位，减轻负担，以便把有限的资源用于效益较高的业务。这种战略尤其适合于没有前途或阻碍企业盈利的单位。

（四）规划成长战略

有三种成长战略可供企业参考：

1. 密集式成长战略

密集式成长战略，即企业在固定的行业、市场范围内成长的战略。包括：

（1）市场渗透，即通过一系列营销举措促使现有顾客增加购买次数、购买数量，使销量增长，以促进企业发展的成长战略。例如，最早人们的生活习惯是每天早起时刷牙，一天一次，生产牙膏、牙刷的企业借用牙科专家的话使人们形成新的生活习惯，即早起和睡前一天两次，后来又宣传饭后都应该刷牙，否则口腔内的残留物会腐蚀牙床，很多人为了保护牙床一天刷三次牙。这样，刷牙次数增加了，牙膏、牙刷的使用量增加，销量也提高了。

（2）市场开发，即企业原有的产品在现有销售区域内寻找新的细分市场或发展新的销售区域。例如，某电脑企业，在某个地区销售时，原来卖给银行、政府机关、学校等企事业单位，现在又开始向家庭、个人销售电脑。

（3）产品开发。在固定的行业内，依靠技术优势，不断开发新产品或改进的产品，占据市场领先地位，满足现有市场上的不同需求。

例如，英特尔公司一直坚持这种成长战略，在中央处理器的生产上不断更新，从早期的 4 位微处理器到多核处理器，依靠技术优势不断研制新的更先进的中央处理器，在该市场始终处于领先地位。

2. 一体化成长战略

一体化成长战略，即通过重新整合供应链以促进企业成长的战略。

（1）后向一体化。即通过收购、兼并原材料供应商，拥有或控制其市场供应系统，以促进企业成长的战略。例如，手机制造厂商收购、兼并原材料供应商，掌握芯片层的设计技术。又如乳制品厂家收购、兼并原材料供应商的奶牛基地，使之变为自己稳定的原材料供应地。

拓展阅读

饭店园中的蔬菜

在中国的江南水乡，有一家名为“绿意轩”的小餐馆，由两位热爱生活的女士李梅和王芳共同创立。起初，餐馆经营状况平平，因为缺乏特色而难以吸引足够的顾客。一次偶然的机会,她们注意到餐馆后方有一片未被充分利用的土地,便萌生了将其改造成菜园的想法,以期用自种的新鲜蔬菜为餐馆增添亮点。

她们请来了有着丰富种植经验的林阿姨来打理这片土地。经过精心规划与耕耘,原本荒废的地块逐渐变成了一处生机勃勃的小型生态园。这里不仅有各种时令蔬菜如青菜、黄瓜、番茄等,还有果树如桃树、梨树以及多种香草植物。整个园子布局讲究,既实用又美观,成为餐馆一道亮丽的风景线。

随着季节变换,“绿意轩”提供的菜单也随之调整,确保每位来访者都能享受到新鲜自然的味道。更重要的是,顾客们还可以亲自走进菜园参观,了解餐桌上食材的成长过程,甚至亲手采摘体验一番。“在这里,你不仅可以品尝到新鲜美味的食物,还能近距离感受大自然的魅力。”李梅总是这样向客人介绍道。

《江南生活》杂志这样报道这家充满特色的餐馆:“春日里,在‘绿意轩’享受着微风拂面的同时品味着刚从土里拔出来的嫩叶;夏日傍晚,则是在满天星辰下分享着自家果园里的甜蜜果实。”得益于这种独特的经营模式,“绿意轩”成功地吸引了众多追求健康生活方式的人士前来就餐,生意日渐兴隆,成了当地小有名气的一处美食地标。同时,由于大部分食材都来自自家菜园,即使在物价波动较大的时期,餐馆也能保持相对稳定的价格优势,赢得了更多忠实顾客的喜爱。

(2) 前向一体化。即通过收购、兼并中间商,或自建销售渠道,以促进企业成长的战略。

例如,光明乳业紧跟快消品消费渠道结构的变化,推动渠道拓展和网点下沉,加大电商渠道布局。又如某家具厂兼并或收购一直代销其产品的商场,将其办成公司自己的产品销售中心。

(3) 水平一体化。也就是争取对同类企业的所有权或控制权,或实行各种形式的联合经营。这样可以扩大经营规模和实力,或取长补短,共同利用某些机会。

例如,蒙牛乳业集团为扩展南方市场,收购南方各省小的乳制品生产厂家,使之成为子公司,以扩大经营规模和实力,有利于开拓南方市场。

3. 多元化成长战略

如果在原来的市场营销系统框架之内已经无法发展,或框架之外有更好的机会,可以考虑多元化成长战略:

(1) 同心多元化。面对新市场、新顾客,以原有技术、特长和经验为基础增加新业务。

例如,拖拉机厂生产小货车,电视机厂生产其他家用电器。海尔原来生产冰箱,后来又生产彩电、空调、热水器等其他家电。由于从同一圆心逐渐向外扩展活动领域,没有脱离原来的经营主线,利于发挥已有优势,风险较小。

又如北创,最初从事汽车销售,后来从事汽车出租、汽车修理、汽车配件、汽车美容、汽车保险等,都围绕汽车展开。

(2) 水平多元化。针对现有市场和现有顾客,采用不同技术增加新业务,这些技术与企业现有能力没有多大关系。企业在技术、生产方面进入了全新的领域，风险较大。

例如，原来生产拖拉机的企业，现在准备生产农药、化肥。联想最早经营电脑，后来又针对现有市场和现有顾客提供打印机、复印机、扫描仪及墨盒等产品。

(3) 综合多元化。企业以新业务进入新市场，新业务与企业现有的技术、市场及业务没有联系，这种做法风险最大。例如，汽车厂同时从事金融、房地产、旅馆等业务。松下集团同时从事家电、服装、食品、文具等各项业务。

同心多元化和水平多元化都属于相关多元化，建议中国企业在规划新的发展方向时，一定要十分慎重，结合已有的特长和优势加以考虑，搞相关多元化，成功的机会更多一些。例如，海尔进入空调、彩电行业，虽然业务性质不同，但新旧业务之间还是有许多共享资源。大部分技术人才、管理人才都是可以相互通用的；它的市场渠道、采购供应渠道、售后服务渠道都可以兼容。但是如果进入 IT 行业则没有共享的资源，除了品牌，因此做不好多元化是次要的，更重要的是还可能会损坏自己的金字招牌。

根据对多家知名企业的调查，企业战略失败的重要原因之一就是非相关多元化。非相关多元化既是一条企业快速成长之路，也是一条充满风险的高危发展之路。

(五) 竞争战略选择

1. 总成本领先战略

(1) 总采用成本领先战略的优点：形成进入障碍；增强议价能力；降低替代品的威胁；保持行业内的领先竞争地位。

(2) 总采用成本领先战略的缺点：容易引起价格战；影响其他竞争优势的提高；破坏产业价值链的良好协调关系。

行业观察

小米集团靠成本领先战略取得成功

小米自成立起，便将打造高性价比产品作为核心竞争策略，通过规模化生产与精准的供应链管理，持续降低产品成本。以手机业务为例，小米凭借庞大的出货量，与高通、三星等核心零部件供应商建立深度合作关系。依托大规模采购订单，小米在芯片、屏幕等关键元器件采购上获得显著的议价优势，有效控制了原材料成本。在生产环节，小米采用代工与自主生产相结合的模式，充分利用代工厂成熟的生产线与规模化生产能力，分摊生产固定成本；同时逐步建立自有工厂，进一步优化生产流程、提高生产效率，降低单位产品的生产成本。

在智能家电领域，小米同样延续成本领先战略。以米家智能音箱、空气净化器等产品为例，通过整合供应链资源，小米将多种功能集成于产品中，在保证产品品质的同时，实现了成本的有效控制。例如，米家空气净化器通过模块化设计，在不同型号产品间共用核心零部件，减少研发和生产成本；同时借助小米庞大的销售网络，实现产品的快速铺货与规模销售，进一步摊薄成本。

凭借成本优势，小米得以将产品以极具竞争力的价格推向市场。以智能手机为例，同配置的产品，小米手机价格往往比其他品牌低20%～30%，这使得小米迅速打开市场，吸引了大量对价格敏感的消费者。在国内市场，小米手机出货量长期位居前列；在国际市场，小米也成功进入多个国家和地区，在印度、东南亚等市场份额持续攀升，成为全球智能手机市场的重要参与者。

在拓展新业务时，小米同样运用成本领先战略。在进军智能电动汽车领域时，小米依托自身在供应链管理、研发体系等方面的优势，通过前期大规模市场调研与技术储备，精准定位产品需求，避免研发资源的浪费。同时，借鉴手机和家电业务的供应链管理经验，与电池、芯片等核心零部件供应商提前展开合作谈判，为降低生产成本奠定基础。

小米集团通过持续实施成本领先战略，不仅在手机、智能家电等领域占据重要市场地位，还为企业拓展新业务、实现多元化发展提供了有力支撑，成功在全球科技市场树立起高性价比的品牌形象。

2. 差异性战略

（1）差异性战略的优点：形成进入障碍；降低价格敏感度；提高议价能力。

（2）差异性战略的缺点：需要克服市场接受障碍；差别化的成本过高；竞争对手模仿；市场容量有限。

拓展阅读

家电产品的差别性

即使是在彩电、冰箱、空调这类产品高度一致的行业中，每个企业也都与其他企业存在差别，如产品外观、色彩、性能、服务水平、企业声誉等。一些企业将冰箱等白色家电、电视等黑色家电做成了彩色的外壳，以吸引青年人或小孩。有些企业推出了变频空调，而另一些企业则突出空调的空气净化作用。海尔为了适应上海人频繁洗衣服又勤俭节约的习惯，推出了小容量节能型洗衣机。并且在推出了第一代的同时，就已经为应对其他企业的仿造而准备了第二代产品。

在空调销售的旺季，海尔公司能够包机运送安装人员到某一个城市。而大多数企业则受费用等因素限制难以做到这一点。这使海尔确立了服务方面的优势，为其提高市场占有率创造了条件。

3. 聚焦战略

聚焦战略的优点是：可以使实力相对弱小的企业在一个比较小的特定细分市场上建立竞争优势。

聚焦战略的缺点是：成本过高；市场需求变化快；大企业的进入带来的竞争压力。

素养提升

时刻心系国家

在市场战略策划实践中，需将职业操守与国家发展同专业能力培养深度融合。秉持职业道德，以实事求是的态度分析市场环境，拒绝片面解读数据或夸大市场趋势，通过系统性梳理政策导向、行业动态与竞争格局，精准识别市场机遇与风险。

在细分市场与用户洞察时，主动对接国家政策方向，例如围绕乡村振兴战略，深入调研县域消费潜力与特色产业需求；紧扣“双碳”目标，挖掘绿色消费群体的潜在诉求。通过政策视角深化用户研究，既提升战略策划的精准度，也为产业升级提供智力支持。

培养市场良性竞争意识时，以《中华人民共和国反不正当竞争法》为准则，在战略制定中摒弃价格欺诈、诋毁对手等违规手段，倡导差异化竞争与协同发展。鼓励将个人策划方案与社会价值创造相结合，在推动企业发展的同时，为构建公平有序的市场环境贡献力量，实现专业能力与社会责任的协同提升。

习　题

一、单项选择题

1. 根据恩格尔定律，恩格尔系数越低，说明这个国家人民的生活水平（　　）。

A. 越高　　B. 越低　　C. 不一定　　D. 不变

2. 小王见同事小张买了台游戏机，觉得很好，于是准备星期天也上街选购一台。这时小王处于购买决策行为过程的（　　）阶段。

A. 确认需要　　B. 收集信息　　C. 评估方案　　D. 购买决策

3. 消费者得到的商品信息的来源，影响力最大的是（　　）。

A. 商业来源　　B. 个人来源　　C. 公共来源　　D. 经验来源

4. 消费者搜索偏好分析属于（　　）客户画像特征。

A. 年龄　　B. 职业　　C. 消费习惯　　D. 地域分布

5. 近视眼镜有各种各样的形式，包括普通眼镜、角膜接触镜、特殊材质眼镜、智能眼镜等，它们之间的竞争方式属于（　　）。

A. 品牌竞争者　　B. 愿望竞争者

C. 产品形式竞争者　　D. 一般竞争者

二、多项选择题

1. 下列关于市场营销环境的说法，正确的是（　　　　）。

A. 是企业能够控制的因素

B. 可能形成机会也可能造成威胁

C. 是可以了解和预测的

D. 通过企业的营销努力是可以在一定程度上去影响的

2. 一个国家人口中老年人的比例上升，将会对(　　　　)行业带来环境机会。

A. 大学教育　　B. 银发旅游

C. 人寿保险、健康保险　　D. 滋补保健品

3. 对消费者市场进行细分的标准有(　　　　)。

A. 地理因素　　B. 人口因素　　C. 心理因素　　D. 行为因素

4. 客户画像的基本属性包括(　　　　)。

A. 描述性数据　　B. 行为性数据　　C. 关联性数据　　D. 地域性数据

5. 可供挑战者选择的进攻的策略主要有(　　　　)策略。

A. 游击进攻　　B. 侧翼进攻　　C. 包围进攻　　D. 运动进攻

三、简答题

1. 市场营销环境分析包括哪些内容?

2. 市场定位的策略有哪些?

3. 如何识别竞争对手并制定竞争战略?

实 训 项 目

企业市场战略策划方案撰写

1. 实训目标

通过对特定企业或模拟企业进行市场战略策划，培养团队协作、战略规划和实际执行的综合能力。

2. 实训内容

(1) 项目组以背景企业发展现状为基础，针对特定企业或模拟企业进行市场战略策划。

(2) 项目组深入分析市场环境，识别目标客户群体，明确企业竞争优势，并据此制定切实可行的市场定位、竞争分析和战略规划。

3. 组织与实施评价

(1) 全班学生划分为6～8人的小组，组成项目团队。

(2) 形成一份有价值的市场战略策划方案，并完成课题汇报PPT。

(3) 根据提交的书面材料质量、口头报告的表现以及团队协作效率、每位成员的贡献等因素综合打分。重点关注原创性、实用性和创新性。

模块三

专项模块

项目四 产品策划

学习目标

1. 知识目标

(1) 掌握产品整体概念的五个层次。

(2) 掌握产品组合策略的内涵。

(3) 理解选品的重要性,掌握选品的步骤。

(4) 掌握新品开发的流程,理解新品开发的逻辑,掌握新品开发的策略及推广方案。

(5) 熟悉爆品打造的方法及流程。

(6) 了解供应链及供应链管理的相关概念,理解供应链运营发展的趋势。

2. 能力目标

(1) 能够运用产品组合理论,优化企业产品组合策略。

(2) 能够运用选品理论指导企业科学选品。

(3) 能够运用新品开发理论指导新品开发及制定新品推广方案。

(4) 能够对爆品的优势和卖点进行提炼,能够制定爆款打造流程。

(5) 能够运用供应链理论初步完成供应链搭建。

3. 素养目标

(1) 培养研判市场发展趋势和研发爆品的创新意识及渠道整合能力。

(2) 培养以需求侧推动供应链升级的变革能力。

思维导图

- 产品策划
  - 制定产品组合策略
    - 产品的概念
    - 产品组合的概念
    - 产品组合类型
    - 产品组合策略
  - 新产品开发
    - 新产品含义及分类
    - 新产品开发过程
    - 新产品开发策略
    - 新产品上市策略
    - 新产品推广方案
  - 打造爆品
    - 爆品优势卖点提炼
    - 打造爆品的流程
  - 供应链搭建
    - 供应链含义
    - 供应链管理
    - 供应链运营发展趋势

案例导入

喜茶：创意营销驱动品牌崛起与持续发展

在竞争激烈的新茶饮市场中，喜茶凭借持续的创意营销成功塑造了独特的品牌形象，实现了显著的品牌成长。其创意营销举措贯穿品牌建设、产品推广及用户互动等多个关键环节。

一、品牌定位与形象塑造的创意突破

喜茶创立之初，便精准洞察到年轻消费群体对于高品质茶饮及独特消费体验的追求，将自身定位为新茶饮的创新引领者。在品牌形象塑造上，采用简约时尚且富有现代感的设计风格。其门店装修摒弃传统茶饮店的模式，融入大量时尚元素与潮流艺术装置，打造出兼具舒适与格调的“第三空间”，吸引年轻消费者前来打卡，迅速在市场中脱颖而出，形成独特的品牌辨识度。

二、产品创新与营销融合的创意玩法

1. 跨界联名打造话题爆品

喜茶积极开展跨界合作，与众多不同领域的知名品牌或热门 IP 联手推出限定产品。例如与藤原浩合作推出“酷黑莓桑”特调饮品，将茶饮与潮流文化巧妙结合。合作消息一经发布，便在社交媒体引发广泛热议，相关话题阅读量迅速飙升至数亿次。消费者为了获得联名款包装及独特口味，纷纷排队购买，该款产品销量在推出首月就突破数百万杯，极大提升了品牌热度与产品销量。

2. 季节限定与地域特色产品营销

依据不同季节特点及各地域文化特色，喜茶推出大量限定产品。春季推出以当季新鲜水果为原料的“多肉桃李”系列，夏季打造清爽解暑的“椰青水”系列。针对不同城市，还推出具有地域特色的产品，如在成都推出融入川味特色的“椒麻奶盖茶”。这些产品不仅满足了消费者在不同时节、不同地域的口味需求，更通过限量供应的方式激发了消费者的尝鲜欲望，形成持续的消费热点。

三、数字化互动营销的创意实践

1. 社交媒体互动策略

喜茶高度重视社交媒体平台，在微博、微信、小红书、抖音等主流社交平台构建起完善的品牌传播矩阵。通过发布精美的产品图片、有趣的短视频、创意文案等内容，吸引消费者关注与互动。定期举办线上互动活动，如“喜茶灵感摄影大赛”，邀请消费者分享与喜茶相关的创意摄影作品，设置丰厚奖品，吸引了数万名用户参与，有效提升了品牌在社交媒体上的活跃度与用户黏性。

2. 会员体系与线上营销创新

建立了“喜茶 GO”会员小程序，为会员提供积分、专属优惠、优先配送等权益。借助大数据分析，精准洞察会员消费习惯与偏好，为会员推送个性化的产品推荐与营销活动。如针对高频消费会员推出“会员专属新品试喝”活动，增强会员对品牌的忠诚度与归属感，同时也借助会员口碑传播进一步拓展品牌影响力。

四、创意营销成效显著

通过一系列创意营销举措，喜茶实现了品牌知名度与市场份额的飞速增长。从最初在广东地区的一家门店，短短几年间迅速扩张至全国各大城市，并逐步走向海外市场，门店数量突破数千家。品牌估值也大幅攀升，成为新茶饮行业的领军品牌。消费者对喜茶的品牌认知度极高，其不仅被视为茶饮消费的选择，更成为一种时尚生活方式的象征，在年轻消费群体中形成强大的品牌号召力，充分彰显了创意营销对品牌成长的强大推动作用。

任务一　制定产品组合策略

产品组合策略是企业面向市场对所生产经营的多种产品进行最佳组合的策略，其目的是使产品组合的宽度、长度、深度及关联性处于最佳结构，以提高企业竞争能力，取得最好经济效益。企业不断进行产品组合策略的优化可以最大限度利用资源，实现资源的合理分配，及时淘汰劣势产品，减少浪费，提升企业的市场竞争力，帮助企业获取更多的市场份额。

一、产品的概念

产品的狭义概念是指被生产出的物品；产品的广义概念是指可以满足人们需求的载体。

20 世纪 90 年代以来，菲利普・科特勒等学者倾向于使用五个层次来表述产品整体概念，认为五个层次的表述方式能够更深刻、更准确地表述产品整体概念的含义。这五个层次具体是指：核心产品、有形产品、期望产品、附加产品和潜在产品。产品整体概念要求营销人员在策划市场供应物时，要考虑到能提供顾客价值的五个层次。

（一）核心产品

核心产品是指向顾客提供的产品的基本效用或利益，这是消费者真正要购买的利益和服务。在产品整体概念中，核心产品是最基本、最主要的部分。如消费者购买汽车是为了出行，购买房屋是为了居住，购买食品是为了充饥。

（二）有形产品

有形产品是核心产品的物化载体，是产品展现在消费者面前的基本形式。对于实体产品，主要表现为产品的品质（也称质量、材质）、式样、特征、商标及包装等，如电冰箱的品牌、式样、尺寸和颜色等。对于服务类产品，则由服务的程序、服务人员、地点、时间和品牌等因素构成。

（三）期望产品

期望产品是消费者购买产品时期望获得的、与产品密切相关的一整套属性和条件。期望产品源自核心产品和有形产品。不同的消费者由于需求、偏好的差异会对所购买的产品产生差异化的期望。例如购买电冰箱的消费者，一般期望的是保鲜、储存等基本功能，价格合理，品质优良；但有些消费者还需要电冰箱拥有智能化控制面板，可以实现温度控制、湿度调节、时间设定等智能控制功能。期望产品得不到满足时，会影响消费者对产品的满意程度、购后评价和重复购买率。

（四）附加产品

附加产品是指消费者在购买产品时所获得的全部附加服务和利益，主要包括运送、安装、调试、维修、产品保证、零配件供应、技术人员培训等。附加产品来源于对消费者需求的深入认知。大量的事实表明，在竞争日益激烈的今天，不同企业产品间的竞争并非仅仅凭借其为消费者提供的核心产品，更重要的是向消费者提供更多的附加产品。

（五）潜在产品

潜在产品是现有产品未来可能的演变趋势和前景。它是在核心产品、形式产品、期望产品、附加产品之外，能满足消费者潜在需求的、尚未被消费者意识到或者已经被意识到但尚未被消费者重视或消费者不敢奢望的一些产品。潜在产品是产品概念中的最高层次，谁能把握住潜在产品的发展方向谁就能取得市场先机，形成绝对竞争优势。

思　考

格力中央空调的产品整体分析

20××年，格力中央空调实现了自 2012 年以来连续多年市场占有率第一的佳绩。格力中央空调是中央空调行业销售规模超过 300 亿元的品牌。请大家自主查阅相关资料，结合格力中央空调的现状进行产品整体分析，完成表 4－1。

表 4－1　格力中央空调的产品整体分析

产品层次	产 品 描 述
核心产品	
有形产品	
期望产品	
附加产品	
潜在产品	

二、产品组合的概念

企业面对的是来自不同地域、有着不同需求及购买偏好的顾客，客观上就要求其必须在产品和服务端构建一个能够使多种产品有机结构化的组合，以便有效满足顾客需求，使企业收益最大化。

那么，什么是产品组合呢？产品组合（Product mix）也称产品搭配，是指企业在一定期间内提供给市场的全部产品线和产品项目的组合或结构，即企业的业务经营范围。产品线（Product line）是指产品组合中的某一产品大类，是一组密切相关的产品。它不仅包括实体产品，还包括服务。产品项目（Product item）是指产品线中不同品牌和细类的特定产品。它是衡量产品组合各种变量的一个基本单位，可以通过品牌、规格、款式、档次、价格等特征来识别。

三、产品组合类型

产品组合包括四个因素：产品系列的宽度、长度、深度和关联性。这四个因素的不同，构成了不同的产品组合，如表4-2及图4-1所示。

表4-2 产品组合类型

序号	类型	内涵
1	宽度	指企业的产品线总数。企业开展的产品线越多，产品品类也就越齐全，产品组合宽度也就越广；反之，就越窄
2	长度	指企业的产品组合中所包含的产品项目的总数。通常，每一产品线中包括多个产品项目，企业各产品线的产品项目总数就是企业产品组合长度
3	深度	指企业产品线上具有不同品牌、规格、款式、档次、价格的产品品种数量
4	关联性	指一个企业的各产品线在最终用途、生产条件、分销渠道等方面的相关联程度。较高的产品关联性能带来企业的规模效益和企业的范围效益，提高企业在某一地区、行业的声誉

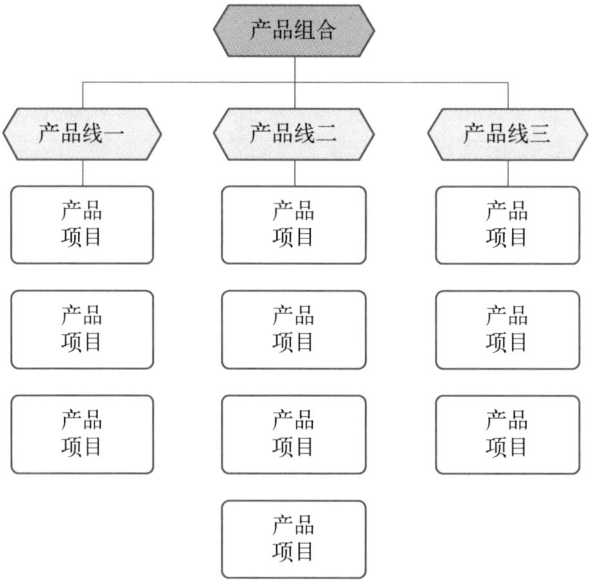

图4-1 产品组合

四、产品组合策略

随着企业所处的市场环境和经营条件的变化，有些产品可能销量可观，市场份额增长较快或获利较高，但也有部分产品会出现销售下滑或无利可图的情况，因此，企业的产品组合策略总是处于动态的变化中。产品组合策略是企业根据市场需要和自身发展情况，使产品组合的长度、宽度、深度和关联性有机结合，根据不同的情况，可以选择以下三种策略。

规划产品组合策略

（一）扩大产品组合

扩大产品组合包括延展产品组合的宽度和强化产品组合的深度。延展产品组合的宽度是指增加产品大类，扩展产品的经营范围。强化产品组合的深度是指在原有产品大类基础上增加一个或多个产品，开辟新的产品线，增加企业的产品项目，而这个产品线上增加的产品应该与其他产品有明显的差别，防止新旧产品之间过度竞争，这样有助于企业规避市场风险。

扩大产品组合，可以提高市场占有率，增强企业的市场竞争力；还有利于企业充分利用生产设备、技术、物力、人力、品牌和销售渠道等.

（二）缩减产品组合

缩减产品组合是指压缩产品组合的深度和广度。在市场不景气的时候，特别是原料和能源供应紧张时，企业为了获得最大的利益，可以把产品项目中那些利润小的产品线或产品项目摒弃。

缩减产品组合，有助于企业节约原材料，降低成本，减少资源占有，加快企业的资金周转；避免战线过长而分散精力，有助于企业集中精力提高专业技术水平，赢得市场声誉。

（三）产品延伸

产品延伸指为了开拓新市场、增加顾客，或者为了适应顾客的需求变化，配齐该产品线所有规格、品种，使之成为完全产品线。产品线延伸策略往往是利用消费者对现有品牌的认知度和认可度，推出副品牌或新产品，以期通过较短的时间、较低的风险来快速盈利，迅速占领市场。具体有向下延伸、向上延伸和双向延伸三种形式。向下延伸：指企业原来生产经营高档产品，现在增加中低档产品。向上延伸：指企业原来生产经营低档产品，后来决定增加高档产品。双向延伸：指原定位于中档产品市场的企业掌握了市场优势之后，同时向产品线上的上下两个方向延伸，即同时增加高档产品和低档产品。

总之，产品组合策略是企业以市场为导向的战略，它的目的在于将生产和运营的各种产品以最佳方式结合在一起。企业将产品组合的宽度、深度、长度、关联性进行优化，以提高公司的竞争力并实现最佳的经济效益。

拓展阅读

腾讯的产品组合分析

腾讯控股有限公司是一家在全球具有广泛影响力的互联网科技公司，涉足众多领域，覆盖国内90%以上的移动互联网用户。

1. 腾讯产品组合宽度：多元化发展

腾讯运用自身的流量优势，建立价值获取机制，扩大产品线数量，并专注于“连接器”。自2010年以来，腾讯制定了一个开放战略，通过社云拥有超过2 000个合作伙伴和60多个行业解决方案，帮助多个行业建立自己的超级大脑。新成立的云和智能行业业务集团还将整合核心产品线，包括腾讯云、智能零售、安全产品、腾讯地图等，帮助医疗、教育、交通、制造、能源等行业朝着智能化和数字化进军。

2. 腾讯产品组合长度：多层次延伸

腾讯的产品组合主要涉及社会、金融、娱乐、资讯、工具、平台、人工智能等七个领域，以社交为基础，向其他领域进行多层次延伸。腾讯核心产品即QQ、微信由于提前达到市场临界点而实现“赢家通吃”，在社交领域处主导地位，产品长度不长，而其他领域则通过双边效应实现再增值，长度普遍较长，特别是金融和娱乐领域。金融领域产品组合长度长，主要涉及增值产品。这与腾讯在市场营销战略上连接延伸有关，涉及腾讯自身体系的完整与资源再升值。微信支付同时与用户黏性挂钩，其主要目的还是在于增加用户量，提升用户的忠实度。

3. 腾讯产品组合深度：多渠道挖掘

QQ和微信两大免费产品作为流量获取的重要渠道，为腾讯开发增值产品做出铺垫。腾讯通过增值产品获取利润之后，对免费产品进行再投入，对其进行更新再造并增加免费产品种类和数量。从新免费产品进行延伸，对增值产品的深度进行提升，为企业更好地获利作出贡献。它利用对用户需求的把控和了解，对客户进行细分，从而设计个性化的增值产品，多渠道对产品深度进行挖掘。社交方面，核心产品主要集中于QQ和微信。QQ推出了新的娱乐功能，吸引年轻用户，使每月活跃用户和21岁及以下智能终端的日常活跃用户数大幅增长。微信通过小程序和微信支付方案的使用，增强了用户参与度和用户黏性。

4. 腾讯产品组合关联度：多应用共赢

腾讯将免费产品与增值产品进行组合，通过对用户的需求与行为习惯进行分析，将二者进行有效组合，发挥双边效应的价值，最终实现多个应用之间的共赢。在互联网生态系统中，不同情景下的应用类似于自然生态系统中不同物种之间共享阳光、空气和土壤，同时相互依赖，形成生态链的上游和下游。在数字经济的生态学中，数据起着循环中介的作用。生态圈的重要任务是在产业链的上游和下游建立数据治理机制，促进数据的重用、集成和再生，最终用户、合作伙伴和社会形成双赢局面。

任务二 新产品开发

新产品开发是企业发展的核心引擎，对维持竞争力、响应市场变化、满足消费者新需求至关重要。它不仅能够展现企业的创新实力，还是进行差异化竞争、提升品牌形象和顾客忠诚度的有效途径。通过创新产品，企业能抓住市场先机，实现利润增长，分散经营风险，并促进社会科技进步和产业升级。

一、新产品含义及分类

（一）新产品的含义

新产品的界定可从企业、市场、技术三个维度综合考量。企业视角下，初次投产并推向市场的产品被视为新产品；而市场角度强调的是首次面世，对消费者而言具有新颖性的产品；技术层面，则关注于产品在原理、构造、效能或形态上的实质性变革。营销学对新产品的理解融合了这三个方面，并更加聚焦于消费者感知与接受度，是从商品全貌概念出发的界定。据此，任何在商品的整体概念中实现了部分或全部的革新、优化，能够为消费者带来新鲜体验、满足其新需求或创造额外价值的，无论是在市场上相对新颖还是绝对原创，均可归类为新产品。

（二）新产品分类

按照不同角度和标准，新产品可以被分为多种类型，这些分类有助于企业更好地理解产品创新的方向和深度，以及如何有效地制定市场策略。以下是一些主要的分类方式。

1. 从市场角度和技术角度分类

新产品从市场角度和技术角度分类可分为市场感知型新产品和技术引领型新产品两类。

（1）市场感知型新产品，主要是指那些在外表上做了些调整，例如换了个颜色、改了改形状，或者是包装设计上动了些小巧思的产品。它们的核心和基础没怎么变，但这些外观上的新鲜感，就足以让消费者觉得这是个新东西。比如，一款酒水改用了方形的瓶子，虽然里面装的还是原来的酒，但新瓶子一亮相，也算是在市场上带来了新气象。这类产品更新，更多的是依赖于市场策略和对消费者心理的精准拿捏，并不一定需要新技术的支撑。

（2）技术引领型新产品，则是科技进步的直接体现，它们在性能、功能上对比之前的产品有明显的提升或变革。比如智能手机、智能电视，几乎每年都有新技术的融入，让使用体验不断升级。这些产品之所以能成为“新产品”，是因为它们背后有着实实在在的技术突破和工程创新，是技术进步推动的市场新星。

2. 按新颖程度分类

新产品依据其新颖程度，可以细分为五类，分别是：创新性新品、迭代更新品、优化改进品、模仿创新品和品牌重塑品。

（1）创新性新品，代表了前沿科技的突破，它们依托于全新的设计理念、未曾应用的材料或革命性的技术，打造出市场上前所未有的产品。比如，小米公司的“透明电视”，这款产品采用创新的透明屏幕技术，使得电视在关闭状态下近乎隐形，仅显示图像时才显现，彻底打破了传统电视的固有形态，展示了中国制造在高科技电子产品领域内的创新力量。

（2）迭代更新品，是在既有产品框架内进行的升级，通过引入新材料、新工艺，使得产品能够适应新的应用场景，满足新兴的市场需求。这类产品的开发成本和风险相对较低，是企业产品线更新的常见策略。例如，苹果公司每隔一年对 iPhone 进行的常规更新，通过提升处理器性能、改善摄像头质量等，持续吸引消费者关注。

(3) 优化改进品，专注于在现有产品基础上进行细节调整，如改进材料、结构、性能或外观设计，以提升产品质量、增加产品多样性，更好地服务于不同消费者群体。这类改进通常实施难度适中，是企业持续改进产品的重要手段。比如，宝洁公司对洗发水配方的不断优化，以适应不同头皮类型，增加消费者满意度。

(4) 模仿创新品，指的是在现有市场产品基础上进行局部改动和创新，保持核心原理和基本结构不变，但通过细节的改变来实现差异化。这类产品开发需注重在模仿中寻找创新点。

(5) 品牌重塑品，则是通过更换品牌标识、包装设计等手段，给消费者带来新的品牌印象和消费体验，使老产品焕发新生，这种策略往往用于市场再定位或品牌升级。如老干妈辣酱推出限定版包装，利用时尚的设计和网络热门 IP 合作，如与知名潮牌的联名，为传统调味品增添了时尚元素，虽然产品本身口味未变，但品牌新形象的塑造吸引了年轻消费者，使得这一经典品牌焕发新生，成为年轻人喜爱的“新”产品。

3. 按地域特征分类

根据产品的地域特征，新产品可以细分为四类：国际级新品、国家级新品、地区级新品和企业级新品，每种类别都反映了产品在不同市场范围内的新颖性和独特性。

(1) 国际级新品指在世界范围内首次生产和销售的产品。如华为 Mate X 折叠屏手机，作为全球最早一批商用的折叠屏手机之一，不仅在中国市场引发轰动，也在国际上展现了中国科技企业的创新实力。

(2) 国家级新品指的是那些在国外已有先例，但首次引入国内市场的产品，这类产品往往携带海外的先进技术，填补国内市场的空白。

(3) 地区级新品和企业级新品指国内已有，但本地区或本企业第一次生产和销售的产品。它是企业经常采用的一种产品发展形势。例如，某地区一家初创企业首次在当地推出基于人工智能的垃圾分类解决方案，虽然类似的智能垃圾分类系统在其他城市可能已有应用，但对于该地区而言却是首次，有效促进了当地环保事业的发展。

二、新产品开发过程

产品开发

新产品开发是一个复杂而动态的过程，通常包含七个关键阶段：构思产生、构思筛选、概念形成、商业分析、产品实体开发、试销和商品化。

(一) 构思产生

构思新产品的阶段是开启创新之旅的钥匙，这一阶段对创造性和前瞻性思维有极高的要求，旨在孕育出新颖的产品概念或想法。为了激发创意的火花，企业应广泛撒网，既要在内部挖掘潜能，也不忘借助外部资源。

在企业内部，创意的源泉丰富，涵盖研发团队、市场营销专员、高管层，乃至其他各个部门的员工。这些角色虽与产品的日常接触程度各异，但他们都共享一个优势：对公司的运作和产品线拥有深入的见解。正是这份熟悉，让他们能够敏锐察觉产品的改进空间，或是萌发颠覆性的创新思路。

而跳出企业，外部世界同样蕴藏着构思的无限宝藏。客户、分销商、竞争对手、独立研发专家、顾问机构、市场调研公司等，皆可成为企业汲取灵感的宝库。顾客的真实需求反馈、竞争对手的动态、外部专家的独到见解，乃至专业调研报告，都是推动新产品构想成型的宝贵信息源。

（二）构思筛选

新产品构思的筛选是采用适当的评价系统及科学的评价方法对各种构思进行分析与比较，从中把最有希望的构思挑选出来的一个过滤过程。在这个过程中，首先去除亏损最大和必定亏损的新产品构思，再选出潜在赢利大的新产品构思。构思筛选的主要方法是建立一系列评价模型。评价模型一般包括：评价因素、评价等级、权重和评价人员。其中确定合理的评价因素和给每个因素确定适当的权重是评价模型是否科学的关键。

（三）概念形成

构思新产品是企业创新实践的起点。虽然产品构思为开发工作铺设了初步路径，但其转换为具体的产品概念才是有效指引开发进程的关键步骤。产品概念，实质上是从终端用户视角出发，对原始构思的一次细致阐述，它将抽象的构思具象化，详述新产品的功能特性、应用领域、外观设计、竞争优势、市场价格、产品命名，以及消费者所能获得的直接益处，确保消费者能直观认知产品的独特之处。毕竟，市场接纳的是实体产品而非抽象想法。

产品概念的塑造过程，是对初始构思的深化与细化，将宽泛的创意轮廓精细化为丰富的商品蓝图。值得注意的是，单一产品构思有潜力演化成多种不同的产品概念，这取决于对构思的深化探索路径。构建产品概念的核心，在于针对构思提出的一系列问题及其解答，尤其是聚焦于三大核心维度：目标消费群体为何人？产品旨在解决的核心需求或提供的最大价值是什么？该产品最适合的应用场景或时机如何界定？

（四）商业分析

商业分析作为新产品开发流程中的关键环节，其核心任务是对新产品概念进行全面且深入的财务评估，以科学的数据分析支撑决策制定。这一过程不仅限于简单地估算预期销售量、成本结构和潜在利润，更涉及深入的市场调研、风险评估、投资回报率（ROI）分析等多个维度，旨在确保新产品的商业可行性与战略一致性。

首先，销售预测是商业分析的基石，需要基于市场容量、目标市场份额、消费者需求趋势、竞争对手分析等多方面数据综合推算。通过历史销售数据、行业报告、市场调研问卷等工具，来合理预测新产品上市后的市场接受度与销量走势。

其次，成本分析则涵盖了直接成本（如原材料、生产、物流）与间接成本（营销、管理费用、研发投入）的详尽估算。通过构建成本模型，企业能清晰掌握产品从设计到销售的全生命周期成本，为定价策略提供依据。

利润评估是衡量项目吸引力的关键，需要计算总收入减去总成本后的净收益，并通过盈亏平衡分析、敏感性分析等手段，评估在不同市场条件下的盈利潜力与风险承受能力。

此外，商业分析还需要考虑资金需求与融资策略，确保项目实施的资金链稳定。同时，通过比较不同新产品概念的财务表现，帮助企业优先排序，选择最具投资价值的项目。

（五）产品实体开发

产品实体开发，简单来说，就是要看看我们的好点子能不能变成既实用又好卖的产品。它是通过对新产品实体的设计、试制、测试和鉴定来完成的。根据调查，新产品开发过程中的产品实体开发阶段所需的投资和时间分别占开发总费用的 30%、总时间的 40%，且技术要求很高，是最具挑战性的一个阶段。

（六）试销

试销是新产品上市前的最终检验环节，旨在通过真实的交易情况获取消费者最直接的反馈——他们的购买行为。将新产品限定在具有代表性的局部市场区域内，面向小规模的目标顾客群进行实战演练，企业能深切洞察产品的市场潜力与接受度。这一过程是对新产品的全方位体检，不仅为决定是否全面推向市场提供了翔实的决策支持，还为产品本身的优化迭代及营销策略的调优指明了方向。实际上，众多成功的新产品都是在经历试销反馈并据此改进后，方才赢得了市场。

（七）商品化

在将新产品推向市场的商品化阶段，企业须谨慎考虑以下几个核心策略：

（1）产品发布时间的选择：针对市场竞争格局，企业面临首先进入市场、与竞争对手同步进入或选择后期进入的策略。每种时机各有优劣，须根据产品特性、市场成熟度及企业自身资源仔细权衡。

（2）市场地域定位：决定在哪些地理区域或市场首发新产品至关重要，这涉及对目标区域市场需求、文化适应性及物流配送能力的深入分析。

（3）目标客户群定位：精确识别并聚焦于最具潜力的顾客群体是关键。企业应通过市场细分，明确其分销和促销活动应如何精准对接这些优质客户，以实现高效的市场渗透。

（4）上市策略规划：制定一套详尽的新品上市营销方案是成功的关键步骤，这涵盖了营销组合（产品、价格、地点、推广）的精心设计、营销预算的合理分配，以及营销活动的周密组织与执行监控，确保每一环节都能有效促进产品的市场接受度和销售增长。

新产品的开发过程如图 4-2 所示，每个阶段都不可或缺，紧密相连，共同推动着创新从想法到市场的转化。

三、新产品开发策略

企业新产品开发策略是企业创新和维持竞争优势的核心手段，以下是几种主要策略。

（一）抢先策略

抢先策略，又称领先策略，强调在行业竞争中占据先机，通过快速研发并推出前所未有的新产品，抢占市场份额，确立市场领导地位。这种策略要求企业具备以下几点优势：强大的研发实力，能够持续不断地进行技术创新和产品研发，保持技术领先；高效的生产与转化能力，确保新产品的快速原型制作、试产到大规模生产的能力；雄厚的财力与资源，支撑从研发到市场推广的全过程，包括承担初期市场不确定性的风险；冒险与前瞻的决策文化，敢于尝试，对市场趋势有敏锐的洞察力和快速响应机制。

（二）紧跟策略

紧跟策略，也称为模仿或快速跟随策略，指企业密切监视市场动态，一旦发现有潜力的创新产品，便迅速进行模仿、改良后推向市场。该策略的优势在于以下三点。

（1）成本与风险较低：基于已验证的市场产品进行改进，减少了市场调研和研制

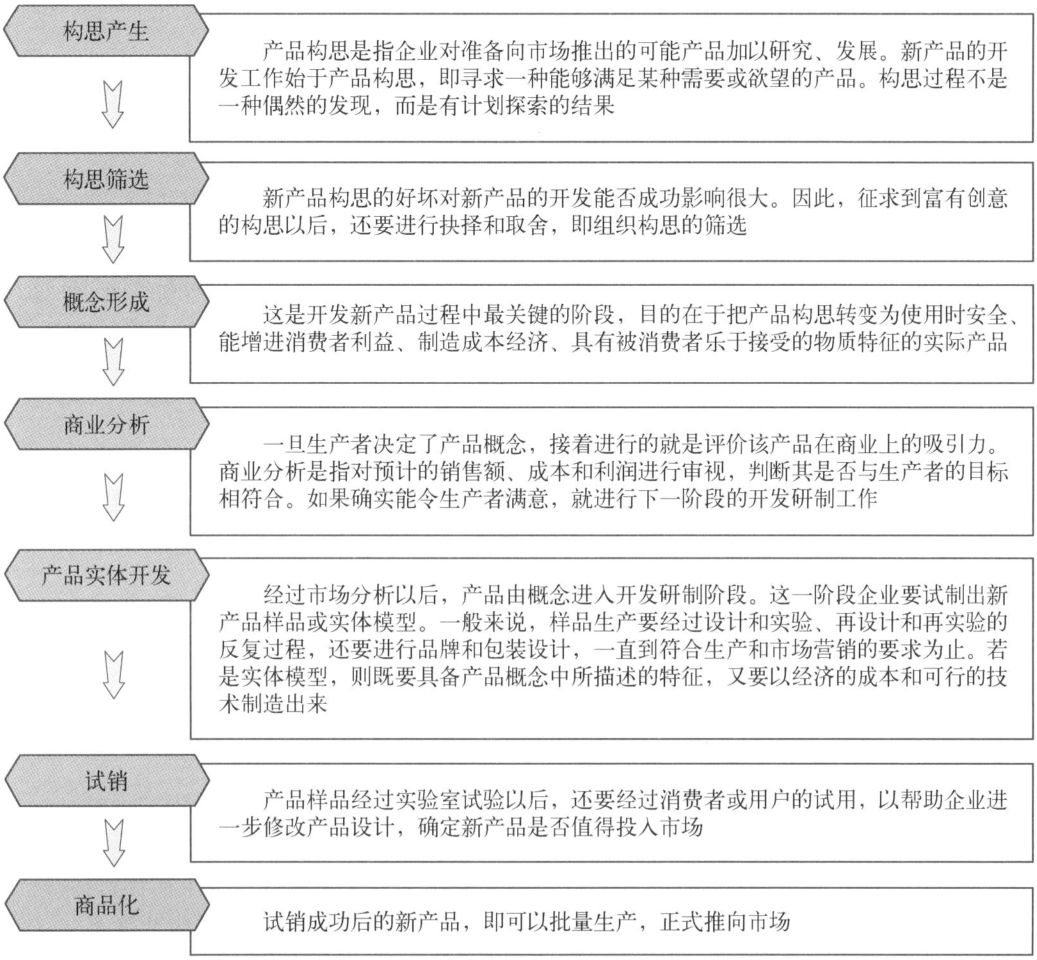

图 4－2　新产品的开发过程

成本。

(2) 灵活性与快速反应：通过高效的信息搜集系统和研发流程，快速适应市场变化。

(3) 适合中小企业：由于资源限制，中小企业往往更倾向于采用紧跟策略，以较低的成本快速获得市场份额。

(三) 引进策略

引进策略，是一种通过购买、合作或人才引进方式获取外部先进技术或专利，再进行本土化改造和创新的策略。具体包括：整体收购，即直接购买拥有先进技术的小型企业，快速获取技术资源；技术购买，即仅购买特定技术或专利，针对性解决企业技术瓶颈；人才引进，吸引拥有关键技术知识的人才加入，带动内部研发团队的成长和创新。此策略的优势在于能迅速提升企业的技术水平和创新能力，缩短研发周期，但同时需要注意知识产权的合法使用与保护，以及技术引进后的消化吸收和再创新，确保技术真正转化为企业的核心竞争力。

思 考

特斯拉——电动汽车的开拓者

特斯拉成立于2003年，其创始人埃隆·马斯克(Elon Musk)看到了电动车市场的巨大潜力，决定采用抢先策略，成为电动汽车领域的开拓者。

1. 技术突破与创新

特斯拉从一开始就致力于电池技术、电动驱动系统及车辆智能化的自主研发，力求在核心领域取得技术突破。例如，Model S车型的推出，凭借其超长续航里程、快速充电能力和出色性能，颠覆了公众对电动汽车的传统认知，证明了电动汽车不仅环保，还可以拥有高性能。

2. 品牌建设与市场定位

特斯拉将自己定位为高端、豪华且环保的汽车品牌，通过独特的设计和先进的技术，吸引了大量关注。马斯克本人也成了品牌的有力代言人，他的个人魅力和对未来科技愿景的传播，为特斯拉赢得了极高的品牌知名度和忠实粉丝群体。

3. 构建生态系统与基础设施

特斯拉意识到充电设施的不足会是电动车普及的一大障碍，因此积极投资建设超级充电站网络，为车主提供便捷的充电体验。此外，特斯拉还推出了家庭充电解决方案，进一步降低用户使用门槛，这些基础设施的建设巩固了特斯拉在电动汽车市场的领先地位。

4. 引领行业变革

特斯拉不仅制造电动汽车，还推动了整个汽车行业向电动化、智能化转型。通过开放专利、倡导可持续能源理念，特斯拉鼓励更多企业加入电动汽车的生产行列，共同扩大市场。同时，特斯拉在自动驾驶技术上的探索也引领了智能驾驶技术的发展。

5. 持续创新与产品线拓展

特斯拉没有满足于初期的成功，而是持续推出新车型，覆盖不同的消费群体。从最初的Roadster到Model S、Model 3、Model Y乃至卡车Semi和皮卡Cybertruck，特斯拉不断丰富产品线，满足不同市场需求，同时通过软件更新为车辆增加新功能，提升用户体验。

思考：特斯拉运用了哪些抢先策略?

四、新产品上市策略

(一) 新产品上市时机的选择

综观企业成功的新产品上市经验，把握上市时间十分重要。以下是三种新产品上市的时机。

(1) 先于竞争者上市。这种策略强调速度和创新，企业利用技术或市场洞察力的领先，迅速将新产品推向市场，在竞争对手尚未反应过来前占据有利位置。这种做法能够帮助企业建立品牌忠诚度，树立行业标准，享受一段时间内的市场独占优势。

(2) 同于竞争者上市。当市场趋势明显，多家企业几乎同时感知到某一产品或服务的需求即将爆发时，可能会出现这种策略。企业之间相互竞争，同时也相互验证市场需求的真实性，共同推动市场教育和消费习惯的形成。比如，随着健康意识的提升，众多食品企业几乎同时推出了低糖、无添加的健康零食系列，彼此间在营销和产品差异化上下功夫，共同推动了健康食品市场的繁荣。

(3) 迟于竞争者上市。这种策略侧重于观察和学习，企业选择在竞争对手产品已经上市后，通过分析市场反馈来优化自己的产品或策略，减少市场不确定性带来的风险。这种"后发制人"的方法，让企业有机会通过改善产品功能、设计或提供更优惠的价格来吸引消费者。

(二) 新产品上市地点的选择

新产品上市的地点即推出新产品的地域，是在当地或异地、一个地区或几个区域、国内或国外等。一般资金雄厚、人力充足的实力企业会撒开大网，向整个地区推出新产品，巩固成果；而中小型企业很少能拥有大范围的销售网络，网铺得太大会造成力量分散，最好从某个地区入手，边巩固成果，边向其他地区扩展。1992 年，麦当劳进入北京时，选在了王府井，这家麦当劳据说是当时全球最大的门店，开业当天吸引了广大顾客。

(三) 新产品上市目标的确定

产品成功的关键在于深刻理解并精准定位目标消费群体。消费者的多元化特征，包括但不限于年龄、性别、性格、生活方式、价值观等，都会显著影响其购买行为和需求偏好。因此，企业必须细致划分市场，识别具有共同需求的消费者群体，即细分市场，然后针对这些细分市场量身定制产品策略。例如，乐高精准定位儿童及成年粉丝群体，不仅针对不同年龄段的儿童设计了丰富的积木套装，激发他们的创造力和想象力，还推出了面向成人的"乐高 IDEAS"系列，鼓励成人玩家参与设计，满足了他们对于复杂拼装和怀旧情感的需求。通过精准的目标市场定位，乐高成功跨越了年龄界限，吸引了广泛的忠实消费者。

五、新产品推广方案

(一) 锁定目标消费群体

在产品推广的起始阶段，精确识别并聚焦目标受众至关重要。企业需要细致分析消费者特征，包括其个性偏好、经济能力、文化背景及教育水平，以识别出最有可能接受新产品的群体，确保推广资源的有效利用。

(二) 塑造鲜明的产品个性

成功推广的基石在于产品能否展现独特的价值主张，为顾客创造超越期待的价值感受。企业需通过差异化战略，赋予产品独特卖点，为消费者提供无可替代的购买理由，树立鲜明的品牌形象。

(三) 把握时机，精准出击

选择恰当的市场时机推出新产品，往往能事半功倍。如同某酒店巧借人类登月历史时刻，推出"登月套餐"，利用特殊事件的热度与情感共鸣，迅速吸引了大量顾客，展现了时机选择的智慧。

(四) 高强度预热宣传

上市前夕，企业应通过多种媒介渠道发动预热宣传攻势，营造神秘氛围，激发消费者的好奇心和期待感。比如某新款手机，通过长达几个月的前期造势，成功引发了市场强烈反响，创造了需求“饥饿感”。

(五) 实施高效促销活动

面对固有消费习惯的挑战，企业需采取创新促销策略，以优惠吸引消费者初次尝试。这包括但不限于直接的价格折扣、买赠活动、体验装赠送等，旨在降低试用门槛，培养用户忠诚度。

(六) 构建高效流通渠道

要确保产品从生产到销售的路径畅通无阻，需要关注渠道建设和终端管理两大方面。优化销售渠道布局，科学管理终端陈列、人员培训、库存补充、促销支持及商品质量管理，为销售业绩提供坚实支撑。

(七) 周全计划与严谨管理

新产品的上市是一个系统工程，需要详尽的计划与严格的执行。涵盖销售、广告、预算、铺货、回款、促销、公关、市场扩展及客户服务等多维度计划，采用目标导向管理法，确保每一环节的高效执行与效果评估。

(八) 策略性推广执行

成功的推广策略要求企业具备高水平的组织、策划及控制能力，旨在以最小成本实现最大的市场效应。通过精准营销、创新活动设计及效果追踪，实现市场渗透和品牌影响力的双重提升。

任务三 打 造 爆 品

一、爆品优势卖点提炼

(一) 爆品概念

爆品是一款在市场上受到热烈追捧、销售额极高，具备高需求度、高传播性和高转化率的产品。高需求度产品一般具备客户身份易锁定、消费欲望高、决策阈值低三大特征，容易触发爆品潜力。一般地：

爆品潜力=高需求度×高传播性×高转化率

对于企业而言，打造爆品是提升品牌知名度和市场竞争力的重要手段之一。爆品通常具有以下几个特点：

1. 引爆市场口碑

爆品往往能够在市场上迅速引发关注和讨论，形成口碑传播效应。这种口碑传播可以是消费者的自发推荐，也可以是媒体和意见领袖的积极评价。

2. 集中企业优势资源

爆品通常是企业集中资源、优势兵力打造而成的产品，代表了企业的核心竞争力。它通常集合了企业的研发、设计、生产、营销等各方面的优势资源，是企业在市场上的重要武器。

3. 解决用户痛点

爆品通常能够精准地解决用户的某个痛点或需求，让用户在使用过程中获得极致的体验和满足感。这种解决痛点的能力是爆品能够吸引大量用户的关键。

4. 高性价比

爆品通常具有较高的性价比，即用户能够获得的价值与付出的成本之间的比例较高。这种高性价比使得爆品在市场上具有更强的竞争力，能够吸引更多的消费者。

5. 流量和关注度高

爆品在市场上往往能够获得大量的流量和关注度，成为消费者和媒体关注的焦点。这种流量和关注度不仅有助于提升企业的品牌知名度和美誉度，还能够为企业带来更多的商业机会。

（二）爆品卖点提炼

爆品卖点提炼中创意是关键步骤，它决定了品牌产品的吸引力和转化率。结合产品差异、用户需求、使用场景分析，来打造与目标受众需求紧密契合的创意卖点，如图 4－3 所示。

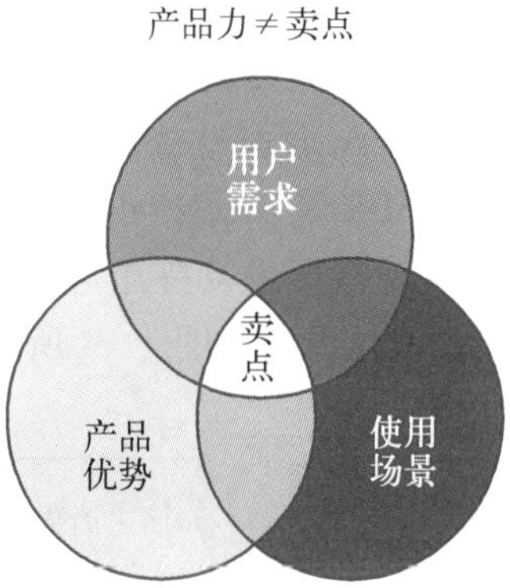

图 4－3　创意卖点提炼

1. 强调产品的差异化优势

通过对竞争产品的比较和分析，确定产品的差异化优势，并将其作为创意卖点的核心。突出产品特色，例如功能多样性、性能卓越、用户体验等，以吸引目标受众的关注。

2. 融入用户痛点和需求

了解目标受众的痛点和渴望，并将其与产品特点相结合。强调产品如何解决目标受众的痛点，满足他们的需求和渴望。例如，如果目标受众是健身爱好者，可以强调产品的运动追踪功能和健康监测，突出产品能够帮助他们达到健康目标。

3. 强调使用场景和体验

考虑产品在不同使用场景下的优势，并以用户体验为出发点进行创意卖点提炼。通过展示产品在实际使用中的便利性、效果和舒适度，吸引目标受众对产品的兴趣。例如，如果目标受众是旅行者，可以强调产品的便携性和智能导航功能，突出产品在旅途中的实用性。

4. 营造情感共鸣宣传卖点

利用创意卖点中的情感元素，与目标受众建立情感共鸣。通过故事叙述、情感化的文案和形象塑造，让目标受众与产品之间建立情感连接。例如，通过描述产品的优势如何改善用户的生活、带来快乐和自信，激发目标受众对产品的情感认同和购买欲望。

拓展阅读

小米耳机：小米活塞耳机，99 元听歌神器

小米团队通过提炼卖点，没有选择“听音乐”，因为这个说法还是有些专业的意味，也缺乏亲和力，不如“听歌”；在设计活塞耳机的营销方式时，极其注重性价比，把一款用料、工艺、表现非常出色的耳机卖到了 99 元；策划团队从互联网新生代群体话语体系中抽取了一个叫“神器”的词。活塞耳机的卖点，一开始总结了 12 个，一路提炼，后来变成了 7 个，再否定，到最后只剩下了 3 个。这是一个去繁从简的过程。其实提炼卖点的方法论也够简单，想想怎么跟朋友推荐？你肯定不会乱飙广告修饰词，而是直接简明地说最重点的要素：使用一体成型的铝合金音腔所以音质好，军用标准的凯夫拉线材用料好，礼品包装时尚，还只卖 99 元。实际上，见过这款产品的人几乎都能把三个核心卖点背下来。很多人向朋友介绍这款产品时会有个标准动作，扯一扯凯夫拉的耳机线。所谓营销绝对不要讲一堆空话，把最能打动用户的话用最直接简单的方式说出来就可以了。

（三）爆品卖点提炼方法

1. ABR 提炼法

ABR 是 Acceptable consumer belief（消费者共识）、Benefit（消费者利益）、Reason to believe（说服性支持）的英文首字母组成，是提炼产品卖点的三个关键要素，产品卖点三要素的具体内容如图 4－4 所示。

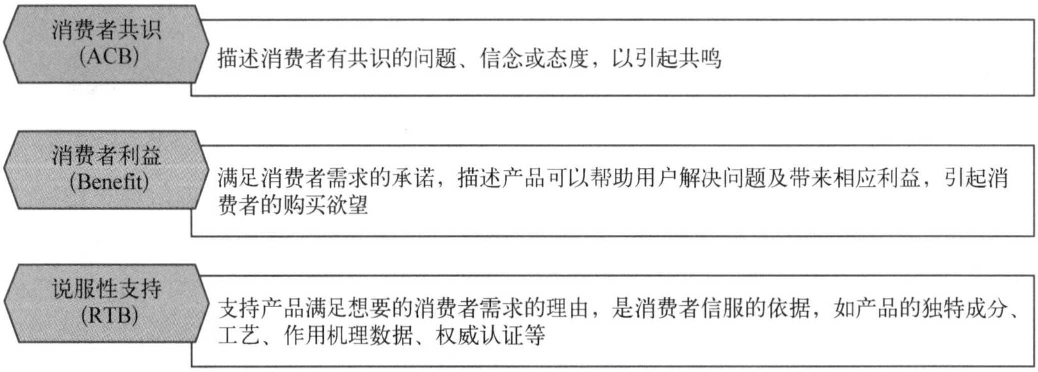

图 4－4 ABR 提炼法

可以看出，产品卖点三个要素之间是“互为关联、相互支撑”的关系。“消费者共识”的目的是引起共鸣、导出消费者利益，“说服性支持”用来支撑消费者利益，而“消费者利益”毫无疑问是产品卖点的核心。

如何通过 ABR 提炼产品卖点？

产品卖点的提炼可以从 ABR 三个要素中的任何一个要素出发，找到对应的另外两个要素，形成完整的产品卖点。

(1) 从说服性支持出发。这是比较常见的产品卖点提炼方式,因为多数产品卖点是基于一定的产品技术基础的,所以先行获得产品独特的技术性能特征可以产生有效的产品卖点。包括:

产品配方,例如,洗手液采用“pH 值平衡配方”。

产品中含有的特殊成分,例如,饮料含有“三花三草一叶”。

产品独特的工艺,例如,古法黄金的复杂工艺。

产品作用的机理,例如,牙膏采用先进的修复技术,找到并帮助修复牙齿上的小孔,保护牙本质。

产品使用方法的改变,例如,扫地机器人扫吸一体,代替传统扫地方式。

厂商的信誉,例如,《财富》世界 500 强的企业。

权威机构的认证/推荐,例如,ISO9000 认证。等等。

从说服性支持出发,推及对应的消费者利益和消费者共识,产品卖点示意如图 4-5 所示。

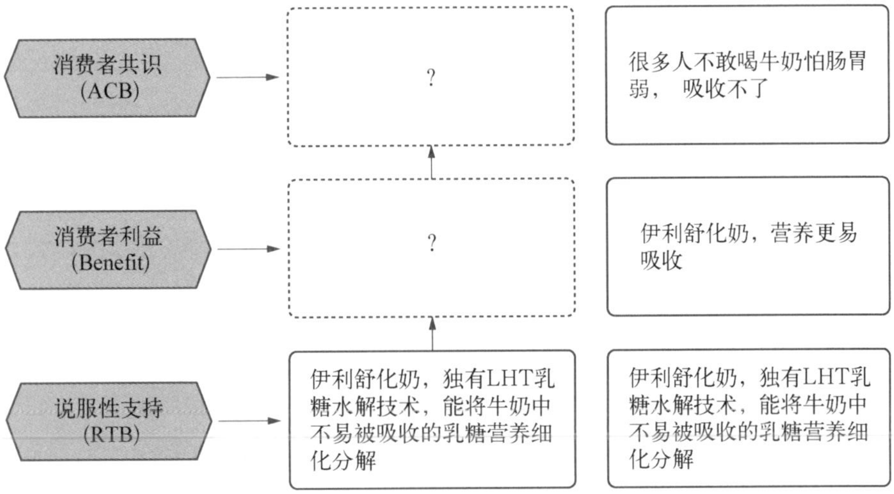

图 4-5　产品卖点示意图(1)

(2) 从消费者利益出发。消费者利益是承诺帮助消费者解决问题,满足消费者需求,从而带给消费者的功能性和情感性的利益。

从消费者利益出发是最直观的产品卖点提炼方式,推及相应的说服性支持和消费者共识,产品卖点示意如图 4-6 所示。

(3) 从消费者共识出发。消费者共识在某种意义上是一种对消费者的同情,表明我们了解他/她的问题,从而给消费者以我们能帮助他/她解决这些问题的信心。

从消费者共识出发提炼产品卖点的关键是找到准确的消费者利益,进而推及相应的说服性支持,产品卖点示意如图 4-7 所示。

2. FABE 法则

FABE 法则就是在找出顾客最感兴趣的各种特征后,分析这一特征所产生的优点,找出这一优点能够带给顾客的利益,最后提出证据,通过这四个关键环节的销售模式,解答

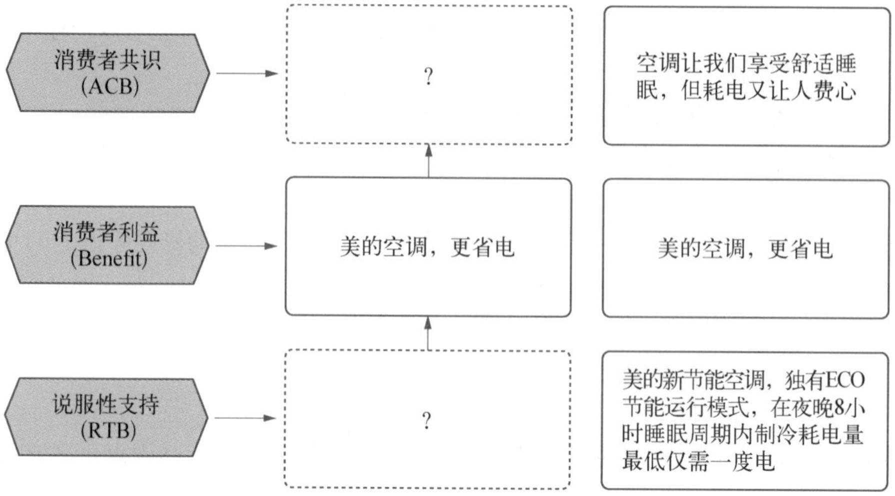

图 4－6　产品卖点示意图(2)

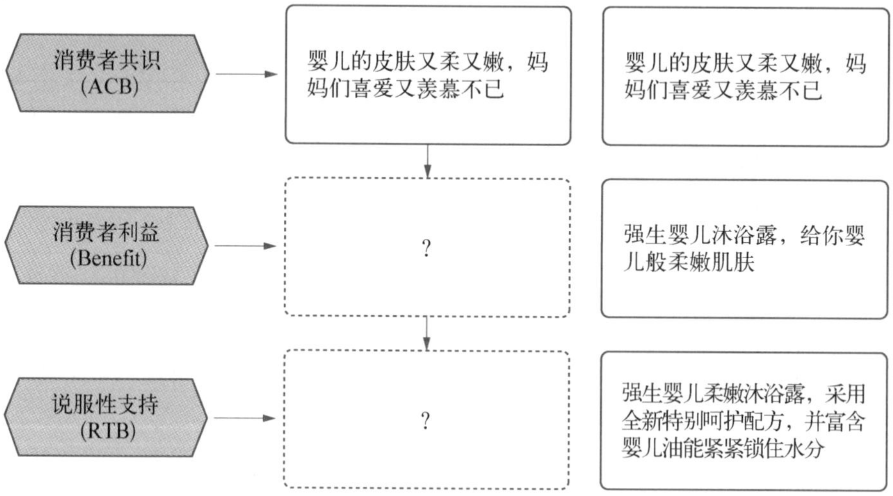

图 4－7　产品卖点示意图(3)

消费诉求，证实该产品确能给顾客带来这些利益，极为巧妙地处理好顾客关心的问题，从而顺利实现产品的销售诉求，如图 4－8 所示。

利用 FABE 法则打造爆品卖点的过程如下：

(1) 列出商品特征。首先应该将商品的特征详细列出来，尤其要针对其属性，详细写出其具有优势的特点。将这些特点列表比较。

(2) 列出商品的优点。接下来列出商品的优点，也就是说，您所列的商品特征究竟发挥了什么功能，对使用者能提供什么好处，在什么动机或背景下产生了新产品的观念，这些也要依据商品的特征，详细列出来。

(3) 客户的利益。如果客户是零售店或批发商时，当然其利益可能有各种不同的形

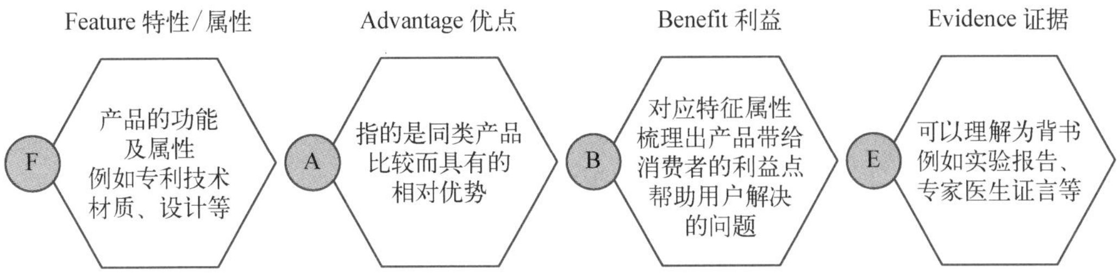

图 4-8 FABE 法则

态。但基本上,我们必须考虑商品的优点是否能真正带给客户利益,要结合商品的优点与客户所需要的利益。

(4) 满足消费者需求的证据。满足消费者需求的证据亦即证明书、样品、商品展示说明等。

了解了产品的卖点后,运用 FABE 法则,销售人员就能针对客户的需求,进行简洁、专业的产品介绍。

客户心中的问题——FABE 的理论基础。营销学者们经过研究发现,在顾客心中有一连串的问题,这些问题不一定会被清晰地说出来,因为这些问题可能只存在于顾客的潜意识中。即使这样,这些问题也必须得到回答,否则就可能失掉生意。优秀的导购员应在演示中做好准备,以回答这些未被说明但十分关键的问题。

在实际应用中,我们需要融合 FABE 法则明确产品每个功能属性能够带给用户的利益点,以及产品是否拥有额外背书,将它们一一罗列出来。以某功能型产品为例,优化后的卖点具体化+数据化+利益点,"0.01 mm 刷尖"为产品属性、"有助缓解牙齿敏感"为用户利益点。除了产品上的逻辑说服力,尽量将卖点数据化处理,后续与同类型产品对比时也会更加直观清晰,便于未来细致化的营销。

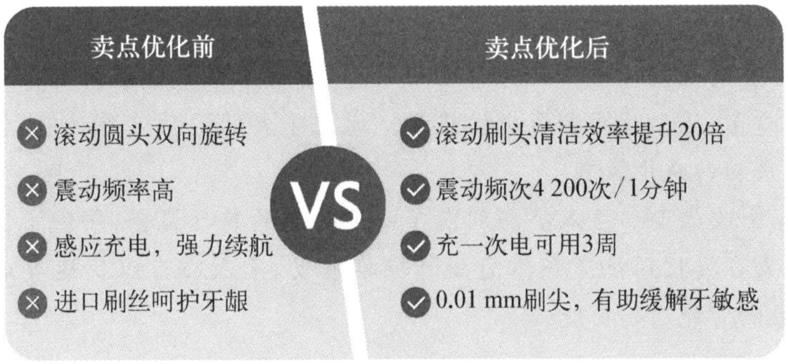

图 4-9 卖点优化对比图

卖点罗列时可以补充一些产品客观存在的劣势,以综合考量产品。对于产品未能达到的效果不予承诺,确保不损失用户信任。只有做到对产品的全方位了解,才能根据产品的不同特性找出差异化的卖点。

拓展阅读

通过信息流广告推出爆品

一家新兴的电子设备品牌目标受众是科技追求者和年轻专业人士，产品是智能手表，具备多种功能和时尚外观。想要通过信息流广告打造爆品可以采取以下步骤：

第一步，洞察(找用户最想要的)。

首先深入了解目标受众的群体性特点和需求，他们喜欢智能科技型产品，追求智能便捷的同时也注重品质。他们可能是活跃的社交媒体用户，既想要功能多又想要外观时尚。

第二步，选品(选用户最常用的)。

选择一款功能齐全、设计时尚的智能手表作为推广的产品。确保产品具备可靠的品质和先进的科技特性，以满足目标受众对智能设备的多重期待。既能作为日常生活中的智能工具，又能作为社交场景中的时尚单品。

第三步，找卖点(说用户最想听的)。

强调功能多样性：突出手表的多种实用功能，如智能通知、健康监测、运动追踪等，强调它能够满足用户的多种需求，提升生活效率和品质。

强调时尚设计：强调手表的时尚外观和个性化定制选项，吸引目标受众对时尚科技的追求和独特个性的认同。

强调便携性：突出手表轻便、便携的特点，强调它方便携带，随时随地满足用户的需求。

第四步，构思素材(展示用户想看的)。

场景1：商务会议。展示主人公穿着正式服装，手腕上佩戴智能时尚手表。手表显示精确的时间，主人公接收到一条重要的电话通知，并通过手表简单地回复了信息。

场景2：户外运动。主人公身着运动装备，手腕上佩戴智能时尚手表。手表显示主人公的心率、运动时间和消耗的热量。通过手表的运动追踪功能，展示主人公完成了一次成功的跑步锻炼。

场景3：社交聚会。主人公与朋友在一个时尚的餐厅聚会，手腕上佩戴智能时尚手表。手表在接收到社交媒体通知时轻轻震动，主人公可以快速查看和回复信息，展现手表的智能通知功能。

图片建议：

一张展示手表精美外观和时尚设计的图片，突出手表与时尚元素的结合，以及不同场景下手表的使用。

视频建议：

一个引人注目的视频，展示手表在不同场景下的使用，突出其功能多样性和时尚性。视频可以包括主人公佩戴手表出席商务会议、进行户外运动、与朋友聚会等，展现手表在各种场景下的实用性和与时尚潮流的契合。

二、打造爆品的流程

（一）消费者核心痛点挖掘

要打造爆品，首先要找准消费者的核心痛点，满足对应需求。从消费者视角出发，基于场景深度挖掘他们的潜在需求，对核心痛点进行细分，从而更好地找到产品引爆点。以下是可以遵循的一些关键原则和方法。

1. 满足消费者的分享欲望

注重产品本身能够触动用户分享欲望的特性，满足用户通过社交分享行为产生的自我满足等心理。比如一些影视 IP 的周边产品，用户购入这类产品后，普遍会通过社交平台主动分享自己的购买体验、拆箱视频、场景布置或 DIY 改造的过程，用户在主动分享的过程中一方面获得了心理满足，另一方面又在用户的社交圈层内进行了裂变传播。

2. 满足消费者的成就感

成就感是指消费者在购买和使用产品过程中所体验到的自豪和满足感。在爆品打造过程中，满足消费者的成就感尤为重要。无论是泡泡玛特集齐产品系列后产生的愉悦心理，还是 keep 上完成一组健身运动带来的满足感，都让消费者获得成就感。比如：一些社交产品用户会员会具备更加特别的身份标识，这在区分产品不同消费群体的消费能力、实现产品用户精细化运营的同时，还在一定程度上满足了 VIP 会员用户的一种自我成就感；近年来典型"轻奢感"产品概念的打造，给予了一些产品消费者社交地位的赋能，也属于消费者成就感的延伸。

3. 满足消费者的好奇心

在很多消费场景中，好奇心是推动消费者尝试新品、追求新服务体验的关键内在动力。因此，企业在打造爆品时，应当考虑如何激发和满足消费者的这种心理特质。例如，盲盒概念在泡泡玛特成功应用于自身产品营销之后，出现在了美妆个护、服饰鞋帽、日用消费等许多领域，隐藏款和碰运气的方式具有一定的不确定性，这种未知的不确定性极大地激发了消费者的好奇心，促使消费者产生首购。同时，泡泡玛特产品设计的出发点就是基于消费者对于系列款收集的强迫心理，使消费者产生集齐系列款的惊喜感觉，盲盒很容易产生复购行为，从而带动系列产品的销量。

拓展阅读

新消费主义时期的常见用户需求

在新消费主义时期，消费者的需求和偏好正在经历深刻的转变。如今，消费者越发重视产品或服务的品质、个性化、体验感以及品牌的社会责任感，由此衍生出不一样的用户需求。找到产品的引爆点，应该实时关注以下具有时代特色的用户需求。

1. 陪伴需求

2020 年宠物经济的市场规模已经扩大至 2 308 亿元，并且还呈现出持续增长的趋势，养狗人群达到了 3 600 万人以上，养猫人群达到了 2 400 万人以上，犬猫等动物已经开始从"宠物"(指用于玩赏、被人驯服的动物)属性向"伴侣动物"(与人做伴、释放陪伴需求的动物)属性转变，这种定义的改变带动了宠物经济消费能力的整体提升，从宠物主食、宠物零食到宠物美容、宠物玩具、宠物医疗、宠物用品，甚至是云养宠……宠物经济的消费聚焦点已经从产品本身延伸到宠物服务、宠物体验、宠物健康等领域，这些聚焦点其实都是基于养宠人群陪伴需求发展而来的。因而，从产品设计和产品宣传的角度来看，抓住养宠人群聚焦点的产品，必然具有更高的接受度与传播度。

2. 悦己需求

颜值经济进一步发展和细分，基于悦己需求打造的产品已经不仅仅是停留于"她"经济的角度，"他"经济也在考虑范围之内。无论产品本身有没有目标受众性别，如果想要基于社交媒体形成爆款，无非都是从以下两点出手：要么是刺激用户的焦虑心理，比如容貌焦虑，在潜移默化的影响下让目标用户产生"不得不消费"的心理暗示并最终产生实际消费行为，悦己需求下焦虑心理的应用常见于医美、美容护肤、减肥健身等领域爆款产品的打造。要么就是满足消费者对于美好生活的向往，深挖产品的审美细节、体验细节等，将"产品本身"与"生活的仪式感"画上等号，满足用户注重自我愉悦、追求精致品牌、个性化取向等深层次悦己需求，常见于日用品、智能电器等领域爆款产品的打造。

3. 健康需求

在影响用户产生产品消费决策的因素之中，产品是否满足用户的健康需求被提上了很重要的位置，健康需求不再单纯是银发人群产品的必备考量因素，许多年轻的消费人群也对健康提出了需求。在原有的属性上附加健康属性的概念，使得许多产品脱颖而出。比如代餐加工领域中，原有的代餐产品可能更加重视产品食用便捷性、包装分装、饱腹感等产品特点。如今在产品打造与产品宣传环节可能会更倾向于主打低热量、低脂肪、低盐、低糖等元素，这些符合消费者健康需求的元素更加具备走红的基因，这其实也反向证明了消费者对于健康饮食方式的倾向偏好。

(二) 产品特色爆点打造

在挖掘用户需求后，要集中打造产品专属的特色爆点，确保产品能够在市场中脱颖而出并迅速获得消费者的认可。产品特色爆点打造没有固定的模式，可以根据产品特点和企业发展战略灵活运用以下思维。

1. 快、准、好

这是基于产品视角打造爆品的三个基本原则。“快”指的是快速响应市场变化，及时推出符合市场需求的产品；“准”是指准确捕捉目标用户群体的需求，精准定位；“好”则是指产品本身的质量要过硬，能够满足甚至超越用户的期望。

2. 单品思维

将精力集中在一个超级单品上，深入挖掘并满足用户的需求，打造出具有极强口碑的爆品。这样做可以确保资源集中，提高效率，同时也能够通过一个成功的爆品来带动整个品类的销售。

3. 流量思维

利用成本价或低于成本的价格策略，通过提供极致的功能或体验来吸引用户，实现产品的快速普及和品牌的曝光。这种策略可以帮助产品迅速积累用户基础，为后续的口碑传播打下基础。

(1) 持续创新。在产品的研发和迭代过程中，不断地进行创新，以适应市场的变化和用户的新需求，提炼与其匹配的特色爆点。这些创新可以是技术上的，也可以是服务或营销方式上的。

(2) 用户体验至上。确保产品的每一个细节都能给用户带来良好的体验。这包括产品的易用性、设计美观性、服务的周到性等。

(3) 数据分析。利用数据分析来了解消费者行为和市场趋势，根据分析结果调整产品特色与发展策略，确保产品爆点能够更好地满足市场需求。

行业观察

大数据智能推荐系统

随着信息时代的发展和大数据技术的兴起，大数据智能推荐系统成了各行各业的热门话题。在互联网和电子商务领域尤为突出，它们为用户提供了个性化的服务和精准的推荐，极大地提高了用户体验和产品销售。

一、大数据智能推荐系统的原理

大数据智能推荐系统的基础是大数据分析技术和机器学习算法。其基本原理是通过对大量的用户行为数据的收集和分析，挖掘出潜在的用户兴趣和偏好，并根据这些信息为用户推荐个性化的内容或产品。具体而言，大数据智能推荐系统包括以下几个核心环节。

(1) 数据收集。系统通过各种方式收集用户的行为数据，如网页访问记录、购物车内容等。

(2) 数据清洗。对收集的数据进行预处理，排除重复数据和异常值，确保数据质量。

(3) 数据分析。通过数据挖掘和机器学习算法对用户行为数据进行分析，寻找用户的兴趣和偏好。

(4) 推荐算法。根据用户的兴趣和偏好，采用不同的推荐算法为用户生成个性化的推荐结果。

(5) 推荐展示。将推荐结果以适当的方式展示给用户，如网页推荐列表、推送通知等。

二、大数据智能推荐系统的应用

大数据智能推荐系统在各个领域有着广泛的应用，下面主要介绍在电子商务和在线媒体领域的应用。

(1) 电子商务。电子商务平台通过大数据智能推荐系统可以根据用户的兴趣和购买记录，为用户提供个性化的商品推荐，提高商品的曝光和销售量。同时，还可以通过对用户行为数据的分析，了解用户需求和购物习惯，进一步完善产品和服务。

(2) 在线媒体。在新闻、音乐、视频等在线媒体领域，大数据智能推荐系统可以根据用户的浏览记录和兴趣，向用户推荐相关的内容，提高用户的阅读和收听体验。同时，通过精准地推荐，也可以增加广告点击率和广告收益。

三、大数据智能推荐系统的未来发展趋势

随着大数据技术和人工智能的不断进步，大数据智能推荐系统也在不断发展和完善。以下是未来发展的几个趋势：

(1) 深度学习的应用。深度学习作为人工智能领域的重要技术，将在大数据智能推荐系统中得到更广泛的应用。通过深度学习算法，可以更准确地挖掘用户的兴趣和偏好，提高推荐的精度。

(2) 多模态推荐。传统的推荐系统主要基于用户的行为数据，而未来的推荐系统将更加注重用户的多模态数据，如图像、声音等。通过对多模态数据进行综合分析，可以更好地理解用户的需求和喜好。

(3) 跨领域推荐。未来的大数据智能推荐系统将不再局限于特定领域，而是更加注重跨领域的推荐。

通过不同领域数据的交叉分析，可以挖掘出更多的用户兴趣和需求，为用户提供更广泛的推荐服务。

总结起来，大数据智能推荐系统在当今社会已扮演着重要的角色，它通过大数据分析和机器学习算法，为用户提供个性化的推荐服务。在电子商务和在线媒体等领域有着广泛的应用，并且随着技术的进一步发展，它将迎来更广阔的发展空间。我们期待未来的大数据智能推荐系统能够更好地满足用户需求，提供更加个性化、精准的推荐体验。

(三) 爆品营销推广突围

做“爆品”，要学会引爆突围的策略，能够让粉丝为之吸引。从营销的角度上说就是三句话：找准引爆点、不断跟进策划、学会经营口碑。

1. 找准引爆点

找准爆品的引爆点至关重要，有些引爆点还需要抓住互联网时代的特征。比如青岛崂矿集团推出的百花蛇草水，因为其健康养生口味独特而拥有一大批忠诚顾客，进行互联网营销时，百花蛇草水的策略不是传统的“自我表扬”打法，而是逆向思维的打法，通过网友点评传播“史上最难喝的水”，反而赢得了“史上最难喝的水，实际上是健康养生的水”这样的品牌烙印。

2. 不断跟进策划

互联网时代做爆品最大的特点就是从以公司为原点到达以用户为原点，以用户为中心，站在用户角度思考，通过引发关注、设计场景体验、营造体验互动、创造新的体验等循环互动的方式，创造产品的强粉团，甚至是让粉丝和企业一起创造产品。在产品的设计、研发、生产、推广的过程中，全程和用户胶着在一起，营造充分的参与感。

3. 学会经营口碑

产品背后的强大依托是品牌文化，传播文化需要学会讲好品牌故事，可以借力各类媒体，做好营销价值观、营销注意力、营销体验感的文章，构建一个有吸引力的品牌故事，使产品与用户产生情感共鸣，这样的故事更容易被人记住并传播。同时，利用社交媒体、KOL 合作、广告投放等多种渠道来提升产品的知名度和口碑。

(四) 爆品营销策划

在当今商业环境中，爆品营销策划已成为企业赢得市场份额、提升品牌影响力和实现持续增长的核心策略。一个成功的爆品不仅能够迅速吸引消费者关注，还能在市场中形成强烈的品牌印象，从而实现口碑传播和自发购买。为了实现这一目标，企业需要从精准定位、产品创新、创意营销、合作推广和持续优化这五个步骤进行全面而深入的策划。

1. 精准定位

在爆品营销策划中，精准定位被视为至关重要的第一步。精准定位是指在市场调研和数据分析的基础上，明确产品的目标市场和核心消费者群体，以及产品在市场中的独特卖点和竞争优势。它要求企业深入了解消费者的需求、购买习惯和偏好，同时分析竞争对手的产品特点和市场策略，从而找到自身产品的差异化优势。精准定位的重要性在于，它能够帮助企业更加准确地把握市场脉搏，避免盲目跟风和无效投入。通过精准定位，企业可以确保产品与市场需求的匹配度，提高产品的市场接受度和竞争力，进而实现销售增长和品牌提升。

思　考

某新兴茶饮品牌的精准定位策略

某新兴茶饮品牌在进入市场之初，就面临着激烈的市场竞争和消费者多样化的需求。为了在市场上脱颖而出，该品牌决定采取精准定位的策略。

1. 市场调研与目标消费者分析

通过市场调研，该品牌发现茶饮市场正在向健康、品质、个性化方向发展，而目标消费者主要是年轻人群，他们注重健康、追求品质、喜欢尝试新鲜事物。同时，该品牌还发现市场上缺乏一款真正符合年轻人健康需求的茶饮产品。

2. 竞争对手分析

在竞争对手分析方面，该品牌发现市场上的茶饮品牌大多注重口感和品质，但在健康方面缺乏明确的产品定位。一些品牌虽然推出了健康茶饮，但在产品创新和个性化方面仍有不足。

3. 产品差异化优势提炼

基于市场调研和竞争对手分析，该品牌提炼出产品的差异化优势：以健康为核心卖点，注重原料的品质和营养的均衡，同时推出多种口味和搭配，满足消费者的个性化需求。

4. 定位策略制定

结合产品差异化优势和目标消费者需求，该品牌制定了具体的定位策略：将产品定位为“健康茶饮”，强调产品的健康属性和营养价值；将市场定位为年轻人群，特别是注重健康生活的年轻人；在品牌形象上，注重时尚、年轻、活力的元素，吸引目标消费者的关注。

思考： 该健康茶饮精准定位的效果与启示是什么？

2. 产品创新

在竞争激烈的市场环境中，产品创新是爆品营销策划的核心。随着科技的进步和消费者需求的变化，市场上不断涌现出新的产品和服务。只有不断创新，企业才能跟上市场的步伐，满足消费者的需求，从而在竞争中脱颖而出。产品创新能够提升产品的附加值，增加消费者的购买意愿。在功能、性能、设计等方面进行创新，可以让产品更加符合消费者的期望和需求，提高产品的吸引力和竞争力。

3. 创意营销

创意营销已经成为爆品营销策划的关键。创意营销是指通过独特的创意和创新的营销手段来吸引目标受众的注意，提升品牌形象，并促进产品或服务的销售。

4. 合作推广

在爆品营销策划中，合作推广是一种非常有效的策略，能够显著提升品牌曝光度、拓宽销售渠道并增强品牌影响力。通过与其他品牌、平台或个体进行合作，能够获得更多资源、更广泛的受众群体和更多的市场机会。

5. 持续优化

爆品营销策划并非一蹴而就的过程，而是需要经历不断的优化和迭代。这主要源于市场的快速变化、消费者需求的演进以及竞品策略的调整。因此，一个成功的爆品营销策划需要灵活的机制，来及时捕捉这些变化，并作出相应的调整。

任务四　供应链搭建

一、供应链含义

（一）供应链概念

供应链是围绕核心企业，通过对信息流、物流、资金流的控制，从采购原材料开始，到最后由销售网络把产品送到消费者手中的，将供应商、制造商、分销商、零售商，直到最终用户连成一个整体的功能网链结构。

（二）供应链组成

供应链不仅是一条连接供应商到用户的物流链、信息链、资金链，而且是一条增值链，物料在供应链上因加工、包装、运输等过程而增加其价值，给相关企业带来收益。供应链的概念是从扩大的生产（Extended production）概念发展来的，它将企业的生产活动进行了前伸和后延。

供应链的构成要素有：

(1) 供应商。选择合适的供应商可以保证原材料和零件的质量和供货能力，对整个供应链的稳定和高效运转有着至关重要的作用。

(2) 生产计划和调度。生产计划和调度是供应链的核心环节之一，对生产效率和产品质量有着重要的影响。通过合理的生产计划和调度，可以避免生产过程中的浪费和瓶颈，提高生产效率和产品质量。

(3) 物流和运输。物流和运输环节包括货物的运输、仓储和配送等方面。物流和运输的效率和成本，直接影响到产品的生产和销售，对供应链的效率和竞争力有着重要的影响。

(4) 库存管理。库存管理是供应链的一个重要环节。合理的库存管理可以减少库存占用的成本，同时又能保证供应链的灵活性和响应速度。

(5) 信息流和数据管理。信息流和数据管理是现代供应链管理的重要组成部分。通过建立信息化系统，企业可以实时监控供应链中的各个环节，提高供应链的透明度和管理效率。

(6) 风险管理。供应链中存在各种风险，如原材料价格波动、自然灾害等。风险管理是供应链管理中的重要一环，可以减少风险带来的损失，保障供应链的稳定性和可持续发展。这些因素相互作用，构成了企业的供应链体系。企业需要根据自身的情况，合理地考虑这些因素，制定相应的供应链战略，以提高供应链的效率和竞争力。

拓展阅读

比亚迪、蔚来、吉利——不同的供应商合作方式

在国内汽车行业蓬勃发展的当下，各大汽车制造商在与供应商合作及零部件标准化进程中，展现出不同的策略与理念。

比亚迪作为国内新能源汽车的领军企业，凭借垂直整合的供应链模式闻名遐迩。在电池这一核心零部件领域，比亚迪自主研发并生产刀片电池，实现了从原材料采购到电池成品制造的全流程把控。这种高度自主的模式，不仅保障了电池供应的稳定性，还通过大规模生产有效降低了成本。在其他零部件方面，比亚迪也积极与供应商建立深度合作关系，通过参股、共同研发等方式，提升供应商的技术水平和产品质量。例如，在IGBT芯片领域，比亚迪与国内供应商紧密合作，攻克技术难题，实现了芯片的国产化替代，降低了对进口芯片的依赖。比亚迪注重零部件的通用性和标准化，通过优化产品设计，减少零部件种类，提高生产效率和产品质量。

蔚来汽车则侧重于打造开放、协同的供应商生态系统。在供应链管理上，蔚来与全球优质供应商建立了长期稳定的合作关系，尤其在智能驾驶、车联网等新兴领域，积极引入行业领先的供应商。以激光雷达供应商禾赛科技为例，蔚来与禾赛科技深度合作，共同优化激光雷达的性能和安装方案，以适配蔚来汽车的高端定位和智能驾驶需求。蔚来还通过建立供应商质量评估体系，对供应商的产品质量、交货期、售后服务等方面进行严格考核，确保供应链的高效运转。在零部件标准化方面，蔚来采取适度标准化策略，在保证产品差异化和个性化的基础上，对部分通用零部件进行标准化设计，提高生产和售后的便利性。

吉利汽车在供应商合作方面，注重整合全球资源，推动协同创新。吉利通过一系列的海外并购，如沃尔沃、宝腾等，整合了不同品牌的供应商资源，形成了全球化的供应链网络。在发动机、变速箱等传统零部件领域，吉利与沃尔沃共同研发Drive-E系列发动机，共享技术成果，提升产品性能。同时，吉利积极推动供应商的本地化布局，与国内供应商建立紧密合作，促进产业集群发展。在零部件标准化方面，吉利制定了详细的零部件标准体系，涵盖设计、制造、检验等各个环节，提高零部件的通用性和互换性，降低生产成本和售后维护难度。

这三家国内汽车制造商在供应商合作和零部件标准化方面的不同策略，反映了企业基于自身发展定位、技术实力和市场需求的综合考量，也为行业提供了多样化的发展思路与借鉴经验。

（三）供应链结构

国内外学者从不同的角度对供应链给出了不同的诠释。

（1）链状结构。供应链起源于企业资源规划，基于企业内部业务的管理，它将企业内部经营所有的业务单元如订单、采购、库存、计划、生产、质量、运输、市场、销售、服务等以及相应的财务活动、人事管理均纳入一条“链”内进行统筹管理。这种供应链管理将企业各个业务环节的信息化孤岛连接在一起，使得各种业务和信息能够实现集成和共享，如图4-10所示。

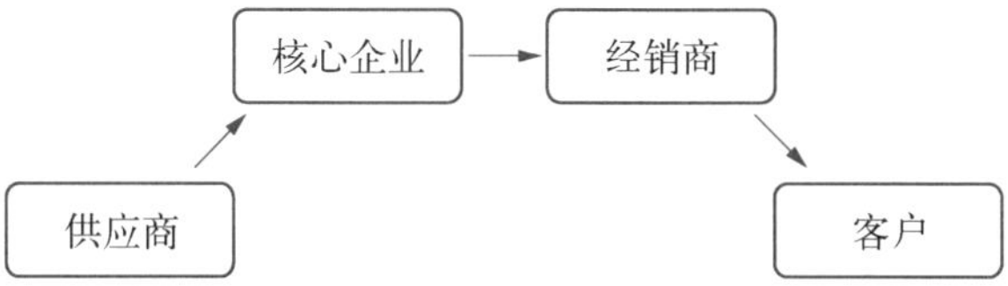

图 4-10　供应链的链状结构

(2) 网链结构。这种情况比链状结构复杂。物流、信息流和资金流呈多源单链状，具备了链状和网状的一些特点，对于一个核心企业来说，这种结构更加接近于供应链运作的实际情况，更具有研究价值，如图 4-11 所示。

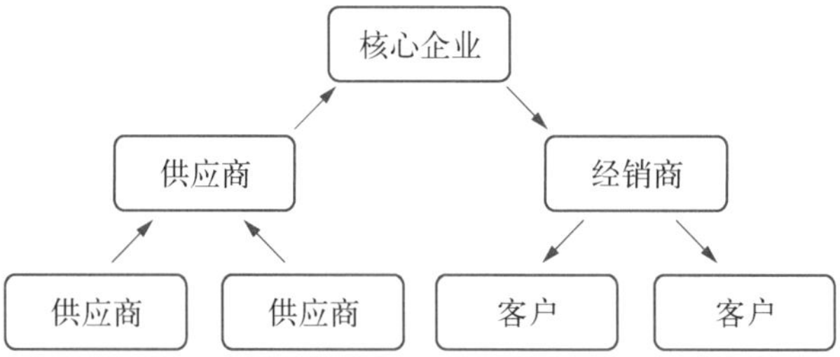

图 4-11　供应链的网链结构

(3) 网状结构。这种结构不局限于一个核心企业，而是多个核心企业，站在核心企业的角度来看，核心企业与供应商、核心企业与分销商之间均呈一对多的关系。多个核心企业、供应商、分销商组合起来，交叉构成了网状拓扑结构，这种结构说明了现实世界中供应链结构的复杂性，如图 4-12 所示。

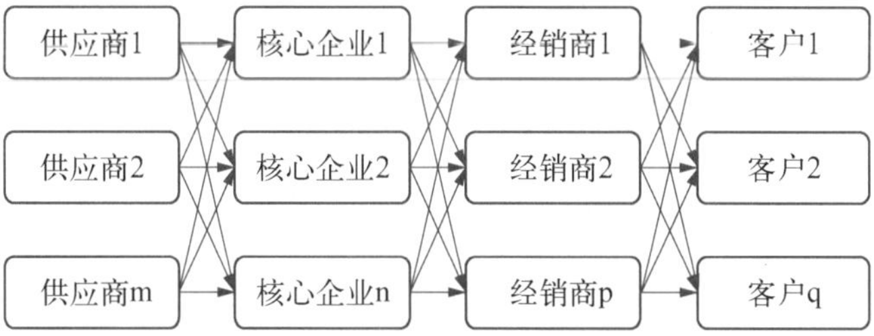

图 4-12　供应链的网状结构

(4) 复杂系统结构。现代供应链应该是一个以核心企业为中心形成的网链式结构供应链系统，其结构可以描述如下，供应链是围绕核心企业，通过信息流、物流和资金流将所有的节点联系在一起的功能网链结构，从原材料采购开始，制成中间产品以及最终产品，最后把产品销售到消费者手中，将供应商、制造商、分销商、零售商、直到最终用户连成一个整体。它是一条浓缩了计算机技术、网络技术、人工智能技术以及管理技术等多学科、多领域的高技术链条。以一个核心企业为中心，以物流为线索形成的复杂网络系统结构，如图 4-13 所示。

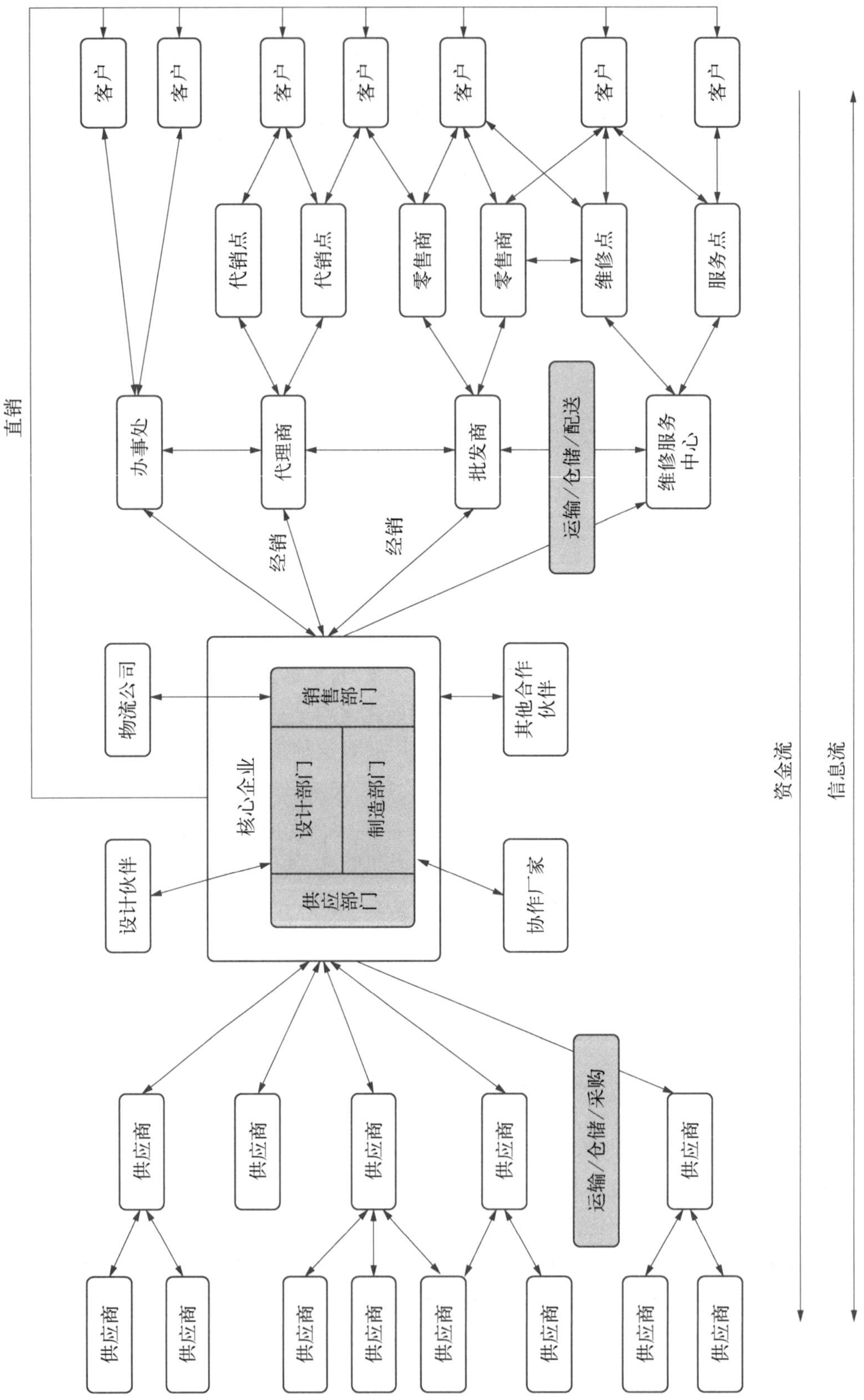
直销
客户
客户
客户
客户
客户
客户
客户
代销点
代销点
零售商
零售商
维修点
服务点
办事处
代理商
批发商
维修服务中心
运输/仓储/配送
经销
经销
物流公司
核心企业
销售部门
设计部门
制造部门
供应部门
其他合作伙伴
设计伙伴
协作厂家
运输/仓储/采购
供应商
资金流
信息流

图 4－13　供应链结构

行业观察

比亚迪供应链管理案例

比亚迪作为全球知名的新能源汽车制造商，在供应链搭建和管理方面对诸多企业具有借鉴意义。

1. 供应链起点——需求驱动

比亚迪以市场需求为供应链的起始点，将消费者对新能源汽车的需求作为业务运转的核心驱动力。企业依据市场调研、销售数据以及行业趋势预测，精准制定生产计划，进而有序组织采购、生产与销售等一系列经营活动。例如，随着全球对新能源汽车环保性能和智能化配置需求的不断攀升，比亚迪通过大数据分析和市场反馈，迅速捕捉到消费者对长续航、高智能车型的强烈渴望，及时调整生产策略，加大对相关核心零部件如刀片电池、IGBT 芯片等的采购力度，并加快相应车型的生产节奏。凭借先进的信息技术和高效的管理系统，比亚迪实现了 JIT(准时制)采购、JIT 配送以及 JIT 分拨物流的协同运作。这种高效的运行模式使得比亚迪能够快速响应市场需求，源源不断地收获订单。目前，比亚迪平均每月接到的新能源汽车订单数以万计，涵盖了多种车型和配置，以满足不同消费者的个性化需求。由于采购基于精准的需求预测，采购周期大幅缩短至数天；生产紧密围绕订单展开，整车生产周期也显著降低。

2. 库存管理——精益库存目标

比亚迪摒弃了传统仓库单纯作为“存储场所”的理念，将其转变为高效运转的“流通枢纽”。比亚迪深知，提升供应链效率的关键在于实现精益库存管理，尽可能降低库存水平。如今，比亚迪的仓库已演变为智能配送中心，仅作为物资短暂停留和周转的节点，以保障生产和销售的顺畅进行。在构建现代供应链体系之前，比亚迪面临着仓库面积大、库存成本高的难题。为改善这一状况，比亚迪投入大量资源建设智能化立体仓库，引入先进的仓储管理系统和自动化设备。这些立体仓库不仅占地面积大幅减少，而且存储容量和运作效率显著提升。例如，某大型立体仓库面积虽仅数万平方米，但通过科学的布局和智能化设备的应用，其存储能力相当于数十万平方米的传统仓库。该仓库与比亚迪的销售系统、生产系统以及物流系统深度融合，实现数据实时共享与同步传输。借助先进的自动化技术，如自动化导引车(AGV)、机器人堆垛机等，整个仓储和配送过程实现了高度自动化和智能化，大幅减少了人工干预，提高了作业准确性和效率。

3. 响应系统——市场快速响应体系

(1) 构建数字化订单管理平台。比亚迪所有的采购订单均通过线上平台下达，供应商能够实时在平台上查询库存信息，并依据订单和自身库存状况，及时进行补货操作。这一举措极大地提高了采购流程的透明度和效率，减少了信息不对称导致的延误和错误。

(2) 完善电子支付系统。目前，比亚迪线上支付比例已达到相当高的水平，支付准确率和及时性均达到100%。电子支付系统的广泛应用，不仅节省了大量的人力和时间成本，还降低了资金流转风险，同时节约了可观的财务费用。

(3) 搭建线上招标竞价平台。通过该平台，供应商与比亚迪共同直面终端消费者需求。

(4) 打造信息共享交流平台。供应商、经销商等供应链合作伙伴能够在该平台上实时共享信息，确保了信息流、物流和资金流的高效畅通。集成化的信息平台宛如企业内部的“信息高速公路”，紧密连接了比亚迪与全球供应商资源网络、销售渠道网络以及客户需求网络，将市场需求信息迅速转化为企业内部生产和采购指令，以信息流动替代传统的库存积压，极大地强化了整个供应链对订单的快速响应和执行能力。通过电子商务体系的成功运用，比亚迪显著拉近了与终端消费者的距离，在激烈的市场竞争中赢得了宝贵的响应速度，进一步扩大了市场份额。

4. 供应链网络——全球供应链网络

在全球化战略推进过程中，比亚迪致力于构建强大的全球供应链网络体系，并采取了一系列重要举措。

(1) 优化供应商结构。比亚迪对供应商进行了全面评估和筛选，淘汰了部分不符合要求的供应商，将供应商数量从原有的数千家精简优化至如今的更具竞争力的数量。这一举措有效提升了供应商整体质量和合作稳定性。

(2) 提升国际供应商合作比例。目前，国际供应商在比亚迪供应链中的占比大幅提升。众多全球知名的零部件供应商，如博世、大陆集团等，纷纷与比亚迪建立了长期稳定的合作关系。这些国际供应商凭借先进的技术和优质的产品，为比亚迪提供了强有力的支持。

(3) 强化本地化供应商合作。比亚迪积极与当地供应商建立紧密合作关系，特别是在其主要生产基地周边，吸引了一批优质供应商入驻，形成了产业集群效应。这种本地化合作不仅降低了物流成本，还提高了供应链的响应速度和灵活性。

(4) 推动供应商早期参与产品设计。比亚迪鼓励供应商在产品研发初期就深度参与，共同开展技术创新和产品优化。目前，已有相当比例的供应商参与到比亚迪新产品的设计开发过程中。通过这种协同创新模式，比亚迪能够充分利用供应商的专业技术和资源，缩短产品研发周期，提高产品质量和市场竞争力。同时，比亚迪不断完善面向消费者的配送和售后服务体系。在国内，比亚迪建立了广泛的销售和服务网络，覆盖各大中小城市。通过与专业物流企业合作，比亚迪实现了高效的产品配送，确保新车能够快速送达消费者手中。此外，比亚迪还建立了完善的售后服务体系，通过线上线下相结合的方式，为消费者提供及时、专业的售后维修和保养服务，有效提升了消费者满意度和品牌忠诚度。

通过实施以上一系列供应链管理措施，比亚迪从根本上革新了物料在企业内部和供应链中的流通方式，打破了传统企业相对封闭的运作体系，实现了从单一企业竞争向全球供应链协同竞争的转变，极大地提升了企业在全球新能源汽车市场中的综合竞争力。

二、供应链管理

技术的发展推动了经济的全球化、网络化进程。敏捷制造、及时生产等制造模式的出现,更加迫切需要新的管理模式与之相适应。传统企业组织中的采购物资供应、加工制造生产、销售等看似整体,却是缺乏系统性和综合性的企业运作模式,很难适应新的制造模式发展的需要,而那种“大而全,小而全”的企业自我封闭的管理体制,更加无法适应网络化竞争。“供应链”的形成跨越了企业界限,从建立合作制造或战略伙伴关系的思维出发,从全局和整体的角度考虑产品的市场竞争力,使供应链从一种运作性的竞争工具上升为一种管理性的方法体系。

(一) 供应链管理含义

由于供应链是以一个企业为核心形成的复杂网络系统结构,供应链管理是指对以一个企业为核心企业形成的供应链中的物流、信息流、资金流、工作流等进行合理的计划、组织、协调及控制。它实现战略合作伙伴间的一体化管理,使供应链运作过程中涉及的各种费用达到最小,并且在最短的时间内以最低的成本为客户提供最大价值的服务。这种管理方法以客户需求为中心、以贸易伙伴间的密切合作为基础,运用计算机技术、网络技术、人工智能技术以及管理技术等多种现代科学技术进行管理,从而提高整个供应链运行的速度、效益及附加价值,为整个供应链上的所有合作伙伴带来巨大的经济效益。

(二) 供应链管理的内容

供应链管理是一个复杂的领域,需要跨部门、跨企业协作来确保供应链的高效运转。依据供应链管理的概念,供应链管理的主要涉及计划、供应、生产、销售、配送等功能。具体地说主要包括供应计划、生产计划,产品工程、产品技术保证,供应链中的资金流、工作流管理,库存控制、仓储管理、分销管理、客户服务、设计工程、会计核算、人力资源、市场营销等。供应链管理关心的并不仅仅是物料在供应链中的流动,除了企业内部与企业之间的物流实体管理之外,供应链管理还包括战略性合作伙伴关系管理、供应链中各种物料需求预测、供应链管理过程中各种问题的决策、供应链节点、企业间异构系统的集成基于的供应链交互信息管理。总之,在供应链运作的过程中,从供应市场到需求市场所涉及的所有业务过程均属供应链管理的范畴。

(三) 供应链管理与优化的意义

供应链管理与优化的最终目的是满足客户需求,降低成本,实现利润,具体表现为。

(1) 提高客户满意度。这是供应链管理与优化的最终目标,这个目标同时也是企业赖以生存的根本。

(2) 提高企业管理水平。供应链管理与优化的重要内容就是流程上的再造与设计,这对提高企业管理水平和管理流程,具有不可或缺的作用。

(3) 节约交易成本。结合电子商务整合供应链将大大降低供应链内各环节的交易成本,缩短交易时间。

(4) 降低存货水平。通过扩展组织的边界,供应商能够随时掌握存货信息,组织生产,及时补充。

(5) 降低采购成本，促进供应商管理。由于供应商能够方便地取得存货和采购信息，采购管理等人员都可以从低价值的劳动中解脱出来，从事具有更高价值的工作。

(6) 减少循环周期。通过供应链的自动化，预测的精确度将大幅度地提高，企业不仅能生产出需要的产品，而且能减少生产的时间，提高顾客满意度。

(7) 收入和利润增加。通过组织边界的延伸，企业能履行他们的合同，增加收入并维持和增加市场份额。

(8) 网络的扩张。供应链本身就代表着网络，一个企业建立了自己的供应链系统，本身就已经建立起了业务网络。

· 行业观察 ·

蔚来供应商协同库存管理

新能源汽车市场竞争白热化，价格战此起彼伏，电池等核心部件成本高企，库存积压严重，不少车企面临利润下滑的困境。在这样的市场环境下，除了持续进行技术创新和产品升级，优化供应链、降低库存成本成为车企提升竞争力的关键举措。

蔚来在供应链管理上的核心策略聚焦于与供应商的深度协同，构建了一套高效的供应商协同库存管理体系，有效缓解了库存压力，提升了供应链响应速度。

1. 精准库存目标

行业数据显示，新能源汽车企业普遍面临电池、芯片等核心部件库存积压的问题，部分企业的零部件库存周转天数超过 30 天，成品车库存也居高不下。蔚来早期也曾受库存管理困扰，核心零部件库存周转天数较长，成品车库存压力较大，占用了大量资金和仓储资源。

蔚来从 2020 年开始，逐步推行供应商协同库存管理模式。作为供应链的核心企业，蔚来与电池、芯片、电机等核心零部件供应商建立了实时数据共享平台，实现了需求预测、订单下达、库存状态等信息的即时互通。供应商根据蔚来的生产计划和实时需求，动态调整自身的库存水平和生产节奏，确保在满足蔚来生产需求的同时，避免过多库存。

实施该模式后，供应商不再盲目备货，而是根据蔚来的实时数据进行精准生产和库存调配。蔚来通过系统可以实时掌握供应商的库存情况，提前下达需求预测，供应商一般只需保持满足蔚来 3～5 天生产需求的库存即可。这一模式使得蔚来核心零部件的库存周转率大幅提升，目前部分核心部件的年库存周转率已超过 20 次，有效降低了库存成本和资金占用。

2. 供应链协同深化

在优化核心零部件库存管理的同时，蔚来也在不断深化与下游合作伙伴的协同，尤其是在换电站和服务中心的备件库存管理上。

蔚来的换电模式对电池等备件的库存管理提出了极高要求。为了确保用户能够随时进行换电，蔚来与电池供应商、换电站运营团队建立了协同库存管理机制。通过实时监控各换电站的电池库存状态、用户换电需求，系统会自动触发电池调配指令，确保每个换电站的电池库存处于合理水平，既不会因库存不足影响用户体验，也不会因库存造成浪费。

此外，蔚来还为全国的服务中心部署了智能备件管理系统，服务中心的备件库存数据实时同步至总部和供应商系统。当服务中心的某类备件库存低于阈值时，系统会自动向供应商发出补货请求，供应商根据需求及时配送，实现了备件的精准供应。

通过与上下游合作伙伴的深度协同，蔚来不仅降低了整体供应链的库存成本，还提升了对市场需求的响应速度，为其在激烈的新能源汽车市场竞争中增添了重要砝码。

三、供应链运营发展趋势

（一）供应链运营的含义

供应链运营是指通过以最有效的方式设计和运营转型过程来实现需求和供应的匹配。简单地说，供应链运营就是在客户和供应商之间搭建桥梁。

（二）供应链运营发展趋势

虽然供应链管理非常复杂，且动态、多变，但众多企业已经在供应链管理的实践中获得了丰富的经验并取得显著的成效。未来供应链的发展趋势和方向是怎样呢?

(1) 物联网技术。物联网技术应用对供应链的内容、方式产生了变革式的影响。企业应用物联网技术可以实现对原材料、半成品和成品的状态识别与跟踪。通过在各个节点上实现对产品的智能化管理，使得供应链的集成化管理得以实现，对产品进行实时监控，实现供应链的可视化管理。以最低成本快速、及时地满足客户的需求。

(2) 大数据技术。它从多角度影响着企业的供应链管理。虽然在数据安全、用户隐私等方面仍有不足，但大数据供应链正成为企业新的经济增长点和创新点。未来的供应链是大数据驱动下的供应链，通过对大数据和海量信息的整合来进行消费者需求分析。

(3) 组织精简。供应链成员的类型及数量是造成供应链管理复杂性的直接原因，在当前的供应链发展趋势下，越来越多的企业开始考虑减少物流供应商的数量，并且这种趋势非常明显。比如，跨国公司客户更愿意将它们的全球物流供应链外包给少数几家。这样不仅有利于管理，而且有利于在全球范围内提供统一的标准化服务，更好地显示出全球供应链管理的整体优势。

(4) 客户服务方面。越来越多的供应链成员开始真正地重视客户服务与客户满意度。传统的量度是以“订单交货周期”“完整订单的百分比”等为标准的，而目前更注重客户对服务水平的感受，服务水平的量度也以它为标准。客户服务的重点转移的结果就是重视与物流公司的关系，并把物流公司看成提供高水平服务的合作者。

素养提升

加强职业道德培养，关注国家政策导向

在产品策划实践中，需秉持诚信务实的职业操守，在研判市场趋势与研发爆品时，拒绝盲目跟风或虚假宣传，以严谨态度挖掘真实需求。关注国家产业政策导向，如“十四五”规划对数字经济、绿色产业的支持，从中捕捉创新灵感。例如结合绿色消费趋势，研发环保型产品；依托数字技术，探索智能化产品形态，以创新意识推动产品升级。

整合渠道资源时，践行协同共赢理念，避免恶性竞争与资源浪费，通过优化线上线下渠道布局，提升产品市场触达率。在以需求侧推动供应链升级过程中，响应国家“双循环”发展战略，注重供应链的可持续性与安全性，助力产业优化转型。以社会责任为出发点，将产品策划与社会发展需求相结合，在满足市场需求的同时，为经济高质量发展与民生改善贡献力量，实现个人价值与社会价值的统一。

习　题

一、单项选择题

1. 以下不属于产品整体概念的五个层次内容的是(　　)。

A. 核心产品　B. 有形产品　C. 期望产品　D. 无形产品

2. 产品组合的长度是指(　　)。

A. 企业各产品线的产品项目总数　B. 企业各产品线的品牌总数

C. 企业各产品线的档次　D. 企业各产品线的价格

3. 以下(　　)策略不属于产品组合策略。

A. 扩大产品组合　B. 缩减产品组合　C. 产品期望　D. 产品延伸

4. 供应链不是对(　　)的控制。

A. 信息流　B. 物流　C. 资金流　D. 工作流

5. 供应链优化管理的最终目的不是为了(　　)。

A. 提高客户满意度　B. 提高 ERP 管理效率

C. 降低采购成本　D. 收入和利润增加

6. 通过实施(　　)，企业可以减少这些风险，降低生产成本。

A. 供应链中断管理计划　B. 制定和实施计划

C. 供应商关系管理　D. 保护企业声誉

7. (　　)是供应链中最显著的成本之一。

A. 成本　B. 物流　C. 库存　D. 资金

8. 供应链的概念是从(　　)概念发展来的，它将企业的生产活动进行了前伸和后延。

A. 扩大的生产　B. 扩大的市场　C. 缩小的生产　D. 缩小的市场

二、多项选择题

1. 供应链的构成要素包括(　　)。

A. 生产计划和调度　B. 物流和运输

C. 库存管理　D. 信息流和数据管理

2. 供应链结构包括(　　)。

A. 链状结构　B. 网链结构　C. 网状结构　D. 复杂系统结构

3. 供应中包含的问题有(　　)。

A. 竞争机制不合理　B. 采购计划盲目,不准确

C. 供应商选择、评价体系不完善　D. 销售及售后服务不完善

4. 供应链的发展趋势和方向为(　　)。

A. 物联网技术　B. 大数据技术　C. 组织精简　D. 客户服务方面

三、简答题

1. 供应链的概念是什么?

2. 供应链管理的内容是什么?

3. 供应链管理的限制因素有哪些?

4. 供应链运营的发展趋势是什么?

实训项目(一)

智能手表上市调研报告

随着科技的飞速发展,智能手表市场竞争日益激烈,新产品层出不穷。为了使一款即将上市的智能手表能够在市场中脱颖而出,本次实训要求通过深入的市场调研,为该产品制定一套科学、合理的上市策略,涵盖上市时机、地点选择及目标定位。

1. 实训目标

(1) 分析智能手表市场的现状与趋势,确定最适宜的上市时机。

(2) 研究目标消费者分布,选定最优上市地点。

(3) 明确产品差异化定位,制定针对性的市场策略。

2. 实训内容

(1) 新产品上市的时机选择。

① 市场趋势分析:收集近3年智能手表市场的发展数据,分析季节性的销售波动、技术革新节点、重要展会或事件(如苹果秋季发布会)对市场的影响。

② 竞争环境分析:调研同类产品最近的上市时间,评估市场饱和度及潜在竞争压力,避免与重大竞品冲突。

③ 建议报告:根据上述分析,撰写报告,推荐最佳上市时机,并说明理由。

(2) 新产品上市的地点选择。

① 目标市场调研：确定目标消费群体的地域分布、消费习惯和购买力，利用问卷调查、社交媒体分析等手段收集数据。

② 渠道分析：研究线上电商平台（如天猫、京东）和线下零售店（电子产品专卖店、运动装备店等）的分布与销售效能。

③ 地点策略：提出首选上市地点的建议，包括首批上市的国家/地区、城市及具体销售点，并说明选择依据。

(3) 新产品上市的目标定位。

① 用户画像构建：基于市场调研数据，创建详细的目标用户画像，包括年龄、性别、职业、兴趣、购买动机等。

② 产品差异化分析：分析竞争对手产品，明确本智能手表的独特卖点（如创新功能、设计、材质、价格等），确定市场定位。

③ 营销策略建议：根据目标定位，设计营销信息、促销活动和广告渠道，提出如何有效地传达产品价值给目标消费者。

3. 组织与实施评价

(1) 全班学生划分为6～8人的小组，组成项目团队。

(2) 形成一份有价值的调研报告＋课题汇报PPT。

(3) 根据提交的书面材料质量、口头报告的表现等因素综合打分。重点关注原创性、实用性和创新性。考虑团队协作效率以及每位成员贡献。

实训项目（二）

×××爆品营销策划方案撰写

1. 实训目标

通过对某爆品营销策划方案的撰写，培养团队协作、创新思维与执行能力。

2. 实训内容

(1) 根据本次任务所学的内容，任选一款产品，完成爆品营销策划方案撰写。

(2) 可利用新媒体资源查找资料，基于线上、线下消费者调研的结果，精准挖掘消费者需求痛点、打造产品特色爆点，并科学制定配套营销策划方案。

3. 组织与实施评价

(1) 全班学生划分为6～8人的小组，组成项目团队。

(2) 形成一份有价值的爆品营销策划方案＋课题汇报PPT。

(3) 根据提交的书面材料质量、口头报告的表现等因素综合打分。重点关注原创性、实用性和创新性。考虑团队协作效率以及每位成员贡献。

项目五 新媒体策划

学习目标

1. 知识目标

(1) 理解新媒体运营思维,如用户思维、IP 思维、粉丝思维和社群思维。

(2) 掌握运用用户思维、IP 思维、粉丝思维及社群思维的方法。

(3) 掌握新媒体文案标题策划和内容策划的方法。

(4) 熟悉新媒体运营工具,如西瓜助手、秀米、蝉妈妈、群里有事等软件的常用功能。

2. 能力目标

(1) 能够运用用户思维指导新媒体运营的全过程。

(2) 能够运用 IP 思维打造个人 IP 和企业 IP,并进行 IP 营销。

(3) 能够运用社群思维指导打造和维护一个优质的社群。

(4) 能够撰写新媒体文案标题和进行新媒体文案创作。

(5) 能够熟练运用常用的新媒体运营工具。

3. 素养目标

培养文字表达能力、项目管理能力、人际沟通能力、热点跟进能力和数据分析能力。

思维导图

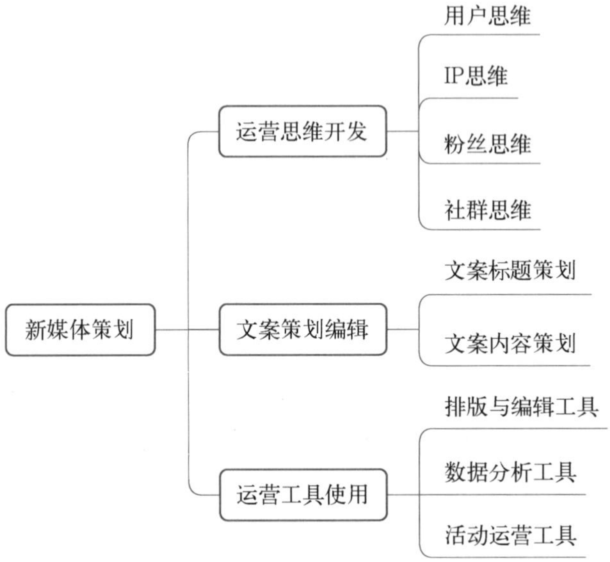

案例导入

“书香满城 · 阅读季”新媒体推广策划

随着数字时代的到来，人们获取信息的方式发生了巨大变化，电子书、在线阅读等新型阅读方式逐渐流行。然而，在快节奏的生活环境中，静下心来享受纸质书籍带来的宁静与思考变得尤为珍贵。“书香满城 · 阅读季”活动旨在通过一系列线上线下结合的活动，激发大众对阅读的兴趣，促进文化氛围建设。

1. 目标群体

年龄层：主要针对 18 至 45 岁的年轻人及中年人。

兴趣点：热爱文学艺术、关注个人成长与发展的人群。

地域范围：全国范围内开展，特别聚焦于一线、二线城市。

2. 核心策略

内容共创：邀请知名作家、学者以及意见领袖参与，以“我心中的好书”为主题撰写推荐文章或录制视频，分享他们心中最值得读的一本书，并解释其背后的故事。同时鼓励普通读者也参与到这一过程中来，形成良好的互动循环。

线上挑战赛：利用微博、抖音等社交平台发起“30 天阅读挑战”话题标签活动，参与者须连续 30 天每天发布一条关于所读书籍的内容（可以是心得感悟、精彩片段摘抄等），并邀请三位好友继续接力。根据参与度和质量评选出优秀作品给予奖励。

线下体验店：在各大城市设立临时性主题书店，店内不仅售卖精选图书，还设有舒适的阅读角落供顾客免费使用。此外，定期举办作者见面会、签售会等活动，增强用户黏性。

公益行动：联合相关机构发起“一本书的力量”公益活动，号召社会各界捐赠二手书籍给偏远地区的孩子们。每收集到一定数量的书籍，主办方将额外配捐相应金额支持当地教育事业的发展。

3. 执行步骤

第一阶段（准备期）：确定合作伙伴名单；设计宣传物料；搭建官方网站/小程序作为活动入口。

第二阶段（预热期）：通过 KOL/KOC 传播活动信息；启动线上挑战赛报名通道。

第三阶段（高潮期）：正式开启各项活动；持续跟进媒体报道；组织现场直播吸引更多人参与。

第四阶段（收尾期）：公布比赛结果并颁发奖项；总结活动成效，发布感谢信。

通过以上策略的实施，“书香满城·阅读季”不仅能有效推动阅读文化的普及，还能为企业带来正面的品牌形象效应。

任务一　运营思维开发

一、用户思维

用户思维强调以用户为中心，从用户的角度出发来思考问题，确保所提供的产品和服务能真正满足用户的需求和期望。为实现这一目标，我们可以参考 4C 理论——以顾客为核心的现代营销理念。4C 理论强调：深入理解用户（customer）、优化成本（cost）、提供便捷体验（convenience）和建立有效沟通（communication）。只有紧密围绕这四个核心要素展开行动，我们才能更好地践行用户思维，与用户建立深度的联系，并精准满足他们的需求。

（一）4C 理论要素

1. 顾客导向

为用户提供产品和服务，其核心在于深入理解并识别目标用户群体的真实需求。用户关心的并非产品的内在属性或质量，而是产品如何满足其实际需求。因此，我们需要从用户的角度出发，深入洞察其需求，确保所提供的解决方案真正符合他们的期望。

2. 成本优化

从用户视角出发，不仅要考虑显性的经济成本，还要关注隐性的非经济成本。这些隐性成本可能包括用户的时间、精力和体力等投入。在消费升级的背景下，用户越来越重视这些隐性成本。例如,外卖平台的成功在很大程度上归因于它们为用户节省了大量的隐性成本,从而赢得了用户的青睐。

3. 便捷性考虑

在激烈的市场竞争中,用户的品牌忠诚度逐渐降低,因此便捷性成为影响用户选择的重要因素。用户并不关心企业的渠道布局,他们只关注自己在使用产品或服务时是否方便。在价格和品质相差无几的情况下,用户更倾向于选择那些能够提供便捷体验的产品或服务。

4. 有效沟通

与用户建立有效沟通的关键在于理解和回应他们的需求和期望。例如,定价策略中的 99 元或 9.9 元定价方式,实际上是在向用户传递一种信息:我们的价格是经过精心考虑的,旨在为用户提供最具性价比的产品或服务。如在市场上有很多商品的定价类似于 999 元、4 999 元、8 999 元。它们和 1 000 元、5 000 元和 9 000 元并没有太大区别,但是在心理学上会让人感觉便宜很多,这是商家常用的价格策略。这种定价策略有助于与用户建立信任和情感连接,从而提高用户满意度和忠诚度。

(二) 用户思维的优势

用户思维在商业领域具有显著的优势,具体体现在以下几个方面。

1. 商业模式的创新与变革

用户思维能够推动商业模式的创新和变革。在传统商业模式下,企业主要依赖于产品的直接销售获取利润。然而,用户思维强调与用户的长期连接和关系建立,通过提供持续的服务和价值,实现商业价值的持续增长。这种思维方式促使企业从单一的产品销售转向持续的服务和价值创造,从而实现了商业模式的重大变革。

2. 成本降低与效率提升

用户思维有助于降低企业的运营成本。在传统行业中,产品销售通常需要通过多个中间渠道,这些渠道会占据相当一部分利润。然而,在信息发达、支付和物流便利的今天,企业可以直接触及用户,减少中间环节,降低运营成本。此外,通过精准营销和用户互动,企业可以更加高效地传递信息,进一步提升运营效率。

3. 用户黏性的增强与互动反馈

用户思维能够显著增强用户黏性。通过与用户进行真正的双向互动,企业可以更好地了解用户需求,提供个性化的产品和服务。同时,用户也可以为产品的改进和升级提供宝贵的建议和反馈。这种互动和反馈机制有助于企业不断优化产品和服务,提升用户满意度和忠诚度。

(三) 掌握用户思维的方法

1. 保持对用户的持续关注与警觉

无论我们做哪个行业、处在什么岗位,我们都要承认和谨记,商家的思维和用户思维是有差别的。首先,在内心深处,要建立这样一种认知:无论我们多么资深和老练,对用户和用户思维,始终保持谨慎、警惕、敬畏。思考心里是否时刻装着用户,如在产品设计、运营推广等各个环节,要去反思是否真正体现了用户思维。

2. 在生活中锤炼与提升用户思维

用户思维并非与生俱来,亦非短时间内可以全面掌握的。它的培养与提升,既需要我们在日常工作中不断磨砺，更需要我们在日常生活中随时随地保持观察和思考。我们需要细心体会和分析各类产品和业务设计，评估其是否恰当，是否真正融入了用户思维。这种能力的培养，关键在于平时的积累和实践。在日常生活中，我们作为真实用户去体验和使用由他人设计和提供的产品时，能更深入地理解用户需求和行为模式，从而更准确地把握用户思维。这种深入的用户体验和理解，是真正掌握用户思维的关键所在。

以加油站销售矿泉水为例，当您驱车前往加油站时，可能会注意到加油机旁堆放着大量成箱的矿泉水，并有工作人员进行推销。对于这一销售行为，背后实则是深思熟虑的用户思维策略。首先，考虑到用户可能有成箱购买矿泉水的需求，而加油站作为一个高频访问的场所，恰好吸引了这些潜在消费者。其次，在其他场景如便利店或超市购买成箱矿泉水时，用户可能会面临不便，如未驾驶车辆或车辆停放距离较远，搬运整箱矿泉水会相对困难。因此，加油站提供了一个理想的销售场景，将商品与消费者、商品与车辆紧密结合，形成了高效的销售闭环。这一策略不仅满足了用户的便利性需求，还实现了销售目标，充分展示了用户思维的实践应用。

3. 深入产品使用场景，增强用户体验

深入理解产品并在各种场景中运用是至关重要的。仅仅在办公室设计产品而不进行实际使用，可能会导致诸多问题。为了确保产品的有效性和用户体验，我们需要在各种真实场景中频繁使用并测试产品。以导航软件为例，虽然语音提示“前方 500 米红绿灯路口右转”在理论上听起来很清晰，但在实际驾驶中，驾驶员很难精确判断 500 米的距离，这可能导致过早的转弯。因此，为了优化这一设计，现代导航软件已更改为“前方 500 米第二个红绿灯路口右转”，并在接近第一个路口时提醒驾驶员“正在经过第一个红绿灯路口”。这种细致入微的设计改进，显著提高了导航的准确性和用户体验。这充分说明了在实际场景中测试和使用产品对于准确把握用户需求和提升产品质量的重要性。

4. 深入用户调研，准确把握用户思维

深入用户群体，进行广泛的调研与回访，是准确理解用户思维的关键。尽管产品经理和公司管理者会频繁使用和体验产品，但由于人数有限，他们无法覆盖所有用户的所有使用场景。因此，关注广大用户在实际使用中的反馈和需求变得尤为重要。为了实现这一目标，我们必须积极开展用户调研，通过电话回访、在线问卷等方式收集用户的意见和建议。此外，与用户保持紧密沟通，了解他们在使用产品时的痛点和需求，也是提升产品质量和用户满意度的关键。只有通过深入的用户调研和回访，我们才能更准确地把握用户思维，从而为用户提供更加贴心和高效的产品与服务。

· 行业观察 ·

小米“为发烧而生”

小米最初的定位就是“为发烧而生”，每周，MIUI 手机操作系统研发人员都会根据用户反馈的建议推出更新。用户不满意，改！用户不喜欢，改！用户想要新功能，加！用户至上，让用户成为设计师的策略，最终使小米聚集了大量的忠实粉丝，并形成口碑传播，粉丝戏称自己为米粉。

黎万强在谈小米手机成功的三大因素的时候说：第一是参与感，第二是参与感，第三是参与感。这参与感也有三个维度：第一，用户参与营销活动；第二，用户参与产品创新；第三，用户参与公司的内部管理。

黎万强还总结了小米营销的内部心法——三八法则：三大基础，八项注意。

三大基础：

第一，定位用户群体。用户群体越小越好，越精准越好。你的产品是为什么用户而做？小米要做一款发烧友手机，所以一开始就是定位“为发烧而生”，先做MIUI 再做手机，都是围绕发烧友群体。

第二，社区战略。当你找到用户定位后，就要找适合你营销传播的平台。在论坛、微信、微博等平台中，小米选择了论坛作为主要社区，重点发力，论坛也成了几个平台中黏度最高、流量最大的社区。

第三，内容营销。有了客户群体，有了适合的社区，就要开始做内容营销，做内容营销最核心的是创造话题，比如小米 1 代的青春版，话题就是 150 克的青春。

参与感八项注意：

第一，说人话。做任何设计，营销活动都要充分考虑场景化，别纸上谈兵。

第二，别跑偏。别跑偏的核心是抓重点。

第三，别撑着。别撑着就是要合理掌握营销，不要一开始做营销的时候一窝蜂全上，把所有渠道都做了。

第四，接地气。不要把互联网的东西说得那么高高在上。

第五，别动摇。整个品牌战略至少要坚持 10 年别动摇。

第六，要死磕。所有伟大的设计和营销活动的文案都是死磕出来的，比如一场发布会的 PPT，至少经过 100 多次修改。

第七，有特权。给予最初追随你的用户和其他普通用户不一样的特权。

第八，一起做。把用户当成朋友，有温度的沟通。

用户思维是互联网思维的核心，想要让你的企业和品牌更好，那就要好好学习转变，把产品思维、卖货思维，转变为用户思维。而用户思维里面，要注重用户体验，做有温度的产品、有温度的营销。

二、IP 思维

(一) IP 的含义

知识产权(Intellectual Property，IP)，指的是由法律赋予独享权利的“知识财产”，包括但不限于音乐、文学及其他艺术作品、发现与发明，以及一切经过作者创造性劳动产生的词语、短语、符号和设计等。IP 作为一种“潜在资产”，具备自主传播的特性，不依赖于单一平台，能在多个平台上吸引流量并实现商业价值。

在当前的互联网时代，IP 的形态多样，可能是一个象征、一种价值观、一个具备共同特征的群体，或是一种自带流量的内容。其核心特质在于其优质的内容属性。任何具备衍生内容、知名度和话题的品牌、产品或个人，均可被视为一个 IP。IP 的产出主要源自内容端，如影视、音乐、游戏、小说等产业。

为推动数字文化产业的高质量发展，文化和旅游部于 2020 年 11 月发布的《关于推动数字文化产业高质量发展的意见》中，首次引入了 IP 的概念。该文件明确提出，要"培育和塑造一批具有鲜明中国文化特色的原创 IP，加强 IP 的开发与转化工作"。这标志着政府层面对 IP 产业的重视和期待，期望通过动漫游戏、网络文学、网络音乐、网络表演、网络视频、数字艺术、创意设计等多元化产业形态，推动中华优秀传统文化的创造性转化和创新性发展。

1. 打造个人 IP

(1) 精准个人定位。构建个人 IP 的首要步骤是确立独特的人设。人设作为一种标识，有助于用户在认知过程中形成认同与信赖，进而产生持续的关注。与人设塑造一样，其构建过程必须兼顾用户的需求及其定位。一个清晰的人设定位，将帮助你在新媒体的广泛领域中凸显个人特色，吸引目标用户。

(2) 明确目标用户群体。这涉及对用户年龄、性别、兴趣等多方面的深入剖析。不同的用户群体对于文字风格、文章主题和推广方式的偏好往往有所不同。因此，针对特定用户群体的特点进行内容创作，将大大提高传播效果和影响力。

(3) 创意与原创并重。持续的创新和独特的原创内容是吸引用户并保持其关注的关键。在打造个人 IP 的初期，模仿可能是一个有效的学习方法，但长远来看，唯有坚持原创，才能塑造出独一无二的品牌形象。富有创意的内容不仅能吸引更多用户，更能增强品牌影响力。

(4) 强化用户互动，提升用户忠诚度。在构建个人 IP 的过程中，与用户保持频繁的互动至关重要。这不仅能增强用户的参与感，还能有效提高用户的忠诚度。通过不定期提供小额奖励或礼品，可以在增强用户黏性的同时，进一步提升他们对个人 IP 的认同感和忠诚度。

2. 打造企业 IP

企业 IP 是指利用吸引人的标签来实现品牌价值的传递与商业化转化。这一标签可以是代表企业的企业家、杰出人物，也可以是由企业精心打造的拟人化形象。

(1) 针对目标用户需求。企业 IP 的设计应与企业的品牌、产品、服务紧密相连，满足目标用户的心理预期。在设计上，需确保具有辨识度和独特性。例如，金融理财类企业的用户群体多为中青年，他们通常处于职业上升期，对资产快速积累与升值管理有迫切需求，所以在设计上应符合此类受众的需求。

(2) 在塑造企业 IP 时，必须明确品牌价值观的定位与传达，这是企业的核心与灵魂所在。以理财企业为例，应构建一个以专业、精细、贴心服务及风险控制为核心的人格化 IP 形象。以地产业为例，其塑造的 IP 形象可以是这样的：卓越的地产企业不仅提供舒适的居住体验，更追求与业主共同创造美好生活的愿景。

(3) 内容策划与生产是企业 IP 打造的核心。内容需兼具趣味性、独特观点及共鸣力，避免盲目跟风，确保企业 IP 保持独立个性。成功的 IP 能够引领潮流，而非追随他人。同时，内容必须传递正确的价值观，帮助用户找到志同道合的伙伴或促进自我成长。此外，内容还需具备实际价值。

(4) 内容形式与媒体选择。在打造企业 IP 时，可采用多种形式的内容，如图文小程序、小游戏、音频、视频等。视频内容可进一步细分为长视频与短视频。企业应基于前期策划，对各种形式进行尝试与匹配。不同的内容形式在呈现上可能产生不同效果，但企业应始终维护企业 IP 的一致性。

在选择媒体平台时，企业应优先考虑核心用户分布较多的平台。目前，“两微一抖”(微博、微信、抖音)已成为众多企业自媒体的首选。短视频平台如抖音、快手等在企业 IP 打造方面具有天然优势，其竖版视频形式更便于实现用户与企业 IP 的直观互动，提供沉浸式的体验。随着直播技术的升级、云平台的成熟、“网红”产业的兴盛以及新媒体产业的变革，品牌直播已成为当前极为流行的信息传播方式。

(5) 发布与推广策略。对于新品牌而言，选择适当的时机推出企业 IP 至关重要，这需要紧密结合目标用户的需求。以亲子儿童品牌为例，暑期通常是理想的发布时间窗口。此外，重大节假日也是值得考虑的发布时机。对于已有企业 IP 但计划进行转型或重新包装的品牌，应巧妙地将企业的促销活动与品牌纪念日、庆祝活动等相结合，如公司周年庆等。

在进行品牌 IP 推广时，构建新媒体矩阵至关重要，这包括头条号、微博、公众号、个人微信等多个平台。新媒体矩阵的核心在于通过不同传播方式的组合，实现内容的多元化展现和广泛传播。将同一份内容通过多个平台进行分发，不仅能够覆盖更广泛的用户群体，还有助于吸引更多潜在用户。

在当今信息爆炸的时代，全方位传播企业 IP 显得尤为重要。全面布局和多平台传播不仅有助于满足用户获取广泛有用信息的需求，还能有效提升品牌知名度和影响力。因此，企业应充分利用各种新媒体平台，构建强大的传播网络，以确保企业 IP 能够得到广泛而深入的推广。

(6) 运营与商业化转化。为了确保企业 IP 的价值最大化，必须采取“优质内容＋多渠道传播＋精准运营”的综合策略。在实施企业 IP 运营与转化时，应遵循以下核心原则。

① 全面渗透策略：企业 IP 的运营必须实现全方位覆盖，从内部到外部，从线上到线下，深入渗透到所有相关产品和服务环节中。这包括市场活动、公关活动、行政管理、人力资源管理等所有涉及人际关系的领域。通过持续强化存在感，确保企业 IP 在各个领域都能发挥最大价值。

② 强化用户互动：在移动互联网时代，虽然内容生产是基础，但用户的维系与运营才是提升 IP 价值的关键。内容能够触发用户情感共鸣，而互动则能够满足用户的精神需求。企业应确保用户的参与感，以增强其对产品的忠诚度，进而激发口碑传播效应。实现这一目标的途径包括提供参与机会、设计互动环节，以及有效扩散正面口碑。同时，对于用户反馈，企业必须迅速响应，提出解决方案并采取实际行动。在新媒体时代，单纯的销售思维已不再适用。企业应致力于与用户建立长期、稳固的关系，注重内容输出、用户关

怀以及线上线下互动，这是企业 IP 持续发展的核心。

③ 商业转化是必然途径：企业 IP 的发展不可避免地需要进行商业转化，这种转化可以通过线上或线下形式进行。一个成功的企业 IP 必须满足四个关键标准：优质的用户体验、庞大的用户基础、成熟的变现模式以及强大的生命力。目前，企业 IP 变现的主要方式包括会员费、销售增长、自营电商、广告收入、文创作品版权销售以及周边产品开发等。以“哪吒”这一国产超级 IP 为例，其受众基础广泛，彰显出强大的商业变现能力。截至 2025 年 6 月 30 日 21 时，《哪吒之魔童闹海》中国票房达 154 亿元人民币，斩获中国影史票房榜冠军、中国影史观影人次冠军、全球影史动画片票房榜冠军等多项殊荣。围绕哪吒 IP 打造系列正版衍生品销售额已达数百亿元人民币。众筹手办项目金额突破 2 800 万元人民币，参与人数超 6.6 万人。《哪吒 · 三界往事》绘本，在天猫销量达 6 万元、抖音销量超 10 万元。

3. IP 营销

近年来，IP 已成为各行业的热门话题，从影视界到媒体界，再到各大品牌，IP 的讨论和应用无处不在。众多热门 IP 纷纷涌现，甚至催生了跨界合作的新型商业模式和消费趋势。企业纷纷借助 IP 来丰富品牌内容、拓展品牌内涵，使得 IP 营销成为企业常用的营销手段。

IP 营销的核心商业逻辑在于品牌与 IP 的紧密结合，通过这种结合实现品牌的人格化，并持续输出优质内容。这种逻辑不仅有助于传达品牌的价值观，更能通过价值观的共鸣吸引和聚拢粉丝。一旦粉丝对品牌的价值观产生认同，进而实现身份和角色的双重认可，便会对其产品产生信任感。

IP 营销的表现形式多种多样。以褚橙为例，其创始人褚时健便是其品牌的最佳代言人。褚橙的策划团队通过一系列关于褚时健的深度报道，成功地将褚橙品牌 IP 化，进而将“褚橙”塑造成为一种精神象征。这种策略不仅提升了品牌的知名度和影响力，还赋予了产品更深层次的文化内涵和情感价值。

在现代市场营销中，IP 已更多地被视作品牌、核心内容、个人或整个产业链的延伸。通过品牌的人格化塑造，企业能够实现从传统的品牌商业向更具人格魅力的商业模式的转变。这种转变使得企业能够借助其人格化的品牌形象与用户建立深厚的信任关系，从而为用户提供除了产品使用功能之外的情感连接和购买动机，最终实现品牌价值的提升和溢价。

IP 营销的核心意图有两方面：首先，通过持续输出高质量的内容，建立和维护 IP 的势能，使其在市场中占据有利地位；然后，利用这种 IP 势能，实现与用户之间更为高效、精准和快速的连接，从而提升用户参与度和品牌忠诚度。基于这两个核心意图，IP 营销策略主要包括以下三个方面的内容。

(1) 品牌与 IP 的协同定位。品牌不仅是 IP 的展示平台，更是其人格化特征的载体。为了确保 IP 的长期可持续发展，品牌必须拥有明确的市场定位，并通过有效的市场推广策略来扩大品牌影响力，进而促进品牌销量的增长。

(2) 发挥内容生产力的核心作用。在现代商业环境中，内容营销已成为吸引和维系用户的关键手段。特别是对于“80 后”“90 后”和“00 后”等主流消费群体，他们对品牌的忠诚度逐渐降低，而更看重内容的创新性和吸引力。因此，企业必须不断加强内容生产能力，通过讲述富有故事性和情感共鸣的内容，使 IP 更加鲜活、更贴近用户，从而增强品牌的吸引力和认同度。以海尔品牌为例，其动画片《海尔兄弟》的成功播出赋予了海尔品牌勇于探索、坚韧不拔的形象，使海尔产品赢得了广泛的市场认可。

(3) 多渠道分发与跨屏引流。一个成功的IP应当具备强大的流量吸引能力，且能够跨越不同媒体、平台或行业进行延伸。为实现这一目标，企业需要采取多渠道发展策略，确保内容价值的最大化，并实现全方位的用户引流。以“罗辑思维”为例，它不仅在微信平台发布图文内容，还在抖音、优酷等视频平台发布节目，同时在喜马拉雅推出音频产品，并涉足图书出版和独立App开发等领域。这种跨平台发展策略并非简单地泛化内容，而是在保持原有用户定位的基础上，实现内容的多渠道分发。

随着移动互联网的普及，用户更愿意为符合自身价值观的品牌支付溢价，这为“以人为本”的品牌营销提供了更多机遇。因此，品牌传播必须深入用户的精神层面，打造与用户能产生情感共鸣的内容，从而实现品牌与IP的有效营销传播。

三、粉丝思维

粉丝经济，虽然在新媒体时代之前已有所萌芽，但直至新媒体的崛起，粉丝思维才逐渐受到广泛的关注和重视。

(一) 粉丝的定义

“粉丝”一词源于英文“fans”，意指对特定话题、内容或人物充满热情的追随者和支持者。在新媒体运营领域，“粉丝”特指那些对博主、商家或品牌持支持态度的群体。从社会学视角来看，粉丝构成了一个特定的社会群体，他们通常具备固定的、规律性的、情绪化的投入，并展现出社会群体的一般特征，如明确的成员关系、持续的相互交往、一致的群体意识和规范、分工协作以及协同行动的能力。

1. 粉丝经济的内涵

粉丝对某一事物的精神投入，往往会转化为实际的消费行为，这种消费行为不仅局限于某一领域，还可能拓展至更广泛的经济领域，从而催生出粉丝经济。粉丝经济指的是建立在粉丝与某一事物之间关系上的商业活动，是企业通过提升用户黏性，运用口碑营销策略来获取经济利益和社会效益的一种商业模式。目前，粉丝经济已广泛应用于文化娱乐、电子商务、互联网等多个领域。企业借助新媒体平台，围绕特定兴趣点聚集粉丝，提供多样化、个性化的产品和服务，最终促成消费并实现盈利。

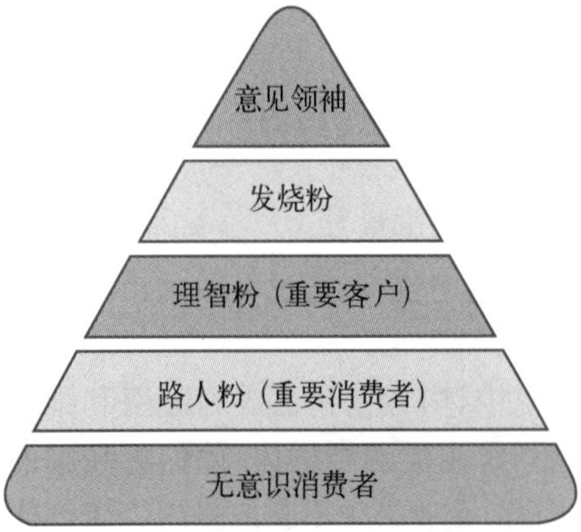

图5-1　不同类型的粉丝群体

在粉丝群体中，不同类型的粉丝发挥着不同的作用。粉丝群体中的意见领袖，他们具备话题感染力，擅长进行口碑传播。“发烧粉”对产品的热爱基于产品的满意度，一旦发现产品缺陷，他们会积极向商家提出改进意见，扮演类似于产品经理的角色。“理智粉”的消费行为较为理智；“路人粉”有重复消费的行为；无意识消费者则几乎不参与任何互动，缺乏参与感。不同类型的粉丝群体如图5-1所示。

2. 互联网粉丝经济

随着互联网的发展，互联网粉丝经济也得到了快速发展。某艺人在微信公众平台推出了付费会员制，用户付费后即可成为会员。付费会员可根据等级享受不同的特权，如阅读艺人写作的书籍，欣赏艺人录制的音乐，还可以到会员讨论区中发帖评论或回复，有机会与艺人互动。

自媒体从业者罗振宇也是付费会员制的尝试者，他将“罗辑思维”的会员费统一定为200元，仅半天就卖出5 500份，收获了110万元的会员费。罗振宇除了给会员发放会员编号之外，并没有额外的会员服务承诺，而会员费也是基于认同、粉丝自愿付出的“打赏”。

四、社群思维

互联网的迅猛发展将全球各地的人们紧密地联系在一起，构建了一个崭新的社交格局，即社交网络。这一网络的崛起显著缩短了粉丝与有影响力的人物（“大咖”）之间的距离，促进了他们之间的互动与交流。

（一）社群的界定

社群是由拥有共同价值观、目标或兴趣的用户组成的集合体，它可以是基于精神追求的联合体，也可以是围绕特定利益形成的共同体。随着移动互联网的普及和各类社交应用程序的涌现，社群开始崭露头角。人们通过微信公众号、微信群等社交平台集结，开展深入的交流、热烈的讨论和知识的分享。这种新型的社交模式打破了传统层级结构，实现了用户之间的平等对话，进一步加深了成员间的联系。

（二）社群的特征

一个优质的社群应当具备以下七个核心特征：

1. 共同价值观

社群成员基于相似的价值观和信仰集结在一起，这些价值观不仅能够统一成员的思想，还能塑造社群独特的亚文化，如独特的标识、音乐或口号。

2. 共同目标

社群应设定明确且符合大多数成员意愿的共同目标。这些目标可被细化为若干小目标，激励成员间的互助与合作。例如，在“考研复习群”中，每个成员都致力于顺利考上研究生，并在此过程中分阶段完成特定的学习任务。

3. 行为规范

为确保社群目标的实现，必须制定简单而有效的行为规范。这些规范旨在指导成员正确地行动，以促进社群的和谐发展。在社群运营中，应强调过程的重要性，鼓励成员积极参与，而非过分关注结果。

4. 组织结构

社群内部应形成清晰的层级结构，包括管理者、热心贡献者和普通参与者等。各层级间应建立正向的互动与合作关系，确保社群的持续稳定运转。

5. 内部链接

社群成员应享有平等的发言权，通过持续的互动和协作建立深厚的信任关系。这种内部链接有助于形成稳定的社群结构，促进成员间的紧密合作。

6. 榜样力量

社群中会涌现出若干具有影响力的关键意见领袖。这些领袖不仅主导着社群理念的传播，还能激发其他成员的热情与参与度。

7. 稳定产出

社群应持续产出高质量的内容或产品，如文章、视频、品牌活动等。稳定产出不仅是社群存在的基础，还能吸引外部关注，引导更多人加入社群。在此过程中，应鼓励社群成员共同参与产出，实现从 PGC(Professionally-generated Content，专业生成内容)向 UGC (User-generated Content，用户生成内容)的转变，以提升成员的自我价值感。

(三) 社群的要素

一个优质的社群必须具备五个核心要素：同好、结构、输出、运营和复制。这五个要素为企业提供了打造高效社群的明确指导。

1. 同好

作为社群构成的首要因素，同好是社群存在的基础和前提。它明确了社群成员聚集的目的和共同活动的内容。同好可以围绕某一产品，如华为手机或小米手机用户；也可以是基于特定行为，如旅游爱好者或阅读爱好者；还可以是基于特定标签，如网购达人或某艺人的粉丝；甚至是基于某一生活空间或情感联系，如某个生活小区的居民或具有共同乡情、友情、同学情等情感纽带的人群。社群成员通过同好相互连接，以满足自身的某种需求，无论是情感慰藉、互动快乐还是现实利益。在进行社群产品定位时，对同好的精准把握将直接影响到定位的清晰度。

2. 结构

结构对社群的存续具有决定性影响。社群的结构主要包括四个组成部分：组织成员、交流平台、加入原则和管理规范，如图 5－2 所示。这些组成部分的完善程度将直接影响社群的生命周期。

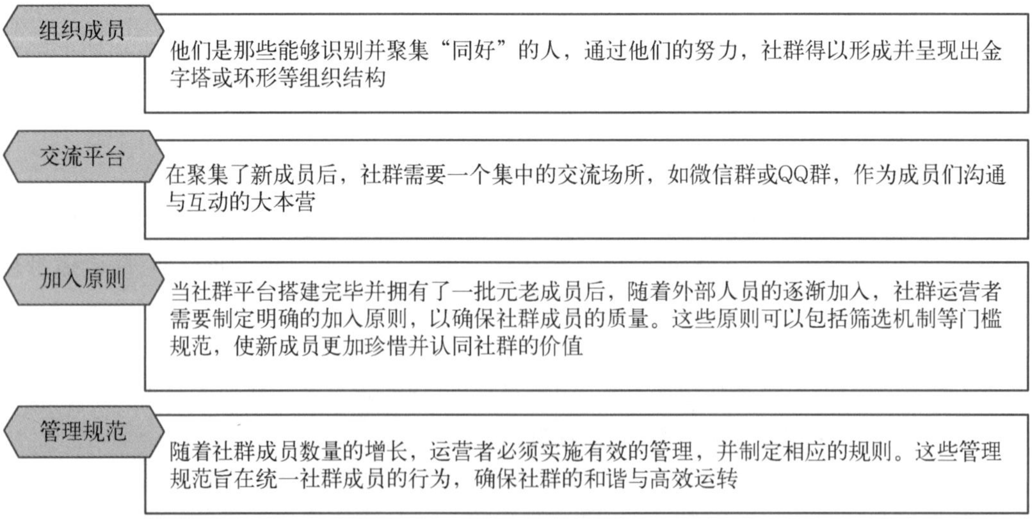

图 5－2　社群的结构

3. 输出

输出决定了社群的价值和意义。一个健康的社群必须能够持续、稳定地输出内容，以便有效地传递其价值观和影响力。同时，评估社群成员的输出成果也是至关重要的。在优秀的社群中，成员们会在不同层次和细分领域提供高质量的内容输出，从而释放出巨大的能量和潜力。

输出的形式可以是专业生成内容（PGC）或用户生成内容（UGC）。在线上，常见的输出形式包括图文、音频、视频等多媒体内容；而在线下，则可以通过读书会、分享会等形式进行面对面的交流和互动。此外，社群还可以利用微信、微博、知乎、喜马拉雅、优酷、爱奇艺等平台，以及互动吧等活动发布平台，将内容传播给更广泛的受众。这些平台不仅提供了多样化的内容展示方式，还能够帮助社群扩大影响力，吸引更多的成员和关注者。

4. 运营

运营在塑造和延长社群生命周期方面发挥着关键作用。有效的社群运营须致力于构建并维系社群的“四感”，即仪式感、参与感、组织感和归属感，从而确保社群的稳健发展，如图 5-3 所示。

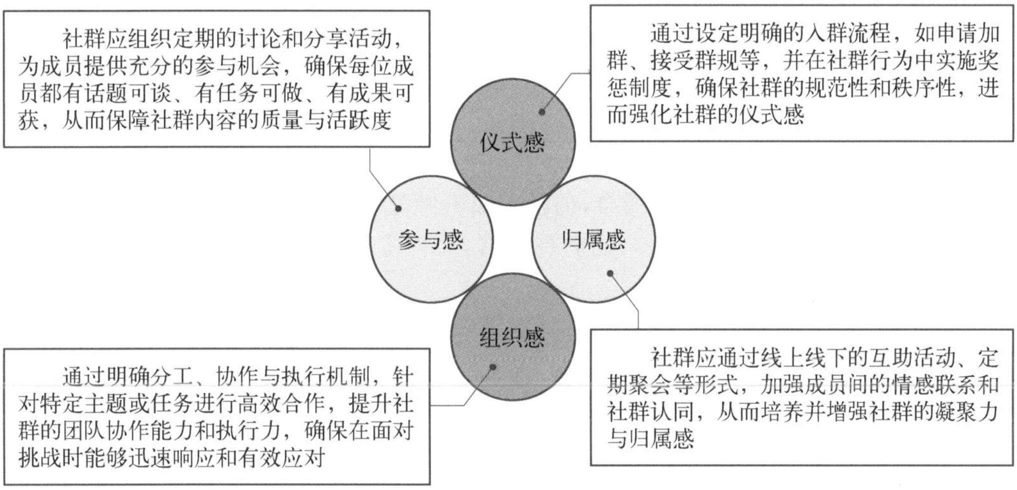

图 5-3 社群的“四感”

除了日常内容的产出，社群运营还需通过组织稳定的日常活动来支撑并强化上述“四感”。例如，可以设立开班仪式以增强仪式感；定期开展“作业雨”活动，鼓励成员相互点评和分享，从而培养归属感；通过设立班长、组长等职能角色，明确各自职责，提升社群的组织感；对于不积极参与的成员，可以采取适当的管理措施，如移出社群，以确保社群的健康发展。

5. 复制

复制在决定社群规模扩张方面起着至关重要的作用。社群的核心在于情感的凝聚与认同，随着社群的逐步发展，成员间的情感联结可能面临分裂的风险。因此，在进行社群“复制”或扩展时，必须审慎考虑以下三个关键问题：

（1）是否已经构建了一个能够支撑社群持续发展与扩张的稳固的组织架构。

(2) 是否已经形成了一个可以成为社群扩张的坚实后盾和引领者的核心成员群体。

(3) 是否已经孕育出可以增强社群凝聚力和向心力的独特的社群亚文化。

社群最引人注目的特质之一便是其规模化复制的能力。通过实施标准化的运营模式,管理者能够高效地管理多个社群,即便规模达到数万甚至数十万人,也能保持有序和高效。这无疑是众多社群运营者所追求的理想成果,它不仅提升了社群的影响力,也极大地扩展了社群运营的边界和可能性。

(四) 社群的类型

社群,作为互联网时代的新兴组织形式,主要分为以下三种类型:

1. 产品型社群

这类社群主要围绕某一特定产品或产品类别形成,社群成员多为该产品的直接用户或潜在用户。例如,九阳公司所组建的九阳面条机社群,其成员均与该面条机有直接或间接的关联。

2. 兴趣型社群

基于用户的兴趣图谱构建,因用户需求的个性化和兴趣的多元化,使得兴趣型社群的种类繁多且各具特色。此外,由于个体可能拥有多个兴趣点,多个兴趣型社群间可能存在重合的成员,这进一步促进了兴趣型社群的裂变与传播。例如,美食社群和汽车兴趣群等,它们能够精准地吸引并聚集拥有特定兴趣的用户,除了推广和销售自家产品外,还具备销售其他产品的潜力。

3. 知识型社群

尽管与兴趣型社群存在部分重合,但随着知识付费的发展,知识型社群已成为一种独立的社群类型。现阶段,许多社群,如樊登读书会、黑马会、吴晓波读书会、秋叶 PPT 等,均属于知识型社群。

社群,作为互联网时代的组织形式,具有自治性,其基础构成单位是个体。社群的意义在于通过共同的兴趣、爱好或其他内容,将人们聚合在一起,形成一个特定的圈子,共同塑造某种价值观或文化。与此相对,社区则是一个更大、更松散的网络空间,用户可以在其中自由进出和交流,没有固定的群主或意见领袖,缺乏自定义的规范,因此很难形成独特的亚文化。

(五) 社群运营流程

社群运营者期望通过社群运营构建粉丝经济闭环,但并不能一蹴而就,这一目标的实现需要遵循一套特定的流程。

1. 社群类型定位

如上所述,社群类型多种多样,常见的有兴趣型社群、产品型社群、学习型社群、服务型社群等。为了明确社群的类型定位,首要任务是深入理解社群成员所共享的价值观。

2. 社群成员定位

在确定了社群类型后,接下来需要描绘社群成员的画像。这一步骤可以结合社群类型定位,更准确地勾画出社群成员的特征。同时,根据产品本身的特性,还可以对社群成员画像进行进一步的细化。

3. 设定管理制度

为确保社群的秩序与高效运作，应建立一系列管理制度。这些制度包括但不限于：禁止在群内发布广告；设立明确的进群门槛及新人入群仪式；明确社群成员的职责与人员分工；规划定期的知识分享活动，以及策划定期的线下聚会等。

4. 获取种子用户

在完成了前三步的准备工作后，接下来的核心任务是吸引并吸收社群成员。特别要重视第一批社群成员的挑选与发展，他们作为社群的种子用户，在社群运营中扮演着至关重要的角色，甚至可能决定社群运营的成败。未来，社群的复制、衍生、裂变等，都将基于这些种子用户进行。

5. 价值输出

自社群成立之初，各种内部机制即应步入正轨。其中，价值输出是维系社群成员的关键手段。社群应持续提供有价值的内容或服务，以满足成员的需求，从而确保他们的持续参与。

6. 持续运营

为确保社群的持续运营，需要不断引入新成员、持续输出价值，裂变出新的社群，并淘汰或剔除不活跃的成员。通过群晋升、群裂变等手段，可以有效提升社群的活跃度和价值，最终实现商业变现的目标。

7. 社群运营策略

社群运营策略涵盖了内容运营、用户运营和活动运营三个核心方面。

(1) 内容运营。内容是社群发展的基石。内容运营包括规划、编辑、运营和复盘四个关键环节。规划阶段，需要结合社群成员需求，明确内容主题，并细化到每周、每日的输出计划。编辑阶段，需要精选选题，优化内容结构，设计版面布局。运营阶段，则聚焦于内容的发布、推广，以及与社群成员的互动答疑。复盘阶段，通过对运营数据的分析、用户反馈的收集，不断优化工作策略。内容运营的核心在于持续、高效地产出有价值的内容，这要求运营者精心策划内容来源，结合 PGC 和 UGC 模式，激发社群成员的参与热情。

(2) 用户运营。用户运营旨在吸引新用户、激活现有用户、提升用户留存率，并促进用户转化。社群运营者需构建完善的用户成长和活跃体系，制定激励政策，同时发掘和培养有影响力的 KOL(关键意见领袖)。KOL 不仅能为社群内容提供客观评价，还能有效激发其他用户的参与热情。随着移动互联网的深入发展，用户对互动、社交和场景体验的需求日益增强，对社群的认同感和价值感也逐步提升。社群的核心功能在于兴趣聚合、沟通协作与商业变现，这些功能分别有助于沉淀用户、增强用户参与度和信任感，以及实现粉丝经济的有效转化。

(3) 活动运营。活动运营是一种通过策划和执行短期活动，在特定时间内快速提升社群价值的策略。社群运营者需要灵活运用各类活动，吸引社群成员的注意力，引导他们积极参与，最终实现商业价值的转化。在社群经济中，购买行为的触发取决于多个因素，包括用户信任度、需求、付费能力、购买紧迫感、产品的高性价比以及购买的便捷性。因此，活动运营需综合考虑这些因素，为用户提供有价值的体验，促进购买行为的发生。

任务二　文案策划编辑

撰写公众号文章

一、文案标题策划

信息泛滥的时代，一则文案只能吸引用户短短几秒的注意力，而标题是用户对文案的第一印象，用户往往会根据标题来决定一则文案是否值得继续点击阅读。

好的标题是一个吸引用户注意力并让用户顺势阅读的“好奇心缺口”。所以，一则优秀文案的标题应该具备这样的功能：先让用户意识到“缺口”的存在，即让用户意识到自己需要知道什么，当文案的标题激发了用户的好奇心，用户就会顺势阅读下去。

（一）文案的标题类型

1. 叙事性标题

人们天生对故事具有强烈的好奇心，叙事性标题通过构建引人入胜的故事框架，将文章的核心信息融入其中。这种标题旨在激发读者的好奇心，引导他们深入了解故事背后的内容。叙事性标题通常较长，包含情节的起承转合，并能够展现文案中关键人物的个人历程。

编写叙事性标题的方法如下：首先，识别文案中与产品紧密相关的人物，这可能包括产品的创造者、开发者、市场推广人员或实际用户。随后，运用叙述方式，梳理这些人物与产品相关的生活经历，突显他们在实现目标过程中所经历的挑战、努力和最终的成功。最后，将这些情节精简并整合，保持字数在 20 至 30 个字，以确保标题既具有吸引力又能清晰传达核心信息。

2. 数字型标题

数字能给人以显著且深刻的印象，通过时间和具体数字，标题能够将内容精确量化，展现出权威和可靠性，从而极大地吸引读者的注意力。例如，标题“如何挣大钱?”缺乏具体的量化信息，读者可能会对“大钱”的定义和挣到的时间感到模糊。而将其优化为“如何在 1 年内挣到 100 万元?”则更加明确和具有吸引力。

此外，数字型标题还能为用户创造一种紧迫感，如“仅限 1 天”或“仅限前 200 名”等表述，常用于产品销售文案中，以激发用户的购买冲动。然而，需要注意的是，标题中的数字应合理且不过于夸张，以免给用户留下虚假或不可信的印象。

3. 悬念型标题

这种标题策略通过运用文章中最能吸引用户注意力的元素，在标题中设置悬念，激发用户的探究欲望，从而引导他们点击并阅读文章内容。例如，标题“使用这种方法，他的工作效率得到快速提升”便是一个典型的悬念型标题。其中的“这种方法”起到了关键性的悬念引导作用，大多数读者在看到这样的指示性词语时，会自然而然地产生好奇心，想要了解究竟是哪一种方法。为了寻找被故意掩盖的答案，用户会点击标题并深入阅读文章。

编写悬念型标题的方法如下：

(1) 识别目标用户群体的核心痛点,这是构建悬念的基础。

(2) 找出产品或服务能够解决这些痛点的方法或优势。

(3) 将上述两步的内容结合,形成一个具有吸引力和探究性的句子。

(4) 在这个句子中,将具体的方法或优势替换为指示性词语,如"这个""那个""这点""那点"等,以增加悬念和神秘感。

4. 对比型标题

对比型标题通过对比两个对象在某一标准下的显著差异,引发用户的心理冲击和兴趣。为了有效运用对比法则,需要注意以下三点:首先,标题的对比应与传播的核心内容(例如产品的独特卖点)相结合;其次,对比的项目应贴近用户生活,使用户能够产生共鸣和代入感;最后,对比应具有明显的差异,这种差异可以通过具体的数字来体现,从而更加吸引用户的注意力。例如,"月薪 3 000 元与月薪 30 000 元:文案水平的天壤之别"。通过合理的对比设置,对比型标题能够引发用户的兴趣,并引导他们深入了解内容。

对比型标题的写作方法如下:

(1) 明确要对比的对象,并深入了解这些对象的主要属性和特征。

(2) 分析这些属性是否是用户普遍关注和关心的,确保对比的内容与用户需求紧密相关。

(3) 确定对比对象的属性值(特征值),并通过优化表述方式,突出和强化这些差异。

(4) 运用拟人化、场景化等手法,增强用户的代入感,触动他们的内心情感,从而更有效地传达信息。

5. 恐惧型标题

这种标题策略主要围绕用户的两种心理诉求展开:一是对落后他人的担忧,即用户因某些未完成的任务或行动而害怕与他人的差距逐渐扩大;二是对特定情境或结果的回避心理,即用户内心深处极度不希望成为某种类型的人或遭遇某种情况,但现实却显示这种趋势正在逼近。恐惧型标题通过精准触及用户的这些痛点,激发他们继续阅读的兴趣,以寻求解决方案或安慰。恐惧型标题的写作步骤如下:

(1) 识别目标用户群体最关注的痛点,这是构建恐惧感的基础。

(2) 调研目标用户在当前解决这一痛点时采取的方法,特别是在未使用您的产品或服务前的常用手段。

(3) 分析这些传统方法可能导致的不良后果,强调其潜在的风险和危害。

(4) 在文章结尾处,提供一种新的解决方案,即推荐您的产品或服务,作为解决用户痛点的有效途径。

例如考虑给一个健身产品的推荐文案拟一个恐惧型标题。标题可能读作:"别再让懒惰拖垮你的身体!科学健身,让你远离健康风险!"这个标题针对的是那些对身体和健康有担忧,但又因懒惰而未能坚持健身的用户。它首先指出了用户的懒惰行为可能导致的身体和健康问题,然后提供了一种解决方案——使用科学健身方法,从而激发用户继续阅读并采取行动的兴趣。

6. 利益型标题

利益型标题,也称为颂扬型标题,其核心在于凸显产品为用户带来的利益。这些利益可大致分为物质型利益和精神型利益两种。

物质型利益，主要围绕物质层面的优惠和奖励。例如："美食季特惠：简单三步，即可享受超值汉堡优惠！""全场满减优惠，更有机会赢取新款手机大奖！"，以及"App 安装即送 200 元现金福利！"等，都是通过具体的物质奖励吸引用户。

精神型利益，则侧重于满足用户的精神需求和成就感。例如："成为业务精英：一本书助你领跑全公司！"和"流利外语，自信沟通：28 天让你赢得赞赏！"等，这些标题通过承诺提升用户的技能和能力，满足其精神层面的追求。

利益型标题的关键在于直击用户内心，引导他们进行思考和选择。以下是撰写利益型标题的步骤：

(1) 明确产品为用户提供的利益是物质型还是精神型。

(2) 根据利益类型，列出用户为获得这些利益需要付出的成本或努力。

(3) 强调这些利益的真实性和价值，同时降低用户对于付出成本的感知。

(4) 在标题中巧妙呈现利益和代价，以吸引用户并激发他们的行动意愿。

通过精心设计和撰写，利益型标题能够有效吸引目标用户，并促使他们采取进一步的行动。

二、文案内容策划

(一) 产品文案策划

产品文案策划主要包括以下几方面的内容。

1. 明确产品定位

明确产品定位的目的不仅在于向用户清晰传达产品的核心属性和功能，更在于深度剖析产品在竞争激烈的市场环境中所占据的独特地位与优势。鉴于当前市场上同类产品的多样性，消费者往往难以区分各产品间的细微差别。因此，产品文案的策划工作首要任务是深入挖掘并凸显产品的核心卖点，锁定与这些卖点相契合的目标消费群体及其具体需求，从而精准指导产品推广的方向和策略，确保产品定位的精准性和市场适应性。

2. 详细阐述产品核心卖点

在新媒体文案的创作过程中，提炼产品的卖点是一个至关重要的环节。为确保所提炼的卖点既精准又吸引人，文案人员需着重考虑以下三个维度：

(1) 用户的核心关切。许多文案常常强调"产品深受××人群喜爱"或"××名人也在使用"，然而，大多数用户更关心的是"我为何应该购买此产品？"以及"它能为我带来何种实际益处？"因此，文案中的卖点必须紧密围绕用户的实际需求与痛点展开，确保所提供的解决方案能够直击用户最为关心的核心问题。

(2) 产品的实际特性。用户所关心的卖点必须基于产品本身所具备的真实特性。任何夸大其词或虚构的描述都可能导致用户的反感，进而影响产品的市场信誉。

(3) 与竞争对手的差异化。一个成功的卖点应当与竞争对手的卖点形成鲜明对比，从而凸显产品的独特优势。这种差异化可以是"你无我有"的创新特性，也可以是"你有我优"的超越之处。在激烈的市场竞争中，先入为主的心理效应尤为关键。当竞争对手首先提出某一卖点时，他们便可能在用户心中率先占据一席之地。因此，文案人员需要敏锐捕捉并提炼出与竞争对手不同的卖点，确保产品在市场中具有独特的竞争优势。

3. 文案的复查与优化

在产品的整体定位和卖点设计均已完成之后，新媒体文案人员还需要进行细致的复查和针对性的优化工作。具体步骤如下：

(1) 标题分析。从文案的标题入手，评估卖点的突出程度、逻辑的清晰性，以及是否能够有效激发用户的阅读欲望。标题是文案的“门面”，必须确保其吸引力和引导性。

(2) 内容分条与精简。在描述产品卖点时，应采用分条目的形式，且每条内容的篇幅应适中，避免过长。建议每小段的文字不超过三四行，以减少用户因阅读疲劳而退出页面的风险。

(3) 句式调整。多使用简短的句子，将长句拆分为短句，并尝试组成排比句。这样的句式更易于阅读和理解，同时能够增强文案的节奏感和说服力。

(4) 内容排序。将最能触动用户痛点、最具吸引力的内容置于文案前部，以便立即抓住用户的注意力。而辅助说明、背书等相对次要的内容则可置于文末，以保持文案的整体性和流畅性。

(二) 节日文案策划

从商业战略的角度来看，节日始终扮演着至关重要的角色，成为商家竞相争夺的关键消费节点。这催生了所谓的“节日营销”策略。节日营销，即在特定节日期间，商家利用消费者节日购物的心理，通过多元化的营销手段，如广告宣传、公开展示和现场促销活动，来推广其产品和品牌。其目标是强化产品的市场竞争力，并进一步提升品牌的公众形象。

在实施节日营销策略时，文案的撰写显得尤为关键。优质的文案能够紧密围绕用户所关注并热衷讨论的热点话题，有效地引导消费者的注意力，进而帮助商家实现理想的营销效果。

1. 节日类别与内涵

在现代生活中，节日的种类繁多，包括中国的传统佳节、纪念性节日、重大活动庆典以及电商促销日等。这些节日各自承载着不同的文化内涵和社会意义，对公众行为产生着不同的影响。因此，商家在策划节日营销文案时，首要任务就是深入理解节日的深层含义。部分节日的简要介绍见表 5-1。

表 5-1 节日类别与内涵

节 日	时 间	文化内涵和社会意义
春节	农历正月初一	作为中华民族最重要的传统节日，春节象征着新年的到来，寓意着团圆、吉祥和新的希望
元宵节	农历正月十五	又被称为“上元节”或“灯节”，它是春节后的第一个重要节日。元宵节的主要活动包括赏花灯、猜灯谜和品尝元宵，寓意着光明和团圆

续　表

节　日	时　间	文化内涵和社会意义
清明节	公历 4 月 4—6 日	这是一个扫墓祭祖、踏青游玩的日子，人们借此表达对先人的怀念之情，同时享受春天的美好时光
端午节	农历五月初五	为纪念古代爱国诗人屈原，端午节有赛龙舟、吃粽子、挂艾草等传统习俗，象征着勇敢、智慧和健康
七夕节	农历七月初七	又称“乞巧节”，源于牛郎织女的传说，被视为中国的情人节，寓意着忠贞不渝的爱情
中秋节	农历八月十五	此节以庆祝丰收和家庭团圆为主题，主要活动包括赏月、吃月饼，寓意着丰收和团圆
重阳节	农历九月初九	又称“老人节”，有登高、赏菊、饮菊花酒的传统，象征着长寿和健康
“双十一”购物狂欢节	公历 11 月 11 日	由阿里巴巴旗下的淘宝网发起，现已成为全球最大的购物狂欢节之一，象征着消费与狂欢
“双十二”购物节	公历 12 月 12 日	紧随“双十一”之后，也是由淘宝网发起的购物节日，进一步推动了年末的消费热潮
“618”购物节	公历 6 月 18 日	由京东发起的购物节日，与“双十一”共同构成了年度两大购物高峰，代表着电商行业的繁荣与活力

2. 节日文案创意

节日文案创意在贴合节日主题的同时，要能够传达出品牌的特征，最好让用户在阅读时表现出惊艳一瞥（关注）、会心一笑（阅读）、过目不忘（读后）、深刻共鸣（体会）。

例如，春节时，理想汽车在其官博上用烟花、家人和满载的礼品表达了春节这一主题，并利用能载满全家人的庞大车体表达出理想“家生活”的理念。

（三）新媒体文案创作

所谓“工欲善其事，必先利其器”。在撰写新媒体文案时，文案创作者需要不断地自我反思：用户将如何以他们的认知、记忆和情感来解读我所写的文案？用户在阅读完文案后，又将形成怎样的心理感受或得出何种结论？

1. 洞察用户认知

文案创作者必须明确一点：自身的认知与用户的认知在很多情况下并不等同。若文案创作者仅从自身的认知角度出发进行创作，可能会写出如下文案：

“并非所有的天然水源都是优质之选”“我们所灌装的，非普通地表水，而是源自拥有 3 000 万年历史的长白山原始森林深处的火山矿泉”。这两则文案背后的逻辑假设是：用户渴望饮用优质水，但难以辨别水质的优劣，因此创作者试图通过强调水的来源来引导用户认为其产品为优质之选，进而激发购买意愿。

然而，从用户认知的角度来看，大部分用户可能并不清楚“地表水”“长白山”“原始森林”以及“深层火山矿泉”等术语的具体含义，也无法直接将这些概念与“优质水”联系起来，更不会因此产生强烈的购买需求。因此，文案创作可能需要采取另一种策略，如：“你为何需要一杯真正的好水?”

过于从“自我视角”出发的文案创作，可能导致创作者高估用户对产品的了解程度，误以为用户与自己一样对产品有深入的认识，从而陷入“认知陷阱”。有效的文案应当致力于引导用户的认知，帮助他们从对产品感到陌生逐渐转变为产生兴趣、理解，并最终促成购买行为。

2. 触动用户情绪

在制定文案策略时，文案创作者不仅需要关注用户认知，还需要深入探索用户的情绪层面。在构思文案之初，创作者应明确希望激发用户的哪些情感反应，并据此构建文案，以期达到预期的传播效果。

以事实陈述为主的文案，可能采取平铺直叙的方式，如：“10 元可享 3 次课程体验机会。”然而，为了更有效地触动用户情绪，文案创作者可以尝试采用更具感染力的表达方式，如：“在现今物价飞涨的时代，10 元还能带来怎样的价值？在××网站，它意味着您可以获得 3 次珍贵的学习机会。”

通过这样的情感化文案，创作者在用户心中植入了“10 元即可享受 3 次课程体验，极具性价比”的深刻印象，从而更有效地激发用户的购买意愿和行动。

3. 精准描绘用户画像

在新媒体文案的创作过程中，文案人员与用户之间存在信息不对称的问题，这构成了文案编写的两大核心挑战。为了克服这些挑战，文案人员需要深入目标用户群体，与他们建立真实的连接，了解他们的语言、偏好、兴趣点以及日常生活和消费行为。基于这些深入的了解，文案人员应构建出详细的用户画像。

以热爱二次元动漫文化的“90 后”和“00 后”用户群体为例，若文案人员在文案中过于强调“情怀”这一元素，可能无法引起他们的共鸣。相反，如果文案中能够融入如“萌”“天然”等与他们文化语境相契合的词汇和概念，文案人员则更有可能被视为与他们拥有共同兴趣和价值观的一员，从而建立起更为紧密的沟通桥梁。

4. 叙述故事的魅力

人类对故事的喜爱源于其本质的心理需求。在聆听或阅读一个故事时，人们的思维往往会经历从复述情节到代入角色，再到情感投入的过程。这一过程实质上是一种心理模拟，它赋予了故事强大的吸引力和说服力。故事能够轻易激活大脑中与情节相关的区域，使读者产生强烈的代入感，实现“角色转换”，从而沉浸在故事的世界中。

从传播学的角度来看，故事无疑是最具影响力的文案形式。它不仅能够吸引受众的注意力，还能通过情感共鸣来增强信息的传播效果。

案例：某品牌推出新款运动鞋时，文案并没有简单地强调产品的性能和优势，而是讲述了一个关于挑战与突破的故事。故事的主人公是一位年轻的跑步爱好者，他面临着自我突破的难题。在换上这款新运动鞋后，他不仅成功突破了个人极限，还在比赛中取得了优异的成绩。这个故事不仅吸引了消费者的注意，还让他们感受到了产品带来的正能量和激励，从而产生了强烈的购买欲望。

5. 创造对比以突显差异

在消费者面临多种产品选择时，由于许多产品的高度同质化，用户往往难以迅速做出决策。为解决这一问题，我们需要创造对比，明确各产品间的差异，从而帮助用户减少决策时所需消耗的认知资源与时间。产品的质量、材质、服务及其他特性均可作为对比的焦点。新媒体文案人员应从用户的实际需求与关注点出发，对可能影响用户选择的因素进行深入分析，从而凸显产品的独特优势。

以服装类产品为例，文案人员可以围绕做工的精细度、面料的质地与舒适度、服装的质感与厚度等方面进行对比描述。对于食品类产品，则可以强调产品的产地背景、包装的精美与实用性、食材的新鲜程度以及营养成分的均衡性等方面的差异。

以某杂志的订阅选项为例：

(1) 电子版订阅：58 元。

(2) 纸质版订阅：129 元。

(3) 电子与纸质版混合订阅：138 元。

当这三种订阅方式同时呈现时，用户往往倾向于选择“电子与纸质版混合订阅”，因为它提供了更全面的内容体验。然而，当去掉 129 元的“纸质版订阅”选项后，多数用户更可能选择价格更为经济的“电子版订阅”。这一案例表明，通过合理地设置对比，可以有效地引导用户的决策，同时凸显出某些选项的额外价值。

6. 数字的有效运用

数字作为一种独特的语言，其传播具有直观、简洁和明确的特点。在信息爆炸、用户注意力分散的时代背景下，巧妙运用数字能够显著提高文案的传播效果。

数字具有精确性，其使用能够增强文案的说服力。同时，数字易于形成直观的对比，并在视觉上与其他元素形成鲜明区分，从而赋予文案独特的美术价值。在文案创作中，数字既是创意的源泉，也是写作的重要技巧。

(1) 独特的数字或数字组合。通过运用独特的数字或数字组合，可以创造出新颖且引人注目的概念，从而在用户心智中占据独特地位。许多知名品牌已成功运用此策略，如香奈儿五号、七喜、3M 等。

(2) “数字序列＋文字”的组合方式。结合数字序列和文字，能够层层递进地表达信息，营造紧张而有力的氛围。例如，某打车软件通过广告展示了司机们的感人故事，文案中使用了数字序列来强调这些故事的影响力和规模：“除夕夜，60 万名司机坚守岗位；台风来袭前，广东 34 万名司机伸出援手；某地区司机为您提供 9 亿次贴心服务。”这种组合方式不仅体现了文案的逻辑性，还增强了其气势。同时，数字对比也是一种有效的手法，如某手机品牌的知名文案“充电 5 分钟，通话两小时”便深入人心。

(四) 可视化表达

文案的卓越性不仅源于信息的具体性，更在于其可视化表达的能力。这样的结合能够使得文案熠熠生辉，引起广大受众的共鸣。以某 CEO 的表述为例，他巧妙地用“站在风口上，猪都能飞起来”这一形象化的语言，传达了“遇到机会才能成功”的深刻道理。这种表述不仅易于理解,更在听众心中留下了深刻的印象。

文案创作的核心目标是引导和影响用户的行为与认知。为了实现这一目标,新媒体文案人员需要深入挖掘具体的信息,并运用可视化表达手段,使其更加生动、直观。同时,通过寻找关键产品特点并进行类比,能够更有效地引起用户的共鸣,从而迅速影响他们的行为和认知。下面以某文案为例,简要分析可视化表达在文案创作中的作用。

你写 PPT 时,阿拉斯加的鳕鱼正跃出水面;

你看报表时,梅里雪山的金丝猴刚好爬上树尖;

你挤进地铁时,西藏的山鹰一直盘旋云端;

你在会议中讨论时,尼泊尔的背包客一起端起酒杯围坐在火堆旁;

有一些穿高跟鞋走不到的路,有一些喷着香水闻不到的空气,有一些在写字楼里永远遇不到的人。

该文案通过巧妙的可视化表达,生动地呈现了两种截然不同的生活场景,充分展示了产品的独特魅力。文案中提及的地点以及涉及的元素如鳕鱼、金丝猴、山鹰和背包客,都被巧妙地编织在一起,形成了一幅幅生动的旅行画面。文案中活用的动词,如“写”“跃出”“看”“爬上”“挤进”“盘旋”“讨论”和“围坐”,不仅赋予了画面动态感,还进一步加深了用户对产品的认同感。这种富有创意和想象力的文案创作方式,不仅让用户在欣赏文案的同时感受到了旅行的乐趣,也成功地引导了用户对产品产生好感,从而达到了营销的目的。

(五) 场景营造

在新媒体文案的创作中,场景的营造至关重要。在移动互联网时代,产品可能随时随地被用户使用。通过为用户构建一个与品牌或产品紧密相关的场景,我们能够触发用户在该场景下的情感共鸣,从而使其联想到我们的品牌或产品。这种策略不仅有助于传达品牌的定位和价值,还能显著提高产品的销量或使用率。

1. 场景代入与直接描述产品

相较于直接夸赞产品的优点,通过场景代入来展现产品的优势更为有效。例如,在推广一件衣服时,与其描述这件衣服被穿上后给人带来气质提升,不如具体地为用户呈现一个周末的午后,穿着这件衣服与闺蜜逛街、品茶的惬意场景。这样的描述能使用户更加自然地联想到自己使用该产品的情景,从而激发其购买欲望。

以某家居品牌的落地灯文案为例:“当夜幕降临,打开这盏落地灯,它所带来的柔和光线引领你回到书中的世界。无须刺眼的大灯打扰,只需这光亮,便可让你忘却周围的喧嚣,沉浸于阅读的宁静之中。”这种场景化的描述,无疑能引发用户的强烈共鸣,促使其产生购买行为。

2. 营造场景的方法

(1) 筛选典型用户:在创作文案前,我们需要深入了解并筛选出目标用户中的典型代表。

(2) 展开画面想象:基于这些典型用户,我们可以想象他们在使用产品时的各种场景,如机场、酒店、办公室等,并找出这些场景与产品的契合点。

(3) 具体描述使用场景:结合上述画面想象,我们可以细致地勾勒出用户在特定场景下使用产品的情景，同时展现他们可能产生的内心独白或思考。

拓展阅读

AIGC 创作应用

区别于 PGC 与 UGC，AIGC 是利用人工智能技术自动生成内容的新型生产方式。按照模态区分，AIGC 可分为音频生成、文本生成、图像生成、视频生成及图像、视频、文本间的跨模态生成，细分场景众多，其中，跨模态生成需要重点关注。

自然语言处理(NLP)赋予了 AI 理解和生成能力，大规模预训练模型是 NLP 的发展趋势。NLP 的两个核心任务分别是自然语言理解(NLU)和自然语言生成(NLG)。

以 ELMo、BERT、GPT 为代表的预训练模型，降低了 NLP 的技术门槛。ELMo 解决了“一词多义”的问题；BERT 通过 MLM(类似于完形填空)和 NLP(判断句子是否相连)进行预训练，增强了上下文的理解能力。GPT 通过预测下一个词，获得了生成能力；GPT－3 在此基础上使用了更大的数据和更大的模型，无须针对下游任务进行传统的微调，并且采用了小样本学习提升生成效果。

ChatGPT 是 NLP 发展中具有里程碑式意义的模型之一。ChatGPT 是 OpenAI 从 GPT－3.5 系列中的模型进行微调产生的聊天机器人模型。它能够通过学习和理解人类的语言来进行对话，还能根据聊天的上下文进行互动，真正像人类一样来聊天交流，甚至能完成撰写邮件、视频脚本、文案、翻译、代码等任务。

生成模型赋予了 AI 创造力，而扩散模型是最前沿的技术之一。AIGC 的快速发展归功于生成算法领域的技术积累。GAN 的核心思想是“生成”与“对抗”，相比传统的深度神经网络，GAN 能产生更好的生成样本，但是仍需解决应用中的问题。扩散模型较 GAN 更接近人的思维模式，是基于马尔科夫链，通过学习噪声来生成数据。扩散模型实现了跨模态应用，包括 OpenAI 的 GLIDE 和 DALL·E 2、谷歌的 Imagen、Stability AI 的 Stable Diffusion 等。

人工智能由单模态智能，向多种模态融合方向发展。建立统一的、跨场景、多任务的多模态基础模型或将成为人工智能发展的主流趋势之一。CLIP 模型将语言信息和图像信息联合训练，能够链接文本和图片，成为跨模态生成应用的一个重要节点，“CLIP＋其他模型”在跨模态生成领域成为一种较为通用的做法。2022 年，微软提出的 BEiT－3 多模态基础模型，在视觉-语言任务处理上具备出色表现，包括视觉问答、图片描述生成和跨模态检索等。多模态提高了基础模型的灵活性，使其在其他模态的应用中能够发挥新的潜质。

未来，值得关注的技术要素包括：长文本生成、开放式文本生成、NeRF 模型、扩散模型、跨模态大型预训练模型(支持的模态数据类型、模态对齐架构设计、支持的下游应用)、小样本学习及自监督算法、强化学习及环境学习等。

任务三　运营工具使用

一、排版与编辑工具

（一）秀米

秀米图文排版工具是一款专为文字内容排版美化而设计的软件，广泛应用于微信公众号图文编辑领域。除此之外，秀米图文链接亦可作为独立内容分享至微信朋友圈，无须借助微信公众号平台。

经过秀米图文排版工具精心编辑的图文内容，若需要通过微信公众号发布，须先将内容上传至微信公众号。上传方式分为两种：复制粘贴与同步上传。完成上传后，再进行公众号的群发设置，以完成发布流程。

秀米图文具备独立网页链接属性，可作为单独内容进行传播。分享页面需通过审核流程，方可获取发布所需的链接与二维码。具体操作流程为：预览内容后，点击分享按钮并申请审核。内容随即进入审核状态，工作日审核通常在5至15分钟完成。相较于公众号图文，秀米图文拥有更多增强特性，如音乐、地图、字体及表单等。

用户可从首页点击“新建一个图文”，进入图文排版编辑界面。此编辑界面主要由三个核心部分构成。

1. 左边素材区

素材区包括主题色、图文模板、图文收藏、剪贴板、我的图库等功能，如图5-4所示。

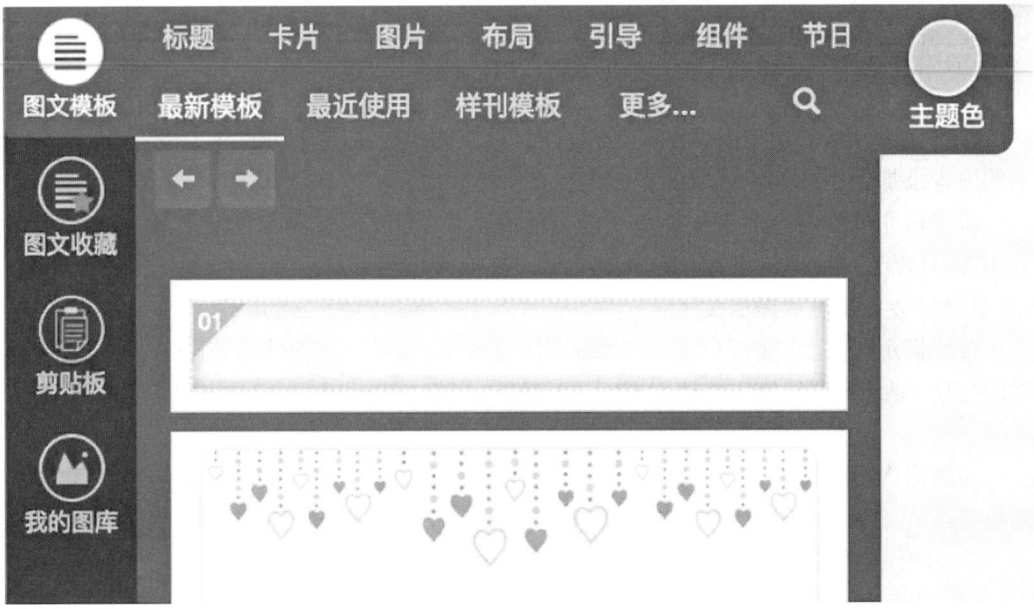

图5-4　左边素材区界面

2. 中间编辑区和右边辅助编辑的功能

编辑区域包括封面区域和正文编辑区，在右侧有其他的辅助编辑的功能，包括撤销、重做、帮助、吐槽、投稿、设置等，如图 5-5 所示。

图 5-5　中间编辑区和右边辅助编辑界面

3. 封面区域

对于微信图文来说，封面图片的分辨率最好是 900×383（首条封面图片比例为 2.35∶1），或者是 383×383（两条之后的封面图片比例为 1∶1）。

4. 正文编辑区

往正文区域添加图文内容或者是模板时，可以用点击或者拖动的方式，将左边素材区中的内容添加到正文编辑区域。

将编辑完成的内容上传至公众号的方法有两种，即复制粘贴与同步上传。对于初学者而言，可以先从简单的复制粘贴开始尝试。在内容编辑完毕后，点击页面顶部的导出按钮，系统将会直接显示提示文字。

按照提示，使用快捷键 Ctrl+C（Mac 用户：command+C）进行复制操作。随后，打开微信公众平台编辑器，使用快捷键 Ctrl+V（Mac 用户：command+V）将内容粘贴至正文区域。

为确保内容上传至公众号后格式的正确性，避免出现错位、乱码等问题，请注意以下两点：

（1）确保微信公众号后台与秀米编辑界面在同一浏览器中打开。

（2）避免对图文内容进行二次复制，以防止格式错乱。

相较于复制粘贴，同步上传在操作上更为便捷。只需进行一次授权公众号的操作，之后便可直接将图文同步至公众号后台，省去了复制粘贴的步骤。

二、数据分析工具

在当前繁多的数据分析工具中，针对特定需求的用户，各平台提供了不同的选择。例如，对于那些对数据丰富性有较高要求且预算充裕的用户，飞瓜是相对理想的选择。而对于追求实用性和性价比，希望操作简便的用户，考古加可以考虑。蝉妈妈则位于这两者之间，以其独特的优势在市场中获得了广泛的应用。

蝉妈妈具备小时级数据更新功能，这一特性能够实时反映大盘上的人群热度和直播带货竞争程度随时间的变化趋势，如图 5－6 所示。这一功能对于直播运营者尤为重要，它能够帮助运营者精准捕捉相对高热度但竞争较低的时段，为直播策略的制定提供有力支持。

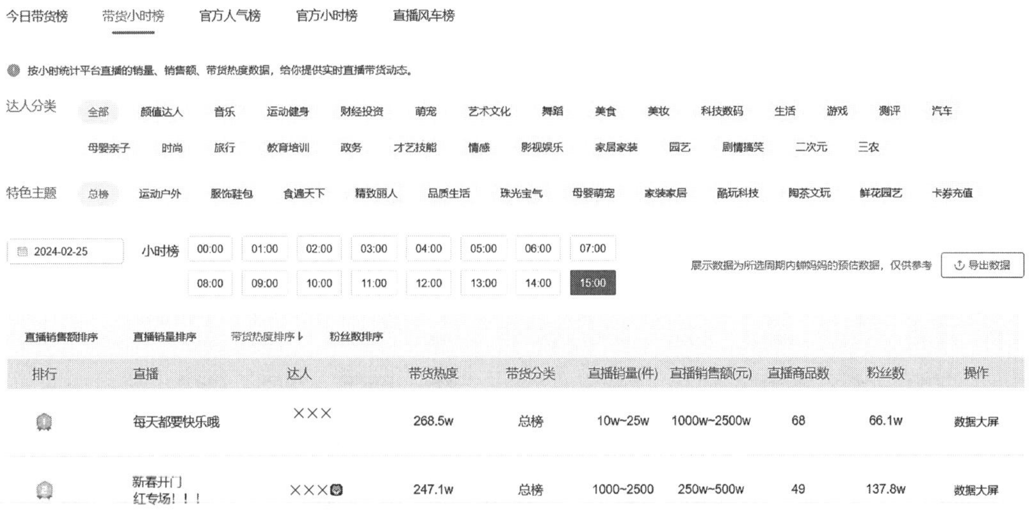

图 5－6　蝉妈妈小时级数据

蝉妈妈还具备抖音直播商品销量排行榜功能，这一功能可显示直播销量、销售额、30天直播销量趋势等直播卖爆的商品信息，直播带货选品可以根据此榜进行调整。如图 5－7 所示。

蝉妈妈还可探测行业均值，可将自身商品热度与成交画像、搜索关键词与画像等数据对比行业数据，定位自身水平，方便借鉴其他直播间，如图 5－8 所示。

蝉妈妈还能够提供移动广告投放解决方案，帮助企业在各种移动应用程序和移动网站上进行广告投放，扩大受众范围。通过移动数据分析和用户行为洞察，为企业提供移动营销策略，包括推广渠道选择、广告创意制作、投放时机等，以提高转化率和投资回报率。

蝉妈妈还适用于不同角色，如抖音运营、直播间投资人、供应商（厂家）、投手以及小型直播间主播等，可以根据各自需求使用蝉妈妈提供的数据监测、电商分析和播主查找等功能，实现高效的短视频流量运营和变现。

蝉妈妈作为一款全方位的数据分析软件，在帮助企业精准营销、提高转化率、优化策

图 5－7　抖音直播商品销量排行榜

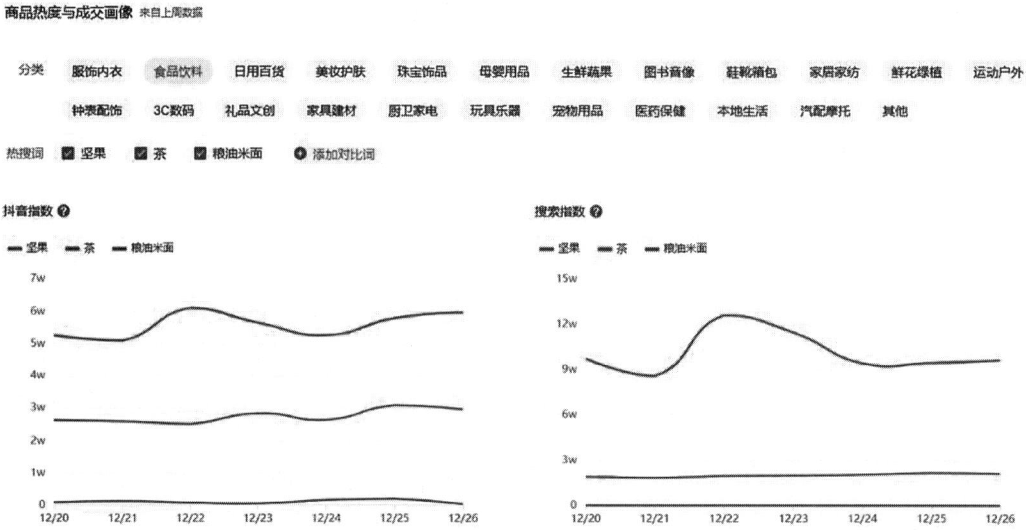

图 5－8　商品热度与成交画像

略等方面发挥着重要作用。

三、活动运营工具

（一）群里有事

“群里有事”是一款专为社交互动设计的小程序，致力于提升新媒体运营者在群组管理方面的效率。通过这一平台,运营者可以便捷地发布群活动、群通知,有效管理群组信息,确保每位成员都能及时获取关键内容。小程序具备高效的报名信息收集功能,帮助运营者迅速掌握活动参与情况,同时提供通知阅读状态的追踪,以便更好地掌握群成员的信息接收情况。

鉴于微信群在日常工作与生活中的普及与重要性,以及避免群消息泛滥导致重要信息遗漏的问题,“群里有事”小程序应运而生。它不仅为新媒体运营者提供了一个集中管理的平台,也为群组成员提供了一个清晰、有序的信息接收环境。

此外,“群里有事”小程序的功能十分丰富,包括通知发布、活动推广、投票决策、祝福传递以及调查问卷等多项实用功能,旨在满足不同场景下的群组管理需求,提升群组互动体验。

1. 主页

新媒体运营者打开微信,在“发现”页中点击“小程序”,进入后搜索“群里有事”,就可以使用该小程序了。点击屏幕下方的“发布”,可以看到它有 10 个选项,分别是通知、文章、活动、签到、投票、调查问卷、送祝福、群接龙、群话题、群内购。

2. 群通知

用户点击“通知”后,会看到一个类似“红头文件”的群通知,很有仪式感,新媒体运营者也可以选择需要的模板。在添加通知标题和内容后,一个简单的群通知就制作完成了。还可添加图片和“更多选项”中的署名、文号等。

3. 群活动

发布群活动的操作与发布群通知的操作类似,它增加了“报名人数”“截止时间”等可选功能,新媒体运营者将其发布在群里后,群成员可以报名并留言。

4. 群接龙

在群接龙中,新媒体运营者可以拟定接龙标题,填写接龙内容、接龙说明、署名、关键词等,还可以设置是否禁止转发。

5. 群投票

群投票的主要内容包括常规的标题、补充内容及投票选项,还支持新媒体运营者设置投票是否多选、是否匿名及截止日期等。

6. 群内购

发布群内购之前,新媒体运营者需要先添加商品,包括商品名称、商品描述、主图、单价、规格、库存数量等,点击“确定”按钮保存商品信息。然后点击创建“群内购”,输入群内购的活动标题,如“新疆阿克苏冰糖心苹果团购”,输入内容,如苹果的品质介绍、尺寸、外观、口感、质量、价格等,然后点击“发布”按钮。

素养提升

规范筑基,价值领航

在新媒体策划领域,文字表达、项目管理、人际沟通、热点跟进和数据分析能力的培养，离不开法律规范、行业准则、职业操守与政策导向的保驾护航。只有筑牢素养根基，才能实现个人能力与行业发展的协同进步。

法律是新媒体策划不可逾越的红线。在内容创作时，文字表达需遵循《中华人民共和国著作权法》，杜绝抄袭剽窃；广告文案要符合《中华人民共和国广告法》，严禁虚假宣传。在数据分析环节，收集和处理用户数据必须严格遵守《中华人民共和国数据安全法》《中华人民共和国个人信息保护法》，防止信息泄露与非法采集。严守法律底线，才能让新媒体策划在合规的轨道上稳健前行。

行业规范与职业操守贯穿新媒体策划全过程。项目管理中，需按标准流程推进，从立项到执行都要杜绝虚报费用、拖延工期等行为；人际沟通时，与各方合作要尊重差异、严守职业秘密；热点跟进不能盲目追逐流量，而应秉持客观真实的态度，不造谣传谣。只有践行行业规范与职业操守，才能树立良好的职业形象，赢得市场与客户的信任。

国家政策为新媒体策划指明发展方向。在热点跟进中，以官方信息为准，结合政策导向挖掘热点积极意义，传播正能量；在数据分析环节，利用数据挖掘市场需求和行业趋势，为企业精准营销和产品创新提供依据，助力产业升级。紧跟国家政策，将个人能力融入行业发展大局，实现新媒体策划的社会价值与经济价值。

新媒体策划从业者唯有将法律规范、行业准则、职业操守与政策导向内化于心、外化于行，才能全面提升综合素养，创作出优质、合规且具有社会价值的作品，推动新媒体行业蓬勃发展。

习　题

一、单项选择题

1. 秀米主要用于(　　)的排版。

A. 小红书　　B. H5 页面　　C. 微信公众号　　D. 微博

2. (　　)作为一款全方位的数据分析软件，在帮助企业精准营销、提高转化率、优化策略等方面发挥着重要作用。

A. 西瓜助手　　B. 蝉妈妈　　C. 八爪鱼　　D. 思维导图

二、多项选择题

1. 抖音平台的数据洞察工具包括(　　　)。

A. 飞瓜　　B. 考古加　　C. 蝉妈妈　　D. 火山视频

2. 秀米编辑界面主要包括(　　　)。

A. 左边素材区

B. 中间编辑区和右边一些辅助编辑的功能

C. 封面区域

D. 正文编辑区

三、简答题

1. 数据分析工具有哪些？

2. 蝉妈妈的功能和服务有哪些？

3. 群里有事有哪些功能？

实训项目

1. 实训目标

通过本次项目实训，学生将掌握新媒体文案策划的全流程，包括目标分析、内容创作、渠道选择与效果评估，培养团队协作能力和项目执行能力。

2. 实训背景

某传统家居品牌(如“××木语”)计划通过新媒体渠道实现品牌年轻化转型，需针对25—35岁都市白领群体策划一套整合性新媒体文案方案，覆盖社交媒体(微信/微博/小红书)、短视频平台(抖音/B站)及私域流量(社群/小程序)。

3. 实训步骤

(1) 品牌分析：调研品牌现状、用户痛点，输出诊断报告(含SWOT分析)。

(2) 策略制定：明确传播目标(如3个月提升年轻群体认知度30%)，选择1个核心平台，设计新媒体文案方案。

(3) 文案创作：

微信：最少1篇品牌故事推文；

微博：最少1条热点话题文案；

小红书：最少1篇种草笔记；

抖音/B站：最少各1条短视频脚本(突出场景化)。

4. 组织与实施评价

(1) 全班学生划分为6～8人的小组，组成项目团队。

(2) 建立沟通协调机制，团队成员共同参与，协作完成团队任务。

(3) 提交《传统家居品牌新媒体转型方案》(含诊断报告、新媒体文案方案、推广文案)。

(4) 评估维度包括策略合理性、文案创意性、执行完整、团队协作、PPT设计等。

项目六 促销策划

学习目标

1. 知识目标

(1) 掌握促销的定义与类型。

(2) 熟悉促销媒介的类型、特点。

(3) 认识广告创意、营业推广和公关活动,掌握策划流程。

2. 能力目标

(1) 能够选择合适的促销媒介。

(2) 能够进行广告创意、营业推广和公关活动的策划。

(3) 能够整合各种促销工具开展促销活动。

3. 素养目标

(1) 培养创新意识,具有创造性的谋划和设计能力。

(2) 培养整体意识,具备大局观。

思维导图

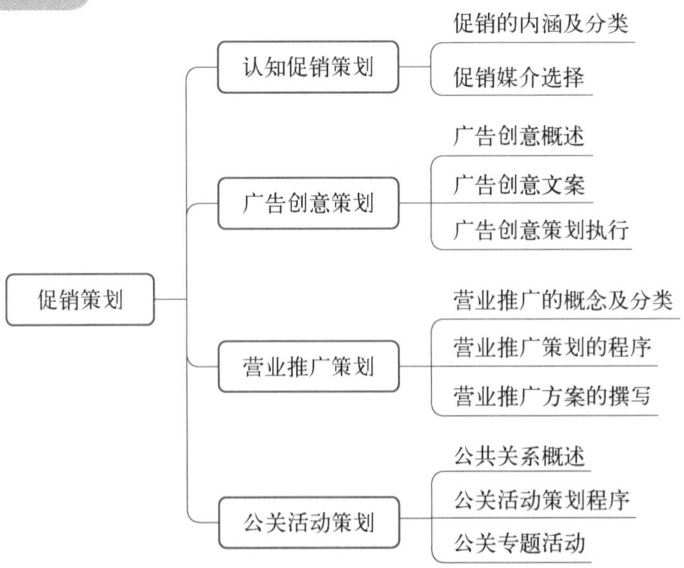

案例导入

茅台与瑞幸联手推出“酱香拿铁”

2023年9月4日，贵州茅台与瑞幸咖啡联手推出了一款名为“瑞幸茅台酱香拿铁”的新品，号称酒精度低于0.5度，售价为38元/杯，优惠后只需19元，这一举动引发了业界和消费者的广泛关注，迅速在社交媒体上引发热议，多个相关话题如“酱香拿铁能否开车”“满杯茅台去咖啡液”等纷纷登上微博热搜榜，成为各大社交平台的焦点。这股热潮也带来了惊人的销量。据瑞幸咖啡官方微博消息，酱香拿铁首日销量突破542万杯，销售额突破1亿元。

贵州茅台作为白酒行业的领军企业，而瑞幸咖啡则是咖啡行业的巨头，两者的合作无疑是一个极具吸引力的故事。这种美酒加咖啡的组合，也带来了茅台想要下凡，瑞幸想要仰攻的故事，让人们津津乐道。可以说，这是一次双方都收获颇丰的成功合作。

瑞幸咖啡可谓“联名制造机”，根据调研机构发布的《2023跨界联名营销趋势报告》，瑞幸咖啡在众多品牌中跻身跨界联名营销品牌TOP10，排名第六。

瑞幸在联名合作上不断尝试和探索。2021年，瑞幸推出生椰拿铁，成为品牌首个爆款单品，直接推动瑞幸门店销量从月销3 000杯迈向月销5 000杯，帮助瑞幸跨过了盈利线。2022年，瑞幸联名了椰树集团、悲伤蛙、JOJO的奇妙冒险等。进入2023年，联名更加密集。通过联名活动不断刺激销售，或能够让瑞幸在激烈竞争的咖啡市场突围。

任务一 认识促销策划

一、促销的内涵及分类

规划产品促销策略

促销即销售促进(Sales Promotion，SP)的简称，是指企业利用各种方法和途径向顾客传递信息，刺激消费欲望，最终达到说服顾客购买目的的行为。

促销的种类繁多，按目标划分，可分为企业形象促销与销售促销两大类。企业形象促销侧重于通过公共关系维护、正面信息的传播、企业社会责任活动等，建立和维护良好的社会形象，长期培育品牌美誉度。销售促销则直接关联市场销售，包括针对消费者的直接激励，如打折、优惠券、会员专享福利；针对零售商的促销支持，如进货奖励、陈列补贴；以及交易促销，比如批发折扣、大宗购买优惠。对于连锁企业而言，由于其位于零售链的中间环节，主要的促销策略倾向于直接针对终端消费者，通过提升购物体验、价格优势、服务附加值等手段，促进消费者购买行为，实现销售目标。

二、促销媒介选择

促销媒介的选择非常多样化，根据不同的目标受众、产品特性、市场定位以及预算等因素，企业可以选择以下 5 种常见的促销媒介。

（一）传统媒介

（1）电视广告：通过电视播放广告，覆盖广泛，适合大众消费品的推广。例如，日化公司通过在黄金时段播放其洗发水的广告，成功吸引了大量家庭观众的注意，提升了品牌知名度和市场份额。

（2）广播广告：在特定时段和频道，如早晚高峰时段的交通广播，汽车品牌通过讲述其新款车型的驾驶乐趣，精准触及驾车上下班的潜在消费者。

（3）报纸与杂志广告：高端奢侈品如手表、珠宝常选择在财经、时尚类杂志投放广告，以匹配其目标客户的阅读偏好。《经济学人》杂志中的手表广告就是一个典型案例。

（4）直邮广告：银行和保险公司常用此方式直接触达潜在客户。比如，银行针对信用记录良好的客户邮寄定制的信用卡申请优惠信函，实现了高效的客户获取。

（二）户外媒介

（1）海报与传单：在公共场所、商业区等分发或展示，成本相对较低，覆盖面广。如新开业的咖啡馆在周边社区和办公区域发放传单，结合"开业首周买一送一"的优惠，可有效吸引周边居民和上班族的注意。

（2）户外广告牌：包括高炮广告、公交车身广告、地铁站广告等，视觉冲击力强。如运动品牌在城市主要交通枢纽投放巨型 LED 广告，展示运动员的激情瞬间，利用其震撼的视觉效果强化了品牌动感的形象。

（3）交通工具内广告：如公交车、出租车内的显示屏或海报。如滴滴出行在车内屏幕播放其最新优惠活动，直接面向乘车人群，实现精准营销。

（三）网络与数字媒介

（1）社交媒体广告：如微信、微博、抖音、小红书等社交平台的广告推广。如小米手机在微博发起"小米新机猜猜看"的话题活动，通过互动抽奖形式预热新品发布，短时间内收获了大量关注和讨论。

（2）搜索引擎广告：利用百度、谷歌等搜索引擎的关键字广告。如携程网利用关键字广告，在用户搜索"国庆旅游"时展示其特惠套餐，有效引导了有旅行需求的用户访问其网站。

（3）电子邮件营销：向订阅用户发送促销邮件。如亚马逊通过分析用户购买历史，向其发送个性化推荐邮件，如"根据您的浏览记录，您可能感兴趣的书籍"，提高了转化率。

（4）网站与博客：企业自有网站或合作博客上的宣传内容。美妆品牌在其官方网站和合作美妆博主的博客上发布新产品评测文章，借助博主的影响力和专业知识，增加了产品的可信度和吸引力。

（5）移动应用广告：在手机应用中插入广告，如新闻应用广告。新闻资讯中插播广告，吸引读者点击浏览。

（四）事件与体验营销媒介

(1) 赞助活动：赞助体育赛事、音乐会、文化节等，提升品牌曝光度。伊利等企业作为奥运会官方合作伙伴，通过赛事期间的广告、现场活动和定制包装，成功与全球观众建立了情感链接。

(2) 路演与展览：组织产品展示会、体验活动，直接与消费者互动。小米在全国各大城市的购物中心举行电动汽车试驾活动，让消费者亲身体验其产品性能，有效提升了品牌认知和购买意愿。

(3) 公关活动：通过新闻发布、慈善活动等，提升品牌形象。阿里巴巴每年举办的“双十一”购物节，不仅是一场线上购物盛宴，还通过系列线下活动、明星晚会等，形成社会热点，极大提升了品牌影响力。

（五）销售点促销媒介

(1) POP广告：通过店内海报、挂旗、展架等，促进即时购买决策。超市中，咖啡品牌利用节日装饰的展架展示其礼盒装产品，结合“节日特惠”的信息，有效促进了节日季的销量。

(2) 样品派发：在零售店提供免费样品，增加产品试用机会。在大型商场，化妆品专柜为进店顾客提供免费的小样试用装，这种体验式营销策略促进了产品试用后的正向口碑传播和购买行为。

(3) 折扣与优惠券：在收银台或产品包装上提供。星巴克在App内发放“买一赠一”的电子优惠券，鼓励用户邀请朋友共享，既促进了销售，又增强了顾客之间的社交互动。

选择促销媒介时，企业应综合考虑目标受众的媒体消费习惯、媒介的成本效益、信息传递的时效性与精准度，以及媒介的创新性和互动性，以制定最有效的促销策略。

任务二　广告创意策划

广告在当今社会中无处不在，充斥着人们的视听，在某种程度上左右着人们的生活。广告引导并创造着消费，影响了人们的消费习惯，改变了人们的消费观念。广告也影响着企业的产品销售，促进了企业的生产与经营，促进了社会经济的增长。从某种意义上说，现代社会也是广告社会。

一、广告创意概述

（一）广告的概念

《不列颠简明百科全书》对广告的解释是：“广告是传播信息的一种方式，其目的在于推销商品、劳务，影响舆论，博得政治支持，推进一种事业或引起刊广告者所希望的其他反应。”

美国市场营销协会提出:“广告是由明确的广告主在付费的基础上,采用非人际传播方式对其观念、商品或服务进行的介绍、宣传活动。”

中国传媒大学教授丁俊杰认为:“广告是付费的信息传播形式,其目的在于推广产品和服务,影响消费者的态度和行为,博得广告主预期的效果。”

从上面的各种定义中我们可以看出,广告是借助一定的媒体(如报纸、杂志、电视等)来传递信息的,同时广告还需要支付一定的费用。

本书将广告定义为:广告是指广告主为了推广其产品、服务及观念,通过各种媒体将信息传递给目标受众的一种有偿活动过程。

(二) 广告的构成要素

广告要成功地运行,须具备以下五个要素:广告主、广告媒体、广告受众、广告费用、广告信息。

1. 广告主

广告主是为推销产品或服务,自行或者委托他人设计、制作、发布广告的法人、其他经济组织或者个人。广告主是整个广告活动的发起者,是广告信息的发布者和最终付费者,是广告活动的法律责任的承担者。

2. 广告媒体

广告媒介是广告信息传播过程中用以扩大和延伸信息传递的工具。广告媒体是沟通广告主和广告受众的桥梁,是广告信息的载体。

3. 广告受众

广告受众又称为广告诉求对象(或广告对象)。广告受众是广告信息的接收者和反馈者。从广告传播层面上讲,广告受众是广告传播活动的终端和目的地,是整个广告运作的客体;从营销的层面上说,广告受众是产品或服务的目标消费者。因此,广告传播的受众必须是产品或服务的目标消费者,两者应保持一致。

4. 广告费用

广告费用指企业为实现其广告目标而对广告活动投入的资金。没有广告费用安排,一切广告活动都难以开展。合理的广告费用是广告活动的前提和广告目标实现的保证。广告费用包括广告调研费用、媒体使用费用、广告制作费和其他管理费用等。

5. 广告信息

广告信息是广告要素的主体,是广告传播的主要内容,包括产品信息、服务信息和观念信息。产品信息主要包括产品的供销、性能、质量、用途、价格、销售时间和地点等;服务信息主要是指广告主提供的各种服务的信息;观念信息主要是指广告主通过广告的表现在受众心中建立起一种有利于推广产品或服务的消费观念。

特别要注意的是,广告创意和策略问题即如何制作有效的广告信息,以吸引消费者。

(三) 广告创意的含义

有广告专家认为:“创意,就是你发现了人们习以为常的事物中的新含义。”“创意就是旧元素,新组合。”换句话说,创意必须在情理之中,意料之外,通过反常规的逻辑颠覆,制造出戏剧化的张力,才能称之为好的创意。杂志《广告时代》总结道:“广告创意是一种控制工作，是为别人陪嫁，而非自己出嫁，优秀的创意人深谙此道，他们在熟识商品、市场销售计划等多种信息的基础上，发展并赢得广告运动，这就是广告创意的真正内涵。”20 世纪 80 年代初，“创意”一词开始在中国广告界出现。我们通常所说的“点子”就是创意的意思，也有人认为创意是一种“思维方式”。

如果从创意操作的角度加以理解，对广告创意可以从以下几个方面认识。

1. 广告创意是创造性的思维活动

广告创意通常是将抽象的概念演绎为生动的形象。一个优秀的创意应该具有原创性，应该是未被别人使用过或是未引起别人注意的全新元素的组合。因此创造性的思维活动是广告创意的主要内涵。

2. 广告创意是以艺术创作为主要内容的广告活动

广告创意是一种艺术创作，不同于其他创造性活动，它通过形象的方式来说明某个事物(产品)的某个概念。它不同于文学艺术创作，重要的是表现某一广告主题。

3. 广告创意是对具有针对性的广告信息的一种整合处理

所谓针对性的广告信息包括广告达到一定的目标、面向特定的消费者；所谓整合就是将各种有用的信息整合成一个或系列作品，形成合力，完成预设的目标。

广告创意是指广告人员在对市场、产品和目标消费者进行调查、分析的前提下，根据广告客户的营销目标，以广告策略为基础，对抽象产品运用联想、直觉等创造性思维方法予以表现其独特主题设想和艺术表现力的一种思维活动。

广告创意的内容包括两个方面：一是广告诉求，二是广告表现。广告诉求是指通过广告向消费者传达什么样的信息，即“说什么”，其创意表现为这个信息内容的特别之处，比如一款牙膏，它的产品特点很多，那么该选择哪个特点作为“广告诉求”，这除了理性的分析之外，也需要广告创意；广告表现是指通过相应的表现手法，将广告诉求有效地表达出来，即“怎么说”。例如，某牙膏的广告诉求点是坚固牙齿，广告的表现手法是通过一个医学会权威专家的比较实验，来突出牙膏坚固牙齿的特性。广告表现是为广告诉求服务的，其作用是将广告诉求以鲜明、有说服力的方式传达给目标消费者。

二、广告创意文案

广告创意文案是指用以表达广告主题和创意的语言文字。既包括诉诸听觉的有声语言广告文案，如电视广告文案和广播广告文案，也包括文字广告文案，如报纸广告文案及其他通过印刷媒体或电子媒体发布的广告作品的广告文案。

广告创意文案由广告标题、广告口号、广告正文、广告随文四个部分组成。

(一) 广告标题

阅读标题的人数一般是阅读正文人数的 5 倍。也就是说，如果标题无法起作用，那么就浪费了 90%的广告费。广告标题的重要性不言而喻，那么什么是广告标题呢?

广告标题是整个广告文案乃至整个广告作品的总题目。

广告标题为整个广告提纲挈领，将广告中最重要的、最吸引人的信息进行富于创意性的表现，以吸引受众对广告的注意力；它昭示广告中信息的类型和最佳利益点，使他们继续关注正文，让读者确认此广告信息是否与自己有关；广告标题在广告中能够定义画面，锁定信息指向，避免产生误解。

广告标题的类型分为直接标题、间接标题、复合标题三大类型。

直接标题是以简明的语言直接表明广告内容，使人们一看便知道广告是什么，会给消费者带来什么利益。如：淘宝七天无理由退货，不怕你买错；舒肤佳香皂，有效去除99%“变异细菌”等。这些广告标题都是直接传播广告信息，将产品的主要情况，产品效用直截了当地告诉消费者。直接标题虽然简单明了，但它往往不能引起消费者足够的注意。

间接标题不直接传达广告信息，而是利用艺术手法暗示或诱导消费者，引起消费者的兴趣与好奇心理，从而进一步注意广告正文。例如：海尔冰箱，凭什么全球排名第二？通过反问从而引起消费者的好奇心，想了解广告的内容。

复合标题通常是用两至三条标题组合成的标题群，其中副标题可以位于主标题的上下左右。主标题往往以艺术的手法表明一个引人入胜的思想，副标题则是说明产品的名称、型号、性能等，目的在于进一步补充和扩展主标题的含义。比如四通文字处理机的广告标题：小到一颗螺丝钉——四通的服务无微不至。

拓展阅读

奥格威广告标题准则

(1) 标题向受众承诺其所能获得的利益，此利益就是产品所具备的基本效果。

(2) 要把最重要的消息贯注于标题之中。

(3) 标题里最好包括产品名称。

(4) 唯有富有魅力的标题，才能引导受众阅读副标题及正文。

(5) 就推销效果而言，较长的标题比词不达意的短标题更有说服力。

(6) 不要使用只有受众研读正文后才能了解广告的标题。

(7) 不要写含混不清的标题。

(8) 使用适合于产品诉求对象的语言。

(9) 使用情绪、气氛上具有冲击力的词，如幸福、爱、钱、结婚、家庭、婴儿等。

(二) 广告口号

广告口号又称广告语、广告标语(slogan/tagline)，是指为了加强受众对企业、产品或服务的印象而在广告中长期、反复使用的一种简明扼要的口号性语句。

广告口号的表述理念应符合产品的定位和品牌形象，通过简洁、直白的语言，突出产品或服务的特点和优势，让消费者在短时间内能够理解和记忆。同时，广告口号也应该利用修辞手法和节奏感，增强吸引力和记忆性。

广告口号可以是短句或短语，也可以采用诗歌、歌曲等形式，让它更加优美、动听，增加吸引力。

广告口号需要符合产品或服务的品牌形象和市场定位，让消费者对产品或服务有更好的认知，也要体现出公司的理念和价值观，让消费者能够与之建立共鸣。

思 考

广告标题和广告口号有区别吗？

广告口号有时候可以作为广告标题使用，但广告标题一般不能直接当广告口号。

（1）功能用途不同：广告标题侧重吸引受众阅读正文，传达广告最重要的信息，随正文的不同而不同；广告口号是企业理念的一种反映，侧重于如何用精练的语言打入受众内心，具有相对稳定性，一般会长期使用。

（2）形式结构不同：广告标题对音律、数字、结构要求不高，关键是讲清楚，可以由两三个标题构成，可以是反问句等；而广告口号更要求顺口、言简意赅、易读易记，一般不超过10个字，以陈述句或者口号性的话语为主。

（3）使用位置不同：广告标题要放在广告文案最醒目的地方，而广告口号则可随机而定，甚至可以不放。

（三）广告正文

广告正文是指广告文案中处于主体地位的语言文字部分。如果说广告标题在于吸引，那么广告正文在于说服。广告正文的主要功能是对广告主题展开解释或说明，将在广告标题中引出的广告信息进行较详细的介绍，对目标消费者展开细部诉求。广告正文的写作可以使受众了解到各种希望了解的信息，使受众在广告正文的阅读中建立起对产品的了解和兴趣、信任，并产生购买欲望，促进购买行为的产生。

广告正文可以根据不同的媒体特点而创作，在写法上没有固定的模式，但是有几点写作的原则要注意：

1. 条理清晰

文案正文所表达的广告信息，比广告的标题和口号要丰富得多，所以，信息的条理性就非常重要。在信息之间建立清晰、明确的逻辑关系，可以使正文条理清晰。

2. 重点突出

正文的信息虽然丰富，但不是所有的信息都同等重要，所以在正文中应该将与主题关系最密切的信息作为重点，并且将他们突出地表现出来。

3. 用词准确

在正文中，用词的准确性尤其重要，因为广告标题和口号已经起到了吸引观众阅读正文的作用，所以观众希望在正文中能了解关于企业、产品、服务的更为详细、准确的消息。

4. 简明易懂

正文的简明易懂与标题和口号的简洁明了同样重要，观众没有时间也没有兴趣和耐心阅读过分含蓄的正文。

5. 号召力强

广告正文必须有助于树立企业的形象或销售产品，能够唤起观众的购买欲望。

行业观察

农夫山泉拂晓白桃味苏打气泡水来自“日本福岛”？

2020 年 4 月农夫山泉上线了新品苏打气泡水，推出了日向夏橘味、拂晓白桃味、莫吉托味三种口味。其中日向夏橘口味和拂晓白桃口味这两款气泡水在广告宣传中均称产品口味选自日本水果的口味，并以此为卖点。

2021 年 6 月，有网友在社交平台上爆料称，农夫山泉推出的一款新品苏打气泡水，在外包装与宣传物料上都打出了“日本福岛县产”的广告宣传语，疑似取材自日本福岛。2011 年日本福岛发生严重核泄漏，对当地食品农产品造成严重污染。为了防止放射性污染食品农产品进口，确保食品农产品安全，国家质检总局早在 2011 年 3 月 25 日，就明令禁止从日本福岛县、群马县、枥木县、茨城县等 12 个县城采购进口食品、食用农产品及饲料。

2021 年 6 月 27 日中午，农夫山泉在其官方微博发布声明，对此事紧急作出回应：拂晓白桃味苏打气泡水产品是一款风味饮料，该产品的配料中没有从日本福岛进口的成分，农夫山泉产品的标识标注符合相关法规要求，并无任何错误或误导。对于消费者对拂晓白桃产地的质疑，农夫山泉表示，“拂晓白桃原产于福岛，20 世纪在我国已有引种。我们研发人员依据拂晓桃的独特风味，创制了类似拂晓桃风味的产品，与拂晓桃产地没有关联。”

农夫山泉的回应，并没有为这次的营销翻车事件熄火，反而将“农夫山泉否认涉日本福岛进口成分”的话题送上了微博热搜榜。

对于农夫山泉的解释，消费者并不买账，农夫山泉被指虚假宣传。

四川盛豪律师事务所律师表示：《中华人民共和国广告法》第八条规定，广告中对商品的产地等有表示的，应当准确、清楚、明白。同时在第四条中规定“广告不得含有虚假或者引人误解的内容，不得欺骗、误导消费者。广告主应当对广告内容的真实性负责”。从农夫山泉微信公众号的表述看，它提到“拂晓白桃产自日本福岛县”，确实容易引起消费者误解，虽并没有说气泡水用料中的白桃产自日本福岛。当然是否违反《中华人民共和国广告法》，需要相关部门来判定。

农夫山泉拂晓白桃味苏打气泡水是否采用日本福岛原材料引发舆论关注后，2021 年 6 月 28 日港股开市，农夫山泉股价盘中直线跳水，一度跌逾 6%，收于 40.45 港元/股，总市值 4 510 亿港元，相较当年 1 月 8 日创下的最高点 67.75 港元/股，市值蒸发超过 3 160 亿港元。

农夫山泉拂晓白桃味苏打气泡水“拂晓桃”的错误广告宣传带来的后果，股市已经清楚地告诉了我们，因此在广告文案的撰写时用词的严谨性应该引起大家的重视，不能为了吸引消费者而进行虚假宣传或者忽略了相关法律法规。

（四）广告随文

广告随文也称附文、尾文，是在广告正文之后向受众传达企业名称、地址、购买商品或接受服务的方法的附加性文字。它是对广告正文的补充，主要是对无法在广告正文的完整结构中进行表现的有关问题作必要的补充，促进销售行为的实施，可产生固定性记忆和认知铺垫。

广告附文主要对必要问题进行补充，包括：① 特殊的销售信息，如产品在哪里有售、消费奖励是什么内容、销售的时间。② 对产品的背景、特点的有关的交代，需要避免的一些消费问题，例如为了防止法律纠纷而作出的预防性说明——广告主保留对产品外观及设计改进和改变的权利，而不需要事先通知；补充性说明——产品以实物为准；促销活动说明——礼品有限，先到先得，广告主保留本活动的解释权。

此外，还有一些常规性的内容，比如：品牌名称、企业名称、企业或品牌的标志、企业地址等。

这些问题以及对这些问题的补充交代，直接地为消费者实施消费作实际的指导。因此，如果广告正文的内容已经非常完整，那么广告随文在广告文案中也不是必须存在的，而是由广告创意的设计需要决定。

有创意性表现的广告附文，可以为广告作品带来生动的、促进消费的实际作用。写作时要求：

（1）不应罗列过多，注意突出关键条文；

（2）增加直观易记的辅助说明；

（3）慎防遗漏重要项目；

（4）保持积极创新的意识；

（5）鼓励消费者采取行动；

（6）有关抽奖、赠券等内容要作突出标示。

广告附文在印刷广告媒体和电子广告媒体中有不同的表现形式。在印刷媒体中，广告附文由文字进行单一的表现；在电子媒体中，广告附文一般用语言来表现，必要时，也有用语言和文字一起表现的。这就给广告附文的写作带来媒介适应性问题。在选择电子广告媒体的前提下，广告附文的各个方面的要求不仅仅要适应文字表现的需要和特殊性，也要适应语言表现的需要和特殊性。如果一则广播广告附文或一则电视广告附文，在写作时只注意了各方面内容的齐全表达，只重视它是否符合文字表现的特征而不顾及它的语言在口头表现时可能出现的效果，这个广告附文就不能形成读起来朗朗上口、表达清晰、语言运用准确无歧义的文本表现。

三、广告创意策划执行

（一）广告创意策划程序

广告创意策划的程序是指广告策划工作应遵循的步骤和方法。广告创意策划是一项科学活动，是一个多阶段的复杂过程，涉及多个关键步骤，旨在创建有效的广告活动，不能盲目进行。一般来说广告创意策划可以按照下列流程进行，如图 6－1 所示。

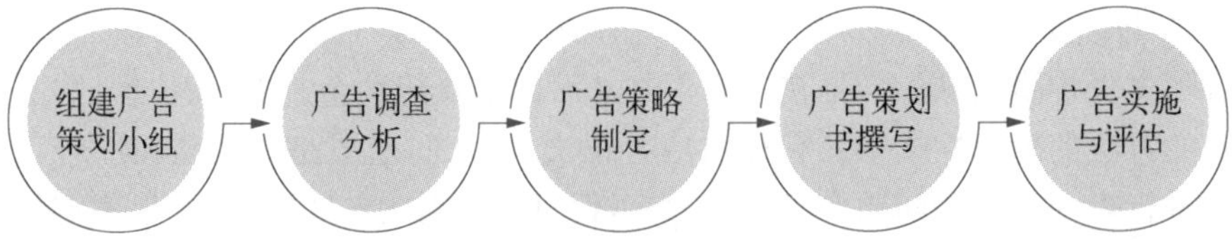

图 6-1 广告创意策划流程图

1. 组建广告策划小组

策划小组一般在调查工作开展前成立，具体负责某一特定的广告策划工作。广告策划小组由多类人才组成，包括业务经理、策划人员、文案创作人员、美术指导和设计人员、摄影员、市场调查员、媒体联络人员等。

2. 广告调查分析

这一阶段涉及对目标市场的深入了解和分析，以为后续的策划工作提供依据。主要包括确定市场调查的目标、范围、对象、方法、拟定市场调查计划；拟定市场调查所需要的问卷、访谈提纲，准备必要的辅助设备和人员；实施市场调查项目；市场调查结果的整理；最后撰写市场调查和分析报告。

3. 广告策略制定

广告策划小组商讨此次广告活动的战术，进行具体的策划工作，并拟订工作计划并向有关部门下达任务。具体包括如下。

目标定位：在市场调研的基础上，确定广告宣传的目标定位。这包括确定广告的宣传对象、宣传内容和宣传方式，以及明确广告的定位和目标。

创意策划：创意策划是广告策划的核心环节，需要根据目标定位和市场调研的结果进行创意构思和设计。这包括广告主题、广告语、视觉效果等方面的设计，并通过独特创意吸引目标受众的注意力。

媒体选择：在创意策划之后，选择合适的媒体进行广告投放。这需要考虑受众的消费习惯、媒体的覆盖面和传播效果等因素，以达到最佳的宣传效果。

制定预算：在进行广告策划之前，需要制定广告宣传的预算。预算的制定需要考虑广告媒体费用、创意制作费用、策划人员费用等多个方面的因素，确保广告宣传的投入与产出之间的平衡。

4. 广告策划书撰写

策划人员将根据研讨结果编制完整的广告策划书。

5. 广告实施与评估

将广告策划书提交给广告主并由其进行审核。通过审核后，将广告策划书交给各个职能部门实施。实施过程中及时进行监督，评估广告效果。

(二) 广告创意策划书的内容

一份完整的广告创意策划书，一般按下面的内容结构来撰写。

1. 前言

前言是整个策划书的总纲部分，这部分要详细说明广告策划的宗旨和目标，广告策划项目的由来、经历时间、指导思想、理论依据，以及广告策划书的目录。必要时还应阐明广告主的营销战略。这部分一定要简洁，以使决策人员能够在最短时间内对本次广告策划的内容有大致的了解。

2. 市场分析

这个部分一般涉及四个方面的内容：市场环境分析、企业经营状况分析、产品分析和消费者分析。

市场环境分析包括国家经济形势与经济策略分析、市场文化分析、消费者状况分析（如有效需求的规模、收入水平等）、市场格局状况、竞争对手的产品情况和广告策略等。

企业经营状况分析包括企业在社会上的形象、市场占有率、企业自身的资源和目标、品牌面临的机会与威胁等。

产品分析包括产品的特征分析（如性能、质量、价格、外观与包装等）、产品生命周期分析、产品的品牌形象分析、产品定位分析等。

消费者分析包括消费者的构成分析（如总量、年龄、职业、收入等）、消费者的态度分析（如喜爱程度、偏好程度等）、消费者的行为分析（如购买动机、购买时间、购买频率等）、消费能力分析、消费时尚分析、潜在消费者分析等。

3. 广告受众

广告受众也就是广告对象，是广告信息的传播对象。要具体说明目标消费者的基本状况，如年龄、性别、职业、收入、文化程度、数量等，分析其需求和心理特征，进而明确广告诉求的内容、媒体的传播策略。要注意的是广告受众和目标消费者并非任何时候都是一致的，比如儿童食品，使用者与购买者往往不是同一角色，故需要分析购买参与角色，确定广告受众加以说服。

4. 广告地区

根据市场定位和产品定位决定市场目标，从而确定广告宣传所针对的地区。

5. 广告策略

这一部分是广告策划书的核心内容，介绍广告决策、策划的基本结论，主要包括以下方面。

（1）目标。它主要介绍广告的目标、策略性方法、阶段广告工作任务。

拓展阅读

常见的广告目标

提高商品的知名度和认知度。

加强社会公众对企业和商品品牌的印象。

提高企业的美誉度，树立企业良好的形象。

提高消费者对品牌的指名购买率。

维持和扩大广告品牌的市场占有率。
向公众传播企业、品牌、服务等信息。
加强新产品的宣传,普及知识、介绍其独特之处。
纠正公众对企业和品牌的认知偏差,排除销售障碍。
对人员推广难以达到的目标市场,进行事先广告宣传。
示范性广告宣传,缩短决策过程,产生直接购买行为。
增加产品使用的持续性,维持或增加产品的销售。
劝诱潜在消费者参观,提高对产品的认知,增强购买信心。
创造市场,挖掘潜在目标市场。
以广告宣传扩大影响、造就声势,鼓舞企业推销人员士气以提高工作的积极性和创造性。
创造流行,推进社会文化潮流的发展。

(2) 产品定位。它包括对以往产品定位策略的分析与评估、产品定位的表述、定位的依据与优势等。

(3) 广告诉求。提出广告宣传产品或者服务的诉求点,也就是卖点是什么。罗瑟·瑞夫斯提出的USP理论(Unique Selling Proposition)指出,向消费者说一个"独特的销售主张",其特点是必须向受众陈述产品的卖点,同时这个卖点必须是唯一的、独特的,是其他同类竞争产品不具有或没有宣传过的说辞,同时这个卖点能够满足广告受众的需求。这跟上文中提到的广告创意内容之一"广告诉求"的要求一致。

(4) 广告表现。它包括广告的主题表述、文案表述,以及各种媒体的表现、规格以及制作要求等。这块内容也就是上面我们所说的"广告创意文案"部分,也可以单独为一块主体部分。

(5) 广告媒体。它包括媒体的地域、媒体的类型、媒体的选择、媒体的组合策略、广告的发布时机与频率等。

(6) 广告预算与分配。在这一项内容中,要详细列出媒体的选用情况、所需的费用、每次播出的价格。广告预算非常重要,科学合理的广告预算不仅可以提高广告工作效率,而且能够保证广告活动按计划进行,如表6-1所示。

(7) 配套促销活动。从整体策划的目标和要求出发,提出与广告传播活动相互配合的其他促销手段和方式,比如公共关系活动计划、营业推广活动计划等。

表6-1 广告预算书

广告预算书
广告执行时间:20××年1月—20××年3月
广告预算总额:5 000万元

续　表

开支内容	形　式	费用/万元	备　　注
市场调研费	委托公司	10	进行市场调研
广告设计与制作费	视频广告	1 500	根据视频广告脚本制作视频
	平面广告	550	根据平面广告设计创意制作平面广告
媒介费用	小红书	750	开屏广告，10 天(前 5 天连续，后来隔 5 天投放一天)
	抖音	590	开屏广告＋官方发布，20 天(前 10 天连续，后来隔 3 天投放一天)
	淘宝发现	220	开屏广告，10 天(前 5 天连续，后来隔 5 天投放一天)
	万达商场大屏	430	商场切换大屏，杭州、成都、重庆、西安万达商场各 6 张
	地铁站	550	地铁平面广告，杭州、成都、重庆、西安地铁站各 6 张
管理费用	公司	300	2 名营销经理带领 4 名执行人员
其他	机动	100	日常开支等
总计	小写：￥50 000 000　　大写：伍仟万元整		

(8) 广告效果评估。广告效果评估可以在广告前进行，也可在广告后进行。既有事前、事中、事后的测定评估，又有贯穿于整个过程的连续控制，因而进行广告效果评估可以总结经验，并且为下一次广告活动提供依据。

活动推广形式选择

在撰写完以上内容后，还应按照一定的格式进行编制。设计一个版面精美、要素齐备的封面，列出详细的目录。正文部分一般主要用文字撰写，也可以配以图表，使其更加形象、具体。

任务三　营业推广策划

一、营业推广的概念及分类

营业推广是企业为短期内刺激市场需求、加速消费者购买决策或提升渠道合作效率，通过特定激励手段开展的针对性促销活动。其核心目标是通过临时性、多样化的利益诱导，直接促进产品或服务的销售增长，增强市场竞争力。

依据对象的不同，营业推广分为三种：针对消费者的营业推广、针对中间商的营业推广以及针对销售人员的营业推广。

（一）针对消费者的营业推广

针对消费者的营业推广方式多样且实效性强，如赠送样品、有奖销售、现场互动体验和创新特殊包装营销等，旨在直接激发购买意愿，加速产品流通，如表 6-2 所示。

表 6-2 针对消费者的策略

序号	类 型	内 涵
1	赠送样品	直接向潜在顾客提供产品试用装，使消费者能够在无风险的条件下亲身体验产品的好处，进而转化为忠实购买者
2	有奖销售	设置抽奖、积分累积换礼、限时折扣、折价券等激励机制，利用奖励的吸引力增加购物的趣味性和互动性，有效提升购买率和顾客参与度
3	现场互动体验	通过现场表演、产品演示或是互动展览等形式，创造沉浸式的消费场景，让消费者在享受娱乐的同时，更直观地感受到产品的魅力与价值
4	创新特殊包装	在产品包装上做文章，赋予包装额外的价值，如附赠折扣券、礼品卡、积分卡或是提供环保袋、可回收包装等，这些附加利益不仅能增强产品吸引力，还能促进二次购买

（二）针对中间商的营业推广

针对中间商的策略主要有提供津贴、推销折扣、合作广告、节日公关和业务会议等，如表 6-3 所示。

表 6-3 五种针对中间商的策略

序号	类 型	内 涵
1	提供津贴	为了鼓励中间商积极推销新产品或库存过多的产品，企业在一定时期向购买该产品的中间商提供一定金额的津贴
2	推销折扣	对长期合作或销售努力的中间商给予一定的折扣，以回馈他们的贡献
3	合作广告	资助中间商，与他们一起进行广告宣传，共同开发市场，寻找潜在的消费者
4	节日公关	在节日来临之际，集中举办各类招待会、免费旅游等活动，邀请中间商参加，以加强彼此的合作
5	业务会议	即在每年的销售旺季举行订货会、洽谈会，在短期内以集中订货、补货促成大量交易

（三）针对销售人员的营业推广

针对销售人员的策略有销售提成、推销竞赛、推销福利和职位提拔等 4 种，如表 6-4 所示。

表 6－4 四种针对推销人员的策略

序号	类 型	内 涵
1	销售提成	为了鼓励推销人员积极推销，企业依据个人或团队实现的销售额度及贡献的利润比例，给予丰厚的提成奖励
2	推销竞赛	为了刺激和鼓励推销人员努力推销产品，企业制订一些推销奖励办法，对成绩优良者给予奖励。具体奖励可以是现金，也可以是物品或旅游等
3	推销福利	为了方便推销人员开展业务，提供交通补贴，完成任务后，给予额外的带薪假期，有利于促使推销人员积极工作、努力推销
4	职位提拔	对业务做得出色的推销人员进行职务提拔，鼓励他将好的经验传授给一般推销人员，有利于优秀推销人员的培养

二、营业推广策划的程序

营业推广策划是一项系统化的工程，每一个环节都需要精心设计才能达到预期的效果，具体程序如图 6－2 所示。

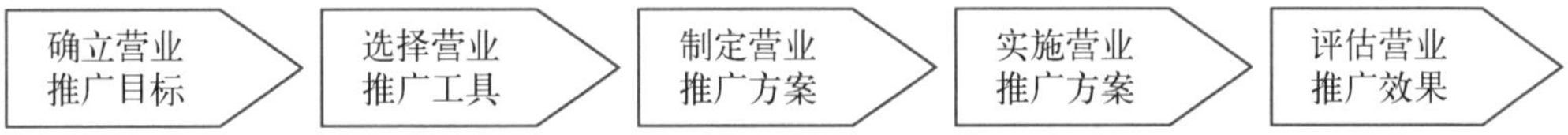

图 6－2 营业推广策划的程序

(一) 确立营业推广目标

开展营业推广活动的首要步骤是精准设定目标，明确通过推广活动预期达成的具体成果。这意味着目标设定须紧密围绕产品涉及的三大关键角色：消费者、中间商及推销员，确保推广活动有的放矢，效果可测。直接面向终端消费者，意在激发购买行为；对接中间商如经销商，旨在拓宽销售渠道；同时激励推销员，提升销售团队效能，全方位促进产品市场渗透与销售增长。

例如，某化妆品品牌计划通过即将开展的节日促销活动大幅提升市场占有率，为零售商制定激励方案：凡是在活动期间销售额达到 10 万元的零售商，可获得品牌提供的 3％额外奖励，而销售额超过 15 万元的部分，奖励比例将提升至 5％。这意味着零售商一旦达到基础目标，即可额外获得 3 000 元奖金，且销售额越高，所获奖励越丰厚。通过这样的机制，所有合作零售商都清晰地了解到促销活动的焦点——努力提升销售额，共同致力于“创造美丽，传递快乐”的销售热潮。

(二) 选择营业推广工具

推广手段繁多，涵盖服务促销、订货会与展览会促销、折扣策略、演示促销、赠品赠送、优惠券发放等，但如果使用不当，则效果适得其反。因此，选择合适的推广工具是取得营业推广效果的关键因素。除了营业推广目标，在选择营业推广工具时还需要考虑以下因素。

1. 营业推广对象

了解目标顾客群体的特征，包括他们的需求、偏好、购买行为以及媒体接触习惯。这有助于确定最有效的沟通渠道和促销方式。

2. 产品特征

考虑产品的性质、生命周期阶段(如导入期、成长期、成熟期或衰退期)、价值定位以及目标顾客对产品的认知和接受度。某些产品可能更适合样品赠送，而有的则更适合打折促销。

3. 竞争对手

分析竞争对手的促销活动、市场地位以及可能的反击策略。选择能够差异化自身且能在竞争中脱颖而出的推广工具。

4. 营业推广预算

促销活动的预算直接影响到可采用的工具和推广规模。需要评估不同策略的成本效益比，选择性价比高的方案。

5. 实施的可行性

考虑组织内部的执行能力、资源分配以及时间框架。确保所选策略能够有效实施并监控效果。

(三) 制定营业推广方案

营业推广方案包含的内容主要有以下几点。

(1) 营业推广目标。营业推广目标是营业推广活动最关键的因素。

(2) 营业推广范围。分为两项内容：产品范围和市场范围。

① 产品范围。不管是制造商还是经销商都不会经营单一的产品，因此设计营业推广方案之前应考虑以下因素：本次营业推广活动是针对整个产品系列还是仅对某一项产品；针对市场上正在销售的产品，还是针对特别设计包装的产品。

② 市场范围。一次营业推广活动可以在全国甚至全世界所有的市场同时开展，也可以只针对某些地区开展，或在很多市场同步推出，在方案中应当明确。

(3) 确定折扣率。要对以往的营业推广实践进行分析和总结，力求引起最大的销售反应。并结合新的环境条件确定合适的刺激程度。

(4) 选择营业推广对象。即推广对象是消费者、中间商还是推销员。

(5) 营业推广媒介的选择。决定如何将本次营业推广活动的信息传递给目标对象。

(6) 营业推广时间的选择。包括时机的选择和推广期限的确立。营业推广的市场时机选择很重要。季节性产品、节日产品、礼仪产品，都必须在提前做营业推广，否则就会错过了时机。

(7) 促销预算的分配。方案要根据企业营业推广的目标和范围等，确定适当的促销规模，制定出企业的促销经费预算，并将促销经费和资源分配到各种促销工具，形成预算安排。

(8) 确定营业推广的限制。即营业推广对象必须具备什么资格才能参加营业推广活动。除了以上内容之外，为保证营业推广活动的顺利开展，还必须制定一些条款。如针对消费者的营业推广，要确定奖品的具体兑换时间、优惠券的有效期限、游戏规则等。对中间商的营业推广应明确中间商付款的期限、购买的数额等。此外，营业推广要与营销沟通的其他方式如广告、人员推销等整合起来，相互配合，共同使用，从而形成营销推广期间的更大声势，取得单项推广活动达不到的效果。

（四）实施营业推广方案

在正式推广之前，采取先行试点策略是至关重要的一步，旨在通过小范围测试评估激励幅度、推广方式及传播渠道的适宜性与有效性。一旦试点结果显示正面成效，即可信心满满地铺开全面推广计划。推广执行期间，必须建立健全的控制系统，确保信息流通顺畅，以便迅速处理突发情况，适时调整策略，必要时修订原有方案。

实施环节，鉴于涉及多方协作，须制定详尽的工作时间与人员部署，以确保团队协同一致。对于地域分布广泛的项目，设置“市场督察员”，负责监督执行情况与市场动态，及时反馈信息，保证推广活动的顺利推进与效果最大化。

（五）评估营业推广效果

在策划与执行推广策略的过程中，需要对实施效果进行全面评估，为后续的方案优化与推广深化提供依据。普遍采用的评估手段是对比分析促销活动前、中、后期的销售收入变化，以此量化评估推广活动的成效，并从中提炼经验与教训，持续优化推广策略，提升销售业绩。

三、营业推广方案的撰写

（一）营业推广方案的内容要求

一份完善的营业推广方案的内容要求如表6-5所示。

表6-5 营业推广方案的内容要求

序号	要 求	内 涵
1	活动目的	撰写营业推广方案，首先要对市场现状及活动目的进行阐述
2	活动对象	活动对象是指活动针对的是目标市场中的每一个人还是某一特定群体，活动控制在多大范围，以及哪些人是活动的主要目标
3	活动主题	① 主题的基本要素：品牌名称、促销利益点 ② 主题的常见形式：庆贺式、利益直白式和利益模糊式
4	活动方式	营业推广活动方式的主要内容一般包括活动方式小主题、活动时间、活动内容、活动规则或具体操作规则等
5	活动时间和地点	促销活动在时间上要尽量让消费者有空参与，在地点上也要让消费者方便，而且要事先与城市管理相关部门沟通好。不仅要规划好活动的时机和地点，对其持续时间的长短也要进行深入分析
6	广告配合方式	广告配合方式主要包括媒体选择、广告语、宣传时间、宣传频率（电视和广播）、投放地点、版面和规格（户外广告和报纸）

续　表

序号	要　求	内　　涵
7	活动前期准备	活动前期准备包括设计流程安排、人员安排、物料准备等
8	中期操作	中期操作主要是指活动纪律和现场控制。现场控制的主要内容包括活动现场实施流程、现场人员分工、导购人员的分工、导购员的促销程序和规范等
9	后续工作	后续工作主要是指媒体宣传，对这次活动采取何种方式、通过哪些媒体进行后续宣传
10	费用预算	费用预算是指对促销活动的费用投入和产出做出预算
11	意外防范	每次活动都可能出现一些意外，如政府部门的干预、消费者的投诉等，策划营业推广活动必须对可能出现的意外事件做必要的人力、物力、财力方面的准备
12	效果预估	效果预估是指预测这次活动能达到什么样的效果

(二) 营业推广策划的一般文案格式

营业推广策划文案须保持逻辑清晰、语言精练，同时富有创意和吸引力，确保实施团队、管理层乃至合作伙伴能够快速理解并执行，如图 6-3 所示。

××营业推广策划方案

一、前言
二、市场状况分析
三、活动目的
四、活动对象
五、活动主题
六、活动时间和地点
七、活动方式
八、广告配合方式
九、活动前期准备
十、现场控制和活动纪律
十一、活动后续工作
十二、活动费用预算
十三、意外防范
十四、活动效果预估

图 6-3　营业推广策划的一般文案格式

任务四　公关活动策划

一、公共关系概述

从 20 世纪 20 年代出版第一部公共关系专著算起，对现代意义上的公共关系的开发与研究已有约100年的历史了,国内外关于公共关系(public relations,PR)的定义很多。

公共关系是指社会组织为了塑造良好形象,扩大组织知名度和美誉度,通过人际沟通与大众传播手段,与内外公众交流信息,协调关系,从而实现组织与公众的共同利益的经营管理艺术。

二、公关活动策划程序

公关活动策划程序是指公共关系人员通过调查研究和综合分析,确立公共关系目标,制订公共关系计划方案的过程。它是公共关系策划能力充分展示与形成决策的阶段,也是实际操作的阶段。从实用性角度出发,公关活动策划应包括以下步骤:确定公共关系目标、确定目标公众、设计主题、选择媒介、确定公共关系活动项目、编制预算、撰写公关活动策划方案。

(一) 确定公共关系目标

公共关系目标是公共关系行为期望达到的成果。它是公共关系活动的方向,也是公共关系活动成功与否的衡量标准。常见的公共关系目标一般有四种类型,如图6-4所示:

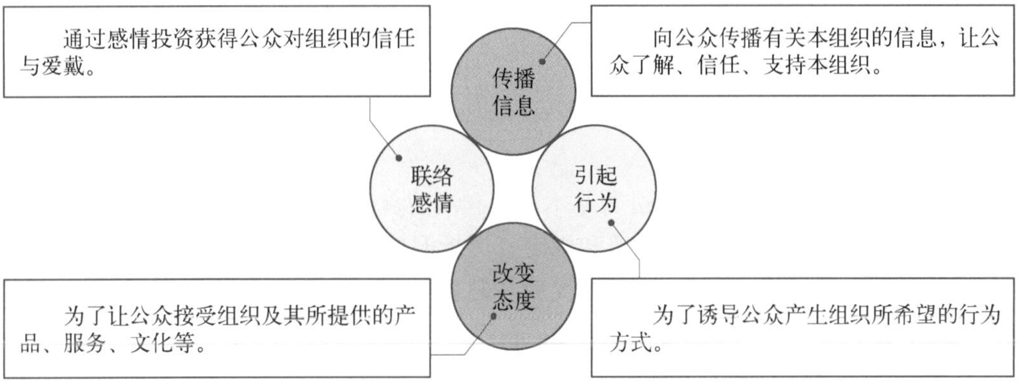

图6-4 常见的公共关系目标

(二) 确定目标公众

公关活动是以不同的方式针对不同的公众展开的,而不是像广告那样主要通过大众传媒把各种信息传播给大众。要使活动能有效实施,就必须确定自己公关活动的主要对象,即目标公众。目标公众的确定,要有利于所选定公关方案的实施,有利于确定工作的重点,科学地分配力量,有利于更好地选择传播媒介和传播技巧。目标公众确定之后,公关人员还应对目标公众进行详细的了解和深入的研究,主要是分析目标公众的需求,满足目标公众的需求。

(三) 设计主题

公共关系活动主题是对公共关系活动内容的高度概括,提纲挈领,对整个公共关系活动起着指导作用。任何一个成功的公共关系活动都是由一系列活动项目组成的系统工程。为避免活动项目过多给人杂乱无章的印象,需要设计一个统一的、鲜明的主题,以统领整个活动、连接各活动项目。活动主题可以是一个词、一句口号，也可以是一句陈述和一段表白。

要设计出一个好的主题，必须满足下列四个要求：

第一，公关主题必须与公关目标相一致，并能充分表现目标。

第二，公关主题要适应公众心理的需要，既要富有激情，又要使人感到亲切。

第三，公关主题应独特、新颖，富有个性，突出活动的特色，能给人留下深刻的长久印象。

第四，公关主题的表述应做到简短、凝练，易于记忆和传播。

(四) 选择媒介

公共关系策划者要想达到预期的传播效果，必须针对目标公众的特点，根据传播内容和性质，以及考虑到组织的实力，通过巧妙地组合各种媒介，形成优势互补、交相辉映的整合性传播效果。

(五) 确定公共关系活动项目

公共关系活动的形式很多，比如召开新闻发布会、记者招待会、演讲会、座谈会、展览会、辩论会、研讨会，接待参观访问，组织纪念或庆祝活动，举办或赞助文体活动，支持社会福利等。开展公关活动之前，应根据公关活动的目标和内容确定具体的公共关系活动项目。

(六) 编制预算

任何一项公关活动都需要花费一定的人力、物力和财力。通过编制预算，公关人员能够预先了解活动的投入成本，做到心中有数并能在事前进行统筹安排，便于监督、管理，堵塞漏洞，保证公关工作正常开展。

公共关系预算的经费大致可分为基本费用和活动费用。基本费用是指相对稳定的费用，包括人工报酬、办公费用、房租费和固定资产折旧费等。活动费用是指因某项公共关系活动的开展而形成的费用，包括专项设施材料费、调查研究费、专家咨询费、活动招待费、广告宣传费、赞助费等。

(七) 撰写公关活动策划方案

由于策划工作要涉及多方面的人、财、物、机构，要收集各种各样的信息，从事多方面的工作，为了便于公共关系活动的实施与推广，应该及时把策划的结果撰写成公关活动策划方案。

一份完整的公关活动策划方案应当具备5W2H1E，即：

What(什么)，即公关活动策划内容是什么；

Who(谁)，即公关活动策划的组织者、策划人、策划所涉及的对象是谁；

Where(何处)，即公关活动策划实施的地点和场所；

When(何时)，即公关活动策划实施的时机及日程计划；

Why(为什么)，即公关活动策划的目标、缘由是什么；

How(如何)，即公关活动策划实施、运转方式如何；

How much(多少)，即公关活动策划的预算有多少；

Effect(效果)，即公关活动策划预期的效果如何。

上述这八大要素是一份完整的策划文案应当具备的。针对不同组织、不同内容与形式的策划方案应围绕这八个要素细化。目前较常见、使用较多的公关活动策划方案的结构一般分为以下四项。

1. 封面

封面内容一般包括题目、策划者单位名称、完成日期等。题目必须具体而清晰，让人了解整体信息。

2. 序文

序文是指把公关活动策划方案内容概要加以整理，使之简明扼要。序文一般四五百字，视情况可加些说明。

3. 目录

目录使人读后能了解策划方案的全貌，要求结构清晰。

4. 正文

正文是公关活动策划书中最重要的部分。正文的内容主要包括：

(1) 背景分析。这部分主要目的在于就公关传播中存在的问题进行陈述与分析，并阐明公关活动的首要目标。

(2) 公关活动的主题。用一句简练、新颖、独特、有感染力的语言概括本次活动的宗旨、目的、意义，使活动主题更加突出。同时加以解释说明。

(3) 公关活动的主办单位、协办单位、赞助单位及承办单位。主办单位、协办单位、赞助单位及承办单位，切不可混淆不清。

(4) 公关活动的时间、地点、参加者及邀请者。应写明活动的时间、地点和参加者的来源、人数、具体落实的情况。要求具体、明确。

(5) 公关活动的实施方案。这是策划书的核心和重头戏，也是本次公共关系活动的创意体现和水平检验。每项具体活动项目应包括：活动名称、活动目的及在整个活动中的地位、作用；活动主要内容、方式和基本要求；项目负责人、参与者及分工、项目完成时间及进度表；经费、设备总量和分配；所需的传播媒介及场地等。

(6) 公关活动的成效检测标准及方法。应写出负责检测的主持者与参与者、检测的各项具体标准以及检测的多种方法、检测的程序。

另外，最后部分可以选择添加附件，给策划参与者提供参考。

三、公关专题活动

1. 公关专题活动的定义

公共关系活动一般来说可分为两种类型：一种是公关日常工作，指那些要始终如一日并成为日常工作的一部分的事务；另外一种是公关特别节目，也就是“公关专题活动”，为了引起新闻媒介注意、向广大公众传递信息、提高企业知名度和美誉度的活动。相比起公关日常工作，公关专题活动具有目的明确、目标公众清楚、规模较大、活动有计划、影响深刻等特点。

公关专题活动也称为公关特殊事件，是指组织为了实现公共关系目标，围绕着一定的公共关系主题，有计划、有步骤地组织目标公众参与的特殊公共关系活动。公关专题活动对于改善组织的公共关系状态有着极为重要的意义，能够使组织集中地、有重点地树立和完善自身的形象，扩大自己的社会影响，争取社会公众。成功的公关专题活动，往往能使组织形象得到意想不到的飞跃式提升，是塑造组织形象的有力驱动器。

2. 公关专题活动的特点

组织举办各种类型的公关专题活动，有利于树立良好的组织形象和产品形象，有利于协调组织与各方面公众的关系，所以，组织应该经常举办各种公关专题活动。公关专题活动有着特定的公共关系目标，围绕特定主题，具有如下几方面的特点。

(1) 主题明确、单一。公关专题活动一般是专门为实现某一具体目的而举行的，因此具有明确、单一的主题和围绕这一主题的特殊活动方式。如举办职工联欢是组织内部的公关活动，让员工更加热爱组织，激发主人翁精神。

(2) 感染力强。公关专题活动可以同时利用各种传播媒介和传播手段，通过诸如声、像、现场、实物、纪念品以及演讲、咨询等手段达到综合效果，具有很强的感染力。

(3) 时效性强。公关专题活动常常能引起新闻界的关注和报道，可以在较短的时间内有较大的信息覆盖面，并迅速扩大影响。专题活动的时效性越强，其公共关系效果也就越明显。

(4) 形式灵活。公关专题活动方式多样，举办时间的长短不受限制，其规模大小随需要而定，活动内容也可以根据需要不定期安排，在活动过程中也可以做适时调整。

3. 公关专题活动的类型

在实践中，公关专题活动有许多不同的类型，准确区分不同类型的公关专题活动，有助于我们更好地策划公关专题活动并对其实施管理。

(1) 按公关专题活动的规模分类。公关专题活动按规模可分为小型公关专题活动、大型公关专题活动和大型系列公关专题活动。

小型公关专题活动是在某个机构场所和人员范围内举行的或人数在100人以下的活动，比如中小型企业公司内部的年会等。

大型公关专题活动是有目的、有组织、有计划的众多人参加的协调行动，如每年双11举办的天猫晚会等。

大型系列公关活动是以同一目标为出发点，形成不同内容、不同形式、不同场所，或由不同机构、众多人参加的多项活动，比如青岛啤酒节、乌镇戏剧节等。

(2) 按公关专题活动的性质分类。按公关专题活动的性质可分为公益性活动、社会工作活动、专业性活动、商业性活动和综合性活动。

公益性活动主要有慈善活动、环保活动、救灾活动、敬老活动等。

社会工作活动主要有道德教育、文明礼貌、公民教育等属于社会工作范畴的活动。

专业性活动主要有科技、文学、艺术、体育等专业内容十分突出的活动。

商业性活动主要有与消费者沟通的活动、商业推广宣传活动、商业促销活动。

综合性活动主要集各种性质的活动于一体，例如服装节、旅游节、美食周、文化节等，在这些活动中，既有商业活动又有公益活动，既有社会工作活动又有专业活动。

(3) 按公关专题活动的内容分类。按公共关系专题活动的内容可分为典礼型、会议型、喜庆型、新闻传播型、展示型、竞赛型的活动。

典礼型活动包括奠基典礼、开业典礼、落成典礼、签字仪式、就职仪式、剪彩仪式等。

会议型活动包括研讨会、洽谈会、鉴定会、交流会、座谈会、演讲会等。

喜庆型活动包括周年贺庆、庆功会、颁奖会、节日联欢会、庆祝宴会、节日舞会、大型文艺演出等。

新闻传播型活动包括公共关系新闻传播、谋划新闻事件、新闻采访接待、记者招待会等。

展示型包括展览、展销、促销、开放参观等。

竞赛型活动包括以企业名称命名的体育比赛、歌咏比赛、摄影比赛、征文比赛、演讲比赛、绘画比赛、智力竞赛等。

4. 公关专题活动策划中应注意的事项

(1) 要有实施方案。应该把公共关系专题活动作为一个整体和系统工程来设计、规划，在实施前要进行公关专题活动方案策划，按照方案实施。公关实施方案对于时间、地点、活动方式、参加者、环境、经费、交通、效果评估、宣传报道等各方面因素和细节都要考虑周全，事先制订实施方案并请有关人士论证批准，然后按照活动方案进行操作实施，并且在实施过程中收集反馈信息，如有必要可根据实际情况和反馈信息对方案进行合理调整。

(2) 要有明确目的。任何公关专题活动都应该有明确的目的，要事先设定好影响哪方面的公众，要取得哪方面的效果，要达到怎样的公共关系目标，以及公共关系专题活动的主题是什么等。

(3) 要有鲜明主题。应根据公关目标设计既能让人印象深刻又有创意的公关活动主题，再以此主题设计一个既令人耳目一新又利于传播的标题或口号。比如2022年杭州亚运会的主题口号——心心相融@未来、2021中国(大连)服博会主题——绽放华裳等都为当时的公共关系专题活动增添了光彩。

(4) 要有传播计划。开展公关专题活动要安排传播计划，即前期预热、中期现场直击、后期结束收尾，保障活动实施效果。一方面设计与目标公众之间的互动，吸引他们的关注，另一方面要事先与新闻媒介进行联系，并且为记者采访报道提供一切便利条件。在公关专题活动开始之前，要进行活动前期宣传和预热，以便渲染气氛，创造良好氛围；活动开展时要通过现场直播、实时互动等方式，让更多的人参与到活动中来；在活动结束后，及时发布活动总结报道宣传，收集反馈信息，延续活动影响力。总之，公共关系专题活动要有与之配合紧密的传播计划。离开了传播，公共关系专题活动的效果则会大打折扣。

(5) 要有专人负责。公共关系专题活动不仅要请专家精心策划，而且要有专人负责实施，组成专门的机构，其机构成员最好具有公共关系知识、公共关系策划能力和实施能力，保证公共关系专题活动的顺利进行。

素养提升

法规护航，创新谋局

在促销策划领域，创新意识与整体意识的培养，需要以法律规范、行业准则、职业道德、国家政策为指引，方能在合规的基础上实现突破，推动行业可持续发展。

创新意识的培养，要在法律与行业规范的框架内进行。促销活动的创意设计需严格遵守《中华人民共和国反不正当竞争法》，杜绝采用虚假折扣、商业诋毁等不正当竞争手段吸引消费者；依据《中华人民共和国消费者权益保护法》，确保促销活动规则清晰透明，不设置消费陷阱。同时，行业倡导的诚信经营理念要求从业者摒弃低俗、博眼球的创意，追求积极健康、具有社会价值的创新方案。例如，将传统文化元素融入促销活动，既能吸引消费者，又能弘扬民族文化，实现商业价值与文化价值的双赢。只有在合规前提下发挥创造性，才能让创新成为推动促销策划行业进步的良性力量。

整体意识的塑造，离不开职业道德与国家政策的引领。从职业道德层面，策划者需秉持对企业、消费者和社会负责的态度，统筹考虑促销活动对多方的影响，避免为追求短期利益损害品牌长期形象。在国家政策方面，需紧跟绿色发展、乡村振兴等战略导向，将促销活动与政策相结合。如策划农产品促销活动助力乡村振兴，开展绿色产品促销响应环保政策，在把握大局中实现企业与社会的共同发展。具备全面的大局观，以国家政策为指引，以职业道德为准则，才能让促销策划在服务企业发展的同时，为社会创造更大价值，助力产业升级与经济高质量发展。

习　题

一、单项选择题

1. (　　)是指公共关系人员通过调查研究和综合分析，确立公共关系目标，制订公共关系计划方案的过程。

A. 公共关系策划的程序　　B. 公共关系策划的内容

C. 公共关系策划的方式　　D. 公共关系策划的重点

2. (　　)是公共关系行为期望达到的成果。

A. 公共关系目标　　B. 公共关系结果

C. 公共关系流程　　D. 公共关系人群

二、多项选择题

1. 目前较常见、使用较多的公关活动策划方案的结构一般分为(　　　　)。

A. 封面　　B. 序文　　C. 目录　　D. 正文

2. 按公共关系专题活动的性质可分为(　　　　)。

A. 公益性活动　　B. 社会工作活动

C. 专业性活动　　D. 商业性活动和综合性活动

3. 公共关系活动一般来说可分为(　　　　)。

A. 公关日常工作　　B. 公关特别节目　　C. 公共关系目标　　D. 公共关系结果

4. 公共关系预算可以大致分为(　　　　)。

A. 基本费用　　B. 活动费用　　C. 办公费用　　D. 固定资产折旧费

三、简答题

1. 公关活动策划的基本工作程序包括哪些？

2. 企业要设计好的公关活动主题，需要满足什么要求？

3. 公关活动策划书中正文的内容主要包括什么？

4. 公关专题活动具有什么特征？

5. 一份完整的策划文案应当具备什么样的基本骨架？

实训项目（一）

广告创意策划

1. 实训目标

(1) 掌握广告文案的结构及要求。

(2) 能够进行广告创意设计。

(3) 能够进行广告创意策划方案撰写。

2. 实训内容

(1) 以小组为单位选择一个背景企业，为该公司或旗下某个品牌、产品设计一个创意广告。

(2) 按照广告文案的结构，设计广告标题、口号、正文及随文，写出广告文案。

(3) 为该广告选择合适的媒体，制定广告预算书。

3. 组织与实施评价

(1) 全班学生划分为6～8人的小组，组成项目团队。

(2) 形成一份有价值的调研报告＋课题汇报PPT。

(3) 根据提交的书面材料质量、口头报告的表现等因素综合打分。重点关注原创性、实用性和创新性。考虑团队协作效率以及每位成员贡献。

实训项目（二）

企业营业推广策略

1. 实训目标

(1) 了解企业营业推广的常见策略与实施效果。

(2) 基于实际案例，学习分析推广活动的要点，提升营销敏感度。

2. 实训内容

(1) 案例选取与资料收集。通过网络、官方公告、社交媒体等渠道收集每个案例的详细信息，包括推广方式、时间、目标客户、活动亮点等。

(2) 案例分析与讨论。推广目标是什么？使用了哪些推广策略和渠道？活动期间如何吸引顾客参与？可以观察到的初步效果或反馈如何？

3. 组织与实施评价

(1) 全班学生划分为6～8人的小组,组成项目团队。

(2) 形成一份项目汇报PPT。

(3) 根据口头报告的表现等因素综合打分。重点关注原创性、实用性和创新性。考虑团队协作效率以及每位成员贡献。

实训项目(三)

分析公关活动

1. 实训目标

(1) 树立现代公关意识。

(2) 深入体会公关活动在营销中的价值。

2. 实训内容

(1) 收集两个真实的企业在营销中运用公关活动的案例,一个是比较成功的,一个是你认为比较失败的公关案例。

(2) 对2个案例进行对比分析并说明理由。

3. 组织与实施评价

(1) 全班学生划分为6～8人的小组,组成项目团队。

(2) 形成一份项目汇报PPT。

(3) 根据口头报告的表现等因素综合打分。重点关注原创性、实用性和创新性。考虑团队协作效率以及每位成员贡献。

项目七 品牌策划

学习目标

1. 知识目标

（1）掌握品牌策划的概念、要素和基本流程。

（2）掌握品牌定位的概念、底层逻辑。

（3）掌握品牌定位的三原则和定位五式。

2. 能力目标

（1）掌握品牌标志的设计原则。

（2）掌握品牌标志设计创意方法。

（3）掌握品牌标志设计的具体流程。

（4）掌握塑造品牌的方法。

（5）掌握塑造品牌 IP 形象的 5 种方法。

3. 素养目标

（1）培养创意与创新思维能力。

（2）培养品牌策划中的道德规范和社会责任。

思维导图

- 品牌策划
  - 品牌定位策略
    - 品牌定位分析
    - 品牌定位策划
  - 品牌塑造与形象策划
    - 品牌识别及其含义
    - 名称设计
    - 标志设计
    - 形象设计
  - 品牌IP打造
    - 品牌IP与品牌IP化
    - 品牌IP个性塑造
    - 品牌IP形象塑造
  - 品牌传播
    - 品牌传播策略
    - 品牌危机处理

案例导入

武夷山旅游形象定位

百二里风光丹青一枝笔画不出，五千年历史武夷七碗茶引出来。

武夷山神奇风光，大红袍茶中圣品，儒释道三教同山。早在汉代，武夷山就被朝廷册封为天下名山大川，并成为历代名士、禅家的盘桓之地。名儒显宦、文人墨客接踵而至，留下许多赞美武夷绚丽景色的诗文辞赋、摩崖石刻。

武夷山不仅风景奇秀，源远流长的茶文化更为它增添了千古留香的韵味。在武夷山，除了碧水丹山、溪流纵横、岩奇岭险的自然景观，给人留下深刻印象的当属幽深峡谷遍植的茶树及独具自然美的茶园。武夷岩茶是中国茶叶中的一个特殊门类，提起它，人们就会联想到碧水丹山。武夷岩茶是武夷灵秀山川孕育出的名茶，生长在武夷山砂岩土壤里，经加工后的茶叶属半发酵的青茶，既有红茶的甘醇，又有绿茶的清香，集中了“活、甘、清、香”四大要素。而其中的大红袍，享有“茶王”之美誉。

武夷山为申报世界文化与自然遗产，邀请知名民间学者王志纲为其做《武夷山旅游发展战略策划》。王志纲在给武夷山做策划的时候，遇到了这样的困惑：旅游资源丰富的武夷山，在哪一个领域都没有拿下“单项冠军”，王志纲从自然遗产和文化遗产方面分别做了细致的分析。

自然遗产方面。论水，武夷山虽说有令人心旷神怡的九曲溪，但比不过三峡的气势、西湖的柔情、漓江的舒展；论山，武夷山虽说也有令人叹为观止的丹霞地貌，但也比不过泰山的雄伟、华山的险峻、庐山的妩媚；论茶，武夷山也有丰富的茶文化，其特产的岩茶闻名遐迩，但比不上杭州的千年龙井。

文化遗产方面。论传统儒家文化，武夷山是朱子理学的摇篮和圣地，南宋著名理学家朱熹曾在此著书立说、生活长达50年之久，但它却无法与山东的曲阜比肩；论佛教，自唐代起就有高僧建寺于山中，素有"华胄八小名山之一"的美名，但也无法与五台山这样的佛教名山相提并论；论道教，武夷山是道教三十六洞天之十六洞天，相传有诸多道教名流在此修炼，却又比不上久负盛名的武当山。

在此之前，武夷山对外宣传的口号都不够理想。例如，因有"桂林山水甲天下"在前，武夷山的"奇秀甲东南"就会产生低人一头之感；"碧水丹山"一句，虽然可让人望文生义、一目了然，但是没有留给大众充分发挥和延展想象力的空间；"秀拔奇伟"一语，是对武夷山自身特点的综合和提炼，也为激发游客的联想留有了余地，但是，说到"秀"和"奇"，武夷山当之无愧，而"拔"和"伟"相对就有些牵强。

其实，如果换个角度来梳理，武夷山的优势正在于全能。王志纲认为，武夷山要想超越名山大川之间的同构性竞争，后发而先至，必须给游客一种全新的形象和理念，并将其概括为一句话，使之成为沉淀品牌无形资产的载体，让人一见倾心、一见如故，不胫而走。

最后，灵感所至，王志纲将武夷山形象定位为"千载儒道释，万古山水茶"，人文、自然风光一网收，浓缩了武夷山文化、自然双遗产的精髓。

任务一　品牌定位策略

一、品牌定位分析

品牌定位是指企业在市场定位和产品定位的基础上，对特定的品牌在文化取向及个性差异上做出的商业性决策，它是建立一个与目标市场有关的品牌形象的过程和结果。换言之，即指为某个特定品牌确定一个适当的市场位置，使商品在消费者的心中占据一个特殊的位置，成为当某种需要突然产生时，第一时间就能想到的品牌。

定位营销 IP

（一）品牌的定义

品牌是品牌主（企业主）使企业的产品和服务与竞争者的产品和服务区分开来的各种符号的集合，它既是与品牌有关的各种经营管理活动的结果，也是社会对这些经营活动评价的结果。

（二）品牌策划

1. 品牌策划的概念

品牌策划（brand planning）是企业为了提高市场竞争力，在科学调研基础上，运用掌握的策划技能，优化整合现有资源，使企业形象和产品品牌在消费者心目中形成统一的价值观，制订长期的、系统的总体发展规划。

2. 品牌策划的要素

（1）消费者洞察。研究消费者的目的在于发现消费者需求和偏好，找到市场机会，进而采取有效的市场行动。在这个过程中，需要具备一双“慧眼”，找到消费者的真正需求。因此，消费者的文化程度、经济收入、年龄层次、消费习惯、性别差异等都是判断依据。

（2）品牌定位。企业要对自己品牌适合的市场环境，以及传达给消费者的品牌个性有充分的了解，还要能够平衡市场的关系，这关系到品牌的成功。品牌个性定位、精准定位是为了不断地协调和融合个性与理念之间的关系，认清品牌的最强项，将产品、运营、推广等各方面进行有机结合，发挥出更大的价值。

（3）品牌创意。品牌创意的目标在于引导消费者产生一个全新的观念，从而实现企业的商业利益。品牌创意本质上是对目标顾客需求和企业解决方案的高度概括的概念性描述，并以一种简洁的，具有强烈的视觉听觉冲击力的表现形式向目标顾客展示品牌所代表的生活方式或生产方式。其意义在于消费者能够品味到其中的创意，如新颖、含蓄、深沉、巧妙或者是曲折、诙谐、风趣的韵味，这些创意能够抢夺消费者注意力，让消费者认同品牌主张，从而改变消费者的价值观念。品牌创意具有新奇、惊人、震撼、实效四个特点。

（4）品牌传播。品牌传播，就是企业以品牌的核心价值为原则，在品牌识别的框架下，通过传统媒体或数字媒体形式，以广告、公关、人际、网络、微信、微博等传播方式，将品牌推广出去，建立品牌形象，促进产品的市场销售。品牌传播是企业满足消费者需要，培养消费者忠诚度的有效手段。

（5）品牌运营和维护。品牌运营就是企业以品牌为核心，营造强势品牌形象，发挥扩张功能，提升品牌的无形资本，实现企业长期发展的各价值增值。品牌运营是将市场的竞争重点放在品牌的塑造上，增强品牌传播热度，在消费者心中建立差异化的竞争优势，一个成功的品牌运营应该具有品牌的形象力、科技力和营销力三要素。

品牌维护是企业在市场经济的环境下，维护品牌形象、保持品牌市场地位和品牌价值的一系列活动。良好的品牌形象维护有利于巩固品牌的市场地位，增强品牌的生命力，能够化解品牌危机，有利于抵御品牌竞争。因此，成功的品牌策划工作是一个结果导向很明确的系统工程。

3. 品牌策划基本流程

品牌策划是一项系统工程，涵盖的内容相当多，包括市场分析与品牌调研、品牌策划方案设计、品牌定位与设计、品牌推广、策划效果评估等几个步骤，如图 7－1 所示。

图 7－1　品牌策划基本流程

(1) 市场分析与品牌调研。市场分析包括对企业宏观环境和微观环境的分析。宏观环境如国家政治和法律、经济、人口和文化环境等,微观环境如供应商、竞争者等。品牌调研是对企业的品牌现状,如对企业品牌的知名度、美誉度、代表意义等进行了解,或者收集整理企业品牌预备策划的相关资料,如企业声誉、产品或服务的质量性能、在同行业中的地位等。

(2) 品牌策划方案设计。品牌策划方案的设计要把握四个特性。

① 全局性:就是一个企业的策划要从大局出发,要有社会责任感,以回报社会为己任,让公司和品牌形象更上一层楼。

② 长远性:策划要注重企业可持续发展战略。除了考虑本次工作,还必须给以后的工作预留空间。

③ 阶段性:指设计好其具体实施程序和执行步骤。

④ 一致性:在保持大方向一致的前提下创新地开展策划活动,与主题保持一致。

品牌策划方案里应该包括:

① 分析企业面临的机会与威胁、优势与劣势。根据各种背景材料,如企业的外部市场需求、竞争对手情况、顾客和营销环境,对企业内部的资源、技术和能力等做出综合分析。

② 拟定品牌策划的目标。一般包括财务目标和营销目标。目标要具有一定的可行性、一致性,表达形式定量,要能够分层次地加以说明。

③ 提出行动方案。行动方案要表明将要具体做的工作、时间、参与对象、预计费用等。

④ 预算方案。包括实行策划行动的所有支出与收入。该预算通过企业负责人的审查批准后,便成为安排所有策划活动的基础。

⑤ 控制。为了更顺利、更好地实现策划目标,策划方案应关注策划可能遇到的风险,并制定相应的控制方法。

(3) 品牌定位与设计。品牌定位要突出品牌个性和消费者的深切体验,以产品的品质优点为基础,能彰显企业品牌的竞争优势。品牌设计是艺术和商业的高度结合,应该明快、醒目,富于个性,便于宣传,能充分体现产品特质,还要与目标市场的消费者心理和社会文化环境保持协调一致,并符合国家法律的规定。

(4) 品牌推广。品牌推广是品牌策划后的具体行动过程,直接影响品牌策划的质量和效果。品牌推广是为了树立品牌形象,结合目标市场,综合运用广告、公关、品牌质量等多种要素,进行综合推广传播。有些企业把品牌的推广集中在广告策划、促销策划、公关活动策划上,有的企业甚至把品牌策划简单地等同于广告策划,用广告"吹"出一个品牌。这些都是片面的做法,广告只是营销链中的一个环节,是辅助销售和传播品牌的一种必要战术,不是全部,品牌的推广是一个全面性的工作。

(5) 策划效果评估。品牌策划效果评估主要是为了解品牌策划工作是否达到预期的效果,是否按时、保质、保量地完成。进行效果评估,还要确定工作中存在的问题,是否需要对品牌进行二次策划,是否需要开展二期工作等。

(三) 品牌定位的概念与底层逻辑

1. 品牌定位概念

品牌定位是指企业在市场细分和调研的基础上,发现或者创造出品牌差异点,并将其与目标消费者心智中的空白点进行匹配，从而确定出一个独特的品牌位置，然后借助整合传播手段在消费者心智中打上深深的烙印，建立强力联想和独特印象的策略性行为。简单地讲，品牌定位就是企业规划并向目标消费群体展示品牌（产品）独特性的过程。寻找、沟通和展示自身品牌相对于竞争品牌的差异化优势是品牌定位的核心任务。

2. 品牌定位的底层逻辑

用户并不知道自己真的想要什么，这就是我们通常说的，消费者常常“口是心非”“言不由衷”，常规的市场调查难以获得真正有用的信息，但消费者的行为一定和其心智模式保持一致。

心智模式不仅决定了我们如何认知周遭世界，也影响了我们如何采取行动。在商业和市场中，心智模式对消费行为具有决定性。心智可以说是用户的潜意识，很多时候用户并不知道自己的潜意识是什么。调研人员想知道人们的态度，可是态度往往并不可靠。人们往往说起来是一套，做起来却是另一套。索尼曾经邀请用户参与调查，来决定一款即将上市的音箱的颜色。参与调查者多数在红色和黑色之间选择了红色。讨论结束后，索尼为表示感谢，让他们免费领走一个音箱，所有人都选择了黑色。

比洞察心智更关键的，是让品牌在用户的心智中占据优势位置。一旦占据优势位置，竞争对手就会像处于劣势位置的敌人一样被消灭，战胜竞争对手的结果就是用户被转化到自己这一边。而最佳的优势位置就是竞争对手的弱点。因此，品牌定位的底层逻辑既对消费者心智的洞察，更来自对消费者心智中优势位置的洞察。

艾·里斯在《品牌的起源》中明确提出品牌的起源是品类，创建品牌的方法是开创一个品类。“农夫山泉有点甜”是一个独特卖点，却难以创建品牌。在农夫山泉定位天然水，开创了新的品类，并通过聚焦天然水舍弃纯净水业务，利用大量的广告成为天然水的品类代表之后，它才真正创建了品牌。百事可乐的更低价格、更大容量是一个独特卖点，但是这个战术很容易被可口可乐复制。只有百事可乐定位“年轻的可乐”，成为新品类的代表之后，它才算是站住了脚跟。

思考

秦老太的品牌定位

山东秦老太食品有限公司成立于1993年，是一家传统冲调食品生产企业，致力于挖掘中华传统养生食品及文化。其产品线非常丰富，包括红枣羹、芝麻糊、核桃粉、红豆粉、豆奶粉、藕粉、燕麦、蜂蜜、茶汤甜沫……，但其部分产品（芝麻糊、核桃粉、藕粉、豆奶粉等）自带老龄特性。产品的严重老龄化，倒逼企业对品牌重新定位。

想一想：

如果构建年轻化的品牌，秦老太需要往哪个方向调整？

秦老太的品牌可以被重新定位吗？

你将从哪里开始着手秦老太的品牌定位？

(四) 品牌定位过程

1. 市场细分

根据细分变量确定细分市场,顾客需求是品牌定位的基点。由于需求的复杂性和多样性形成不同的细分市场。消费者细分市场主要变量有产品、地理位置、人口、行为、价值观等,细分市场的各种类别如图 7－2 所示。

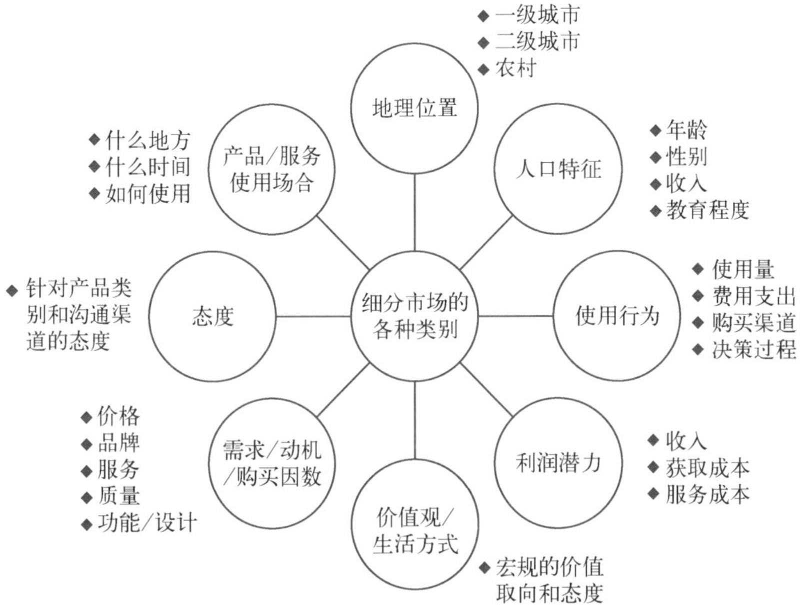

图 7－2　细分市场的各种类别

2. 目标市场

目标市场是指市场细分后,企业拟选定进入并为之服务的市场。目标市场有两个基本条件:一是市场可进入,二是市场可衡量。"可进入"表示市场发展潜力较好,持续消费能力强;"可衡量"是指市场有一定规模,在一定时期内,该市场具有对品牌产品有需求的同时拥有实现品牌营销目标的能力。目标市场的选定还要考虑竞争对手的情况,包括原有竞争对手、新进入者和替代品的威胁。

3. 品牌具体定位

品牌具体定位操作时主要是为每个目标细分市场确定品牌形象,并将其信号化。

(1) 集中诉求,优化品牌形象。品牌必须具有独特的个性,与定位有关的一切活动与策略,都必须与品牌个性相符合。品牌个性的建立有利于强化顾客对品牌形象和特征的认识和感知。在进行营销策划工作时,需要品牌的精心创意,集中诉求。

(2) 产品跟进,品质保证。品牌定位依存于产品的实际表现(产品的特性、质量、价格、文化、声誉等)。它们是品牌定位的基础,也是形成品牌竞争力的内在源泉。同时,决定产品实际表现的基础是技术,技术创新、技术进步、技术领先是企业发展的生命力。例如,"拥有自主知识产权的核心技术"是格力公司创造世界品牌的核心竞争力。

(3) 推广策划,理念引导。企业借助各种传播机制及识别系统对品牌进行宣传和推广。通过传播推广，企业将品牌信息不断传递给社会，将企业品牌理念输出给消费者，使消费者认识品牌、接受品牌、忠诚于品牌，使品牌形象从整体上得到提升。

（4）顾客感知，市场确认。品牌定位最重要的是重视和研究消费者，强化品牌与消费者的关系。所以，品牌定位最后必须接受消费者的检验，消费者感知越深，对品牌的忠诚度就越高，品牌定位就越精确。当品牌在市场上形成领先于或区别于竞争品牌的优势时，企业就完成了成功的品牌定位。

行业观察

丝绸女装行业先行者——VOA品牌定位

VOA，全名杭州维欧艾服饰有限公司，作为丝绸女装行业先行者，早在2010年就运用现代化电商运作理念，进入互联网服装零售领域，并摘得丝绸女装品类销量桂冠。VOA领先于行业发展，依据互联网时代消费特征需求，共享行业大数据，不断对真丝制作工艺推陈出新，荣获10余项国家专利，以消费需求驱动整体产业链，颠覆渠道驱动模式，从而获得规模化的定制服务。

但随着众多女装品牌在电商渠道上的运作和品类的不断垂直细分，凭借原有口碑传播与扩张的VOA在新时代发展下遇到了瓶颈期，原有的老顾客很难再提供增量，新客户引流难度又在不断增加，阻碍了VOA销售通路及品牌传播，这也成为影响VOA进一步在电商女装市场开疆拓土的难题！

在现代女装日益讲究个性化与品质主张的时代下，VOA在电商领域中，运用自身的重磅真丝原料特性、高端私人定制服务与卓越的产品力，吸引着大量消费者的关注。这些成为VOA品牌强有力的背书，更成为突破市场发展瓶颈的有利条件。经过消费者画像大数据分析后发现，购买VOA的消费群体，她们往往在职场和家庭中扮演重要角色，是一群渴望通过衣品进阶来提升自己的外在形象，以此获得关注、欣赏、赞扬的“时代女性”。

基于此，VOA的全新品牌定位脱颖而出——塑造当代女性着装影响力的“风尚丝享家”！品牌巧妙地将VOA丝绸品类特色与新时代女性力量进行融合，打造“丝享家，塑造影响力之美”。同时，在此品牌调性下，将VOA产品打造成全新系统生态链，形成新的品类——“她时代”宣扬女性衣权的私享型新生态女装，构建VOA真丝全品类女装的矩阵，做“新生态女装”大市场！将VOA企业成功打造成“引领女装私享价值的行业变革者和模式领创者”！

二、品牌定位策划

定位理论是在顾客认知中寻找并占据一个有利位置，这个位置通常表现为一个词，一个有价值的差异化的词。例如，当非常可乐、天府可乐、皇冠可乐都在模仿可口可乐的时候，王老吉找到了“凉茶”这个词，并将凉茶定义为能够预防上火的饮料。这就是发现了一个有利位置。当全行业都在打价格战，纷纷推出低价产品，又不得不降低产品质量的时候，雅迪电动车提出了“高端电动车”这个词，从行业第二反超成为行业第一，带领整个行业远离价格战。这种力量来自人心，准确地说来自顾客头脑中的已有认知，“定位”就是调动这股力量并使之成为品牌的资产。这很简单，就是换位思考，像顾客一样思考。这也很难，因为几乎没有人能完全做到换位思考。

(一) 发现词语

品牌定位成功的关键是在认知中占据一个词，占据一个词的前提是发现这个词，发现一个正确的词。

(1) 正确的词首先是能准确反映真实的顾客需求的词，像健康瓷砖、情绪饮料、黑电专家、减肥牙膏、吉祥啤酒、礼品茶叶这些词都是伪需求，用这些词无法创建品牌。

(2) 正确的词也必须是有竞争力的词，在饮料这个行业，可乐是个有真实顾客需求的词。非常可乐、天府可乐等品牌纷纷打出民族可乐的旗号，其实这是没有竞争力的。年轻的可乐、崂山水制作的可乐则是有竞争力的词，这两个词的代表品牌分别是百事可乐、崂山可乐。

(3) 正确的词也是符合企业能力的词，在火锅行业，火锅这个词属于海底捞，小龙坎和巴奴试图去抢占这个词，都失败了，因为二者的企业能力都不足以撼动海底捞的位置。而正确的做法则是找出那个有竞争力，同时也符合企业能力的词，如大瓶装的功能饮料。

(4) 正确的词同时是符合品类发展趋势的词。在饮用水行业，产品已经从纯净水、矿物质水、天然水进化到了天然矿泉水。在燕窝行业，产品已经从保质期 6—12 个月的即食燕窝进化到保质期 14 天的鲜炖燕窝。此时如果还有品牌在即食燕窝领域做文章，想要聚焦即食孕妇燕窝，就违背了品类发展趋势。

(二) 把握趋势

定位理论认为，不同胜过更好，认知大于事实，最大的不同是来自时代的不同，最大的认知是来自趋势的认知。当局者常常陷于竞争视角，只困在品类内思考，如报纸把杂志看作对手、数码相机把胶卷相机看作对手、香飘飘把优乐美看作对手等。

对外部趋势的洞察，最关键的是新观念和新技术的变化。互联网兴起之后，一大批新消费品牌崛起，如王小卤、拉面说、王饱饱、三顿半、自嗨锅、三只松鼠等。这些品牌无一例外都洞察到了新的消费观念并充分使用了新的传播技术。然而，趋势变化不单指技术的变化，也指技术变化导致的社会心理的变化。互联网和移动互联网的兴起，让很多小众群体能在线上聚集，例如二次元群体等，这些人的数量达到一定规模之后，就可以助推专属的品牌。华熙生物旗下专研玻尿酸的润百颜仅用 4 年时间就跻身了 10 亿元级功能性护肤新赛道。专注于温和抗衰老胜肽成分研究的珀莱雅登顶天猫“双十一”护肤品牌销售榜，力压欧莱雅和兰蔻两大国际巨头。

(三) 定位五式

定位的方法有很多种，核心只有一个：在认知中占据优势位置。而接下来提到的五种定位方法来自企业实践。

1. 抢先定位

抢先定位是指在认知中的抢先，而非在渠道、技术、商标等物理层面的抢先。这意味着品牌要在时间窗口内聚焦资源，在认知中实现“注册”。而认知却具有马太效应，如用微信的人越多，就会吸引更多的人用微信。认知本身就是事实，一旦用户把即时通信软件等同于微信，其他即时通信软件就很难再有机会占领市场。

2. 关联定位

关联定位是认知中的二元法则，因为认知的特点，所以关联定位可以作为品牌定位的方式。如，很多消费者都认为人参、燕窝、鹿茸和冬虫夏草这类补品比较高档，而东阿阿胶借助这种认知并进行了关联定位，将阿胶定位为一种珍贵的高价值补品。

3. 重新定位

重新定位是调整品牌在认知中的位置。重新定位是关联定位的升级版，如果关联定位是和领导品牌共存，那么重新定位则是取而代之。也可以表述为关联定位是侧翼战，重新定位是进攻战。就像侧翼战终究要转化为进攻战，关联定位也终究要转化为重新定位。农夫山泉刚上市的时候，只是声明这是天然含有矿物质的饮用水，处于和纯净水、矿物质水并列的位置，这个时候农夫山泉发起的是关联定位的侧翼战。在测试完市场之后，农夫山泉发起了重新定位的进攻战，攻击纯净水不含矿物质，矿物质水是人工添加的矿物质，这些都不如天然水。

4. 聚焦定位

聚焦就是强化企业内外部心智的方式，品牌定位本质上是心智管理，这个管理不只指向外部的用户心智，还指向内部的企业心智。相比方太电器，老板电器聚焦吸油烟机品类，吸油烟机品类的主打功能有吸力大、静音、自清洁等，老板电器继续聚焦在大吸力特性上，开创大吸力油烟机。这是因为把战线收缩到足够窄，才能更有效率地使用企业资源，也能更快速地进入用户心智。

5. 换维定位

换维定位至少有两种方式：升维和降维。互联网创业者中一直流行一句箴言：所有的行业都值得重新做一遍。对互联网行业来说，这是降维；对那些被重做的行业来说，这是升维。江小白的品牌策略可以总结为换维定位。传统的酒水消费场景是宴请，形式上比较正式。江小白适用的白酒消费场景，更多是同阶层人群的社交场景。江小白最早把自己定义为青春小酒，定位路线是高端口粮酒。口粮酒相对于茅台这种正式的社交酒，就是一种降维定位。江小白用社交酒的品牌方法打造口粮酒，对口粮酒品类的其他品牌来说是一种降维打击。

行业观察

美柚的定位

美柚是一家移动互联网行业的高新技术企业，自成立以来始终专注于为女性提供线上智能服务，全方位服务于女性经期、备孕、孕期和育儿等整个生命周期。

美柚的理念为“让女性更美更健康”，选择的顾客群体是15～45岁的互联网用户中具有中高收入水平的、关注自身生理健康的女性。这是因为，相较于更年长或是年幼的群体15～45岁的群体更愿意尝试用手机App的形式来记录自身健康状况，她们比其他的年龄层更希望和同性群体进行交流与倾诉，美柚的“她她圈”为她们提供了一个互相交流的平台。

这些比较年轻的女性需要的正是美袖能够提供的功能、服务。美柚打造的记录女性经期的服务，为比较懵懂的青春期女性提供了专业的检测服务，让其更好地观测自身健康，从而产生了用户黏性，当她们长大后怀孕或者处于哺乳期时，就会更加偏向于在一直陪伴她们的美柚上购买产品。

思　考

茶颜悦色的定位

茶颜悦色的定位是新中式茶饮，从品牌标志到产品再到视觉设计，均倡导新中式美学并散发出浓浓的国风韵味。正如这个品牌的介绍文案，“我不源于英伦午茶，我也做不来美国派，我更不效仿日式茶道，我钟情于约中国四千七百年的茶文化，我也大爱潮范十足的现代中国风”。

茶颜悦色以其独特的视觉风格，高品质的食材，亲切热情的服务赢得了众多顾客的喜爱。茶颜悦色提出“中茶西做”的新式理念，招牌“幽兰拿铁”与“声声乌龙”现已美名在外，不仅是长沙人民钟爱的饮品品牌，也是外地顾客来长沙旅游必“打卡”的一个“景点”，品牌影响力早已扩散到全国。

在原料上，茶颜悦色用鲜奶、原叶茶等更好的原料代替了以前的奶精和调配茶，每个饮品都由原叶茶现泡现萃而成，所用到的茶底涵盖了绿茶（浣纱绿）、红茶（红颜）乌龙茶（乌龙院）、黑茶（黛黑）四大类，更强调茶的质感。秉持一贯的稳扎稳打慢节奏，不求新品的上市速度，将大量精力放在原有产品的迭代上，如主打产品“幽兰拿铁”与“声声乌龙”都已经历了多次迭代。为了给顾客提供合适的饮品和体验，根据茶底和温度的不同，还有一些饮品属于夏季限定或冬季限定。其茶单也分为冬季和夏季两版。

茶颜悦色的初心是为顾客做“一杯有温度的茶”，官方公众号每个月会定期发布食品安全自查报告，直接通报检查的结果，对表现不好的门店，不仅“通报批评”，还会公布食品安全隐患、整改要求，甚至操作间的监控视频。这种自我曝光更是一种创新与负责，不仅倒逼企业保持门店运营的规范，还能让顾客放心、安心。茶颜悦色对顾客承诺永久求偿权，在员工的衣服上，在点单台的广告上，在小票上都写下了“一杯鲜茶的永久求偿权”，只要顾客在消费体验中，察觉鲜茶有口感差异，进入任意一家门店都可进行免单重新现调。

茶颜悦色价格亲民，与喜茶、奈雪的茶等茶饮品牌的售价相比，茶颜悦色的产品均价较低，在茶饮界极具竞争力，且茶颜悦色饮品单价较为稳定，多年来几乎没有涨价。价格折扣在茶颜悦色的销售策略中也较为常见，“单品免费续杯”“集点免费赠杯”“雨天半价”“周三半价”等方式，不仅能够吸引客流，也给予了顾客更大的优惠力度。

思考：分析茶颜悦色的定位方法及形式。

任务二　品牌塑造与形象策划

一、品牌识别及其含义

品牌识别(brand identity)概念是美国品牌管理专家大卫・艾克教授在《创造强势品牌》一书中提出的,他认为,品牌识别是品牌战略者希望创造和保持的、能引起人们对品牌美好印象的联想物。

品牌识别是企业主观的愿望,为品牌未来发展指明了方向。品牌识别反映了品牌缔造者和设计者对品牌未来发展的期望,如华为品牌与任正非、海尔与张瑞敏等,这些品牌的成功与这些杰出的品牌创始人所设计的品牌识别是密不可分的。同时,正是这些伟大的品牌始终坚持和彰显自身品牌识别才有了今日辉煌的成就。

品牌识别传达了企业对顾客的承诺。顾客购买某品牌的产品,是因为顾客认同并希望得到该品牌提供的价值,品牌向顾客提供的价值,就是品牌的价值体现,它是品牌识别的重要组成部分。

二、名称设计

(一) 品牌名称的作用

品牌名称的作用主要体现在以下几个方面:

(1) 有利于累积品牌资产。品牌资产需要长期积累,消费者对品牌的认知度、美誉度、联想等都是从品牌名称开始的。没有一个好听、好说、好记、好联想的名字,人们很快就会忘记你,品牌资产积累也就无从谈起。

(2) 提升品牌档次和品位。人们通过品牌名称即可感受品牌个性,体验品牌文化。好的品牌名称,洋溢个性,可以引发形象而优美的联想,给顾客留下美好而深刻的印象。

(3) 便于塑造鲜明的品牌识别。优美而充满个性的名字,易于识别、易于编织品牌故事。例如"七匹狼"(SEPTWOVES)的品牌名来自一部电影,"七匹狼"巧借其名,并且深入地进行文化挖掘,给其品牌赋予了狼的勇敢、自强、桀骜不驯等特点。

(4) 好的品牌名字易于传播。一个优秀的品牌名称,将减小品牌推广阻力,减少品牌推广成本。这就是名字的力量。相反,一个不能引发顾客美好联想的名字,其品牌识别和品牌文化很难塑造,不利于品牌传播。

(二) 品牌命名的技巧

现代商业竞争中,品牌名是企业较为核心的知识产权之一,它是一个企业资源的承载和集中体现。所以,企业自成立之初,就应重视品牌的构建,将它提升至企业顶层设计的高度。

1. 可以注册成商标

品牌名可以注册成商标是最基本的原则,再好的名字,如果不能注册,就得不到法律保护。电商行业兴起后,商标注册量大大提升,很多行业的商标注册难度越来越大。因此，企业在进行品牌命名时最好进行广泛收集、集中查询。

2. 无须解释说明

好名字有个标准就是“不用解释”，所以品牌命名不能天马行空。随着时代的发展，商业信息越来越纷杂，品牌命名要尽量做到消费者看到名字，就能大致知道是什么产品品类，或了解产品有什么样的特质，尽量做到无须解释说明。例如，好孩子、喜茶等品牌，消费者很容易就从品牌名上获得产品品类等信息。品牌命名时可参考品牌定位、行业、产品、消费客群、企业文化理念等因素，品牌名构成可参考“产品特质＋产品品类”的组合。

3. 方便阅读和表述

品牌命名要遵循容易理解、容易读写的原则，一定不要用生僻字和多音字。一些企业想通过使用生僻字来吸引消费者，殊不知带来了负面效果，消费者很难主动推广，甚至影响产品的销售，而企业因此需要花费大量资源去解释，可谓得不偿失。多音字也是同样的道理，消费者并不清楚到底要读哪个音，容易引起歧义而放弃消费行为。

4. 容易记忆

好记的名字有个窍门，就是“具象化”。人的大脑会优先把文字转化为图像进行储存记忆。例如，对于“红旗”这个名字，我们大脑中就会闪现出一面红旗的画面，而对于“麦科特”这个名字，我们则无法在大脑中形成画面，如果这两个品牌花费相同的推广费用的话，“红旗”品牌更利于传播且节约企业成本。除此之外，企业还可通过“画面感＋差异化”的组合策略进行品牌命名。

5. 适度延伸性

企业在进行品牌命名时，可适当考虑未来行业的发展空间，再根据企业战略规划进行创意策划，为未来的发展预留接口。对于品牌的命名，首先要考虑其差异性和易记忆，其次才考虑适度延伸。例如，小米通过“性价比”营销手机成功之后，横向延伸了一系列的新产品和品牌，也通过营销“性价比”来满足小米用户的需求。

三、标志设计

品牌标志的本质是信息传播，设计的创意构想应该从信息传播入手，从功能需要出发，明确品牌标志所代表的意义。

（一）品牌标志的设计准则

创造独特的品牌标志形象，必须遵循标志的要求和设计原则，符合标志的特性。人们为了传播信息而创造符号。在进行信息传递时，无论是传播者还是接收者，都必须对品牌标志所承载的信息有一定的理解，这样才能达到传播信息的目的。

（1）设计应在明了设计对象的使用目的、适用范畴及有关法规等情况和深刻领会其功能性要求的前提下进行。

（2）设计需充分考虑其实现的可行性，针对其应用形式、题材和制作条件采取相应的设计手段。同时还要顾及应用于其他视觉传播方式（印刷、广告、影像等）或放大、缩小时的视觉效果。

（3）设计要符合使用对象的直观接受能力、审美意识、社会心理并避开禁忌。

（4）构思需慎重推敲，力求深刻、巧妙、新颖、独特、表意准确，能经受住时间的考验。

(5) 构图要凝练、美观、适形(适应其应用物的形态)。

(6) 图形、符号既要简练、概括,又要讲究艺术性。

(7) 色彩要单纯、强烈、醒目。

(8) 遵循标志艺术规律,创造性地探求恰当的艺术表现形式和手法,锤炼出精当的艺术语言,使设计的品牌标志具有高度整体美感,获得最佳视觉效果。

(二) 品牌标志的设计创意

1. 设计创意的思维方法

(1) 垂直思维。垂直思维又称竖向思维,是按一定的方向、路线从问题的正面展开理性的分析与符合逻辑的推理,步入纵深,直到得出结果。例如企业品牌,从标志形象到标准字、标准色、吉祥物、辅助图形等标准组合,再到各个领域的系统应用设计,也是一种逻辑的垂直思维,严谨又有条理。

(2) 横向思维。横向思维又称水平思维,就是尽量摆脱既存观念而从另一个新的角度对某一事物进行重新思考的方法。如果说垂直思维是究根问底的"连续式"思考模式,那么横向思维就是多点出击的"跳跃式"思考方式;如果说垂直思维的优势在于针对一个问题进行深入细致的研究,求证合理的结果,那么横向思维强调的就是解决某一问题时的多视角、多思路,寻求更多的解决问题的途径,从中获取最佳的解决问题的方法。

(3) 逆向思维。逆向思维又称颠倒思维,即从反面提出解决问题的方法。逆向思维是一种反常态的思考方法,为人们提供了一个思考问题的新视角。它常常提示人们"如果不"又会怎样。逆向思维是对思维的一种解放,具有求异性的创造作用。

(4) 扩散思维。扩散思维又称立体思维,是把问题"点"引向问题"面",由原创意点引出另一个或数个二次创意点,再以这些二次创意点引出更多的创意点,并通过向四周辐射的各种路线来思考。

2. 设计创意的思维表达

(1) 寓意和象征。在品牌标志创意思维中,首先,需要对创意主题及被传达的信息内涵有深刻的认识,这样才能展开思维,用直接可视的视觉符号展示设计者的创意,准确传达信息。寓意和象征表达既能为设计师的创意打开层面,又能引起观者的注意,接收并记忆品牌标志所暗示的信息。

(2) 想象和联想。想象是指在原有感性形象的基础上创造出新视觉符号的思维过程。这些新的视觉符号是由已积累的材料经过加工、改造而形成的。联想是从一个观念推及另一个观念,由一个事物演绎到另一个事物的心理活动过程。它是客观事物间由此及彼相似的关联性所产生的结果,是品牌标志创意思维中运用最为广泛的一种思维方法。

(三) 品牌标志设计的具体流程

1. 准备阶段

(1) 收集素材。收集尽可能多的文字、图片、影像等第一手资料,分析、研究、比较,找寻品牌标志设计的思路和灵感。

(2) 构思草图。徒手绘制和电脑绘制相结合,从大量的草图中寻找品牌标志的概念、定位和表现。

2. 标志内涵与形态的提炼

(1) 反映本质内涵。品牌标志作为商品形象和企业形象的表述,不仅是美学意义的图案,还必须以传达企业的文化与精神为出发点,以商品的属性和特性、特别定位为创意原点。通常,企业和商品都必然具有多方面的特征,品牌标志不可能也不必全面反映这些特征,而是通过分析、比较和筛选,提炼出企业或商品独特的、最本质的特征内涵予以反映。

(2) 内涵与形态的统一。将抽象的概念转换成视觉形态,思维方式可以是多样的:可以从抽象概念演绎出形象,也可以发挥形象的能动性还原抽象的概念。设计方式也可以是多样的:可以直接表现,如具象、夸张、特写等,也可以间接表现,如意象、象征、借喻等。无论如何表现都应自然、贴切,一目了然又耐人寻味且富有个性。

(3) 形成多个基本方案。通过设计,运用最简化的图形与最明了的语言来达到主题内涵的要求。经由"简单—复杂—简练"的设计发展过程,最终使它独立地成为一个视觉传达符号。品牌标志的形式和内容决定了标志的风格,应在标志的线条上、组织上、趣味性上多加考虑,形成尽可能多的构想方案。

3. 标志的多样化表现

(1) 浓缩化、简约化。把大量的信息、资料汇总,分门别类地加以整理、消化,抓住核心的部分予以表现,让更多的寓意通过简练的图形释放出来。图形越简约、概括,意义就越全面。

(2) 单纯化、平面化。简化的最简单的办法就是平面化,即点化、线化、面化,通过寥寥几笔就能得到几何化组合,不过分强调,不刻意表现,就会有质朴、率真的特点,如剪纸、版画、拓印、儿童画等。

(3) 立体化、空间化。有意地突出和表现立体空间效果,可以具象、可以抽象,可以逼真、可以虚拟,也可以以假乱真、真假不分,将人置于奇幻的视觉空间。

(4) 条理化、次序化。在元素较多、较杂的情况下,有序、和谐、整齐最为关键,图形丰富而条理清晰,图形繁杂而秩序井然。著名品牌联合利华的标志就是如此。

(5) 卡通化、超人化。卡通彰显人和动物或其他被赋予人的情感的生物机智、灵活、友好、亲切、可爱的一面。电脑技术使超现实的表现成为可能,像模像样的超级写实能为受众带来不一样的感官刺激,这样的品牌标志就很成功。

4. 标志的再设计和细节把握

在不断推敲和完善的过程中确定品牌标志大体的风格和形式。设计者前期考虑的多是创新的形态和概念的设定,接下来的工作就是把握细节。细节的调整将影响到整个品牌标志的传播度和生命力。细微之处见功夫,那些精彩绝伦、耳熟能详的国际知名品牌标志不仅有大手笔,其细节的处理更是精益求精、无可挑剔,这也是其制胜的关键所在。一切都考虑完备和充足了,品牌标志设计的正稿就完成了。

四、形象设计

品牌形象设计是客户最先认知的形象,如 2008 年北京奥运会系列吉祥物、哥本哈根世界气候大会的标志等,它们之所以能在竞争中脱颖而出,是因为都有完善的识别系统与科学有效的视觉传播系统。

随着信息时代传媒技术的发展，品牌形象的设计同样也受到高科技发展和后现代主义设计理念的影响，出现了新的发展趋势。设计风格也由简单到复杂，由理性到感性，展现出人性化的回归。

（一）品牌形象的设计基础

1. 品牌形象表达

品牌形象的表达，不仅包括品牌的名称、标志、包装、广告等显性的形象设计，而且是一种具有丰富内涵的视觉产品，由设计注入品质、销售、服务、消费等品牌理念，形成统一规范的视觉信息传达系统，完成与消费者的沟通并获取其好感使其印象深刻。品牌的形象表达必须贯彻以下三个原则：

（1）反映品牌的理念与定位。反映品牌的理念，而理念引导形象塑造个性的特征，吸引消费者。凡是成功的品牌都有准确的定位和理念，如海尔品牌以高质高价的定位彰显"真诚到永远"，金利来以"男人的世界"来体现品牌形象的个性特征等。

（2）视觉传达统一。品牌视觉形象必须是统一的，要求稳定而不能随意变动，这是品牌吸引消费者的重要条件之一。设计要求：一是文字统一，形成稳定的文字形象，如2008年北京奥运会"中国印"标志的字体形象设计；二是图形的统一，如"中国联通"的标志图形设计；三是色彩的统一，如国外品牌麦当劳的黄色和IBM的蓝色；四是以文字、图形与颜色的有机结合，形成视觉传达的系统，使品牌具有立体的、鲜明的视觉特点。

（3）品牌形象的创新。未来品牌的竞争能力就体现在品牌形象与文化认知的融合力：一是品牌与社会文化的价值，如真、善、美的融合；二是品牌与消费文化的心理取向的融合，如海尔应用无菌保鲜的理念所产生的积极的、健康的受众心理效应，使其品牌形象不断创新。

2. 品牌形象的设计特征

（1）独特性。品牌形象应该具有独特性，即有企业自身的特点和个性，以便与其他品牌区别开来。品牌与人一样，必须具备独特、明确的个性，才能令人印象深刻，从而使企业在众多竞争者中脱颖而出。

（2）完形性。品牌形象应该构成一个视觉完形，使其能从背景中凸显出来，给人一种完整、鲜明的印象。品牌形象设计无论是使用字母、汉字，还是图形，都要保持其信息系统的完整性，以利于消费者获得完整信息，接受品牌形象，形成品牌概念。

（3）简洁性。品牌形象应该尽量简明。品牌形象的简化，有助于人们的识别和记忆，可以使人们迅速辨认品牌，并且过目难忘。简明的品牌形象容易产生视觉冲击力，给人留下深刻的印象。

（4）象征性。品牌形象应该具有象征性，使其蕴含更加丰富的意义，关键在于选用适当的核心图案或主题文案，以表现出品牌的某一特征，借以强调其信誉度和高品质，有助于实现更好的传播沟通效果。例如，有些品牌选择能代表其个性的"吉祥物"作为象征，这些吉祥物具有很强的亲和力，让人印象深刻，一看到这些吉祥物就能马上联想到相对应的公司品牌。

（5）艺术性。品牌形象应该具有艺术感染力，给人以审美的快感。具有艺术性的品牌形象可以使人感到赏心悦目，从而接受这一品牌。一个好的品牌形象应该既便于识别，又耐人寻味，能激发观赏者的想象力和兴趣。

（二）品牌形象的设计原则

1. 全面兼顾的原则

企业导入品牌战略，会涉及企业的方方面面，因此，品牌形象设计必须从企业内外环境、内容结构、组织实施、传播媒介等方面综合考虑，以利于全面贯彻落实。具体而言，品牌形象设计要适应企业内外环境，符合企业的长远发展战略。

2. 以消费者为中心的原则

品牌形象设计的目的是表现品牌形象，只有为公众所接受和认可，设计才是成功的，否则就没有意义。以消费者为中心就要做到：① 进行准确的市场定位；② 努力满足消费者的需要；③ 尽量尊重消费者的习俗；④ 正确引导消费者的观念。

3. 实事求是的原则

品牌形象设计不是空中楼阁，而是要立足于企业的现实条件，按照品牌定位的目标市场和品牌形象的传播要求来进行。品牌形象设计要对外展示企业的竞争优势，但必须实事求是，不能杜撰或编排子虚乌有的故事。

4. 求异创新原则

求异创新就是要塑造独特的品牌文化和个性鲜明的品牌形象。为此，品牌设计形象必须有创新，发掘企业独特的文化观念，设计不同凡响的视觉标志，运用新颖别致的实施手段。

5. 效益兼顾的原则

企业作为社会经济组织，在追求经济效益的同时，也要努力追求良好的社会效益，做到两者兼顾，这是一切企业活动必须坚持的原则，也是要在品牌设计中得到充分体现的原则。企业应该在追逐利润的同时注意环境的保护、生态的平衡，在发展生产的同时注意提高员工的生活水平和综合素质，维护社会稳定，在品牌理念设计中体现社会公德、职业道德，坚持一定的道德准则。

任务三　品牌 IP 打造

一、品牌 IP 与品牌 IP 化

（一）品牌 IP、品牌 IP 化的概念

品牌 IP，就是以实现商业价值为目的而设计的产品、服务、广告的总和，它是口碑营销的一种新模式，也是品牌进化的一种高级阶段。不是所有品牌都是 IP，但品牌可以打造成 IP。

品牌 IP 化，就是按照打造 IP 的思维和方法来建设品牌的第二形象，将品牌动漫化、公仔化、人物化，由此产生人格化的 LOGO 或吉祥物，并通过变现创造品牌在市场上的价值和效应。

对品牌来说，IP是一种新工具和新方式，品牌IP化作为一种全新的品牌塑造方式和表达方式，是以心灵触达为导向的高效用户联结，不仅可以和用户产生沟通共鸣，还能更持久、更优质地升级品牌资产。IP是一种符号概念，品牌IP化意味着品牌不再只是一个商标，而是和IP一样成为某种可以占领用户心智的符号化认知。例如，当我们日常上网时，习惯性地“百度一下”，此时“百度”就是我们心中“上网搜索”的心智符号，这就是IP所带来的强关联价值。

（二）品牌IP化的作用

近年来，越来越多的年轻消费者涌入市场，为满足这些年轻消费者的需求、迎合他们的喜好，企业逐渐开始进行IP营销，实现品牌IP化。品牌IP化在品牌发展过程中可以起到以下作用：

1. 提高品牌辨识度

品牌IP化可以帮助品牌找到改变的突破口，通过IP形象给品牌注入新的血液，最大限度地凸显品牌的差异化，让品牌给用户留下独特的深刻印象，从而在同质性产品竞争中拔得头筹。例如，高德地图的IP形象“高小德”，就是以老鹰为原型创造出来的。老鹰是天空的霸主，视野广阔，可以看清数千米甚至更远的景物。通过这一IP形象，高德地图可以将自身和精准定位联系起来，让广大用户一看到高德地图，就想到精准定位。

2. 增加品牌亲和力和用户黏性

品牌的目标就是与用户产生情感共鸣。成功的品牌IP形象，能拉近用户的心理距离，让用户愿意倾听、认可品牌传达的内容。此外，品牌IP化也有利于构建品牌与用户之间持续的高黏性、强关系。作为优质内容源，IP化的品牌可以凭借持续的内容输出不断吸引用户的关注和互动，让用户逐渐从单次消费变成铁粉甚至终身用户，还可以以产品为基础不断推出周边的系列衍生品，实现商业变现。在这个过程中，用户也会出于对IP形象的信赖和喜爱，间接地和品牌保持长久联系，增加用户黏性。

3. 降低传播成本，拓宽传播渠道

如今线上、线下流量资源都十分稀缺。在IP时代，品牌占据一个IP，就等于占据了一个永久的消费入口，能够为品牌源源不断地提供流量。品牌IP可以成为超级内容源，不仅拥有持续的传播能力，更能持续产生优质内容，以供用户传播、分享和扩散。以故宫为例，以往的故宫在大家心目中是威严神秘的，近年来，故宫不断推出各类联名文创，甚至不乏各种俏皮、卖萌形象，在获得年轻人青睐的同时也让自己的文化和传统元素找到了新的传承渠道。

4. 降低代言成本，实现跨界营销

和明星相比，品牌IP形象作为自己的品牌代言人，是一个更加长远的选择。品牌通过IP形象积极参与各类营销活动，以不同方式在用户面前出现，玩转各大品牌之间的跨界营销。当自己熟知并喜爱的IP形象突然跨界时，大部分用户会感到新奇，并乐于接受这种营销方式。在传播过程中，品牌还能通过IP形象的外形特征，让用户对自己产生统一认证，长此以往，就能形成良性循环，不断加深用户对品牌的好感和印象。

(三) 品牌 IP 化的层次

品牌 IP 化打造分为以下四个层次：价值观、主体层、识别层和品牌 IP 表达层，其中价值观是四维模型中最核心的层次。

1. 价值观：品牌灵魂塑造的原点

价值观是品牌灵魂塑造的原点，也是品牌人格的统领。品牌价值观包含产品的物理属性、感官体验和情感抒发三个层次，其中情感抒发是品牌的核心价值观。塑造品牌核心价值观须遵循三大原则：

(1) 品牌核心价值要具有鲜明的个性。在如今的多元化社会，人们的喜好众口难调，在进行消费时也越来越讲究个性化。个性鲜明的品牌核心价值才能吸引消费者关注，凭借高度差异化的优势在市场占有一席之地。例如：宝马的"驾驶乐趣"，还是农夫山泉的"源头活水"，无一不具有鲜明个性的核心价值。

(2) 品牌核心价值要能够打动人心。品牌的核心价值要想打动人心，就必须贴近消费者内心。因此，在提炼品牌核心价值时，需要从消费者角度出发，揣摩消费者的内心世界，了解消费者的价值观和审美喜好。

我国香皂市场上就有两个典型的品牌案例，那就是力士香皂和舒肤佳。从产品品质来看，力士和舒肤佳生产的香皂品质都很过硬；从品牌持有者来看，力士的背后是联合利华，在全球 500 强中排名第 54 位，而舒肤佳的背后是宝洁集团，在全球 500 强中排名第 75 位；相比力士"滋润、高贵"的产品理念，舒肤佳的"除菌"宣传更得人心。毕竟除菌才是关乎健康的大事，比起滋润来说更加重要。由此可见，洞察消费者内心的品牌价值对企业来说有多重要。

(3) 品牌核心价值要具有包容性。在企业发展过程中，需要进行品牌延伸。因此品牌核心价值需要考虑品牌的包容性。品牌核心价值的包容性体现在两个方面，一是时间，二是空间。

从时间角度来说，确定品牌核心价值时必须考虑它能延续多年不过时。从空间角度来说，确定品牌核心价值时必须考虑它能为多种产品所共有。

2. 主体层：品牌人格的活化呈现

在核心价值观的指导下，品牌的人格化特质会透过人设、剧本、风格等不同层面体现出来，这个层面的人设、剧本、风格就被称为主体层。

(1) 人设。人设是一种品牌人格化的具象呈现，我们必须将品牌的灵魂具体化，让它附着在某个鲜活的载体形象上，这样才能最大限度地引起用户共鸣。

(2) 剧本。内容是驱动社会化传播的重要能源，必须赋予品牌 IP 超强的内容影响力，因此，剧本设计在品牌 IP 化过程中起着至关重要的作用，强有力的剧本可以促进品牌 IP 传播，有利于感染受众，帮助品牌与他们建立情感联系。以《舌尖上的中国》为例，章丘铁锅就拥有一个足够好的剧本——12 道工序，18 遍火候，1 000 摄氏度高温锤炼，36 000 次锻打，不放一滴油就能做到丝毫不粘……这些富有感染力的语言能为品牌赋能，让观众情不自禁对章丘铁锅产生兴趣和信任。

(3) 风格。对品牌 IP 而言，风格虽然并不具象，却无处不在。品牌只有拥有专属的特点和风格，才能给广大消费者留下深刻印象。在众多品牌中，江小白无疑是将风格运营到极致的代表。作为白酒市场上的一匹黑马，江小白通过简约创新的“交流瓶”包装，成功营造出简单文艺的人格气质，并凭此在白酒市场吸引到属于自己的受众群体。

3. 识别层：具备识别和传播标志的品牌人格体

识别层是品牌 IP 的符号化外显，指的是品牌 IP 最易于被识别和传播的标志。它是品牌 IP 化打造的第三层面，包括标志性符号、标志性行为、标志性话语等。

品牌 IP 的人格体为了更好地被识别和传播，往往会利用一些典型化标志来引发品牌 IP 核心用户的联想，这些典型化标志就被叫作品牌符号。品牌的标志性符号是一种用来激发消费者感官感受的识别体系，主要包括图标、吉祥物、色彩及包装等，可以通过视觉等感官刺激让消费者更具体形象地记住品牌信息。例如，麦当劳红底黄字的 M 标，不仅色彩反差大，极富视觉效果，而且以首字母为标志，简单易记，也让人印象深刻。

在设计品牌的标志性符号时，要注意简练、醒目，图案不能过于复杂含蓄。毕竟符号是一种视觉语言，要求产生瞬间效应，这样才能有较好的识别性，有利于推广和传播。

4. 品牌 IP 表达层：品牌 IP 立体化的分发体系

除了持续输出高质量内容外，品牌还需要为自己发声搭建相应的媒体矩阵，通过立体化的分发体系进行高效传播和推广。品牌 IP 表达层主要包括四个关键要素，分别是内容、媒体、事件以及社群。

(1) 内容。在品牌 IP 化的成长过程中，持续的内容输出起着重要的驱动作用。尤其是在社交媒体时代，品牌要想吸引用户的主动注意，让大众自发地谈论、传播自己，就必须具有超强的内容力。在输出内容的过程中，品牌需要注意以下三点：

① 用情感与消费者对话。随着经济的飞速发展，用户在消费时对于产品的关注点早已从生活需求升级到了价值需求。在输出内容时，品牌必须从消费者的角度出发，认真揣摩他们的心理感受，专注产品质量和服务，并围绕产品和服务提炼出内容。在此基础上，再通过营销手段赋予品牌内容、情感和故事性，以打动目标用户。

② 捕捉热点，创造有价值的内容。每当热点话题出现时，人们的注意力都会集中在热点上，对热点相关内容的包容性会很强，此时正是品牌打响或升级自身产品的绝佳时机。因为热点话题中的内容主体已经确定，也成功吸引了大批围观流量，所以这时品牌需要做的就是借势宣传。只要根据实际情况对市场稍作延伸和演变，就能吸引大量关注，让潜在用户快速和品牌产生共鸣。

③ 保持品牌调性。每个品牌都有专属的价值观，这种价值观也被称为品牌调性。品牌调性是品牌经过漫长时间积累和营造出的文化，也是用户忠于品牌的关键所在。因此在输出内容时，企业必须紧扣品牌文化，保持和以往的风格理念相一致，不要偏离品牌调性，否则极易翻车，导致品牌形象受损。

(2) 媒体。随着网络技术的飞速发展，信息的传递与接收已经开始进入碎片化时代，在这种时代背景下，品牌内容传播需要构建立体矩阵化的媒介组合。在进行 IP 化传播的过程中，要想达到高强度的传播效果，就需要有持续且多维度的内容生产，才能维持输出。

(3) 事件。事件是品牌 IP 捕捉热点、引发话题的重要方式。在互联网语境下，品牌要想成功 IP 化，就必须不断进行事件营销，使品牌变得有温度、有性格，并在大众中以活跃的姿态出现，这样才能不断吸引消费者关注，从而持续聚集传播市场。

(4) 社群。要想实现核心用户触达和强互动，构建品牌社群是极为有效的途径之一。品牌社群可以让 IP 化内容不断发酵、衍生，甚至成为一种亚文化存在的发源地。就创新扩散的角度而言，所有新产品、新事物从产生到流行都与初始使用者和早期意见领袖的带动息息相关，而品牌社群正是联结先驱消费者、早期使用者的最佳平台。

思考

美团品牌 IP 袋鼠耳朵

早在 2016 年，美团就曾对自家外卖员的头盔动了小心思，将头盔设计成袋鼠头的模样。当时的袋鼠头看起来略显复杂，袋鼠耳朵厚重累赘。在接下来的四年里，美团不仅没有放弃自己的袋鼠头盔设计，还不断对它进行改良。到 2020 年，袋鼠头盔已经升级成了袋鼠耳朵的样子。

新升级的头盔去掉了烦琐的袋鼠脑袋，将设计重点放在了袋鼠耳朵上。这双耳朵做得醒目可爱，还一度因为过长而被网友误以为是兔子耳朵，以至于美团专门出来辟谣，宣称自己是袋鼠耳朵不是兔子耳朵。

2020 年 2 月，一条“麦当劳调戏美团”的抓拍视频在网上爆火，美团的袋鼠耳朵也开始受到大众注意。视频中，一个麦当劳配送员和一个美团外卖员在同一路口等红灯，突然，麦当劳配送员被美团配送员头盔上的长耳朵所吸引，在变绿灯之前悄悄靠近，趁其不备捏了两下袋鼠耳朵。

该视频在网上迅速流传，不仅登上热搜，还引发了众多衍生创作。有网友将视频中的麦当劳配送员和美团配送员画成漫画形象，因为两人的工作服一红一黄，还被戏称为“番茄炒蛋 CP”。对此，美团的反应速度快得惊人。它快速意识到了这其中的话题价值，开始主动参与互动。

起初麦当劳毫无回应，到了 4 月，麦当劳开始主动邀请美团和饿了么一起直播，为自家的新品上市进行宣传。三个不同颜色的外卖配送员坐成一排，美团的长耳朵在屏幕里格外醒目，进一步引发了大众的讨论。直播过后，麦当劳正式宣布和美团组成 CP，还晒出了“番茄炒蛋 CP”的双人宣传照，而美团也开始公然鼓励大家来讨论自家的袋鼠耳朵，进一步推高热度。

除了营销 CP 外，美团针对袋鼠耳朵也策划了不少营销活动。7 月 17 日骑手节，美团还推出了加强版的袋鼠头盔。只见美团配送员的脑袋上同时戴了多个袋鼠耳朵，像开花一样。对此，美团还自嘲说这是“人间向日葵”。

此外，美团还在自家 App 上上线了官方礼品店，开始出售袋鼠耳朵的系列周边，自称“重新定义耳朵”。据了解，该系列周边包括头盔和发箍，还有多个型号供用户选择，很是贴心。周边的定价极其便宜，最低仅需 6.9 元，用户就能得到一双“袋鼠耳朵”，因此销量非常可观。

上线周边的同时，美团也开始推出以自家袋鼠耳朵配送员为主角的条漫，与二次元动漫合作，还在袋鼠耳朵上印制各种公益主题，进行推广宣传。通过“袋鼠耳朵加工厂”的宣传推广，美团成功塑造了富有人情味的IP品牌。一系列的营销活动也让大众对美团耳朵的关注度不断上升，仅微博的相关话题阅读量就高达3.3亿次，可谓是全民娱乐。

美团的袋鼠耳朵是一个网友自发参与的经典IP营销案例，不仅接地气、娱乐化，而且成本极低，用“四两拨千斤”来形容一点不为过。仅仅对自家配送员头盔稍加改良，配上几条有趣的视频，就能凭借巨大的自来水流量完成品牌的IP化，这不得不让人惊叹。

思考：试分析美团的品牌文化与IP打造思路。

二、品牌IP个性塑造

在流量时代，品牌IP化已经成为企业不得不追随的潮流。打造品牌IP的底层逻辑是营造私域流量，并在此基础上展开更多营销活动。

(一) 打造IP的三个要素

1. 内容力

IP内容力是指可以持续提供差异化内容的能力。IP内容力有两个核心，一是差异化，二是持续性。也就是说，IP所提供的内容，必须是原创且有差异性的，此外，IP的设定必须有足够的留白，确保未来可以在此设定基础上持续不断地生产新内容。

2. 人格化

IP必须有独特而鲜明的人设与性格，这样才能具有差异性和吸引力。因此，品牌在打造IP的时候，一定要将IP当成人来设定，完善IP的人格和三观，这样IP诞生后的言谈举止才能有章可循。

3. 参与感

参与感，就是能和用户互动起来，以此带来内容共创和情感体验的能力。企业在创造IP时，需要设定好互动平台，以便和用户进行沟通交流。如果只有单向的倾诉，是无法让用户积极参与的。只有让用户参与进来，才能实现内容共创，同时让用户有更强的参与感和立场感，大大提高用户对品牌的忠诚度。

(二) 品牌IP定位

定位对于品牌十分重要，其实对于IP来说也一样。成功的IP必须有清晰独特的定位，本质是建立差异化竞争，通过在潜在用户群体的心智中实现差异化，使自己在同类竞品中显得独树一帜，从而获取更多关注。这种定位不是让品牌从零开始创造出一个全新的、陌生的东西，而是让品牌改变那些在用户脑海里已经形成或存在的物品概念，将早已存在的联结重新联系到一起。

品牌IP定位其实是一项系统工程，在定位过程中，不仅要承袭以往的品牌基因、延续之前的品牌风格，还要深刻了解目标用户群体、敏锐洞察时尚潮流、准确研判竞争对手，在此基础上再瞄准空白和差异点，制订合理的战略计划。

企业在运营 IP 的时候，一定要形成一个正向的反哺闭环，正确的运营行为每次都能给 IP 增加粉丝的反哺。通过对各大 IP 品牌的研究分析，我们发现所有成功的 IP 定位都有四个核心要素，分别是情感定位、故事原型、角色定位和符号定位。

1. 情感定位

情感定位是指品牌 IP 能够引起用户共鸣的情感共振点，例如：哆啦 A 梦的“万能”，以及漫威的“英雄主义”。这些情感共振点就像一个个锚，锚定在人们心中的某个位置，格外牢固。哆啦 A 梦的忠实粉丝里，就有不少人是长大之后才接触这个故事的，但这丝毫不影响他们因哆啦 A 梦而引起对童年感受的强烈共振，因为许多人的童年都像大雄一样，有各种各样难以实现的愿望，所以也想要一只万能的哆啦 A 梦来帮助自己。

(1) 情绪。情绪是最浅层的情感共鸣点，也是用户在接触品牌 IP 时最容易感受的部分。在建设品牌 IP 的过程中，情绪是必不可少的情感共鸣点。打造一个成功的 IP，离不开广泛而浅层的情绪共振，不过其长远发展还是取决于 IP 定位是否能够引发用户足够深层的情感。

(2) 情感。与情绪相比，情感更深层次一些，也更自我一些，因此也常被称为“自我情感”。情感是一种能够被自我认知的情感定态，它的概念较为清晰，像爱、独立、自信等都属于情感范畴，大部分较为成功的 IP 都是这种定位。

(3) 情结。最深层次的情感共鸣点是情结。从心理学角度来说，情结是由潜意识及集体无意识组合形成的某个“结”，是观念、情感、意象的综合体。因此，情结不仅包括情感，还有一定的意象表现，而这与成功 IP 的特征十分相似。情结需要一定时间的积累。例如，“宠伴情结”源于人性中对于非人类伙伴的信任与需要。“宠伴情结”很容易诞生超强 IP，从加菲猫到皮卡丘，无一不是具有超强人气的 IP。

2. 故事原型

在打造品牌 IP 的过程中，品牌 IP 只有在基本人性的基础上定位原型化故事，才能通过具体和细节的场景化故事获得长远的生命力。例如在人性的基础上进行故事定位，表达成长、安全感、帮助等关于人性基本感情色彩的故事。

品牌的原型故事所产生的力量更大，尤其是与创始人相关的故事，可以与品牌相融合，助力品牌成为强大的 IP。

打造成功的创始人个人 IP，就必须做好情感定位、世界观、角色、故事和符号设计，其中创始人故事是重点。品牌创始人的人生经历非常丰富，必定经历过种种困难挫折，是有故事的人，比起刻意营造人设，更适合直接讲述故事，这样更加自然生动。例如，小米科技创始人雷军，在建设品牌过程中，就一直强调自己想打败苹果，产品营销也处处对标苹果，以至于一度被众人戏称为“雷布斯”。

3. 角色定位

品牌 IP 角色定位与故事定位息息相关，其中 IP 角色是指故事的核心角色。角色定位是打造品牌 IP 的基础工作，只有做好角色定位，品牌才能创造出吸引人的 IP 角色，让消费者和品牌、产品之间产生强烈的情感联系。

塑造角色定位共有三个步骤：

(1) 角色类型选择。不同的角色类型会给人带来不同的情感价值，从角色与人的情感关系角度来看，IP 角色类型主要有两种：

① 自我投射型。所谓自我投射型，是指能让人们代入自己的类型。这类 IP 角色代表人们的某种向往和欲望，通过“想成为这样的”或“我就是这样的”表达来引发情感共鸣。自我投射型角色往往性格单纯，能够让人们在代入过程中得到提升和满足。例如，漫威的众多超级英雄，就能满足人们内心的英雄情结。

② 宠物伙伴型。所谓宠物伙伴型，是指能够陪伴人们的伙伴类型。这类 IP 角色能引起人们的拥有欲望，让人们“想要拥有”或觉得“这是我的好伙伴”。宠物伙伴型角色能够给人们带来帮助和陪伴的愉悦，例如童年的万能助手哆啦 A 梦，小志的最佳拍档皮卡丘，以及又懒又肥萌态十足的加菲猫，都是备受欢迎的经典角色。

(2) 角色三观设定。只有设定好 IP 角色的三观，才能确保情感价值的实现，不同角色类型的三观概念不同。

① 自我投射型的三观：个性、信念、世界观。自我投射型角色具有完全的人格化特征，因此要注重塑造其独特的个性信念，还要具体设计角色生活在什么样的世界里。

② 宠物伙伴型的三观：特性、使命、情境观。和自我投射型角色相比，宠物伙伴型角色不需要完全人格化，因此更注重对其特性和使命的设计，注意思考角色能够创造什么样的独特情境。

(3) 角色情感定位。品牌在创造角色时，要尽量让角色的形象靠近潜意识化的情感，这样才能使角色拥有更大的能量，让人们因为本能自发地接受并喜爱它们，甚至摆脱意识的限制进一步成为超级文化符号。

4. 符号定位

在进行品牌 IP 定位的过程中，品牌 IP 的符号输出也十分重要。符号输出是品牌 IP 在视觉呈现时的核心部分，必须在 LOGO 层面就做好基本工作。

符号定位需要遵循两个准则：一是符号的独家辨识度，二是符号简洁的可延展性。所有超级 IP 都有其独特的 IP 符号，这种 IP 符号不仅能让核心读者辨识，也能让从未深入接触过作品的陌生人辨识，因此才能让人印象深刻，具有极强的传播力和影响力。

(三) 品牌 IP 人格化

品牌 IP 人格化是传统的内容叙事方式被传播语境改变后的必然结果。品牌人格，也被称为“品牌个性”，是指品牌所拥有的一系列人性特色。凡是可以用来描述人格的词语，都可以用来描述品牌人格。品牌人格不仅包括性别、年龄、社会阶层等人口自然属性，还包括活动、兴趣和意见等人类生活方式，以及热情、关爱、情感丰富等人类标准个性特征。

1. 品牌 IP 人格化的六大锚定

品牌 IP 人格化塑造的本质是“人”，打造好品牌“人设”，可以从视觉、语言、价值、人格、信用以及传播力六个维度入手。从某种程度上来说，这六个维度也是品牌 IP 人格化的六大锚定。

(1) 视觉锚定。在设计拟人化品牌 LOGO 时，要注意遵循极简、色泽鲜明、强关联度的原则。视觉形象应具有一定独特性，这样不仅可以方便记忆，更能加深用户对品牌的印象。如果想以最快捷的方式实现人格化视觉锚定，那么可以从拟人化品牌 LOGO 开始入手。类似的案例有很多，如得到的猫头鹰、QQ 的企鹅还有蜜雪冰城的小雪人，都属于拟人化品牌LOGO。

(2) 语言锚定。语言锚定中的“语言”不仅指文字,更包括声音、图片等能够传递信息的载体。语言锚定的直接表现方式是品牌广告语,无论是小米品牌的“小米为发烧而生”,还是格力主打的“好空调,格力造”,抑或农夫山泉强调的“我们不生产水,我们只是大自然的搬运工”,都是极具表现力的经典广告语。

(3) 价值锚定。价值锚定中的“价值”不仅指商业价值,更包括品牌的社会价值。所谓商业价值,是指品牌能为消费者提供的产品和服务功能,而所谓社会价值,是指品牌能为社会做出什么样的贡献,社会价值基本通过公益手段来实现。商业价值和社会价值可以相互成就,因此最好达成双赢局面。

(4) 人格锚定。所谓品牌人格,主要指品牌价值观和信念,往往体现在企业的品牌广告语中。人格锚定可以大大提升品牌的代入感,让消费者深入了解品牌内涵,从而引发潜在用户的消费欲望。需要注意的是,品牌人格必须紧跟主流消费者的意识形态。品牌经常会聘请或设计个性代言人,然后围绕代言人打造一系列营销事件,以突出品牌的个性主张,为品牌注入人格魅力。

(5) 信用锚定。诚实是人的立足之本,信用也是品牌的生存之道。品牌在宣传营销过程中,往往会通过产品试用不满意无条件退款来进行信用锚定。

亚马逊用12亿美元收购了一家鞋类电商网站公司,刷新了当时美国电子商务史上的收购纪录。而这家被收购的电商网站公司,正是如传奇般迅速发展起来的美捷步公司。美捷步之所以能如此迅速地占领市场,正是由于其出名的“三双鞋”政策。

在美捷步,客户每购买一双鞋子,都会收到一模一样的三双鞋,可以在试穿之后留下最合适的一双,然后免邮费退回其他两双。而且在长达365天的反悔期内,只要用户对鞋子有任何不满意,都可以无条件免邮费退换。

(6) 传播力锚定。品牌需要利用社群化来持续增强自身传播力,以提高品牌在消费者心目中的认知。这里的社群可以是不同品牌间的战略联盟,也可以是围绕消费者而建立的同一品牌社群。

如果能够集结不同的企业品牌号,形成传播矩阵,就可以极大地提高品牌账号的曝光量,大大节省营销推广费用。围绕消费者建立的品牌社群,则可以增加品牌与目标消费者的接触机会,通过交流互动让消费者深入了解品牌,提高品牌的粉丝忠诚度。樊登读书会就是通过品牌社群做起来的知识付费品牌。

2. IP人格化的三大标准

作为天然流量池,IP本身就具有极其庞大的粉丝基础和用户市场,自带话题性和传播性,很容易被人们关注和讨论。衡量IP人格化,主要有以下三大标准:标志性的风格、标志性的标签以及标志性的梗。

(1) 标志性的风格。标志性的风格,主要指品牌IP符号外显后的独特价值和意义。标志性的风格能够给消费者带来一种潜意识上的认知,大大增强品牌的记忆度。例如,雪碧,人们就会情不自禁地联想到绿色;苹果手机,人们就会情不自禁地联想到极简主义……这些都是品牌标志性风格的体现。

(2) 标志性的标签。所谓标志性的标签,是指IP的价值主张。IP的价值主张可以通过广告标语来展现，这也是最能体现 IP 标志性标签的方式之一。迪士尼就曾声称“迪士尼给人类提供最好的娱乐方式”。这句广告语直白地体现了迪士尼的娱乐属性，简短的语句大大增强了记忆点和传播力。

(3) 标志性的梗。标志性的梗可以是在网络上迅速传播的一句话、一个事件或是一个故事。例如“乌镇每年一次的世界互联网大会”“你，斗不过我的五菱宏光”“世界知名灯具厂的配套企业，以大灯而闻名”等，这些梗因为其本身自带的趣味性，能够在网络上被自发传播，让大众为之津津乐道。

3. 品牌 IP 人格化方法

成功的品牌 IP 人格化形象可以加深消费者对品牌的认同与感情，让品牌在消费者心中的形象不再仅仅是产品，更是一个拥有自己独特形象、个性、气质以及文化内涵的“人”。面对同类商品时，消费者往往更倾向于选择与自己价值观相同的品牌。品牌必须积极创造人格价值，才能获得消费者的认同。实现品牌 IP 人格化共有精神感召、个性表达、角色设定、IP 赋能以及名人代言五个方法。

(1) 精神感召。精神感召可以是某种思想，可以是某种文化，可以是某种性格，也可以是某种行为方式。它具有强大的凝聚力和感染力，是每个人的心灵归属。企业可以选择一种极具凝聚力与感染力的精神感召，然后设计一个具有这种精神感召的 IP 人格，再将其塑造成品牌的领袖。通过这种方式，品牌可以将自己和这种精神感召紧密联系在一起，甚至成为这种精神的代名词，从而直接影响消费者的精神层面，触碰到消费者的价值观，以至改变消费者的人生信念。

(2) 个性表达。品牌所表达的价值观念与消费者的价值观念越接近，就越具有人格魅力，越容易受到消费者的青睐。品牌 IP 人格化的第二个方法就是创造易与消费者产生共鸣的个性表达，并赋予到品牌中。这种个性可以是快乐、张扬，也可以是文艺、清新，可以是某个创新，也可以是一种态度或是一种精神。凡是成功的品牌，大多具有鲜明的个性特征。

(3) 角色设定。人类是一种社群性的动物，要想让品牌 IP 人格化，就必须让品牌像一个真正的人一样，成为社群中的一员，这样才可以融入消费者的日常生活中。不同定位的角色会与消费者建立不同的关系，而这不仅与品牌能够给消费者提供的核心价值息息相关，更决定了品牌在与消费者进行沟通交流时，应该采用何种语气和态度。例如：慕斯床垫品牌中的“外国老头儿”，扮演的就是一个国际工艺大师的形象，特斯拉塑造的是一个创新发明家的角色。

(4) IP 赋能。当赋予 IP 品牌内涵，并让它的品牌内涵和人格或价值观联系起来，就能实现品牌 IP 人格化。对人格化的品牌 IP 而言，真正得到消费者认可的其实是 IP 所传递的人格与精神，因此品牌 IP 人格化不受 IP 本身形象的限制。也就是说，IP 本身的形象可以是人物，可以是动植物，甚至可以是某种虚拟符号。

例如：作为高端幼托机构，福小宝主打中西结合的教育理念，在进行中国传统文化创新的同时注重西式早教教育。福小宝的品牌 IP 形象，就是一个兼具东方韵味和国际审美的孩子形象，能够极好地体现品牌的特色理念。

(5) 创始人代言。品牌就是一种对于创始人的延伸。创始人的价值观决定了品牌的理念，创始人的性格决定了品牌的个性。因此企业可以通过名人代言，将品牌人格与创始人人格绑定，以达到品牌IP人格化的目的。一个富有人格魅力的品牌创始人，有时就是最好的品牌人格，苹果创始人乔布斯就是一个典型事例。正因为乔布斯对于创新和科技的追求，苹果才有了现在的品牌人格。

行业观察

蜜雪冰城——亲民欢乐的邻家伙伴

在新茶饮市场中，众多品牌定价颇高，而蜜雪冰城以近乎透明的价格模式脱颖而出。其“低价高质”的定位，成功营造出“坦坦荡荡”的品牌形象，让消费者感受到品牌的真诚与实在，如同身边一位朴实无华却值得信赖的朋友。

2021年河南暴雨灾情中，蜜雪冰城慷慨捐款2 200万元。这一善举瞬间拉近了与消费者的距离，“亲民”二字深深烙印在消费者心中。品牌不再是高高在上的商业主体，而是心系社会、有血有肉的存在，积极承担社会责任的形象跃然纸上。

蜜雪冰城的IP形象雪王更是品牌人格化的神来之笔。雪王不端架子，不强行卖萌，积极在互联网世界造梗、玩梗，与年轻人打成一片。无论是社交媒体上的趣味互动，还是线下门店的可爱周边，雪王无处不在，它的活泼、欢乐性格深入人心，使蜜雪冰城在消费者心里拥有了立体的形象与性格，成为备受喜爱的“网红”品牌，极大提升了消费者的忠诚度与信任度。

三、品牌IP形象塑造

对品牌而言，IP形象就像一个人的“个性”，而容易吸引人的价值观念往往是前沿的、创新的乃至激进的。品牌IP形象，是指专门创造出来的虚拟形象，它是品牌形象与性格的具象化，可以帮助品牌和消费者进行沟通与交流，获得用户的喜爱与认同。成功的品牌IP形象不仅形象简单、识别度高、易传播，而且能够很好地弥补品牌形象的不足。

（一）品牌IP形象特征

1. 独特个性

品牌IP形象的主体不受任何限制，这就意味着品牌IP形象可以是人物、动物、植物，甚至可以是一个全新的自创形象。但无论以什么为主体进行创作，都要具备IP人格化的基本属性。创作者必须从头到脚地深入研究IP形象的每一个身体部位，然后利用恰当的构思设计，赋予IP形象独特的性格特征。

2. 创意故事

塑造一个成功的品牌IP形象，需要注意创意故事的塑造。市场上所有的IP形象，都有专属于它们自己的故事。这些故事大多是根据品牌本身延伸出来的，主要象征着某种品牌文化，很容易让人产生精神共鸣。

3. 幽默风趣

在塑造和延展品牌IP形象的过程中，需要设法让IP形象传递出更多的情感。有时比起单纯的形象，蠢萌诙谐更受大家欢迎。因此在这个过程中，企业要注意把控好品牌IP形象在情感表达中的“度”，要让品牌IP形象不被强制出局的同时做到足够出众。

4. 容易识别

对品牌IP形象来说，简单易识别的外形是极其重要的一个设计要素。这样的IP角色不仅外观足够符合消费者的审美取向，而且可以将他们的基本形状运用到形形色色的产品中去，便于传播和推广，这是传统吉祥物难以做到的。

(二) 塑造品牌IP形象的方法

一般来说，品牌IP形象的创作流程大致分为两个阶段，一是前期分析阶段，二是设计分析阶段，这两个阶段必须紧密结合。品牌IP形象的创作，我们可以从以下几点来着手进行：

1. 进行IP形象定位，选取合适的造型及主题

品牌IP形象的人设定位不仅要符合时代潮流趋势与消费者的审美视觉，而且要与品牌定位相契合。IP形象风格必须与品牌产品风格保持一致，且该风格要具有一定的感染力，以便引发受众群体的情感共鸣。IP形象还必须综合考虑品牌自身的定位和战略意图，选择符合业务需求的造型和载体。例如，高德地图的IP形象是一只老鹰，这个IP形象就很符合高德地图作为导航的业务属性。

2. 结合业务场景，建立IP静态及动态素材库

在打造品牌IP形象的过程中，要结合具体的业务场景，注意打造IP形象的差异性。可以通过服饰配饰等创意设计，让用户从主观上认识到IP形象处于不同的业务场景，以便品牌进行业务宣传。在进行IP形象的情绪化设计时，最好结合动态设计手法。此外，创造完IP形象之后要进行综合整理，建立IP静态及动态素材库，以便后期的复用和升级。

3. 增添故事背景，提高IP形象的延展性

品牌故事不仅可以帮助用户了解IP形象的文化背景，凸显IP形象的个性与灵魂，加深用户对品牌的认同与喜爱，还有助于后期的二次创作，便于发展IP形象的周边产品，从而形成一定的文化氛围。有故事的IP形象个性更加生动鲜活，而且故事的情节起伏也会将用户带入其中，在影响用户情绪的同时更易和他们产生情感层面的共鸣。迪士尼公主系列IP形象，就是通过故事叙述来打造的。每个公主都有着不同的身世和命运，而这些专属于她们的故事也让每个公主的形象深入人心。

品牌IP形象必须从情感和情结出发，在潜意识层面挖掘出具有共情力的情感共振，并将品牌价值观融入其中。总体而言，IP形象角色大致分为以下方向：萌系、冷系（酷帅系）、暖系（治愈系）、燃系（热血系）、丧系、甜系（CP系）、超能系（英雄系）等。IP形象角色可以从不同的人性角度出发，和用户产生不同的情感共振。

4. IP营销

面对激烈的市场竞争，品牌必须充分利用线上线下的空隙进行IP传播。只有吸引到一定量的粉丝，才能使品牌IP传播度显著增加，从而给品牌带来红利。

5. IP衍生品的运营

IP形象设计完成之后，品牌还可以“跨界合作”打造周边衍生品，一边提高品牌知名度，一边降低品牌风险，继续大量吸粉。

任务四 品牌传播

一、品牌传播策略

（一）品牌推广的作用

企业在完成品牌策划和产品策划后，就进入品牌传播与推广的环节。品牌只有得到消费者的认可，才能真正形成品牌资产。而品牌传播与推广就是将策划完成的品牌和产品形象，转化为品牌资产的过程，也是提升品牌的知名度、美誉度和忠诚度的过程。

1. 品牌知名度

品牌知名度指品牌被公众知晓、了解的程度，即消费者在想到某一类别的产品时，脑海中能想起某一品牌的程度。品牌知名度是品牌能为企业提供的最基本利益，消费者总是对自己熟悉的产品比较信任，而且更容易记住与之相关的信息，这对提高营销活动的效率非常有帮助。有效的渠道和有效的传播，才能为品牌带来知名度。

2. 品牌美誉度

品牌美誉度是指品牌获得公众信任、支持和赞许的程度，是消费者对品牌的整体印象和评价。品牌美誉度真正反映了品牌在消费者心目中的价值水平。品牌知名度高不一定代表着品牌就有很好的美誉度，优异的产品质量和良好的企业信誉是维护品牌美誉度的前提，也是品牌维持其魅力的法宝。

3. 品牌忠诚度

品牌忠诚度是品牌经营的终极目标，较高的品牌忠诚度意味着消费者的重复购买和积极推荐，它所带给企业的是持续的营业收入和安全的发展前景。越来越多的学者认为，现在年轻的“90后”“00后”消费群体，在品牌消费方面越来越“不忠诚”，表面上看是可供选择的优秀品牌越来越多，但本质是品牌能带来的“消费利益”，即“高性价比”或“高地位象征”越来越少。品牌只有在具备较高美誉度的前提下，才能获得较高的忠诚度。

（二）品牌推广的形式

品牌推广的形式，是指品牌的拥有者以广而告之的形式为打造品牌举行的系列活动，从而促使消费者了解产品、认知品牌，对企业产生良好的印象，使品牌的核心价值被再次强化。品牌推广分为对内推广和对外推广两大类。

1. 品牌对内推广

品牌通过对内推广可以规范企业行为，统一员工对企业的认识，树立企业信心和对企业的归属感。而且品牌对内推广的成本大大低于对外推广的成本。但很多企业疏忽了品牌对内推广的重要性，导致品牌对内推广理念的缺失，影响品牌形象的提升。品牌的对内推广，须做好四个方面的工作。

（1）内部媒体上的品牌推广。内部品牌推广的媒体很多，如企业的内部报刊、内参、宣传栏，企业网站以及宣传横幅等。推广者要结合媒体的具体状况，根据品牌的定位，系统规划品牌推广的内容，提升品牌的核心价值。

（2）利用企业内部各种活动。周年庆、运动会、部门例会、年会、新员工入职仪式等都是进行内部推广的机会。管理者必须结合品牌战略的需求，作系统规划和设计，从而在企业内部形成品牌的文化氛围。

（3）固定场所的品牌推广。车间、展厅、楼梯、电梯、食堂、洗手间、会议室、接待室、办公室等都是内部推广的重要场所。管理者需要进行系统的整合设计，既要注重功能性与实用性，又要注重品牌的内涵，有重点地展示品牌的核心价值，提升品牌形象的信任度。

（4）企业员工个人形象层面的品牌推广。员工个人的形象识别在整个企业品牌形象中扮演着重要的角色。企业员工的衣着打扮、言谈举止都是企业的活广告，消费者第一眼看到的是统一的着装及良好的服务态度，这对于品牌形象来说是最直接、最真实、最生动的传播效应，他们的个人品牌形象在很大程度上影响人们对企业品牌形象的综合判断。

2. 品牌对外推广

品牌对内推广是对外推广的必要阶段和前提条件，对内推广最终是为了品牌的对外推广。对外推广的媒介包括平面媒介、户外媒介、多媒体、加盟店、展览会等形式，通过整合这些形式，品牌形象可以迅速深入目标客户。而选择推广的时机非常重要，如重大节日、股票上市、庆典活动日等，合适的推广时机对品牌的推广具有很好的传达效果。品牌对外推广的形式有。

（1）广告推广。广告是品牌对外推广最有效、最直接的方式。通过广告可以全面介绍产品的性能、质量、用途等，可以通过反复渲染、反复刺激，最终达到传递信息、激发和诱导消费者购买的目的，实现消费者对企业品牌的理性认识，扩大品牌的知名度、忠诚度。广告推广的效果直接影响品牌的整体效益。

（2）促销推广。促销是为了提高产品的市场占有率，是激发消费者的购买欲望、促使消费者购买的一种短期刺激行为，主要手段有折扣、赠券、赠品、抽奖等。优点是在短期内效果明显，能有效吸引品牌转换者。缺点是促销推广会让消费者更多地关注价格，忽略品牌的质量，促使企业偏重短期行为和效益。

（3）公共关系传播推广。公共关系传播是指品牌运用信息传播手段，开展传播活动及传播管理，与公众建立起相互了解和信赖的关系，树立良好的品牌形象和信誉，提高品牌管理和处理问题的能力，提高品牌的凝聚力，促进品牌总目标的实现。

（4）人际传播推广。人际传播推广是利用人与人之间的直接交流来进行信息传播的一种沟通途径，也是品牌美誉度形成的重要途径。因此，人际传播推广的关键，是品牌所有者如何调动传播者自觉地发起人际传播来影响受众。研究发现，品牌员工、意见领袖和忠实顾客这三类传播者最需要品牌所有者的关注，通过调动他们的传播积极性可以更好地推广品牌。

（5）口碑推广。菲利普·科特勒给口碑营销的定义是：由生产者以外的个人通过明示或暗示的方法，不经过第三方处理、加工，传递关于某一特定或某一种类的产品、品牌、厂商、销售者，以及能够使人联想到上述对象的任何组织或个人信息，从而导致受众获得信息、改变态度，甚至影响购买行为的一种双向互动的传播行为。

（6）体验式推广。体验式推广是指建立在消费者实际感受基础上的，强调与消费者的沟通，通过触动其内在的情感，来获得消费者的认同，从而树立品牌形象的传播手段。这种感受表现在感官、情感、思考、行动、关联等方面。企业可以根据消费者感受设计新的品牌推广运作方式。“感官”引起人们的注意，“情感”使体验变得个性化，“思考”能加强对体验的认知，“行动”可唤起对体验的投入，“关联”使得体验在更广泛的背景下产生意义，这个意义也就是消费者对品牌产生的联系、情感。

二、品牌危机处理

品牌危机通常是指在企业发展过程中出现的对品牌产生破坏性的突发事件。

无论多么强大的品牌，都会面临危机挑战。危机随时会爆发，如果不能被很好地处理，危机不仅会影响品牌声誉，甚至还能摧毁一家公司。“你花费 50 年建立起来的良好声誉，会因为一则新闻毁于一旦，但通过正确的预防措施和应对策略，品牌在面临任何危机时，不仅能存活下来，而且会蓬勃发展。”

（一）导致品牌危机的因素

1. 消费者

消费者导致的品牌危机主要包括两大类：一是消费者本身或者身边的亲朋好友遇到了产品质量、售后服务等问题，而在社交媒体中分享并引发广泛传播；二是消费者被社交媒体上的信息误导，对虚假信息进行了传播。

2. 企业内部

企业内部危机涉及的环节非常多，每个组织成员及部门都是企业价值链的参与者之一，设计、生产、营销、财务、人力、物流、售后服务等诸多环节，都可能成为企业内部品牌危机的诱因。

3. 供应链合作伙伴

供应链合作伙伴作为企业重要的零部件或者成品供应商，其提供的零部件及成品会对企业品牌产生重要的影响。供应商的原材料质量出现问题后，如果企业本身缺乏有效的检测手段或疏于检测，再加上监管部门的失职，在问题产品流入市场被消费者发现后，很容易给企业带来严重的品牌危机。

4. 竞争对手

在市场竞争越来越激烈而复杂的背景下，部分企业可能会采取恶意竞争的方式，如发布虚假消息、故意引发矛盾等，从而导致企业遭遇品牌危机。

5. 政府和企业所在城市

政府和企业所在城市的品牌危机，主要体现在政府和所在城市对行业监管政策的调整。例如，为了提高某项产品在国际市场中的竞争力，国家对该行业采用更为严格的国际检测标准，而部分企业可能并不具备生产这种级别的产品的能力，从而引发企业品牌危机。

（二）品牌危机处理的原则

1. 主动性

重大危机事件一旦发生，就会成为公众舆论关注的焦点，出现人心惶惶、流言纷飞的危险局面。因此，任何危机发生后，都不可采取回避和被动性应付的态度，当务之急是要积极主动直面危机，迅速采取措施阻断，控制其蔓延、扩散，有效地控制局势，挽救品牌生命，为重塑品牌形象，度过危机奠定基础。

2. 快捷性

“行动胜于语言”，危机一旦发生，当务之急就是启动危机应变程序，迅速解决问题，以防危机蔓延。对品牌危机的反应必须快捷，在危机发生后的第一个 24 小时至关重要，无论是对受害者、消费者、社会公众，还是对新闻媒介，都尽可能成为首先到位者，以便迅速、快捷地消除公众对品牌的疑虑。

3. 诚意性

“真诚面对，如实相告”，是品牌危机管理的法则。消费者的权益高于一切，保护消费者的利益，减少受害者的损失，是品牌危机处理的第一要务。

4. 真实性

危机爆发后，必须主动向公众讲明事实的全部真相，不可遮遮掩掩，那样反而会增加公众的好奇、猜测乃至反感情绪，延长危机影响的时间，增强危机的伤害性，不利于控制局面。

5. 统一性

品牌危机处理必须冷静、有序、果断，指挥协调统一，宣传解释统一，行动步骤统一，不可失控、失真、失序。因为危机一般来得突然，处理时不可能事先有周密安排，需当机立断、灵活处理，才能化险为夷，扭转公众对企业包括品牌的误解、怀疑，甚至反感。

6. 全员性

企业全体员工都是企业信誉、品牌的创建者、保护者、巩固者，当危机来临时，他们不是旁观者，而是参与者。提高危机透明度，让员工了解品牌危机处理的过程，并参与品牌危机处理。这样，不仅可以发挥其整体宣传的作用，减轻企业震荡和内外压力，而且可以使公众通过全员参与，重新树立对企业及品牌的信心。

7. 创新性

世界上没有两次完全相同的危机，当然也没有完全相同的处理手段和办法。因此，品牌危机处理既需要充分借鉴成功的处理经验，也得根据品牌危机的实际情况，借助新技术、新信息和新思维，进行大胆创新。

（三）品牌危机处理的方式

构建危机应对机制是品牌危机管理的关键内容，其基本目标是在企业一旦遭遇品牌事件时，能在第一时间迅速地做出正确反应，以最快速度启动应急机制，及时、准确地判断事件的性质、影响程度及影响范围，并按照危机处置预案，果断采取相应的对策和措施，以求将事件的影响和损失降低到最小，尽可能使事件在可控范围内解决。

1. 内部控制

要战胜危机，企业中所有的人都必须团结一致。员工是危机的受害者和承担者。因此，企业管理者在危机管理中必须要稳住军心，建立一个稳固的后方。当危机发生时，企业要对员工做好以下工作。

（1）立即召开员工大会，表明公司的信心、态度和立场。

（2）明确原则性的解决方案，统一认识，增强信心。

（3）开诚布公地告诉员工发生了什么，赢得多数员工的信任与支持。

(4) 将坏消息一次性地和盘托出，切勿挤牙膏式地被动披露，以免引起猜测和恐慌。

(5) 切实保障员工的利益。

(6) 做好企业内部公关工作，协调好各职能部门，使之正常运作。

(7) 明确非常时期员工应该做什么，不应该做什么。

(8) 明确非常时期员工该说什么，不该说什么。

(9) 发布《危机公关手册》，明确非常时期企业的管理制度和运作程序，以此作为非常时期的员工应对指南。

2. 公众关系

社会大众作为企业的外部公众，是企业经营活动现有或潜在的对象，他们会给予企业无形的压力。危机也许只涉及很少的一部分公众，但是它会影响到所有的消费者，他们会因此重新判断企业产品或服务的价值问题。在危机到来时，企业要注意争取社会公众的理解、支持与信任，防止社会信任的丧失是头等大事，这就意味着企业要积极主动地做出某种行动来挽救企业的声誉。

企业需要从消费者的角度出发考虑问题，这有助于解决危机。具体而言，企业应做到以下几点：

(1) 在处理危机的过程中，由专人与受害者接触。

(2) 了解和确认受害者的有关赔偿要求，向受害者及其家属公布企业的赔偿办法和标准，并尽快落实。

(3) 如果受害者家属提出过分的要求，企业要大度、忍让，切不可与之发生口角和争执。

(4) 公关人员应站在受害者和企业双方的立场上进行协调，争取对方的同情和理解。

(5) 应在合适的场合与受害者单独进行沟通，有分寸地让步。如果拒绝对方的要求，要注意方式与方法。

(6) 做好善后服务工作。由企业领导者对受害者进行看望与慰问，并尽可能地提供其所需的服务与帮助。

(7) 应尽快处理投诉。消费者在长久等待却毫无结果的情况下，必然会对企业失去信任，转而寻找别的途径表达不满。

3. 政府和行业主管部门

危机发生后，取得政府和行业主管部门的支持和帮助是非常重要的。如果在危机发生后，政府和行业主管部门能发表支持企业的声明，或采取某种支持性行动，则它的权威性往往有助于恢复公众的信心，帮助企业化解危机。

(1) 以最快的速度汇报。危机发生后，企业切不可心存侥幸、文过饰非，更不能遮遮掩掩、故意歪曲，而应该以最快的速度将事件的真相如实、全面地报告给相关部门，从而赢得政府的理解和支持。

(2) 及时通报事态发展情况。在危机事件处理过程中，企业应主动、定期地向主管部门报告事态的发展情况，将企业的经营状况、媒体和公众的反应及企业下一步要采取的措施翔实地进行汇报，使主管部门心中有数。积极配合相关部门的调查，并要求政府或主管部门进行监管、检测，及时发布公正的报告。

(3) 进行全面总结，并提交整改报告。危机解决后，企业应对危机和危机的处理情况进行全面、深入和系统的总结，并提出整改办法，送交相关政府部门，从而增强政府部门对企业的信任感。

4. 媒体

媒体是危机爆发的途径，同时也是危机控制的关键。企业必须要有正确的心态，不可把自己推到媒体的对立面，而应该积极地与媒体沟通，得到媒体的理解与支持，找到最佳的解决方案。

5. 竞争对手

危机的来临会给予竞争对手一个难得的机会。危机中的企业要做好以下几个方面的工作。

(1) 把不谈论竞争对手作为企业的行为准则，尤其是在危机中。

(2) 在心态上正确认识竞争对手的反应，做好应对准备。

(3) 向竞争对手传达一种公平竞争的姿态。

(4) 争取媒体的支持，在宣传上掌握主动。

(5) 宣扬“竞合”精神，与竞争对手展开对话，尽量少树敌。

(6) 不给竞争对手以话柄。

(7) 在公众面前保持高姿态，以一种不计个人恩怨、以公众利益为重的形象赢得公众的好感和支持。

(8) 进行有理有节的反击。

(9) 邀请独立的第三方或权威机构进行事件评述，使公众能进行客观的判断。

思考

马蜂窝的品牌定位

马蜂窝是一个旅游社区网站，创办者将网站命名为马蜂窝是希望人类能像蚂蚁、蜜蜂社会那样团结无私、相互协作与共同分享。马蜂窝的创办宗旨就是为所有旅游爱好者提供一个信息交流的平台。在马蜂窝，旅游爱好者可以交换信息，交流攻略、美食、摄影作品，分享旅行中的喜悦和感动。马蜂窝网站上出现的文章并没有编辑写手来撰写，每一条发起的话题都会出现在“我的马蜂窝”里，每一个成员都是马蜂窝的主人，马蜂窝的一切都由成员共同产生和决定。

马蜂窝的核心产品是旅游攻略，攻略中的信息和感受都来自真实旅行用户的反馈和评价。马蜂窝的旅游攻略覆盖了中国游客可能出行的全球90%以上的目的地，攻略内容涵盖了旅行中的吃、住、行等重要信息，还有旅行中的真实体验和评价。马蜂窝的优势在于其对旅游市场进行细分，专注于针对旅游攻略市场和追求个性化旅游需求的群体。由于定位准确，马蜂窝在同类网站中占据了领先地位。

思考：

1. 马蜂窝的品牌定位的目标客户人群是谁？

2. 马蜂窝的品牌定位方法有哪些？

素养提升

创意守正，责任致远

在品牌策划的实践中，创意与创新思维能力的培养、道德规范和社会责任的践行，都需要依托法律、行业准则与国家政策，方能打造出兼具独特性与社会价值的品牌。

创意与创新思维能力的培养，需在法律框架和行业规范内进行。《中华人民共和国商标法》明确规定，品牌标志、名称等创意设计不得侵犯他人商标权，避免因抄袭、模仿知名品牌引发法律纠纷；《中华人民共和国广告法》严禁利用虚假、误导性创意进行品牌宣传。同时，行业推崇积极健康、富有内涵的创意理念，反对低俗、恶意炒作的创意行为。例如，以传统文化、科技创新为灵感来源进行品牌创意策划，既能展现独特性，又能传递正向价值观，实现创意突破与合规发展的统一。在合法合规的基础上激发创意，才能为品牌注入持久生命力，助力品牌在市场中脱颖而出。

品牌策划强调道德规范和社会责任，是职业道德与国家政策的内在要求。从职业道德角度，策划者应秉持诚信原则，如实传递品牌信息，不夸大产品功效、不隐瞒缺陷，维护消费者权益。在社会责任方面，积极响应国家政策导向，如围绕乡村振兴战略策划农产品品牌，助力区域经济发展；紧扣绿色发展理念打造环保品牌，推动可持续发展。通过将道德规范融入品牌建设，主动承担社会责任，品牌不仅能赢得消费者信任，树立良好形象，还能在服务社会发展大局中实现自身价值，促进品牌策划行业朝着更规范、更有担当的方向迈进。

习　题

一、单项选择题

1. 品牌推广是品牌策划后的具体行动过程，直接影响品牌策划的质量和效果。品牌推广是为了（　　）。

A. 树立品牌形象　　B. 实现品牌价值

C. 销售品牌产品　　D. 提升产品价值

2. 品牌定位的底层逻辑是（　　）。

A. 消费者心智的洞察　　B. 品牌形象

C. 消费者需求　　D. 品牌传播目标

3. 品牌定位的原则是（　　）。

A. 符合产品特点　　B. 涵盖产品线

C. 创造品牌差异　　D. 暗示功能属性

4. 品牌追求的目标是（　　）。

A. 增加产品销量　　B. 与用户产生情感共鸣

C. 提高品牌知名度　　D. 扩大品牌影响力

二、多项选择题

1. IP 人格化的三大标准有(　　　　)。

A. 标志性的风格　　B. 标志性的标签

C. 标志性的梗　　D. 标志性的短语

2. 塑造角色定位的三个步骤是(　　　　)。

A. 角色目标确定　　B. 角色类型选择

C. 角色三观设定　　D. 角色情感定位

3. 公共关系传播的作用是(　　　　)。

A. 塑造品牌知名度　　B. 公关效果具体化

C. 提升品牌的价值　　D. 吸引目标客户人群

三、简答题

1. 什么是品牌定位?

2. 品牌定位有哪些原则和方法?

实训项目

1. 实训目标

通过本次实训,掌握品牌策划基础流程,完成从调研到落地的简易方案。

2. 实训步骤

(1) 品牌调研。① 实地走访校园周边 3 家奶茶店,记录其产品、价格、装修风格及促销活动。② 采访 20 名学生,收集对奶茶店的偏好(如口味、包装、服务痛点)。

(2) 品牌定位。① 为目标奶茶店设计差异化标签(如"高性价比国潮风""低糖健康手作")。② 提出 1 个品牌 Slogan(需体现差异化)。

(3) 产品与推广策划。① 优化 3 款主打产品(名称+定价+简短卖点)。② 设计 1 个线下活动(如"打卡集章送周边")和 1 个线上传播方案(如抖音挑战赛)。

3. 组织与实施评价

(1) 全班学生划分为 6～8 人的小组,组成项目团队。

(2) 建立沟通协调机制,团队成员共同参与,协作完成团队任务。

(3) 提交《品牌升级策划简案》(含调研数据、定位策略、产品与推广方案)。评估重点:方案可行性、创意性、汇报逻辑。

项目八 客户运维策划

学习目标

1. 知识目标

(1) 熟悉相关的客户运维工具和技术框架。

(2) 掌握客户识别的方法。

(3) 掌握客户培育和转化的方法。

(4) 掌握提高客户忠诚度的方法和指标。

(5) 掌握客户裂变的方法和要点。

2. 能力目标

(1) 能够熟练运用客户运维工具进行客户维护与裂变。

(2) 能够有效解决客户提出的问题或疑虑。

(3) 能够制定合理的运维计划,包括资源分配、时间规划等。

(4) 能够收集和分析客户运维过程中的数据,为决策提供支持。

3. 素养目标

(1) 具备诚信意识与耐心细致的职业素养。

(2) 强化保密意识,保护客户的利益不受损害。

思维导图

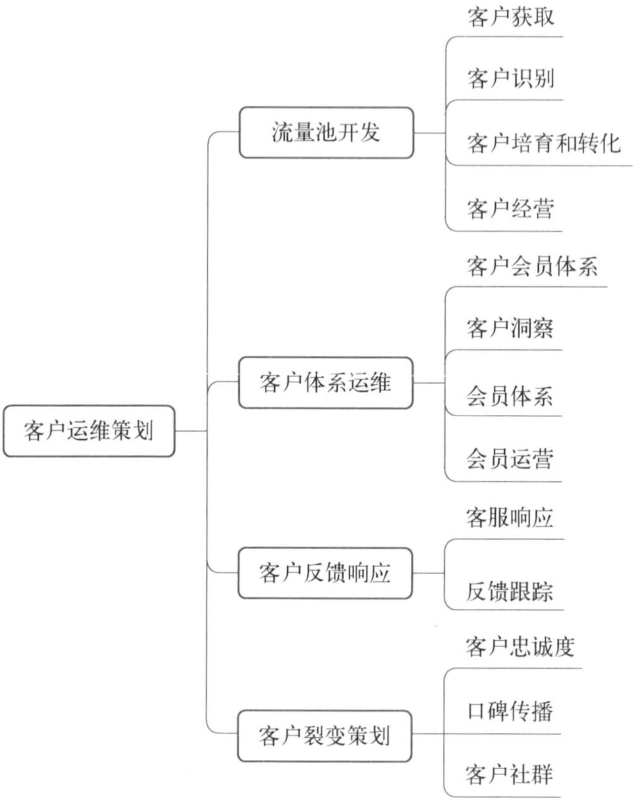

案例导入

"以客为尊"——胖东来

胖东来是中国河南省许昌市的一家知名零售企业，以其独特的经营理念和优秀的客户服务而闻名。

2015 年夏季的一个傍晚，一位顾客在胖东来超市购买了一台空调扇，并要求店员帮助安排送货上门服务。由于正值酷暑时节，空调扇成为热销商品，该顾客希望尽快使用上新买的电器以缓解家中高温带来的不适。

当天，负责配送的工作人员因突发情况无法按时完成配送任务，导致这位顾客的新空调扇未能如约送到。了解到这一状况后，胖东来的客服部门迅速介入处理。首先，他们向顾客表达了诚挚的歉意，并承诺会立即解决此问题。紧接着，为了不耽误顾客享受清凉，胖东来决定采取紧急措施——由店内管理人员亲自驾车前往客户住址进行补送。尽管已是晚上 8 点多钟，但考虑到客户的迫切需求以及公司的服务宗旨，管理层毫不犹豫地做出了这样的决定。

当晚9点半左右，在经过近一个小时的车程之后，这位管理者终于将空调扇安全送达顾客手中。除了道歉外，他还代表公司赠送了一份小礼品作为补偿，并再次强调了对此次延误给客户带来不便的深深歉意。更令人感动的是，在安装调试完毕确保一切正常运行后，他才放心离开。

此次经历不仅让那位顾客深受触动，也成为当地居民间广为流传的美好故事之一。它充分展现了胖东来“以客为尊”的服务理念及其背后强大的执行力。通过这样一件小事，胖东来赢得了更多消费者的心，进一步巩固了其在当地乃至全国范围内的良好口碑。

任务一　流量池开发

一、客户获取

裂变与整合社交销售资源

获客是企业市场部永恒的话题。随着营销环境的变化，企业的获客受到了严峻的挑战，比如投放成本高、电话呼出效率低、邮件营销效果差等。更重要的是，很多企业的预算缩减，这使得市场需要更多的技术和产品来支撑，以实现降本增效。

（一）官网获客

在企业官网，通过Cookie追踪客户的行为轨迹，可以在页面埋设数据触点来监测页面的数据和效果，进行A/B测试（对比测试）来优化官网获客。或者通过营销数字化产品进行官网的监测，对流量来源、访客和表单数据进行详细的记录，如图8-1所示。只需要添加域名，在网页中添加自动生成的监测代码，就可以通过产品后台观看官网的各项数据表现，如图8-1所示。

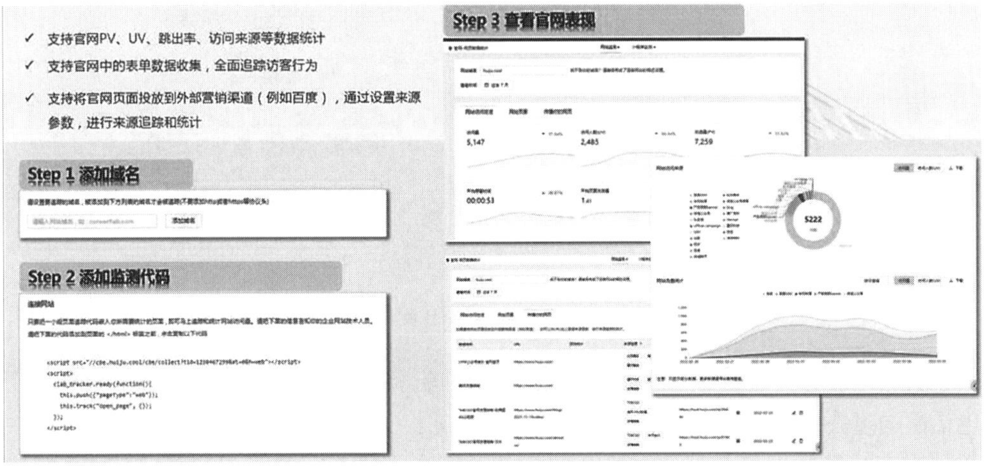

图8-1　官网监测

还可以使用表单编辑器来代替过去的外链表单。使用表单工具可以方便地将表单标记嵌入网页中，还可以跟踪表单和线索的情况，让每一条表单记录的线索变得清晰、可追溯，如图 8－2 所示。

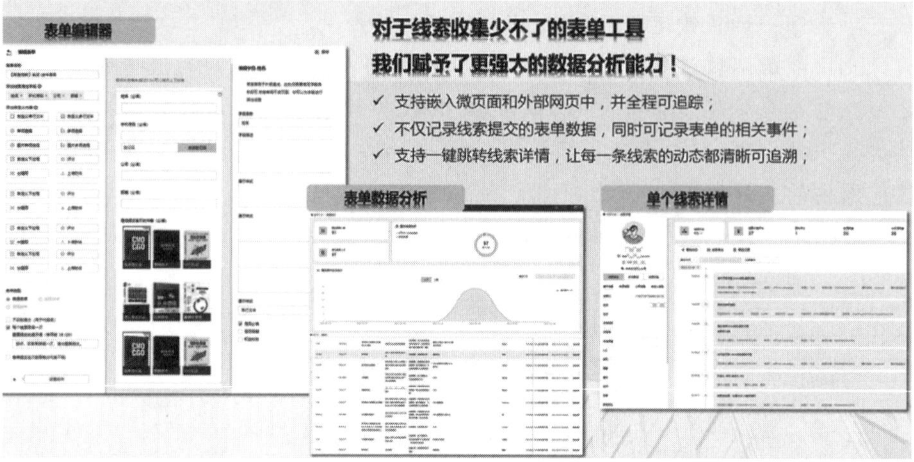

图 8－2　表单编辑器

在提升网站活动效果的方法中，A/B 测试是最常用的，其原理是将访客随机分配成两组，分流到不同的落地页或者显示不同的文案、按钮等，来测试哪一组的效果更好。过去 A/B 测试的页面开发过程可能需要数天或数周时间来沟通，如果有 A/B 测试工具，则可以直接生成两个页面，将官网或其他渠道的流量随机分配，进行 A/B 测试，再通过数据表现来确定页面方案，效率将大大提高，如图 8－3 所示。

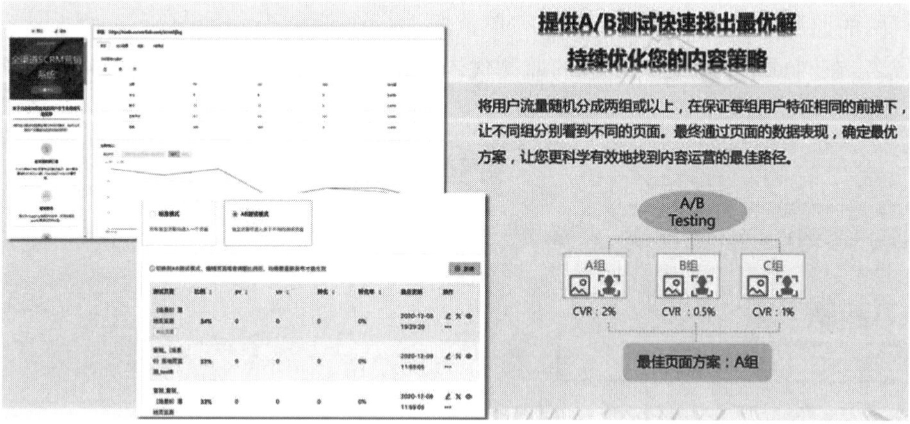

图 8－3　随机 A/B 测试

过去官网获客一般是留“400 电话”、引导注册等，极容易出错，也不够及时，甚至经常出现电话回访过去而对方已经忘记留言的情况，造成了线索的浪费。在营销数字化方案中，建议使用在线客服机器人或企业微信直接对接。这两种方式都可以通过 AI 问答的技术来解决客户即时的需求，实现快速响应，然后结合人工介入来提升体验，如图 8－4 所示。

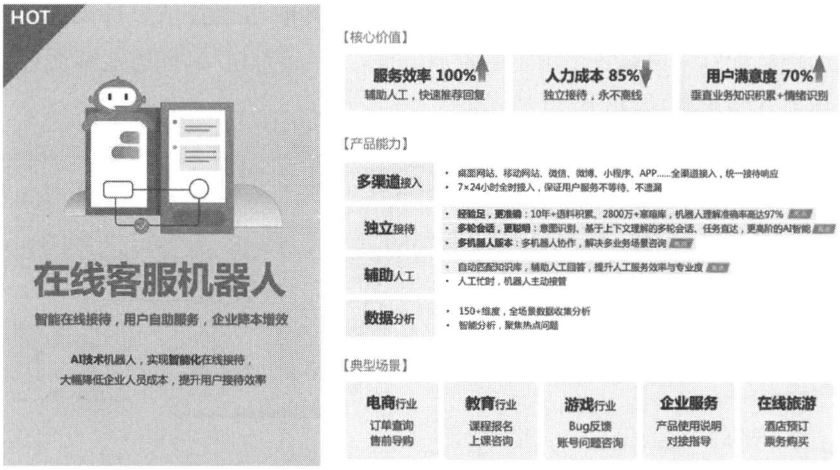

图 8－4　在线客服机器人

还有一些工具可以通过 AI 能力来辨别官网陌生访客的身份，再识别访客所属的公司，以便对未留存的流量进行回访，也可以根据其所属的行业针对性地展示内容。经过测试，通过相关的技术和产品，可以在一天内完成简单的官网开发、埋点、测试、表单、获客等功能，大大提高效率，节约企业成本。

（二）投放获客

企业市场部会通过在多个不同的线上渠道进行投放来获客，不同的投放渠道都有单独的后台，比如百度、搜狗、谷歌等。投放人员需要打开多个后台进行操作，各平台的数据处于割裂状态，对数据的分析大多是通过下载后台表格，再按照一定的方法进行，效率较低且汇总工作烦琐。如果是渠道投放，就会在各个广告位、易拉宝或者代理商渠道附上可追踪的二维码或链接，这部分数据也需要市场人员手工统计。数据分析工具可以方便地生成多个可追踪的链接，并进行标记，实时汇总、统计。通过 UTM 标记渠道来追踪网站访客的行为，再追踪访客注册试用的动作，从而分析不同渠道的 UV/PV、跳出率、页面访问深度、注册转化率等，如图 8－5 所示。

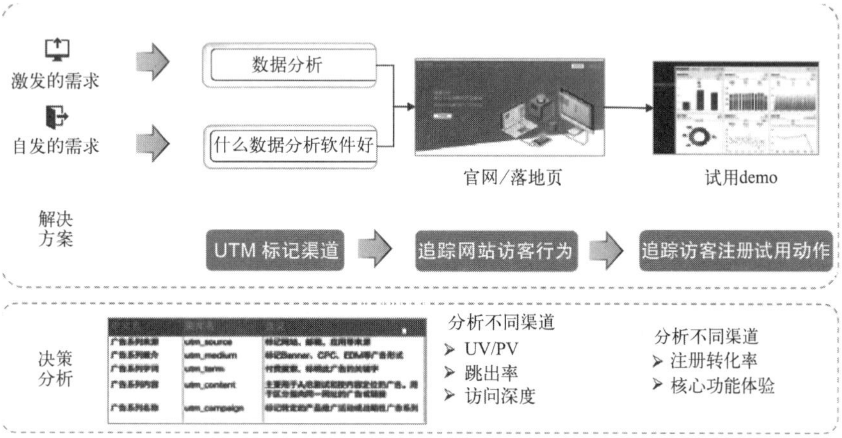

图 8－5　数据分析工具生成可追踪链接

一体化的营销工具可以打通全渠道的数据，比如搜索引擎营销工具、第三方网站等。企业通过简单的配置来关联各个渠道的投放数据，批量追踪链接，同时能够通过不同的链接标记来区分线索来源，如图 8-6 所示。

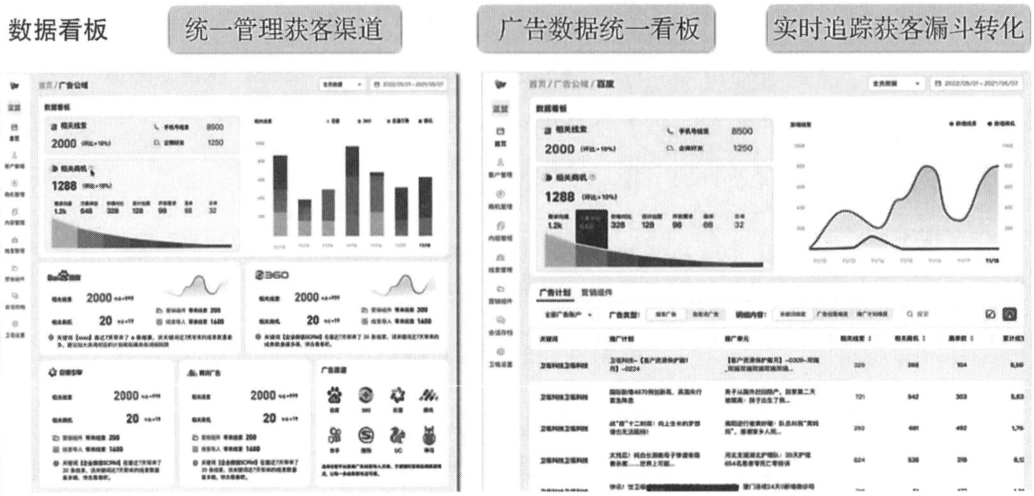

图 8-6 一体化营销工具

（三）内容获客

随着数字化的发展，越来越多的内容创作工具、内容管理工具出现，如图 8-7 所示，使用创客贴等工具，可以让设计新手快速做出结构合理、设计美观、营销元素齐全的海报。

图 8-7 内容创作工具

市场部发布的内容在过去往往只能统计浏览量等内容指标，无法记录获客量等效果指标，通过营销数字化能一定程度上解决这个问题。比如在不同的公众号推文中嵌入唯一的二维码或链接，就可以方便地进行追踪，如图 8-8 所示。

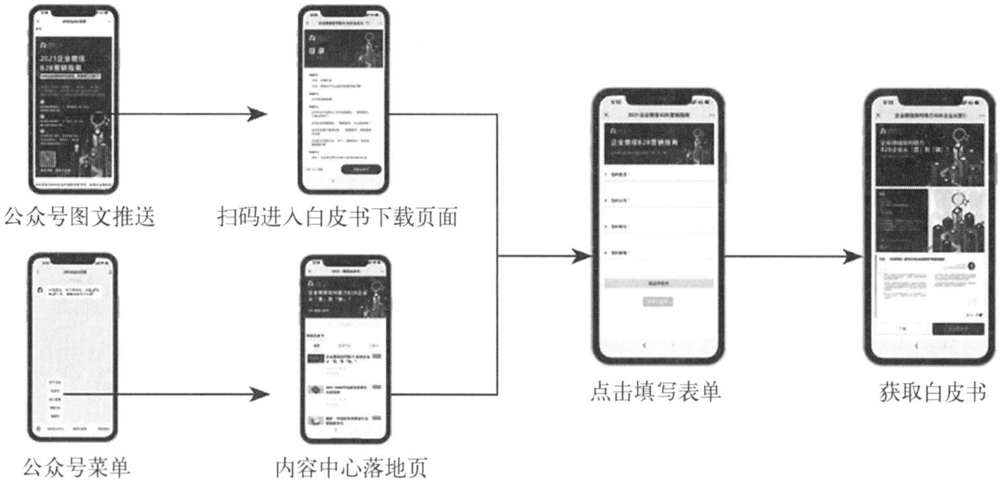

图 8-8　公众号获客量指标追踪

（四）活动获客

活动获客也经常困扰着市场部，从活动邀约到活动报名再到活动签到，人工统计都非常低效，同时活动效果的数据统计也存在各种问题。首先要考虑如何有效统计该客户是否是在本次活动上获得的，其次要考虑通过市场部在活动展位获得的客户如何有效地分配，再次要考虑如何有效区分活动现场多个获客来源的数据，以便后期优化。

如图 8-9 所示，通过数字化活动工具，可以针对线下、线上不同的活动生成链接或二维码，在获客的时候与 CRM 进行匹配，自动判断是否是新客户，并且判断是市场部获取的还是销售人员获取的，再按照一定的规则进行分配。简单介绍下常用的分配规则，如下。

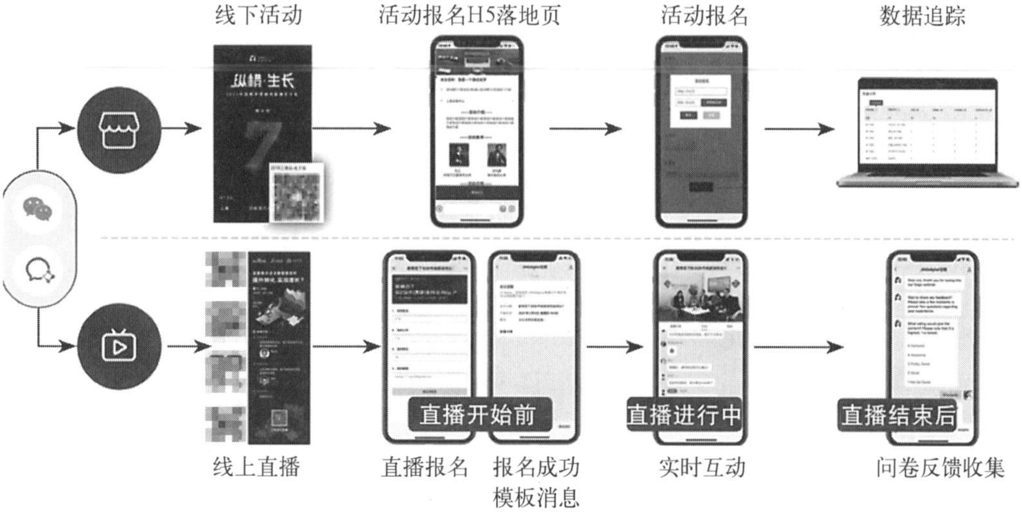

图 8-9　数字化活动工具

(1) 若是市场部获取的客户，则市场部可以按照相关的规则进行分配。

(2) 若是销售人员自拓的客户，则由该销售人员跟进。

（3）对于市场部正在培育或其他销售人员已经在负责的线索，则打上“参会”的行为标签，不属于本次活动获客。

（五）数据拓客

除了投放、内容和活动，企业如何最大化地拓展客户来源也是市场部面临的挑战。比如，通过商机数据找到潜在客户，再通过自动化营销手段确认客户的需求，从而获得客户，这也是很多企业在探索的方式，如图 8－10 所示。

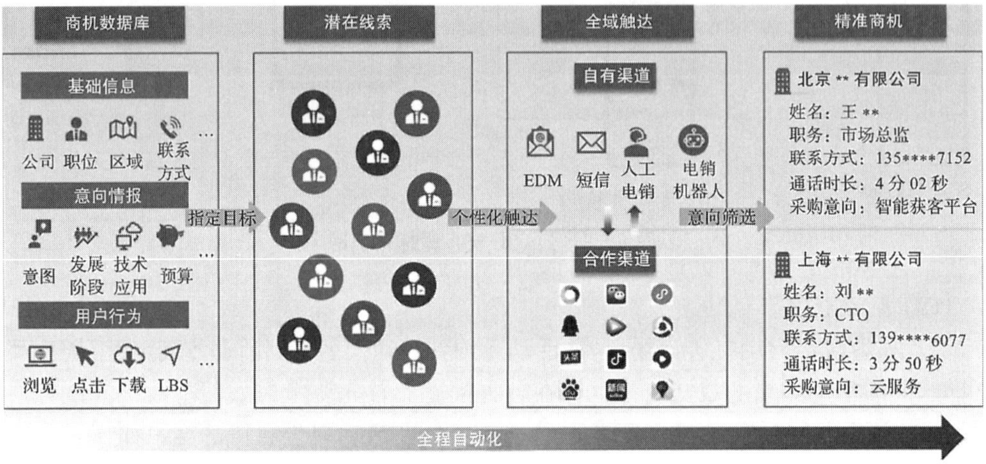

图 8－10　数据拓客 1

通过一系列获客动作的数字化，可以对所有渠道的数据进行统计，完成基本信息的收集，再进行客户行为轨迹的追踪，以及对内容、活动等数据进行追踪汇总，初步完成客户标签的定义并实现 360°的客户画像雏形，如图 8－11 所示。

图 8－11　数据拓客 2

二、客户识别

市场部在通过数字化的手段获取客户数据之后，需要对这些数据进行梳理，完成客户识别，才能进行下一步分配。客户识别阶段主要包含客户线索质量的判定以及客户线索的合理分配两个环节。

(1) 客户线索质量的判定。需要由专人确定线索是有效的还是无效的，是低质量的还是高质量的，是需要培育的还是可以直接提报方案并报价的。

(2) 客户线索的合理分配。对不同质量的线索，是按照不同的方法分配，还是全部分配给销售人员。

如果企业没有成熟的客户线索质量判断标准和合理的分配制度，客户识别阶段的营销数字化也将沦为空中楼阁。

(一) 客户线索质量的判定

一些企业会设置 SDR(Sales Development Representative，销售开发代表或销售线索运营)岗位。SDR 的工作主要是对市场部获得的客户线索按照一定的规则进行清洗和确认，再按照企业的线索管理规则进行分配，也可以主动进行外呼来寻找线索，所以 SDR 就是线索链路上市场部和销售部的连接器。SDR 团队转出的线索质量大大提高，销售人员可以有更多的时间去进行高质量客户的沟通。

线索质量采用基础信息评分和行为评分两个维度。下面以某企业的线索评分规则为例，基础信息评分包括工作级别/职位、公司中重要职位、手机号码、产品需求，如表 8－1 所示。行为评分包括邮件、网站、网络研讨会/直播线下活动、内容营销等维度，如表 8－2 所示。

表 8－1　线索评分

信息分类	信息因素	得分
工作级别/职位	副总裁	+10
	总监	+8
	经理	+6
公司中重要职位	决策者	+15
	影响者	+10
	使用者	+5
手机号码	验证通过	+10
	未验证，不为空	+3
	为空	+0

续　表

信息分类	信息因素	得　分
产品需求	需求明确	+10
	需求不够明确	+5
	没有需求	+0

表 8-2　行为评分

营销渠道	行为因素	得　分
邮件	打开邮件	+1
	点击邮件	+5
	转发邮件	+3
	退订	−5
	获取 Demo	+50
网站	访问价格页面	+20
	访问多个页面	+10
	访问招聘页面	−5
网络研讨会/直播	线上注册	+10
	线上参与	+20
	参与活动	+3
线下活动	良好沟通	+10
	完美沟通	+30
内容营销	下载白皮书	+10
	下载特定白皮书	+30
	完成一项互动	+10

经过 SDR 团队清洗的线索，客户的基础信息和行为都将被赋予一个分值，以便销售人员判断初始线索质量，销售人员自拓的线索也应该按照这样的评分规则进行操作，这样企业所有的线索才能处于同样的管理维度中。客户根据不同分值进入不同的流转路径，

经过一系列的培育，待符合一定标准时进入下一个阶段的流程。比如某企业的客户评分与流转过程，如图 8 - 12 所示。

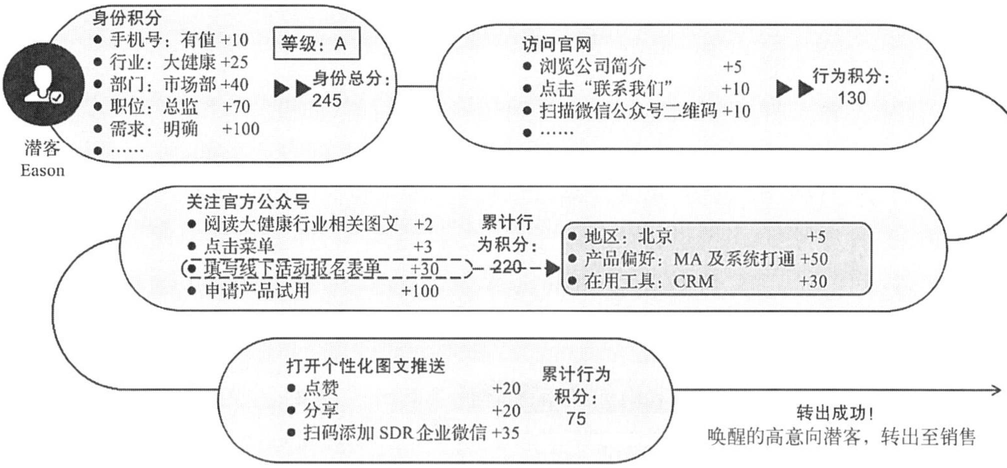

图 8 - 12　某企业的客户评分与流转过程

（二）客户线索的合理分配

有了线索质量的评价机制之后，还需要规范线索的分配机制。在客户全生命周期中，线索会被分为多个阶段，如潜在线索、被市场部认可的线索、销售认可的线索等，但是企业必须对这些阶段进行准确的定义。只有建立统一的线索标准，并且明确每个阶段线索的责任主体，才能更好地解决市场部和销售部的分歧。

只有市场和销售两方协同，才能做好私域营销。而这时候就需要市场部有足够的私域线索的分配权限，促使销售人员愿意花时间来协同市场部进行私域营销。很多企业要求市场部承担销售业绩指标，却不赋予部门线索分配的权利，导致市场部无法真正对线索转化负责。这就是典型的“只要求义务，不赋予权利”的简单粗放式管理。

图 8 - 13　客户线索的合理分配

三、客户培育和转化

当客户线索完成质量判定和分配之后，客户就进入了培育和转化阶段，这个阶段也是企业与客户接触过程中最重要、周期最长、触点最多的阶段。

(一) 客户数据打通

企业线索培育周期一般较长，从几个月到几年都有可能，如果没有用数字化产品进行客户数据的记录，而是用 Excel 表格来管理，肯定会带来很多管理上的问题。利用市场上的营销云、社交客户关系管理系统等产品，可以完成市场数据的收集，记录客户行为和状态数据，并且可以对接众多渠道、第三方产品，还能打通客户关系管理系统，汇集企业所有部门的数据，同时还能支持数据分析和需求洞察的客户数据平台(Customer Data Platform，简称 CDP)等数字化产品，如图 8-14 所示。

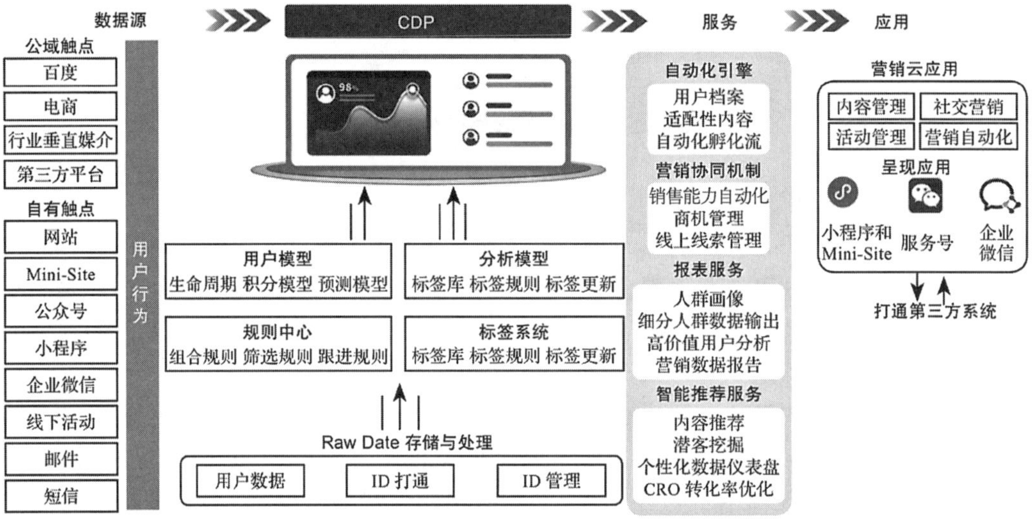

图 8-14 客户数据打通

(二) 私域营销闭环

国内的私域营销几乎等于微信私域营销，只要与客户建立微信联系之后，获得客户的手机号码，基本就可以在企业微信、小程序、服务号、视频号中全面记录客户的轨迹和数据，可以知道客户看了什么内容、访问了什么功能、参加了什么直播等，迅速构建企业级的私域线索池，如图 8-15 所示。

(三) 内容营销闭环

内容营销的数字化除了前文所述的获客环节的产品之外，还有类似内容中心、资源中心、消息推送、用户档案等产品，如图 8-16 所示。

目前内容营销的数字化产品主要应用在自有渠道，比如官网、公众号等，通过技术手段来完成数据的监控，比如微信的服务号，就可以跟踪用户的行为，同步用户的数据等，比如内容营销产品可以完整地记录微信生态下内容的阅读数、转发数等，如图 8-17 所示。内容的外部监控有一定的难度，第三方平台，比如知乎、抖音等，后台也有较完整的数据记

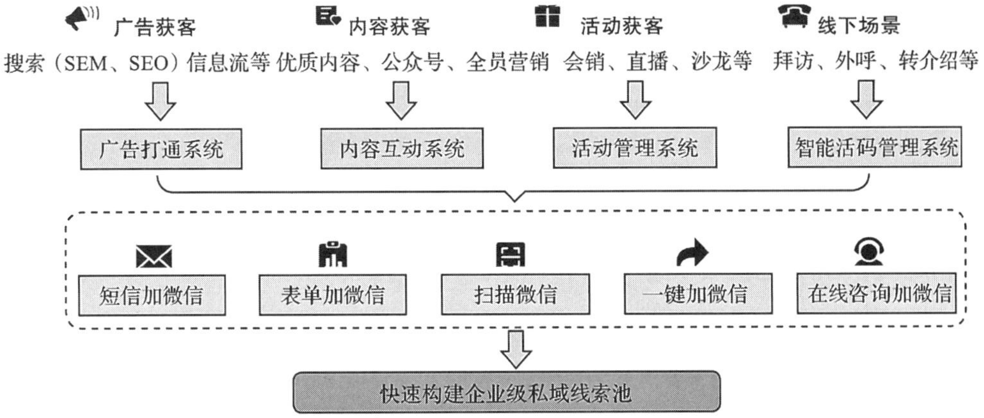

图 8－15　私域营销闭环

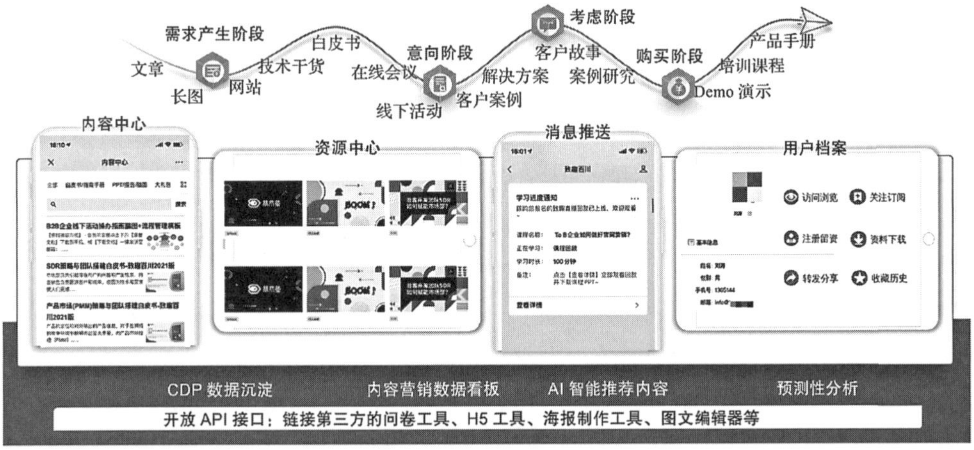

图 8－16　内容营销闭环

图 8－17　内容营销第三方平台

录，能够给市场部一定的数据支撑。

（四）活动营销闭环

使用数字化线下活动产品，就可以实现邀约海报溯源、活动报名表同步、报名成功添加微信、自动活动营销、自动活动提醒、自动资料下载、同步客户标签等功能，如图 8－18 所示。一场活动最重要的就是活动的推广，邀请尽可能多的潜在客户来参与，通过数字化工具达到全员推广的目的，而且能展示推广成绩排行榜，还能够查看推广人员的传播路径，让推广者了解自己的关系图谱，便于联系。

图 8－18　活动营销闭环

（五）自动化营销

企业要进行自动化营销，并不是上线一个产品就可以完成的，而是需要企业在前端收集好客户数据，在培育中记录客户行为，对客户数据进行科学筛选和分析，逐步完善客户标签，再针对不同阶段人群设置不同的营销动作。自动化营销策略需要不断测试和完善，一个自动化营销流程如图 8－19 所示。

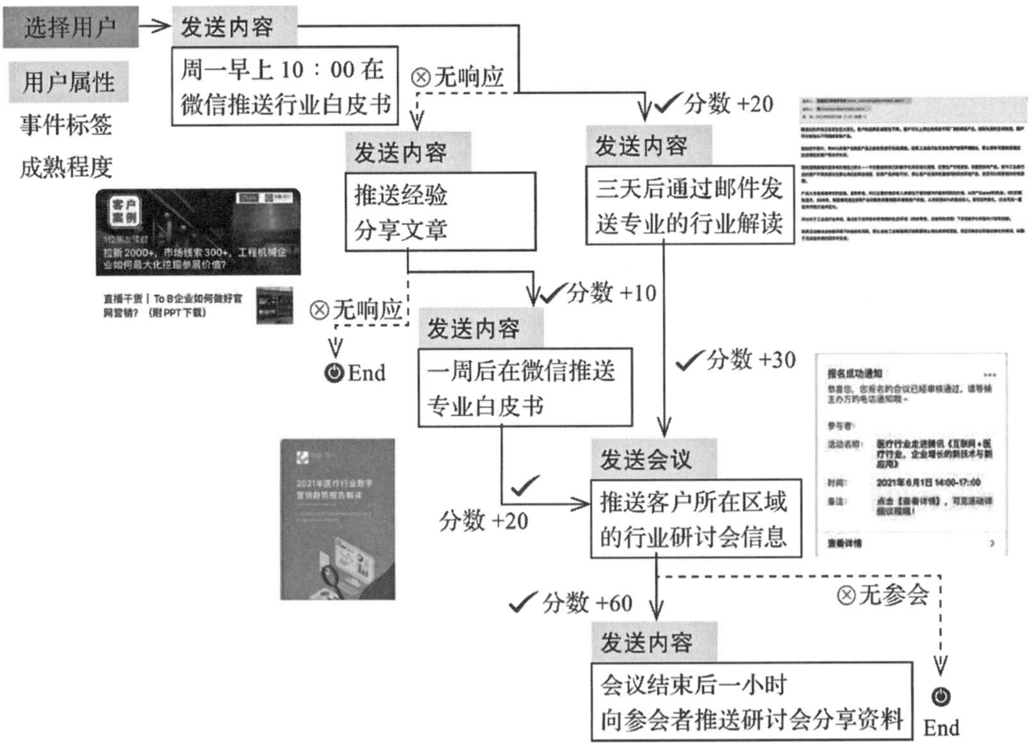

图 8－19　自动化营销流程

四、客户经营

客户经营阶段是营销的核心阶段。利用营销数字化工具，围绕客户全生命周期开展数字化营销，可以提高客户经营效率，促进销售转化。数字化营销工具主要模块包含：全渠道触点、全生命周期数据抓取、多系统数据集成、Data Activation 数据激活，如图 8－20 所示。

完整的营销数字化工作包括如下内容。

(1) 搜索引擎营销岗人员使用建站工具快速搭建官网，通过监测工具进行埋点，并且打通全渠道的投放数据的监测。

(2) 内容岗人员使用内容生产工具制作海报和 H5，并使用内容管理工具进行标记和分发，通过二维码进行监测，收回数据。

(3) 活动岗人员使用活动工具管理活动前、中、后各个维度的数据，并进行分析。

(4) 私域岗人员使用私域工具建立企业级私域线索池，建立完善的客户标签，使用各种内容进行精准营销，并持续进行私域营销。

(5) 基于客户数据平台 CDP 的底层能力，将市场部的数据和标签与客户关系管理系统相关的数据进行比对。

(6) 基于 MA(营销自动化)系统、EDM、直播等工具进行自动化营销和线上精准内容营销。

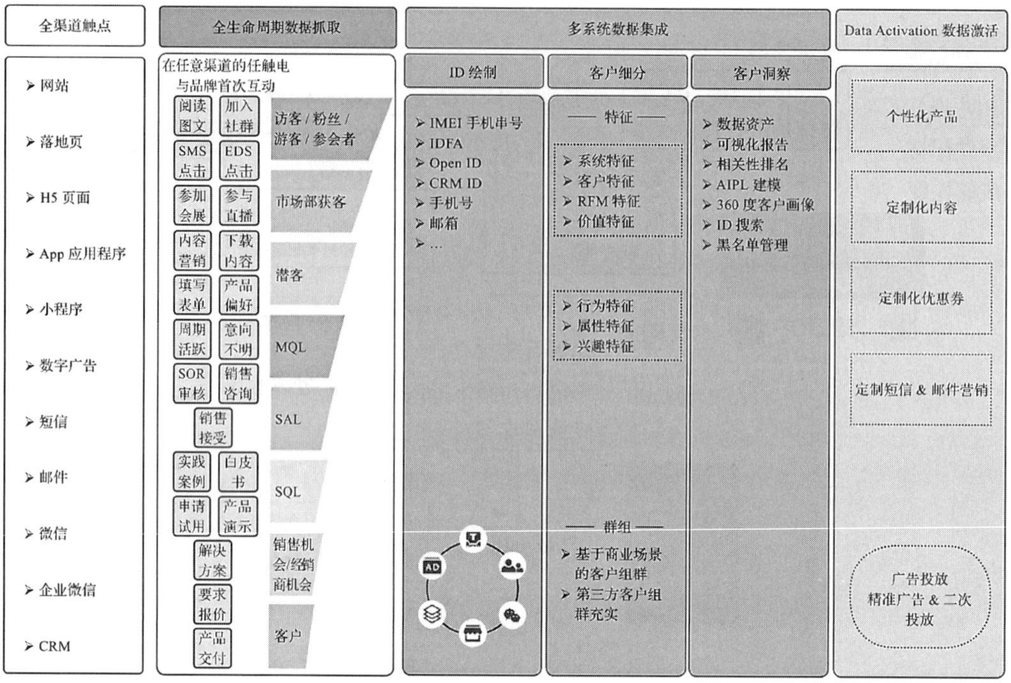

图 8-20 数字化营销工具

(7) 数据打通后可以形成客户全生命周期的行为轨迹，也可以完善标签体系，还能形成客户画像，便于持续地自动化营销。客户进行反馈后，信息将同步给市场部、销售部、客户成功团队。

(8) 在这个过程中，市场部的常规营销和自动化营销以及销售部的客户跟进会持续进行，直到客户成单。

(9) 客户成单后，继续进行客户经营，进行记录与反馈。

行业观察

华为的营销数字化实践

华为数字营销的发展分为 3 个阶段。第一个阶段大概是 2010—2018 年。这一阶段以品牌传播为主，主要工作就是自媒体的建设和运营，在企业官网和社交媒体上持续做好内容并实现粉丝的增长，提升渠道影响力。通过多年的积累，华为在全球社交媒体的影响力已经非常大，如图 8-21 所示。

	年度用户数（2019）	年度 PV（2019）	SimilarWeb 全球排名（2020.01）
官网	4.2 亿	14.7 亿	416

图 8-21 华为全球社交媒体数据

第二个阶段兼顾品牌和营销。这一阶段重点关注的是如何持续产出高质量内容，开展全媒体渠道的运营，然后构建 MarTech 平台，实现营销的数字化，实现数据驱动，如图 8－22 所示。

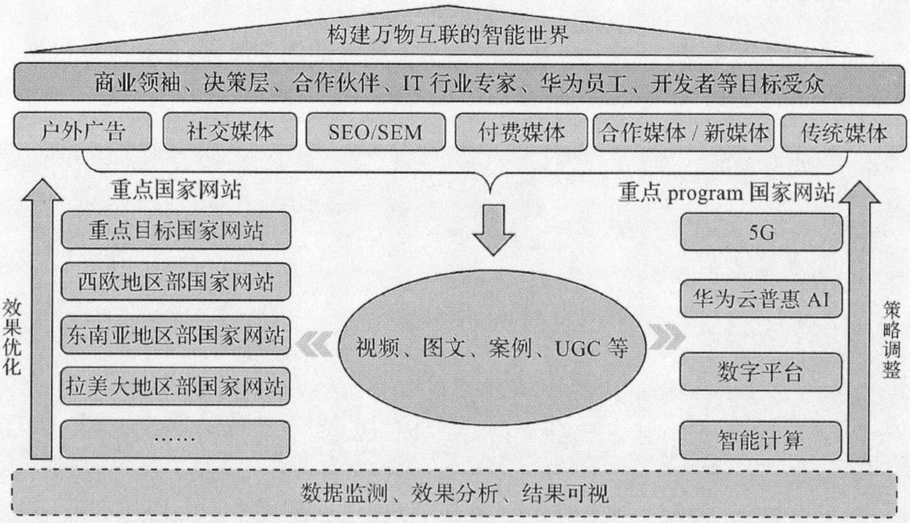

图 8－22　华为全媒体渠道运营

在华为的数字化营销中，官网占据了很重要的位置。通过将内容发布在官网上，能够持续地吸引客户，如图文、视频、案例等。客户访问网站时，运营人员就可以基于 MarTech 平台做数据的监测和效果的分析，再基于数据分析持续优化内容策略和投放策略，达到最佳的传播和营销效果。

第三个阶段自 2022 年起逐步推进，旨在让数字营销成为华为重要的营销渠道。例如 IBM 线上销售收入在其总收入中的占比已接近 20%，按照 MLG Index 的计算方式，它已属于明显的 MLG+SLG 型企业。华为也在大力推动更多销售、服务过程向线上迁移。此阶段重点关注以下几个方面：首先，精心优化线上线下全流程的客户体验设计，确保客户无论在线上还是线下环节，都能获得优质、连贯的体验；其次，借助 MarTech 平台，实现营销对象、过程以及决策的全面数字化，以数据为支撑，精准把握市场动态与客户需求；再次，以线索和销售为导向，构建专业的营销团队。该团队在公司内部为各个业务部门提供专业服务，在实践中不断提升自身能力、整合各类资源，持续为公司创造价值，未来甚至具备向外部企业和合作伙伴输出服务的潜力。

任务二　客户体系运维

培育客户忠诚，就是提高客户的转换成本，将客户培养成回头客，成为真正的“私域”

分层与维护客户价值

流量。培育客户忠诚的前提是为客户创造价值。培育客户忠诚的方法，要么是提高客户的转换成本，要么是降低客户的转换收益。

一、客户会员体系

随着企业的不断发展，以及会员体系对消费者影响的逐步加深，企业应该根据业务的发展而使用不同的会员模式。会员体系的形成如图 8－23 所示。

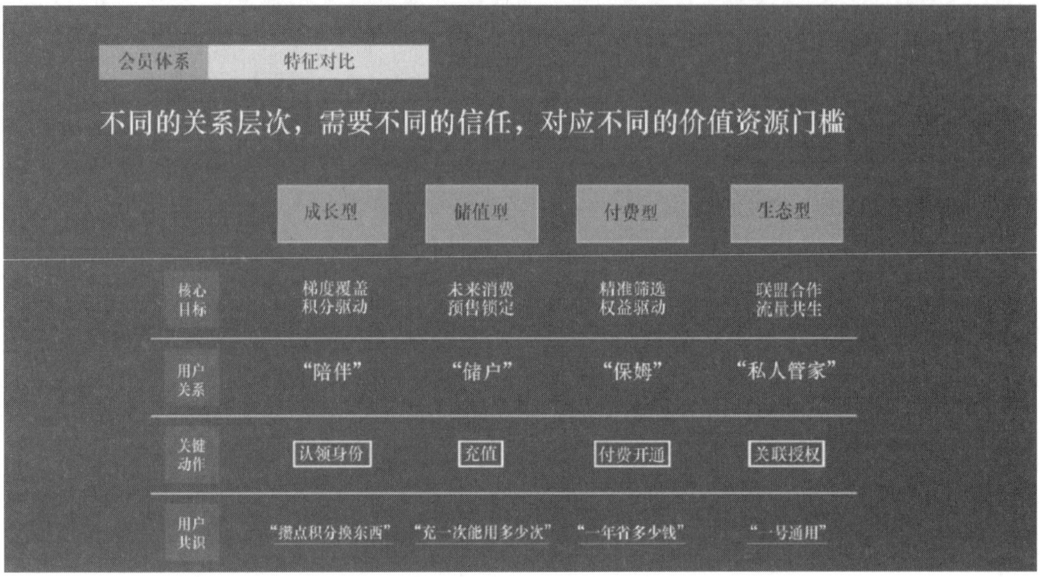

图 8－23　会员体系形成

(一) 成长型会员体系

成长型会员也被称为登记会员，消费者只需要进行简单登记就可以成为会员。这种会员制往往建立了一种自我驱动的成长模式，即成长型的会员积分体系，用户需要通过消费积分(成长值)获得其他相应等级的会员权益。积分是用户成长过程中的可视化标志，也是用户权益的价值梯度，同时还是用户可以直接使用的“权益通货”。这种类型的会员系统往往会设置不同的权益，用户在商城中使用积分兑换权益，这种会员系统利于企业识别并培养超级用户。这也是各大百货购物中心、航空公司、游戏企业最常用的会员系统。

适用对象：用户量大、服务范围大的企业。

(二) 储值型会员体系

有了一定信用和知名度后，进行储值会员营销可以很好地锁定会员消费。让用户优先选择自身品牌，能够帮助企业促进更多的会员潜意识消费，尤其是对于服务行业更为有效。当然，储值营销也更有利于企业提前锁定用户，回笼资金，提高资金的利用率，对企业的前期发展有很大的帮助。储值会员制常见于美容美发、健身、餐饮等服务行业，例如，美容美发行业需要定期多次交易，可以通过储值锁定会员；而餐饮企业可以通过储值获得现金流等。

适用对象：高利润企业、缺乏现金流的企业。

（三）付费型会员体系

当企业需要进一步扩大规模时，需要筛选出高贡献、高净值用户，并将用户的购物行为、活跃行为锁定，这时提供差异性商品或服务，建立付费会员体系或通过支付绑定用户就是性价比极高的方法。与储值型会员体系一样，用户付费成为会员无疑在无形中抬高了用户放弃企业的心理门槛，能够增加用户的黏性，有利于继续挖掘高黏性用户的商业价值，有利于企业获得长期稳定的现金流，创造新的收入和盈利增长点。目前，常见的付费型会员体系有山姆会员商店、开市客、百果园等。

适用对象：有独特的服务能力、提供强差异性产品的企业。

（四）生态型会员体系

生态型会员体系即联名会员制，常见的生态型会员体系产品有美国运通公司的“百夫长”系列信用卡、全球购骑士卡、京东 PLUS 会员联名卡、淘宝 88VIP 会员服务，而设计生态型会员体系的要点是需要关注异业权益的判定与洽谈、整体的交易成本是否降低、流量和权益的双向互补及价值同盟的长期供应。企业内价值的流通与企业外价值的交换是生态型会员体系的核心，这一会员体系常被用于平台的整合和扩张，基于这一点，企业还需要关注的是权益互换的生态成员与同类目标用户人群是否相似，双方数据、触点是否能够打通及双方是否能够互为杠杆，为彼此提效。

适用对象：客群相似的生态伙伴。

二、客户洞察

用户画像（Personas）这一概念由交互设计之父 Alan Cooper 提出，是指真实用户的虚拟代表是建立在一系列属性数据之上的目标用户模型，如图 8－24 所示。互联网中的用户画像是通过多个角度，从用户行为数据中提取某个产品使用者的共同特征，通过特征比对和建立标签来描绘该产品使用者的画像工具。

图 8－24　用户画像的产生

（一）通过用户标签体系了解用户画像

通过用户标签体系了解用户画像也是整个会员模式设计的第一步。由于每个企业所处行业和特点不同，只有从业务和用户角度进行顶层分析，才能制定合理的会员策略。充分的数据洞察可以带来两个效果，一是通过归因分析，企业可以进一步了解业务特征，比如行业的消费频率和互动程度，会员的消费额度和产品组合等；二是在研究了用户习惯之后，企业可以制定更加精准的业务模式。

我们可以把标签分成事实标签、模型标签和预测标签，在实际应用中，企业对用户的标签分类会达到几百个。其中，事实标签包含属性特征、行为特征和衍生属性，这些是用户稳定的、不容易改变的标签特征。模型标签主要包括用户分群标签、兴趣偏好标签、消费能力标签、信用评估标签，这些标签主要是分析消费者的基本情况，根据事实标签分析来实现。预测标签则包含品类偏好、营销偏好和人群划分，这种标签的生成主要通过模型标签分析来实现，如图 8－25 所示。

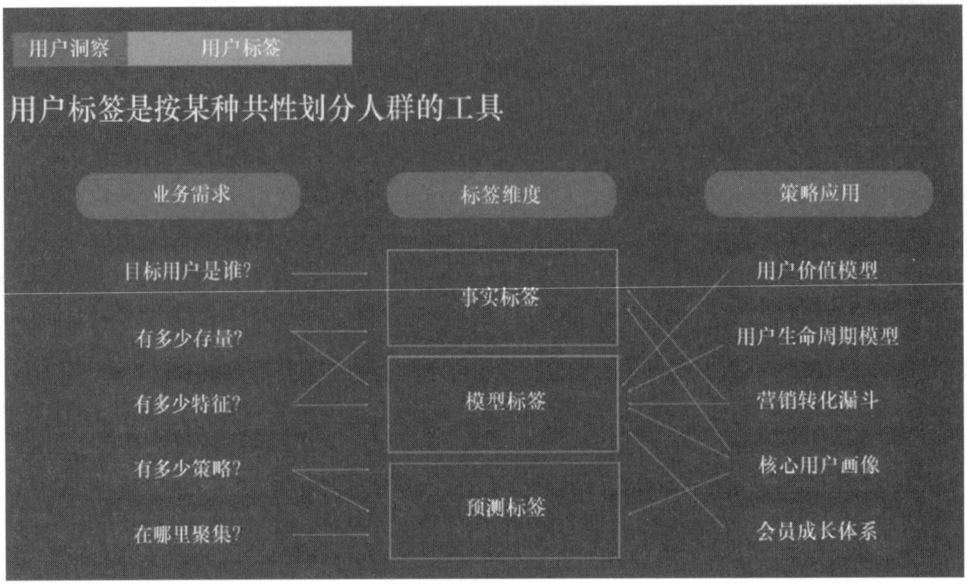

图 8－25　用户标签

（二）RFM 模型

在模型标签的管理中，RFM 模型是最重要的分析工具之一。RFM 是由 recency、frequency 和 monetary 三个指标的首字母组合而成。其中 R(recency)代表用户最近一次交易时间的间隔，R 值越大表示用户交易发生的日期越早，反之则表示用户交易发生的日期越近；F(frequency)代表用户在最近一段时间内交易的次数，F 值越大，表示用户交易越频繁，反之则表示用户交易不够活跃；M(monetary)代表用户在最近一段时间内交易的金额，M 值越大，表示用户价值越高，反之则表示用户价值越低，如图 8－26 所示。该模型被广泛应用于客户价值管理分析领域。RMF 模型的价值在于，通过用户群体细分，区别出低价值用户、高价值用户，然后对不同的用户群体展开不同的服务，将有限的资源分配给不同价值的客户，实现效益最大化。

从会员管理角度看，那些交易日期近、交易额度大，而且复购频繁的用户是最有价值的用户。但大多数情况，会员消费金额并非一个均值。因此，为了促进会员消费，可以通过 R 值来决定用户接触策略和刺激力度，通过 F 值来决定活动方案和营销策略，通过 M 值来决定会员级别、折扣门槛、推荐商品及不同人群的营销投入等。而对于不同价值的用户，策略又各不相同，比如为高额度用户推荐更高等级的服务体验，给予低额度用户更多的折扣力度刺激等。

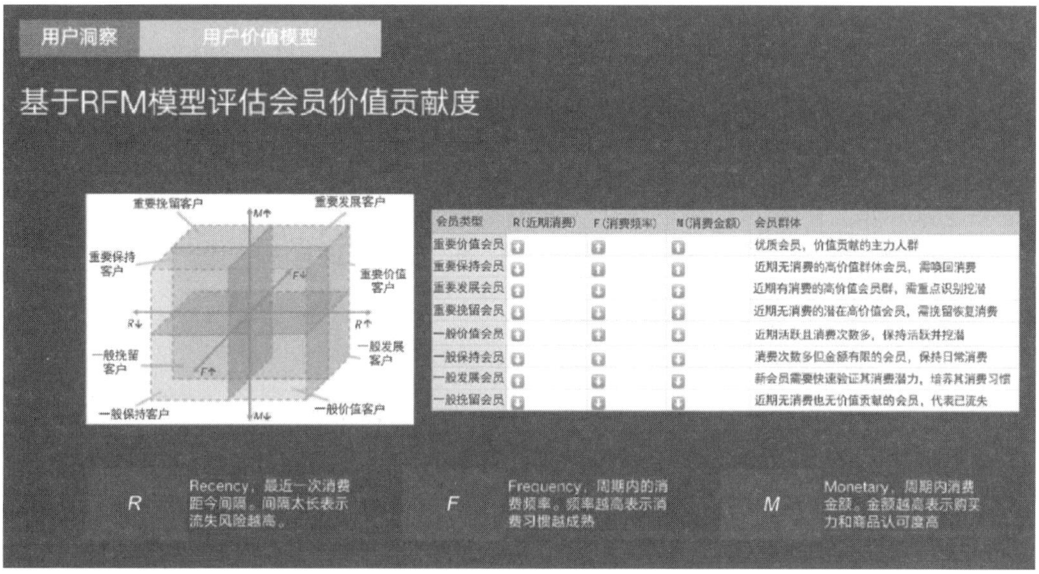

图 8－26　**RFM 模型**

(三) 用户旅程地图

用户旅程地图是分析和了解用户或者客户在整个产品或者服务消费过程中发生的情况的过程。

它要求研究用户所有接触点上的体验，以及在此过程中的感受。将其输出为图表(地图)，能直观地显示用户体验。用户旅程地图不仅仅是时间轴或者图标，还基于共情和研究，促使创作者去思考用户的感受在整个旅程中是如何波动的。用户旅程地图带来的价值如下。① 把模糊需求拆解为用户角色、场景、行为等要素，并视觉化地展示表达，帮助企业从外部审视产品。② 定位体验过程中的满意点和痛点，帮助企业决策产品的优先级。③ 提炼出产品或服务的优化点、设计的机会点。④ 使团队(员工)更好地了解用户使用产品过程中的想法和行为，让他们能够从用户角度出发交流、讨论，共建解决方案。

绘制用户旅程地图共有 5 个要素：

1. 角色

角色指用户旅程地图的使用者或用户画像，与用户旅程地图息息相关，用户的行为深深植根于数据中，即企业需要确定谁使用产品。如果想要全面地了解企业的用户，就应该将用户分类，为不同的群体构建相应的用户旅程地图。

2. 情景＋期望

情景描述了用户旅程地图需要解决的问题，并且和角色使用地图的目标、需求及特定的期望有关。情景的描述指的是用户使用产品、服务的真实情况，而用户旅程地图也适用于具体场景，场景往往会描述一段时间内的过渡过程，如果企业无法知道用户的使用感受，则无法洞察用户的真正需求。

3. 旅程阶段

旅程阶段指的是用户旅程地图中包含不同的高级阶段，为企业提供了用户旅程地图中包含的其他信息。旅程阶段依情景而异，企业通常会使用数据来帮助其确定阶段内容。

4. 行为、想法和情感

角色的行为、想法和情感贯穿于用户旅程地图的始终，在用户旅程地图的每个阶段都被单独标注出来。行为是指用户采取的实际行动和用户使用的步骤。这并不是指对独立的交互行为的分步记录，而是对使用者在某一阶段产生的行为的一种叙述。想法是用户在用户旅程地图不同阶段的想法、问题、动机及信息需求。理想情况下，这些想法来自客户研究中的客户记录。情感通常用单线表示，代表了用户在体验过程中的情绪起伏，这种情感分层可以告诉企业用户对产品的喜好。

5. 收获

收获是指企业从用户旅程地图中收获的认知，这为优化用户体验提供了方法。收获可以帮助产品团队从用户旅程地图中获取信息。用户旅程地图示例如图 8-27 所示。然而，需要强调的是，“会员权益设计是一个不断迭代的过程”，即会员权益设计并不能一劳永逸，而是需要针对不同的应用场景、变化的企业需求及用户需求进行更新，以保证用户

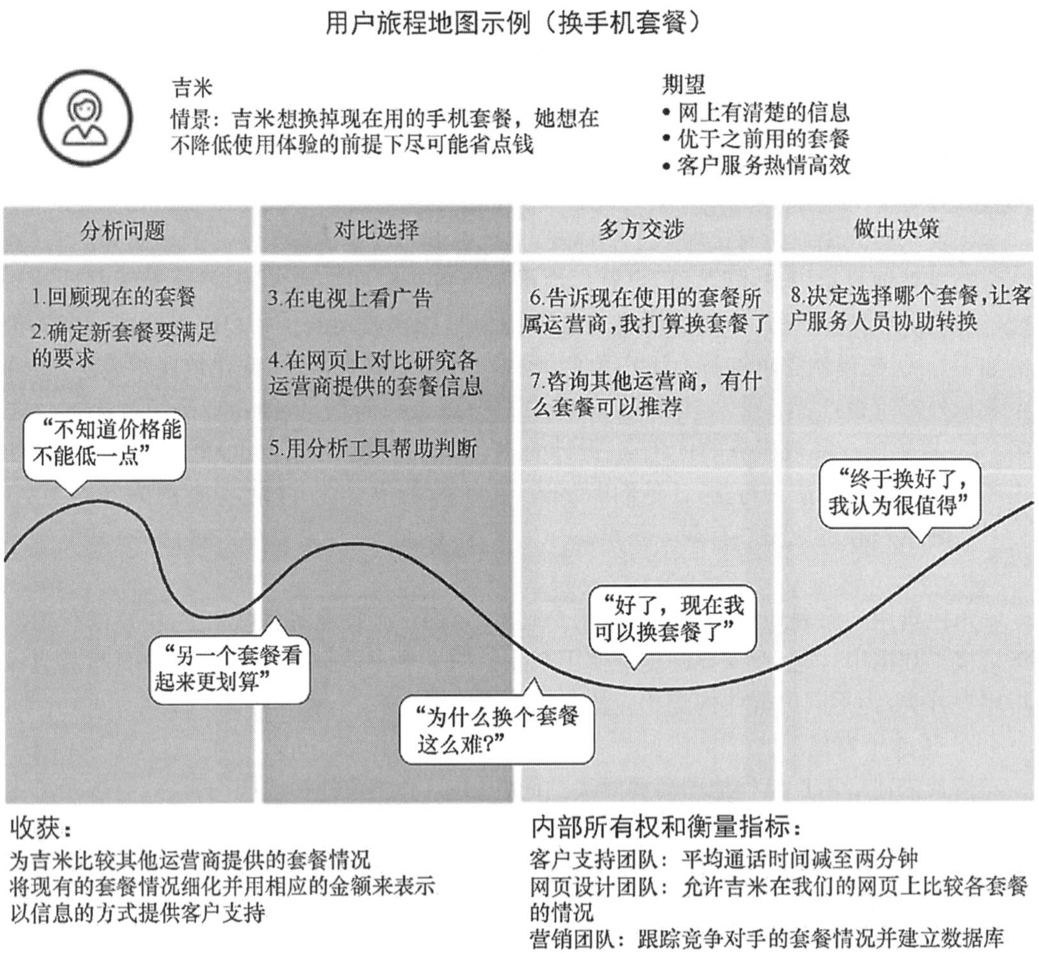

图 8-27 用户旅程地图示例

的体验与企业自身的服务质量。作为企业，我们需要把自己代入用户的实际使用场景来思考问题，根据用户的体验进行迭代。“会员”模式的核心正在于此。

三、会员体系

客户会员体系已经渗透到各行各业，商场、超市、线上购物、外卖平台、视频网站、音乐App……大大小小的产品几乎都建立了会员体系。会员体系是产品根据自身需求围绕会员用户产生的管理体系。会员体系包括会员等级、会员任务、会员权益三个基础模块和会员产品、会员运营两大业务模块。

会员体系的业务逻辑在于，会员任务和会员权益通常都与产品的关键行为绑定，通过会员权益吸引用户，促使用户完成使用产品的会员任务，成为等级会员，然后用户可以享受会员权益，而用户享受会员权益需要通过使用产品来实现，在用户继续使用产品的同时，用户便完成了更多的会员任务，成为更高等级的会员……从而促使用户不断提升会员等级，形成了会员成长体系。在整个过程中，通过权益驱动用户完成任务，通过任务实现用户等级成长。会员权益是会员体系的核心，会员体系的价值主要由会员权益来体现和决定，如图 8-28 所示。

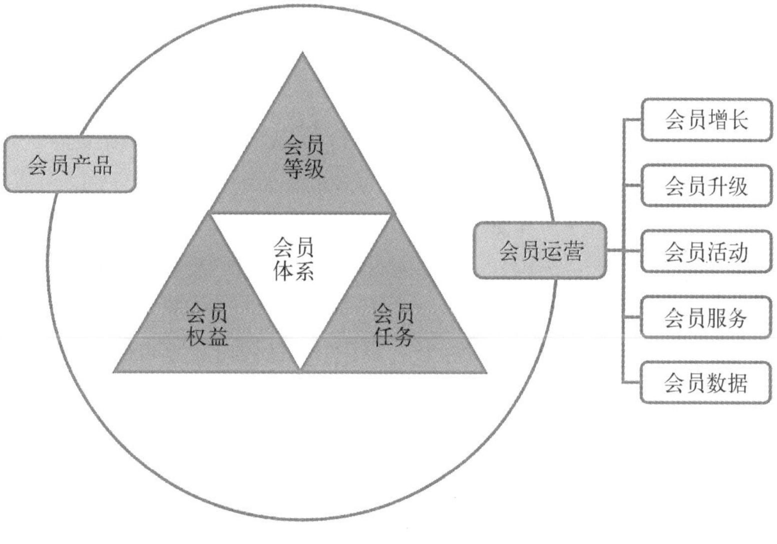

图 8-28　会员体系

会员是对用户分层的一种方式，核心高价值用户被定义为会员，企业为其建立特殊的会员机制，进行重点运营，本质是提高用户对企业、产品的黏性，形成持续、稳定的长期利益或行为输出。一般情况下，划分会员等级，为不同等级的会员配置不同的权益，可以吸引用户成为会员，然后通过权益的使用，又可以推动用户向更高的等级发展。通过这种会员分级差异化运营，促进会员成长，最终为企业带来更大、更长久的收益。如何合理设计会员等级，方法步骤如下：

(1) 确定分级必要性。会员分级能为企业带来很多实质性的好处，但并非所有业务都适合做会员分级，如特别低频的家装、婚庆类产品，用户这次使用了产品，自己都不清楚下次什么时候使用，让他们为了所谓的长期价值而升级会员，就有点天方夜谭了。

(2) 确定分级指标。会员体系的核心逻辑是运营存量用户中的高价值用户，所以需要先确定哪些用户是高价值用户，用什么指标来评估用户价值的高低，需要确定用户分级指标。由于互联网产品获得的收益大部分来源于用户投入的金钱或时间，因此，对于免费会员，交易量或使用频次可以作为分级指标；对于付费会员，会员费用可以作为分级指标。分级指标可以是一个独立的指标，也可以是多个指标的组合。

(3) 确定分级指标阈值，对全量用户进行分级。对于免费会员，按照指标的数值大小，先把全量用户划分为一个个小段，计算出每一小段内的用户数及占比和用户贡献的价值及占比。比如，用交易量作为分级指标时，分段较为简单，可以从 1 到最大值每间隔 10 为一小段，然后根据每个用户交易量的数值，依次计算出每一小段内对应的用户数和贡献分布情况。接下来需要合并小段，形成分段，最终分成几个等级阶段。会员体系一般以 3～5 个等级居多，过多的等级不便于用户理解，而过少的等级则不利于聚焦头部用户，不利于有效分层和用户等级的提升。

合并分段可以遵循二八定律，即 20%的用户贡献了 80%的价值，先筛选出头部用户。合并的时候，既可以基于头部 20%用户，看一下这些用户贡献的占比情况；也可以反过来，基于贡献占比 80%的头部用户，初筛出大概的用户分段，确定分级指标阈值。筛选完头部用户后，对于剩下的用户，继续按照二八定律筛选第二等级及其他等级的用户。

对于付费会员，需要评估不同的会员费用会产生多少会员用户，这些用户的质量和价值贡献是什么情况，会员投入产出比如何，这些都可以根据历史数据推算。比如，会员费用为 120 元，权益价值为 200 元，会员净投入为 80 元/会员。收益方面，一方面是会员直接使用权益带来的交易量增长，比如会员使用权益需要至少交易 5 次，总交易量为 1 000 元，这可以用来计算会员投入产出比；另一方面，可提升用户质量，比如正常交易 1 000 元的用户有 1 万个，会员使交易 1 000 元的用户增加了 3 000 个，带来了更多的高质量用户。如果会员费少一些，那么会员数为多少、投入产出比如何，可以进行多次推算对比，或者进行快速实验，最终找出合理配置。

(4) 洞察不同等级的用户。对用户进行分析，了解各等级用户的属性、行为、需求，尤其是头部用户。对用户有了充分了解，就知道会员任务、会员权益的设计从哪里下手了。会员任务要提升用户的薄弱环节，会员权益要匹配用户的需求，这样会员体系的逻辑才能贯通起来。

(5) 设计会员等级的时效和升降级规则。会员等级是需要有时效性的，以免用户达成一定等级后不再活跃，却依旧享受权益待遇。会员等级是周期性事件，每个周期的时间多久、等级如何计算，都需要设计规则。传统企业会员一般按年度计算，互联网快节奏企业的会员很多按月度计算，会员等级自然月有效，每个月都重新计算会员等级。比如，上个月交易量达到多少，积分达到多少，这个月能成为哪一等级会员，下个月的会员等级再根据这个月的数据计算。有时候，为了让会员等级更具有连贯性，便于用户长期的等级成长，当期等级计算规则会在上期等级基础上进行，把上期等级影响考虑进来，比如出于对高级会员的保护，每次最多只能降一级。

四、会员运营

(一) 会员增长

有了会员体系,日常运营工作中最重要的就是关注并提升会员数,做会员的拉新和留存。

1. 会员拉新

(1) 找到会员目标用户及其可触达的场景和渠道。首先分析会员用户的特征,总结什么样的用户适合成为会员,什么样的用户需要转化为会员,定位会员目标用户。然后看这些用户,在内部有哪些可触达的场景,在外部有哪些适合的推广渠道,怎样才能高效地覆盖和触达。对于内部场景的用户转化,可以对用户的主要路径进行拆解,在关键流程节点尝试实施将会员转化为会员的运营动作,需要注意运营策略不能过度打扰用户的原有流程。比如,新用户在首次使用产品的核心功能后,在下单完成页面,可以受邀进行免费的会员体验;或者老用户在浏览商品时,在商品详情页,提示如果升级会员会有哪些可用的权益和优惠等。对于外部渠道的拓展,目前流行资源互换和跨界合作,比如在其他业务中推广自己业务的会员权益、与合作业务方共同推广双方联合的会员活动等。

(2) 通过感知会员价值促进用户转化。如何让用户最大化地感知到会员价值,从而实现会员转化? 首先,引起用户注意,给予用户充分的会员权益曝光;其次,激发用户欲望,针对用户的痛点,说明会员权益带来的好处,最大化地让用户感知会员价值,最小化地让用户感知会员成本,最好能量化呈现;最后,同时刺激用户采取行动,降低用户转化的门槛,让用户快速体验使用,比如免费试用、先用后买。

2. 会员留存

(1) 会员留存需要根据不同的用户阶段精细化展开。对于新会员,可以提供会员服务指引,让用户全面了解会员权益,并清楚要如何高效地使用这些权益;对于成长期会员,要提醒和促使用户使用会员权益,通过使用会员权益培养用户习惯,建立用户对于会员机制的心智;对于衰退期会员,要建立用户流失的预警机制,及时采取挽救举措,提醒用户会员即将降级、即将损失权益,遇到特殊情况时,可适当采取保级措施;对于流失会员做召回,帮助用户回忆会员期间的美好,突出后续会员权益能为用户带来的价值。

(2) 会员留存需要根据不同的会员阶段进行差异化运营。在会员中期,如果会员活跃度非常高,可以尝试转化用户购买更长周期会员。在会员后期,即会员快到期时,可以通过优惠让利、活动激励来适度提醒会员留存。

(3) 对于付费会员,会员留存就是让会员续费。为了使会员延续时间长久,很多企业推出了自动续费功能,通过较低的长期订阅价格,吸引用户购买,然后每期系统自动续费,如果用户想停止续费,则需要付出额外的操作成本,这也在一定程度上减少了用户流失。

3. 会员升级

首先,提升高级会员的用户感知价值,宣导高级会员权益。介绍权益与产品结合能为用户带来什么,对比用户的目前会员等级,高级会员权益的优势在哪、有多少用户在用等,让用户能经常看到这些信息,从而进行更深入的了解。其次,让用户产生升级欲望。最有效的方式是让用户提前试用高等级会员的权益,用户一旦体验到更好的事物,就会认可并愿意继续使用。最后，促使用户采取行动，降低升级门槛。对用户未启动的任务进行辅导，对进行中的任务提醒进度、督促用户尽早完成，对付费会员续费给予折扣价、发优惠券，也可以刺激价格敏感型和优惠敏感型用户进行转化，从而提升会员等级。

4. 会员活动

除了常规权益，很多企业还会为会员组织单独的活动，比如固定每周或者每月几日的会员日活动，有的还开辟了会员专场，如会员秒杀频道。会员活动能带来很多好处，一方面可以更好地服务会员用户，让会员感受到会员身份带来的切实利益；另一方面对非会员用户也会产生吸引力，提高了会员价值和用户转化为会员的动力。但需要注意分寸，非会员用户虽然不是会员，但还是正常用户，该有的服务仍需要给到，会员活动只能作为会员的额外奖励，不能因为一味地追求给予会员福利而抬高会员，降低或忽视了用户常规服务。

5. 会员服务

会员体系体现的是一种存量经济，抓住核心用户做深耕，服务体验是关键。设置会员本身就是为了区别于普通用户，所以对会员需要有特殊服务，来体现会员的尊享感。只有做好了会员服务，让会员被区别对待，才能使会员更具有价值。

会员服务既包括主动提供的服务，如会员等级变动通知、会员任务或者会员权益提醒、会员关怀问候等，也包括被动要求的服务，如会员咨询或者投诉问题的处理，有时候会优先处理，或者为会员用户配备专门的或者高级客服人员。

会员服务工作的开展需要关注几方面事情。首先，约定好服务规则，控制会员服务预期，并不是所有问题都能解决，也不是所有问题都需要解决，什么问题该怎么解决，需要有标准。然后，引导会员自主学习和解决问题，比如提供自助服务，不仅能节省企业的人工成本，也能节省用户时间，解决日常大部分问题，对解决不了的问题再升级到人工客服处理。最后，监控服务过程，保障服务效果。服务过程需要有记录并做好管控，像常规的外呼电话录音、在线客服沟通记录、客服工单记录、用户拜访记录，这些都比较容易实现。

6. 会员数据

进行会员体系效果衡量，一方面，会员体系是有费用投入的，要重点关注成本、收益指标；另一方面，会员体系是对核心用户的运营，也要关注会员用户的渗透、留存、质量和价值指标。

(1) 会员成本，指会员权益费用，比如折扣价商品、优惠券的优惠金额。

(2) 会员收益，主要包括两方面，一是直接的会员费用收入，二是会员用户的产品交易收入，对比用户在成为会员前后的变化，看成为会员后产品交易额提升了多少。另外，会员收益还包括会员用户的质量提升，但这块收益不好直接进行量化评估，一般会把用户的使用频次、客单价等作为参考进行分析。会员收益除以会员成本，就是会员的投入产出比，评估会员投入是否划算。此方法也可以用来评估具体的会员权益、活动，单独计算每一个项目的投入产出比，对比分析各种项目策略的效果好坏。

(3) 会员渗透率，指在企业目前正服务的所有用户人群中，已经成为会员或高级会员的比例，代表了会员体系的规模和吸引力。

(4) 会员留存率，表示用户对会员体系的认可程度，反映了会员体系对会员用户成长的实际促进作用，尤其对于付费会员而言，留存率即续费率，是评估会员体验和决定会员体量的关键。

（5）会员质量和价值，包括会员用户健康成长方面的指标，如会员拉新量、升级率，也包括会员用户在业务关键指标上的表现，如交易频次、平均客单价。

拓展阅读

京东会员

京东会员利用京享值作为评级标准。京享值，是根据用户在京东近365天的消费分、近60天的活跃分和账户分等综合计算得出的分值，每月25日重新评估分值。消费分，是结合用户在京东主站内的购物金额、购物利润、购买品类数量等综合计算得出的分值；活跃分，是由用户登录京东主站App、评价、晒单、回答问题、开通品牌会员次数、购物天数等累加计算得出的分值；账户分，是完成实名认证、校园认证、邮箱绑定、微信绑定、QQ绑定后累加计算得出的分值。用户通过完成各种任务赚取京享值，根据京享值享受专属服务。京东会员体系及其业务逻辑如图8－29所示。

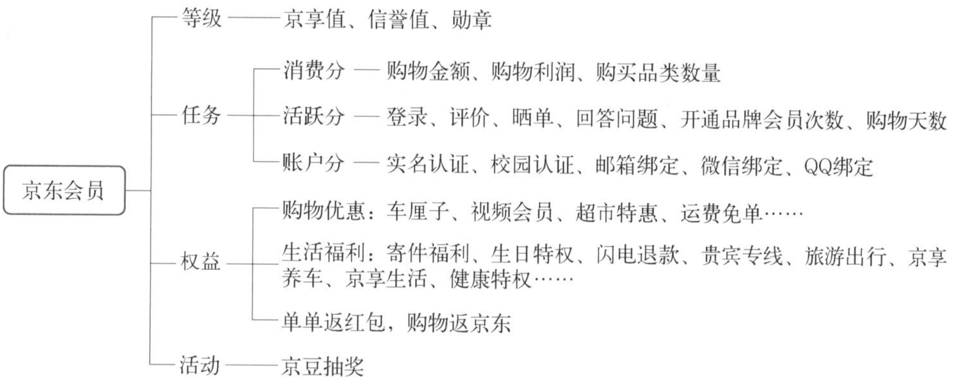

图8－29　京东会员体系及其业务逻辑

任务三　客户反馈响应

研究发现，在大多数服务行业，面对劣质服务，只有不到1/3的不满意客户会向服务商投诉，大多数人要么向朋友或他人倾诉糟糕的经历，要么悄无声息地转向其他服务商。面对客户投诉，许多企业不是及时解决问题，而是将其逐级上报。

客户投诉的“逐级上报”制度减少了高层经理处理客户不满的工作量，但也使其丧失了许多重要信息，难以及时采取有效更正措施。这也说明了，解决一两个客户的抱怨可能会保住几十甚至上百个客户。如果客户的抱怨能快速有效地得到解决，他会乐意与企业再次合作，经常投诉的客户对品牌更加忠诚。

一、客服响应

客服中心不直接为企业创造利润，不参与生产和销售过程，更多的是作为支持者。但是为什么几乎所有企业都有客服中心？客服中心对企业有什么价值？

一般而言，客服中心在企业里拥有双重身份：对外，客服代表企业，面向用户，直接与用户沟通，把企业信息传递给用户，同时收集用户意见和建议，解决用户咨询和投诉的问题，对用户进行交易引导，维护用户关系；对内，客服代表用户，客服是直接接触用户的人员，最了解用户的问题，通过对用户问题的整理和分析，向业务部门和管理部门反馈用户问题及问题背后的原因，推动产品功能的完善和业务服务的改进。客服中心通过内外兼修，挖掘问题本质，优化和创新服务机制，建立并维护企业和用户之间的友谊，促进双方协同发展。客服中心是企业发展中不可或缺的部分，是企业发展的关键枢纽，是用户数据情报中心，甚至是利润源泉。

(一) 建立客户导向文化，实现高效沟通

由于互动沟通是提升客户体验的基本途径，企业要建立客户导向型沟通文化，掌握客户视角的沟通技巧，营造亲和氛围，消除沟通障碍，通过高效沟通收集客户体验短板。

人的行为受欲望和利益的驱使，生物本能使个体总是以自我为中心。人际交往的基本原则就是站在对方角度，为对方着想。以客户为中心要求把客户利益放在第一位，沟通时要采用客户视角，经常换位思考。

利用文字沟通时，第二人称、第三人称更能传达出客观和以客户利益为重的意味。例如，通过电子邮件沟通时，以客户为中心的信件经常出现“您”“客户”等词语，然而大多数人的信件中经常出现“我”“我的”“我们”“我们的”等第一人称，“客户视角”和“自我视角”比较如表 8 - 3 所示。

表 8 - 3 比较“客户视角”和“自我视角”

自 我 视 角	客 户 视 角
我从事销售行业 20 年了	我 20 年的从业经验会让我更能理解您的需求
我需要您把这份申请表填好给我	在您完成这份申请表后，我们会……
在我们转账前，需要您在确认单上签字	为了您的安全着想，我们在您签字以后才能转账
我把这份报告返给您，您再修改一下	为了方便您用最新的视角更新这份报告，我们将回传给您
给您看一下人寿保险方案	作为一个年轻的父亲，想为家人考虑人寿保险，但家里有孩子并且资金紧缺，我们这个方案是为您这样的客户量身打造的，您一定会感兴趣

(二) 与具体对象“交谈”，而非向一群人“广播”

“广播口吻”是指把沟通对象当成一群人，而一对一谈话的“交谈口吻”能让我们更清

晰地表达自己的观点。使用“交谈口吻”的简单方法就是直接称呼对方。例如，相比收信人是“亲爱的顾客”“亲爱的同事”，写明收信人的名字更能传达真诚，让收件人充满兴趣。电台播音员就擅长使用“交谈口吻”，收听节目的几百万人都觉得播音员在对自己说话，如表8－4所示。

表8－4　比较“广播口吻”与“交谈口吻”

广播口吻	交谈口吻
我们很高兴收到那么多订单，说明我们的产品得到了肯定	订单的小册子今天将会到达您的手中，感谢您订购
我们非常感谢那些按时付款的顾客，他们的及时付款让我们可以为其提供更好的服务	非常感谢您及时付款，这让我们能够为您提供价格更低、品质更好的服务

(三) 使用积极语言，传达积极信息

同样一件事情，积极语言是你能做什么，消极语言是你不能做什么。例如，“商品售出后概不退钱”是消极语言，告诉你不能做什么，这可以换一种表达方式：“我们会为您换货，直到您满意。”积极语言与消极语言的语气不同，会产生不同的影响。积极语言能传达积极信息，人们喜欢听，沟通效果更好。很多客服人员习惯使用消极语言与客户沟通，例如，“我们很抱歉地通知您，我们不能……”“抱歉我们不允许……”“很遗憾，您丢失了保修单……”，如表8－5所示。

表8－5　比较“积极语言”与“消极语言”

消极语言	积极语言
下周三之前我们不能送到 很遗憾，您不能赊购 您错了，我们协议的第四条是…… 您下订单的时候忘了写零件型号 您不能在员工停车位停车，您必须停在指定的顾客停车位	我们会在下周三送到 由于时间原因，我们只能现金交易 在阅读我们协议的第四条后，您就会明白了 为了及时给您发货，请您检查一下订单上的零件型号 您可以把车停到我们的顾客专用停车位

(四) 当有投诉发生时，及时响应

1. 正确认识投诉

人的本能使我们对抱怨和投诉有天然的抵触心理。企业要将客户投诉视为改进产品与服务质量、提升客户体验与满意度的良机，而不是对其感到头疼。《荀子·修身》曰：“非我而当者，吾师也；是我而当者，吾友也；谄谀我者，吾贼也。”这句话的意思是：批评我而且批评得恰当的人，是我的老师；赞扬我而且赞扬得恰当的人，是我的朋友；阿谀奉承我的人，是害我的敌人。

2. 高层直接面对客户投诉

企业要建立工作制度，确保管理层能随时了解客户反馈。高层经理要亲自探访客户，直接从客户那里了解一线情况。例如某汽车公司要求总部人员每人每月要面对面约见4位客户；某银行要求每位经理到客户服务区或者客户服务部门去旁听员工与客户的电话录音，有些经理还亲自给客户打电话。不要依赖客户服务统计数据，很多情况下这类统计是外包人员做的，他们不了解企业的业务以及竞争对手，也不了解客户的情况，他们不会真正关心那些统计数据。

3. 从心里接受客户

客户投诉时，客服人员的第一反应在很大程度上决定了客户反馈意见。客户经理必须真心诚意地倾听意见，而不是装装样子；要从心底接受客户，而不是抱有抗拒心理；要认为客户的投诉是合理而真实的，避免采取防御性姿态和不必要的细节深究。先不要回应、解释，而是耐心听完客户的陈述，让客户充分表达自己的感受。

4. 创造良好的沟通氛围

企业要鼓励客户反馈，而不是质疑客户的反馈；要支持客户，而不是挑战客户。正确的做法是合作与解决问题，而不是纠缠于企业与客户谁对谁错。客户不关心下游物流商的货物积压或者上游供应商的零配件品质不合格，这都是企业的责任。如果客户每次反馈意见时面对的都是借口和争吵，他们将不再反馈。企业要避免任何可能使客户觉得具有挑战性的话语，例如，如果你怀疑这个问题可能是客户错误使用产品造成的，你应当等待投诉结束，再委婉地询问客户是如何使用产品的。

5. 建立投诉处理工作机制

对于合理的投诉，企业要及时解决问题，并改进工作，防止问题再次发生。这需要建立投诉处理机制，完善工作流程。例如：首先，客服代表要接受投诉并向客户道歉；其次，客服代表向客户解释问题是如何解决的，企业已经采取必要措施以保证客户未来不会再有这种体验；最后，客服代表建议企业怎样补偿这位客户。

6. 慎重对待不合理投诉

有些客户投诉，就是想占便宜，想要一些免费的东西。要注意通过正确的方式调整客户的心态，不要用打折或免费来应对不合理的投诉。

二、反馈跟踪

进行客服工作，需要遵循一定的服务准则和流程。什么类型的问题要怎么处理、多长时间内处理、处理步骤是什么等，这些都需要有标准、准则、流程、规范，客服工作需要明确这些标准，确定服务的准则和流程，然后按规范进行处理。

（一）确定服务准则和流程

为了便于客服规范化处理用户反馈，有两个常用的办法。一是梳理常见问题解答(FAQ)，搭建在线帮助文档(或者服务手册、知识库等)，帮助客服人员快速查询问题和找到相应的解决办法。这个办法也可以直接用在用户身上，在用户端建立用户常见问题解答(FAQ)文档，让用户自己寻找问题答案。二是建立标准化作业流程(SOP)，客服流程一般涉及环节较多、操作复杂，建立标准化作业流程(SOP)可以帮助客服人员理解流程，并能够按流程指导做出快速且准确的处理。

（二）建立指标体系，跟踪反馈结果

在很多企业中，客服中心是企业和用户之间的唯一接触点，其业务的重要程度和数据的核心程度不言而喻。基于客服中心的两面性，可以将客服的指标划分为三大类：用户指标、业务指标、运营指标。

1. 用户指标

用户指标，指用户服务方面的指标，用来评估用户问题及解决情况，具体包括问题用户量、解决率、满意度、响应时长、处理时长、二次咨询或者投诉率等。

2. 业务指标

业务指标，也叫 VOC 指标，指通过用户反馈的数据，提炼出业务方面有价值的指标，用于业务的优化改进，比如问题类型、问题用户量、赔付金额等。在梳理这部分指标的时候，前期明确客服目的和背景就显得尤为重要。一般通过对用户问题进行统计分析来获取这些指标数据，比如对每个问题的内容、原因、处理情况进行关键词提炼或者进行归类统计，通过工单管理，得到所有问题的整体描述、详细分类及数量分布、处理状态和结果等，同时从不同细分维度分析和挖掘数据，洞察业务问题。关于用户反馈的问题，以文字、语音形式为主，大部分信息内容是非结构化的，这时如果问题少，可以人工整理，如果问题多，可借助文本挖掘工具，比如 KHCoder 来进行分析。想要获取结构化的信息，还有一种办法，在用户反馈时让用户以一定的结构提交问题，比如客服接听电话时通过自助语音或者人工询问用户问题类型，用户在线反馈问题时让用户给问题打上分类标签。

3. 运营指标

运营指标，是客服人员管理方面的指标，比如出勤率、绩效、流动率等。

（三）制定管理制度

为了更好地给用户提供专业的服务，企业需要根据实际情况制定客服人员管理、服务质量管控、服务能力提升等制度。

1. 客服人员管理

客服人员管理是客服中心运营管理的核心，人员管理涉及的环节较多，比如招聘、培训、排班、绩效考核和奖惩处理等。

2. 服务质量管控

客服工作通常都有质检环节，按服务准则和规范，对服务过程和结果进行监管，及时发现客服工作问题并予以纠正，保障服务进展和质量。

3. 服务能力提升

除了客服人员个人能力及系统、技术等硬性能力的提升，服务机制和策略上的能力也需要提升。对解决问题的结果定期复盘，复盘是长效手段，通过梳理问题的来龙去脉和对结果进行追踪，比如进行用户回访，可验证问题是否被实际解决及解决的程度，还可以了解用户对服务的满意度，然后优化此类问题的服务处理办法，提升后续服务水平。

任务四 客户裂变策划

一、客户忠诚度

(一) 忠诚的前提——客户满意

满意是一种心理感觉，是在客户消费后产生的价值认同感与心理满足感。客户忠诚是一种情感，就是对满意的品牌真心诚意、不离不弃，表现为持续消费甚至为品牌说好话。调查发现，表示满意的顾客，有65%～85%会转向其他品牌。在竞争性行业中，客户的满意度与忠诚度之间并不是简单的线性关系。通常情况下，当客户处于满意层面时，忠诚度并不高。当产品质量或服务体验处于社会平均水平时，客户对产品或服务没有特别优秀的感觉，这种情况下，客户满意度的提高，并不能提高客户忠诚度，也就是“客户满意度陷阱”。当满意度超过阈值，客户忠诚度才会提高；当客户非常满意时，客户忠诚度会迅速升高，如图8-30所示。

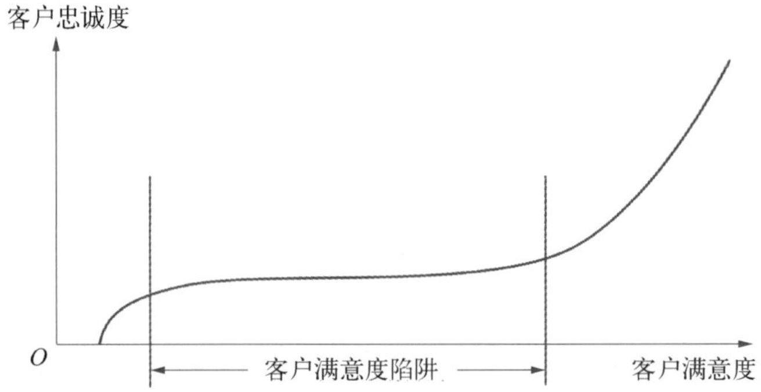

图8-30 客户满意度与客户忠诚度

因此，客户满意是客户忠诚的前提条件，企业要想培育客户忠诚，让客户复购并为自己说好话，就要让客户非常满意，比如可以用“客户非常满意率”替换“客户满意率”作为工作的考核指标。

(二) 忠诚的表现——养成习惯，情感忠诚

客户忠诚，就是客户对品牌形成偏好，既表现为养成习惯，包括持续使用、重复购买、购买更多(数量与品类)、难以转向竞争对手等，又表现为情感忠诚，包括产生依赖感、形成正面态度与情感纽带、向他人推荐等。

1. *养成习惯*

心理学家指出习惯是一种在情境暗示下产生的无意识行为，是人们不假思索就做出的举动。神经科学家指出，人脑中存在负责无意识行为的基底神经节，那些无意中产生的条件反射会以习惯的形式储存在基底神经节中，使人们可以腾出精力来关注其他事物。当面对问题时，大脑不是主动思考该怎么反应，而是走捷径——迅速从行为储存库里提取

出相应的对策，这就是习惯的养成过程。

据统计，人类将近一半的日常行为都是习惯。一旦长期频繁地使用某产品，人们就会养成习惯。QWERTY 键盘问世于 19 世纪 70 年代，最初是用在打字机上。在这种键盘上，常用字符被分隔开来，以防止打字机连动杆在打字时卡住。现在，这种操作障碍早已不复存在，但这种键盘还在流行，就是由于习惯的力量。转而使用一种新键盘，虽然能提高工作效率，但人们需要改变习惯——重新学习打字。

养成习惯很重要。有研究表明，大多数消费者需要经过 3～5 次购买才能养成习惯。2019 年，社交营销分析公司 Yotpo 对 2 100 名消费者的调查发现，重复购买一两次并不能养成习惯，37％的消费者认为需要至少 5 次购买才能习惯一个品牌。因此，先让客户试用起来很关键，要让客户先试用 3～5 次。2014 年年初的国内市场上，打车软件对乘客疯狂补贴，甚至出现乘客打车不用付钱、还能赚钱的怪现象，出租车司机也和乘客一样，在不同打车软件之间频繁切换，哪款软件更有利可图就用哪款。通过大肆“烧钱”，快的与滴滴等迅速发展了数千万的客户，有些客户就此养成了使用打车软件的习惯。

培育品牌忠诚是一项长期而艰巨的任务，需要花费大量时间了解需求、持续优化产品与服务。瑞幸咖啡、打车软件等通过“烧钱”迅速获得了大量客户，有些客户甚至养成了消费习惯，却难以形成情感忠诚，这蕴含着极大的风险。

2. 情感忠诚

与品牌具有情感纽带的客户，忠诚度更高。研究表明，对品牌具有情感认同的客户，购买次数更多，消费金额更多，更有可能将品牌推荐给他人。

忠诚与企业品牌形象、产品、服务以及消费体验等因素有关。2019 年，Yotpo 公司调研美国消费者对品牌忠诚的主要驱动因素。消费者面对问题“是什么让你对品牌忠诚?”时，78％的人选择“产品”，63％的人选择“价格”，26％的人选择“客户服务”，22％的人选择“忠诚度计划”，17％的人选择“消费经验”，9％的人选择“与慈善相关”，4％的人选择“广告宣传”，2％的人选择“其他”。可见，影响品牌忠诚的因素很多。

(三) 提高客户忠诚度的方法

消费者对一个品牌是否忠诚，背后的根本原因是什么呢?

消费者转换品牌和产品取决于转换成本与转换收益的对比。转换成本就是客户转向新品牌所付出的代价；转换收益就是客户转向新品牌所获得的好处，等于新老品牌给客户的感知价值之差。所谓忠诚，就是转换收益小于转换成本，事倍功半，得不偿失，所以就保持现状、不折腾；而转换收益大于转换成本时，就会择优而选。

因此，对企业(老品牌)而言，要提高客户忠诚度，有两个方法：

一是提高客户的感知价值，降低客户的转换收益；

二是提高客户的转换成本。

转换成本分为四类：经济损失、情感损失、学习成本和沉淀价值。

1. 经济损失

客户转向新品牌后通常会遭受经济损失，包括失去原有会员权益、产生额外支出、专用资产失效等。

2. 情感损失

客户转向新品牌后通常会遭受情感或心理方面的损失，包括品牌形象损失（失去与老品牌的关联）、人际关系损失（与原企业的有关人员熟悉，能享受优质服务，新企业无法提供）等。

3. 学习成本

使用习惯让产品拥有众多的忠诚客户。对于较复杂的产品或工具性产品，人们一旦熟悉了就倾向于继续使用，难以转向其他产品，例如办公软件 Office、专业设计软件 Adobe Photoshop 等，人们已经熟悉老产品的功能与操作，转而使用其他产品会增加认知负担。客户放弃老品牌、转向新品牌时，不仅要花费时间与精力进行信息搜寻、评估比较，而且要学习新产品新功能的使用方法与技巧。改变自己的习惯，还可能要冒一些风险，如新产品性能低于预期、使用不方便等。如果适应了华为手机，再转用其他手机，重新适应的学习成本很高，手机、电脑、平板之间的无缝连接和资料共享的体验会下降，还有很多数据储存在云端不方便使用。

4. 沉淀价值

客户使用产品的时间越长，产品的价值就越大，这就是老产品具有的沉淀价值。例如，电子邮箱、移动通信、网上购物、社交媒体等服务都与人们的日常工作、生活紧密相关，沉淀价值较大，如果人们更换服务商，就会给自己带来很多麻烦。客户使用产品时，会收集或创建一些数据资料。客户使用产品的时间越长，生成的数据资料越多，产品对客户就越有价值，客户就越难以放弃该产品。

（四）客户忠诚度效应——客户保有时间越长，利润越高

老客户通常是忠诚客户、高价值客户。忠诚客户往往购买更多东西，购买得更加频繁，企业在其身上花费的成本费用更低，他们贡献的利润更多。有研究发现，企业 90%的利润来自老客户的复购与推荐。所谓客户忠诚效应，是指客户保有时间越长，对企业的利润贡献就越大。以服务企业为例，由于老客户的消费水平比较高，熟悉企业业务，节约企业成本费用；由于企业效益较好，员工报酬就较高，这使员工感到自豪，工作热情高，离职率低，员工能提供更好的服务；客户感觉满意，消费金额更大，并向潜在客户宣传推荐。这样一来，企业经营活动就形成了正向循环，利润率会维持在较高水平。客户忠诚效应的要素，如图 8-31 所示。

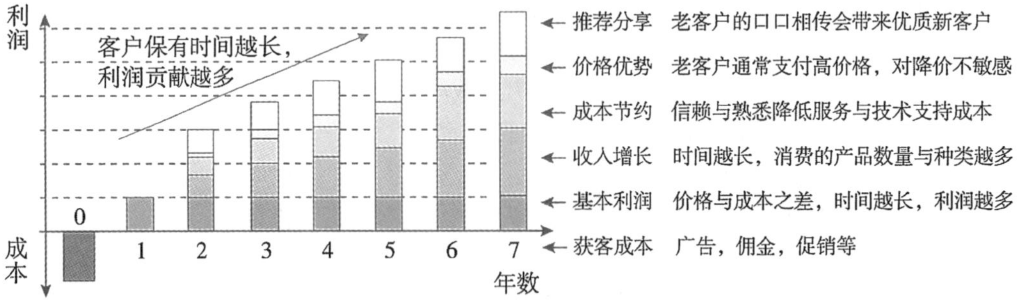

图 8-31　客户忠诚效应的要素

(五) 客户忠诚的衡量指标

1. 客户保有期

客户保有期，又称客户生命周期、保有时间、保留时间、使用期限、在网时长等，指客户消费某品牌产品或服务的时间长度。客户保有期越长，客户对品牌的依赖性越强，忠诚度越高。

2. 客户保有率

客户保有率，又称客户留存率、保持率、复购率。客户保有率越高，客户忠诚度就越高，其相对指标是客户流失率。比如，客户保有率是 90%，那么客户流失率就是 10%。值得注意的是，时间单位不同，指标的数值差异较大，甚至会让人产生错觉。例如，周客户保有率是 99%，折合为年保有率仅为 60%。82%的年保有率，4 年后仅为 45%；95%的年保有率，10 年之后仅为 60%。

3. 客户消费份额

在有些行业，客户保有期、客户保有率等指标无法准确反映客户忠诚度。客户现实的消费行为通常是逐渐增加或减少对某品牌的消费，例如一家企业不大可能与某家供货商立即中断业务往来。客户消费份额，又称钱包份额(Share of Wallet)，指客户购买本品牌商品占购买同品类商品的比例。增量客户是指现有客户中购买量增加的客户，减量客户是指现有客户中购买量减少的客户。高迁率即高迁(增量)客户占比，即消费量高于以前的客户所占的比例；相对的是低迁率，即低迁(减量)客户的占比。

二、口碑传播

(一) 口碑营销的含义及其实质

口碑营销，就是利用人际传播实现营销宣传和产品销售，让客户主动向别人谈论、推荐产品，通过“人传人”实现自动增长。口碑营销的实质，就是利用人际信任关系来降低交易成本，让客户成为企业的信息传播者和产品销售者，而不用花费营销宣传费用与渠道佣金。

企业最重要的营销资源不是媒体广告，也不是渠道经销系统，而是每一个客户的分享和口碑的力量，企业面临的最大挑战是怎样让客户为自己说好话。客户是优秀的销售人员。与广告代理商或拿佣金的销售员相比，客户更清楚企业产品的优点和缺点。老客户介绍来的新客户可能觉得产品正合心意。与那些被广告或价格优惠吸引来的潜在客户相比，老客户推荐来的新客户在购买前就对品牌建立了一定的信任，他们接受新产品的门槛较低，成交概率较高；他们更容易成为忠诚客户并去主动向其他新客户推荐。

目前，口碑营销的平台非常多，例如微博、微信、抖音、快手、淘宝、B 站、知乎、小红书等。

(二) 口碑效果的衡量指标：净推荐值(NPS)

1. 净推荐值

弗雷德·赖克哈尔德提出了净推荐值(Net Promoter Score，NPS)这一概念，用来衡量客户口碑的效果——客户将品牌及其产品或服务推荐给他人的意愿强弱与可能性的大小，又称为口碑指数、客户净推荐率。

测量净推荐值的方法十分简单。请客户回答“您有多大意愿向朋友或同事推荐某品牌的产品或服务？”并在 0～10 的区间内打分，0 代表“根本不想推荐”，5 代表中性观点，10 代表“非常愿意推荐”。根据打分情况，可将客户分为三类，如图 8－32 所示。

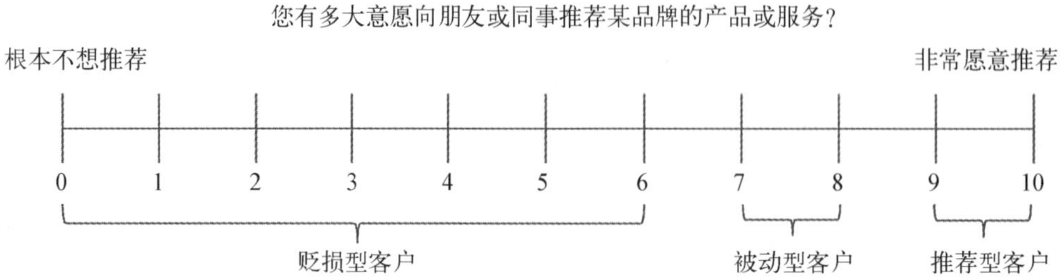

图 8－32　客户分类

（1）贬损型客户。打 0～6 分，不满意，没有忠诚度，甚至传播负面口碑。80%～90%的负面口碑来自贬损型客户。

（2）被动型客户。打 7～8 分，消极满意，他们对企业还算满意，但并不热心，持无所谓的态度，多数人不会做宣传，一旦遇到更好的产品，他们就会离开。一般情况下，大部分客户都是贬损型客户或被动型客户。

（3）推荐型客户。打 9～10 分，非常满意，他们相信从企业获得了价值，对品牌忠诚，会重复购买，并且推荐朋友来购买。80%～90%的正面口碑来源于推荐型客户。用推荐型客户占比减去贬损型客户占比，就得出了净推荐值。

净推荐值（NPS）＝推荐型客户占比－贬损型客户占比

根据贝恩公司的测量，美国普通企业的 NPS 为 5%～10%，优秀企业 NPS 可以达到 50%～80%，有些垄断性行业的企业如银行、航空公司，NPS 是负值，甚至达到－40%。

2. 提升 NPS，让客户为你说好话

根据美国消费者事务局等机构的研究，熟人的正面评价、陌生人的负面评价，对消费者的影响较大，至少 5 个正面评价才能抵消一个负面评价的影响。有企业家说过：“如果你在现实世界中让 1 位客户不满，他会告诉 6 个朋友；如果你在互联网上让 1 位客户不满，他会告诉 6 000 个朋友。”

三、客户社群

（一）客户社群的分类

客户社群，也称品牌社群，有些是企业（品牌）建立的，有些是客户自发成立的。客户社群的类型多种多样，包括线上的或者线下的客户会员组织、粉丝团体、客户联盟或俱乐部等。构建客户社群的工具很多，如官方网站、App、论坛社区、社交媒体、电商、短视频、直播等平台。

根据社群成员的行为不同，客户社群可以分为内容型和社交型。内容型也称浏览型，社群运作主要依赖大量专业内容。社交型也称互动型，社群运作高度依赖成员之间的互动交流等，对专业内容的依赖较少。事实上，大部分社群都是复合型社群，有的以专业内容为主，有的以成员交流为主。

（二）社群运营的目标

为客户创造价值是社群存在的基础。企业运营客户社群，就是将目标客户汇集成社群，作为企业（品牌）与客户沟通的平台、客户相互交流的平台，同时汇聚对客户有用的信息，培育客户的归属感，使客户与品牌建立紧密连接。归属感会提高社群成员的购买转化率，提高客户的转换成本，客户愿意在品牌上花费更多，愿意为品牌创造内容，主动去推荐新客户。

社群管理员要想与客户建立情感连接，必须融入社区氛围当中，以真诚互动和高价值的内容，让客户认同品牌、相信品牌，直至离不开品牌。互动产生情感，情感产生黏性。一旦客户对企业的社群管理员产生了正面情感，他们之间的关系就很难被撼动。

企业与客户坦诚沟通，能够给客户参与感，增强情感纽带。很多客户乐于参与企业的品牌塑造、营销策划等活动。企业要建立畅通的沟通渠道，让客户易于发表评论、提出修改意见，并及时予以反馈、鼓励，让客户有被尊重、被重视的感觉，从而积极参与讨论；企业要塑造平易近人的形象，拉近与客户的距离。

（三）社交型社群的运营要点

新消费时代，人们对自己的定位日益清晰具象，愈加渴望彰显个性，越来越多的人热衷于部落化、圈层化生存——在圈子中获得某种身份认同，共享消费偏好与消费信任。消费的社交属性越来越强，消费不再是单纯的购买行为，而是基于社群归属感和认同感。社群成员相互之间产生社交黏性，成员离不开社交圈子，间接导致其离不开品牌社群，对品牌产生黏性。社交型社群的运营要点如下。

1. 明确定位

随着消费需求日益多元化、个性化，客户社群越来越细分化、专业化。社交型社群通常被定位为客户社交平台，客户在平台上能够找到同类的人，比如找到共同学习的人，相互帮助，提高学习效率。企业运营社交型社群时，定位不能大而全，应该针对特定圈层人群打造专属的存在感和归属感。

2. 开展圈层营销

网络社群的“1/9/90”模型，根据个体对社群的贡献和影响力，将社群成员分为三类人：1%的原创客户、9%的互动客户和90%的浏览客户。该模型适用于大多数网络社群，例如，某网站每月有数十万访问者，其中，几百人会积极地写游记、上传照片，几千人会参与评分与讨论，大多数人只是浏览内容。事实上，有时候不是“1/9/90”分布，甚至是0.003/0.2/99.8。

通常情况下，网络社群由核心层、影响层与外围层构成，三层的成员是三类人：核心层是极少数社群核心成员，他们主导整个活动；影响层是少数骨干分子，他们冲锋在前，影响大众的行为；外围层是占大多数的社群普通成员，他们易受影响，随大流。对于社交型社群，极少数KOL（意见领袖）说话，少数KOC（消费领袖）评论转发，大部分普通成员围观；对于内容型社群，极少数核心成员贡献大部分内容，少数骨干成员会发表评论与互动，

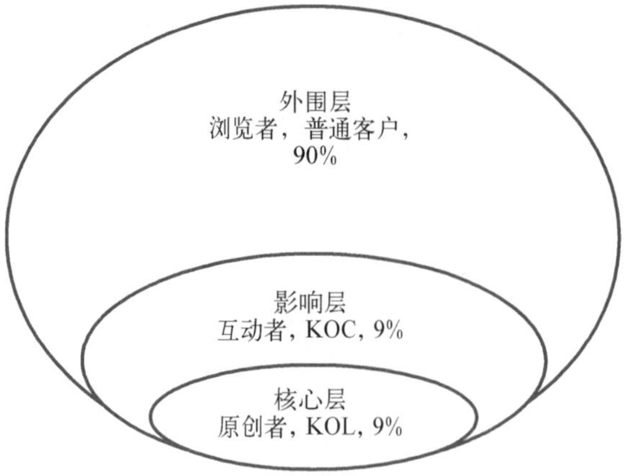

图 8－33 网络社群层级

大部分成员只是浏览，如图 8－33 所示。

所谓圈层营销，又称影响力营销，就是根据客户社群的成员构成规律，寻找少数有影响力的成员，如明星、网红、达人、粉丝等，利用他们影响广大普通客户的消费行为。

在社交型社群中，少数的 KOL（明星、网红等意见领袖）和 KOC（达人、粉丝等消费领袖）对其他人具有较强的影响力，企业要注意寻找这些有影响力的人，以小博大，利用他们来影响广大普通客户。

3. 组织社交活动

（1）打造社交圈子，吸引社群成员开展社交活动。

（2）赞助社群活动。例如，食品品牌经常赞助各种聚会，提供优惠产品。参加这些聚会的青年男女是其主要消费群体，赞助这些活动，可以让目标客户体验产品，形成口味依赖，从而对品牌产生好感。

（3）构建体验场所。例如，有些图书品牌构建体验式会所，汇聚有共同兴趣爱好的消费者，开展体验营销。

（4）众包与众筹。组织大家分工协作，高效率完成一项普遍感兴趣、有一定难度的社群活动，例如红包接龙等轻量游戏。

4. 提高社群活跃度

（1）鼓励新客户添加好友。研究发现，新成员在社群中结识的好友数量的多少，决定了其在社群中的活跃程度，好友数量越多，人们在社群中留存时间越长，活跃度越高。如果客户在注册账号的第一周内添加了至少 5 个好友，他留存的可能性就比较高，于是公司鼓励客户在第一周添加更多好友。

（2）制造话题。根据品牌与产品的性质以及目标客户定位，结合目标客户的习惯、喜好与心理特点，制造有吸引力的话题。

（3）举办有奖互动活动。形式要简单，以降低客户参与门槛。例如知乎的积分规则之一是，当群内用户提出问题，最先回答且获赞数量最高的用户可获得双倍积分，积分可兑换充电宝、雨伞、笔记本等礼品。

（4）点赞客户帖子。与客户沟通时，要富有同理心，多赞美，多引导，让客户感觉被尊重、被需要、被认同。

（5）运用社群工具。例如，利用智能客服机器人协助进行成员管理，利用虚拟插件营造氛围、提升人气等。

（四）内容型社群的运营要点

1. 用优质内容留住老客户、吸引新客户

数字时代是内容营销时代，内容越有吸引力，获客成本越低。企业构建内容型社群，向现有客户与潜在客户提供有价值的信息内容，包括各种专业知识、产品知识、品牌活动、营销活动等，可以吸引、留住目标客户。

不同品牌需要为消费者提供不同的专业内容，例如：母婴品牌提供孕期注意事项以及不同年龄段儿童的育儿知识；服饰品牌提供流行穿搭趋势、试穿效果展示；美妆品牌提供流行的妆容趋势、化妆技巧和产品使用效果；旅游网站展现旅游景点的美景，给出行程建议；投资机构提供个人理财课程；食品店提供烹饪知识；汽车维修店提供汽车维修课程。有些社群型产品通过免费优质内容吸引目标客户，再通过广告或者销售佣金获取收入，这是当前流行的社群商业模式。

2. 内容社群运营的关键：吸引、鼓励原创者创造内容

内容社群的成员包括三类：原创者、互动者与浏览者。

原创者是内容创造者。这类人的数量少，他们创作了绝大部分内容，包括网页、博客、视频、帖子等，是内容社群的关键。社群运营方（内容平台或品牌方）要积极主动地拉拢他们，让其感觉自己被需要、被追随、被夸奖，鼓励他们源源不断地创造新内容。原创者创作的内容易于得到读者的反馈，运营方要为其量身定做专用工具，方便他们高效生产优质内容，平台一般会开发滤镜、主题、板型等工具。

互动者是内容传播者。这类人的数量较多，他们在社群的行为包括签到、点赞、回帖参与讨论等。他们通常会欣赏、鼓励原创者，促进内容生产与传播，提升社群活跃度。平台要关注互动客户的需求，增强社群的聊天、简讯、分享等沟通功能，为他们提供方便。

浏览者是内容消费者。他们习惯“潜水”，只看不说，属于“沉默的大多数”，是社群的基础。社群运营方（平台或者品牌）要给广大读者舒适、流畅、相关度高的内容浏览体验。如果社群缺乏优质内容输入，社群内有价值的信息变少，社群带给成员的帮助或愉悦感就会减少，社群就会逐渐变冷。

优质内容来源于内容创造者。在社群发展初期，要正确选择第一批客户，选择、吸引优秀的内容创造者至关重要。例如，一家以兴趣为基础的图片社交网站，目标客户是家庭主妇。创始人发现，在成立初期，网站成功的关键是拥有美丽的照片可供分享，因此网站重点发展摄影师来创造优质内容。如果网站在起步期只是吸引了家庭主妇，没有摄影师去创作、提供优质图片，客户社群就发展不起来。

素养提升

诚信守责，保密护航

在客户运维策划工作中，诚信意识、耐心细致的职业素养以及保密意识的培养，与法律规范、行业准则、职业道德和国家政策紧密相连，是保障客户利益、维护行业健康发展的关键。

诚信意识和耐心细致的职业素养，需要以法律和职业道德为依托。《中华人民共和国消费者权益保护法》要求企业在客户运维过程中，如实告知客户产品或服务信息，不得进行虚假宣传、恶意欺诈。这就要求从业者秉持诚信原则，耐心解答客户疑问，细

致处理客户反馈，不敷衍、不推诿。同时，行业倡导的服务精神也强调以客户为中心，用真诚的态度和专业的服务赢得客户信任。例如，面对客户的投诉，耐心倾听需求，细致分析问题根源，提供切实可行的解决方案，在维护客户权益的同时，树立良好的企业形象，推动客户运维工作高质量发展。

强化保密意识，保护客户利益，是法律规范和国家政策的明确要求。《中华人民共和国个人信息保护法》对客户个人信息的收集、存储、使用等环节做出严格规定，严禁非法泄露、出售客户信息。在客户运维策划中，从业者必须严格遵守相关法律法规，建立完善的信息保密制度，从技术和管理层面双重保障客户信息安全。此外，紧跟国家注意是否改成对于数据安全的政策导向，积极采用加密技术、权限管理等手段，确保客户商业机密、隐私数据不被泄露。只有将保密意识贯穿客户运维工作始终，才能切实维护客户利益，增强客户对企业的信赖，为行业发展营造安全、可靠的环境。

习　题

一、单项选择题

1. 企业在前端收集好客户数据之后，还需要在培育中记录(　　)。

A. 客户行为　　B. 客户数据　　C. 购买记录　　D. 客户画像

2. 消费的社交属性越来越强，消费不再是单纯的购买行为，而是基于(　　)。

A. 消费者购买意愿　　B. 消费者忠诚度

C. 社群归属感和认同感　　D. 社群活跃度

3. 根据社群成员的行为不同，客户社群可以分为(　　)。

A. 内容型和社交型　　B. 娱乐型和社交型

C. 资讯型和内容型　　D. 资讯型和娱乐型

4. 积分体系主要包括(　　)。

A. 积分的获取和消耗　　B. 积分的变现和优惠

C. 积分的积累和消耗　　D. 积分的规则和积累

5. 消费行为模型“兴趣—购买—忠诚—推荐”中，(　　)是核心环节。

A. 兴趣　　B. 购买　　C. 忠诚　　D. 推荐

二、多项选择题

1. 社交型社群的运营要点有(　　　　)。

A. 明确定位　　B. 开展圈层营销

C. 组织社交活动　　D. 对产品进行营销

2. 网络社群由(　　　　)组成。

A. 核心层　　B. 影响层　　C. 外围层　　D. 关键层

3. 客服的指标划分为(　　　　)。

A. 用户指标　　B. 业务指标　　C. 运营指标　　D. 销售指标

三、简单题

1. 客户培育和转化的阶段包括哪些?

2. 提高客户忠诚度的方法和指标有哪些?

3. 社交性社群运营的要点有哪些?

实训项目

电商企业的客户关系建立

1. 实训目标

通过对电商企业的客户关系管理进行分析,掌握互联网企业获取相关客户的信息以及与客户建立关系的方法。

2. 实训内容

选择京东、天猫、当当、唯品会、携程、去哪儿等任意一电商企业作为研究对象,完成以下任务。

(1) 确定该企业选择客户的标准。

(2) 确定该企业选择客户的渠道。

(3) 确定该企业通过哪些策略与客户建立关系。

3. 组织与实施评价

(1) 全班学生划分为6~8人的小组,组成项目团队。

(2) 形成一份有价值的调研报告+课题汇报PPT。

(3) 根据提交的书面材料质量、口头报告的表现等因素综合打分。重点关注原创性、实用性和创新性。考虑团队协作效率以及每位成员贡献。

模块四

特色模块

项目九 直播方案策划

学习目标

1. 知识目标

(1) 了解直播方案的构成,掌握直播方案的撰写技巧。

(2) 了解互动活动的类型,熟悉互动方案的策划要点。

(3) 熟悉直播设备的基本操作,掌握直播间装修的基本要点。

(4) 熟悉主播的礼仪规范和商品讲解的重点话术,掌握直播粉丝互动的技巧。

(5) 了解直播基本流程,掌握直播节奏把控技巧。

(6) 了解应急预案的处理措施和应用技巧,熟悉直播异常处理原则和办法。

2. 能力目标

(1) 能根据市场销售数据、用户口碑、促销效果等信息,综合考虑商品质量、消费者偏好等因素,选择符合要求的直播商品。

(2) 能够根据直播主题、商品特征,结合销售目标和主播人设,策划直播脚本、设计促销利益点。

(3) 能够根据直播主题和目标,结合直播商品,设计直播推广计划,制定推广策略并实施,评估广告投放效果并优化。

3. 素养目标

(1) 以用户为本,本着客户至上的服务理念维护客情关系。

(2) 具备良好的职业道德和法律法规意识,及较强的内容质量把控能力。

(3) 牢记社会主义核心价值观,在直播策划中能够传递正能量,弘扬传统文化。

思维导图

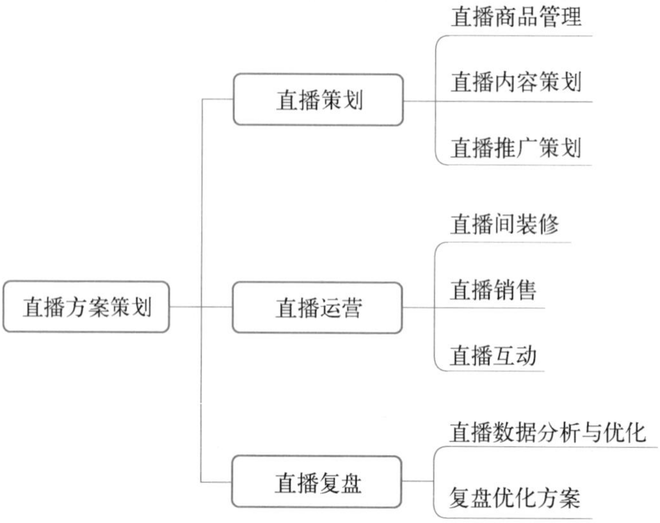

任务背景

德利商贸有限责任公司是一家经营范围涵盖食品、数码配件、母婴、箱包、美妆、饰品等的综合贸易公司。为回馈企业新老用户，企业计划围绕购物狂欢节策划一场直播带货活动。

请你以德利商贸负责人的身份，根据商品资料等背景信息，完成直播选品和定价、规划推广资金、撰写脚本、确定直播主题和互动方案、进行广告投放等直播策划。在直播策划的基础上进行直播运营，开展直播间装修、直播销售、直播互动等活动，要求从 5 款备选商品中选择 3 款商品进行直播策划和运营，每款商品至少直播 1 轮。在直播结束后，根据直播平台后台数据进行复盘分析，并根据复盘内容制作 PPT，完成汇报与答辩。

任务实训共包含 3 个模块、8 个任务，分别为直播商品管理、直播内容策划、直播推广策划、直播间装修、直播销售、直播互动、直播数据分析与优化、复盘优化方案。

表 9-1 主要实训内容

模 块		主 要 内 容
模块一	直播策划	任务 1：直播商品管理 根据商品资料及商品销售数据，完成直播选品，对直播商品进行角色定位，合理规划运营资金，采购直播商品并定价，制定直播销售策略，做好直播商品管理工作

续　表

模　块		主　要　内　容
模块一	直播策划	任务 2：直播内容策划 根据市场数据及直播商品，确定直播主题和直播时间，策划直播互动方案。根据商品资料及直播主题，设计直播流程，提炼商品卖点，完成整场直播脚本的撰写
		任务 3：直播推广策划 根据直播推广需求，分析行业数据，明确目标受众画像，合理规划推广资金，制定直播推广策略，进行直播广告投放，完成直播推广，以提升直播间的展现量、点击量和点击率
模块二	直播运营	任务 1：直播间装修 根据直播策划内容，搭建直播间，并对直播间进行装修，设置直播间欢迎语、直播间屏蔽词、直播间快捷短语、直播间信息以及直播商品详情页等内容
		任务 2：直播销售 根据直播脚本，完成直播销售讲解，包括直播开场、商品销售促单以及直播收尾等内容，并在直播过程中上架商品链接
		任务 3：直播互动 根据直播互动方案，在直播后台完成直播互动的预设。在直播过程中，积极开展观众抽奖、发红包等福利互动以及弹幕互动，活跃直播间氛围，同时配合主播讲解进度，完成直播互动推送
模块三	直播复盘	任务 1：直播数据分析与优化 准确分析直播平台后台的流量、销售、用户等数据，分析直播及推广的亮点与不足，合理设计优化方案，形成 PPT
		任务 2：复盘优化方案 针对数据分析结果和优化方案进行汇报及答辩

任务实训所需环境及设备要求如下：

1. 连接 Internet 的计算机，至少安装有 Windows 7 操作系统。
2. 计算机安装奥派直播电商一体化实训软件。
3. 计算机安装 Chrome83 浏览器。

任务一　直 播 策 划

撰写直播脚本

一、直播商品管理

直播商品管理包括选品、商品定位、采购定价和销售策略制定等。

（一）直播选品

直播选品需要根据行业预测、市场趋势、粉丝需求、匹配人设、历史销售数据等维度进行综合评估。

实训任务中需要根据给定的商品销售数据，结合商品详细介绍，对商品进行评估，从5款备选商品中选择3款直播商品。选品需要衡量历史销售数据与产品特色，从而使最终选出的商品在品质、价格等方面符合目标用户需求，如图9－1所示。

商品名称	商品访客数	点击转化率	成交金额	成交转化率	销售利润率	买家数月增幅	需求指数	市场占有率	品牌份额	好评率	操作
毛巾	17389	43.33%	103844	22.97%	46.15%	1.80%	71.89	6.30%	10.00%	92%	☑
果汁	33291	50.30%	112962.1	15.60%	20.09%	-0.90%	52.05	6.20%	10.00%	92%	☑
双肩包	6440	24.04%	45980	9.39%	54.08%	1.00%	23.21	11.32%	10.00%	94%	☑
牛奶饼干	25056	45.15%	108704	10.98%	15.19%	2.00%	23.41	7.59%	10.00%	89%	☐
钢笔	8650	27.52%	57918	6.66%	56.12%	3.00%	16.56	2.38%	10.00%	95%	☐

图9－1　直播选品

（二）商品定位

商品类别主要有三类：引流款商品、利润款商品和形象款商品。引流款商品以商品引流吸粉为主，建议选择高性价比的产品；利润款商品以商品利润为主，所占比例最高，建议选择有特点且质优的产品；形象款商品的作用主要是提升店铺形象，增加粉丝黏度，建议选择高品质、高客单价的极小众产品，数量不需太多，如图9－2所示。

我们在对商品进行角色定位时，需要综合考虑商品类别特性、引流能力、利润、客单价等要素。

（三）采购定价

采购需要考虑供应商供货情况与价格水平，定价则须考虑采购成本与市场需求，以获得足够的竞争力。

1. 分配采购、活动和推广预算

请结合任务背景和要求，规划系统给定的运营资金，合理分配采购预算、活动预算和推广预算，如图9－3所示。

图 9－2　商品定位

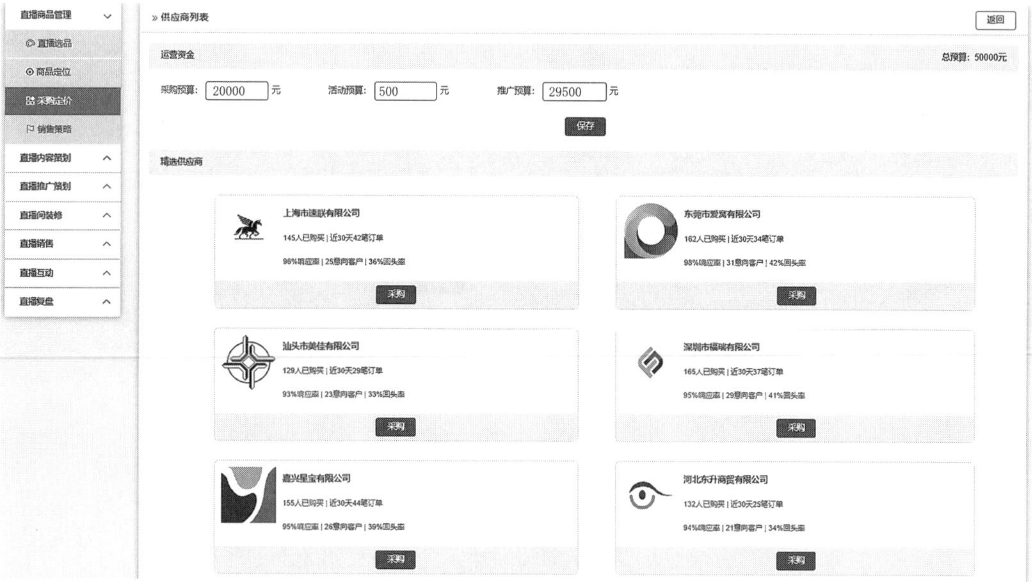

图 9－3　资金预算

2. 进行商品采购

根据系统内置信息，分析供应商资质和商品质量，选择合适的供应商，确定每种商品采购数量，依次完成 3 款直播商品的采购，如图 9－4 所示。

3. 确定销售价格

根据商品定位和采购价格、数量，结合销售目标，确定商品的日常销售价格，如图 9－5 所示。

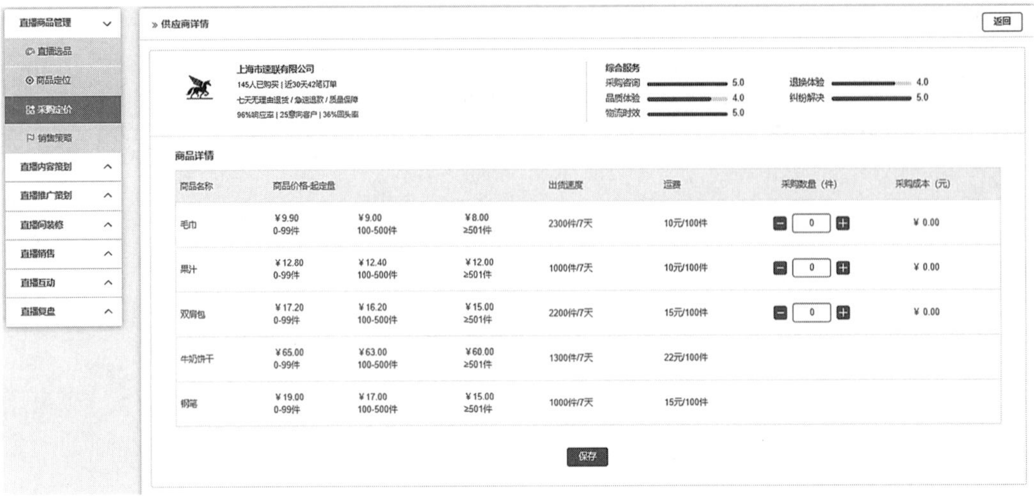

图 9－4　商品采购

图 9－5　商品定价

(四) 销售策略

我们依据商品特性制定销售策略并在系统内进行设置，需要注意销售策略描述的精准性。

请直播团队根据任务要求，结合销售目标和商品定位，分析日常价格与直播间价格的差异，选择符合商品调性的促销形式并设置商品利益点，如图 9－6 所示。

二、直播内容策划

直播内容策划是基于对直播间主题、直播间互动玩法以及直播间脚本策划等环节的设置，通过规划整场直播活动内容与流程，利用直播活动中直播节奏的把控、互动玩法与

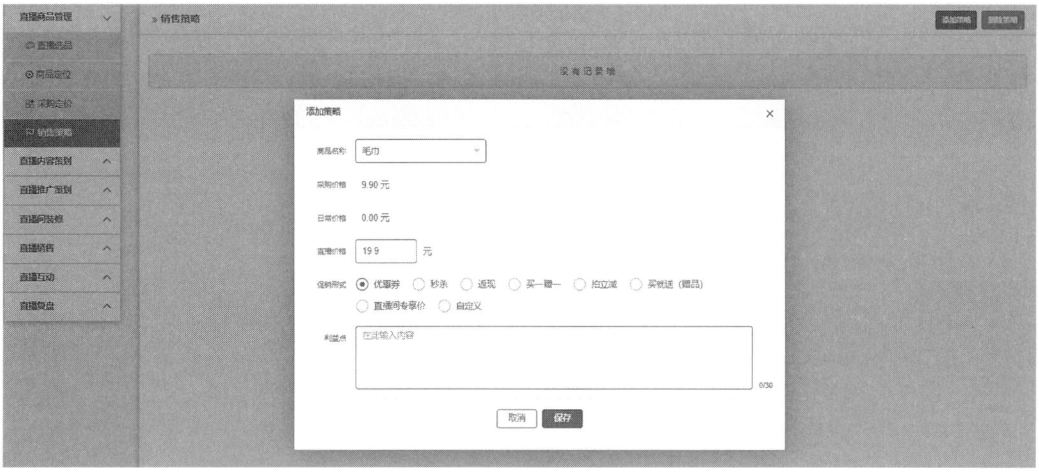

图 9-6　销售策略

关键话术吸引更多人观看直播，促进转化。直播内容策划包括主题策划、互动方案和脚本策划等。

(一) 主题策划

商品主题策划需要选择与背景最相符的直播主题，直播时间要根据各行业数据图表，筛选出恰当的起止时间，确保直播时段符合行业规律。

请直播团队结合任务要求，根据直播商品，策划一场直播的主题，并分析市场数据，总结不同时间段的流量特点，为该场直播策划合适的时间，如图 9-7 所示。

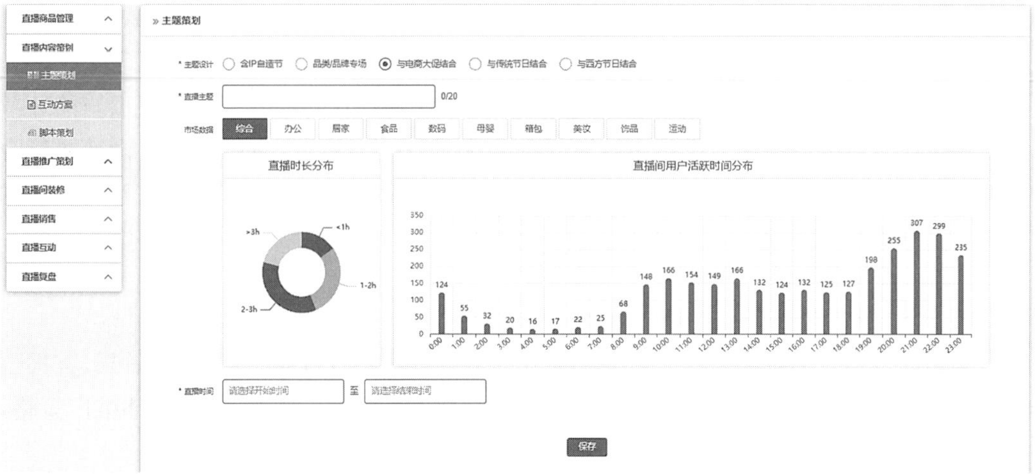

图 9-7　主题策划

(二) 互动方案

设计新鲜、好玩、丰富多样的互动活动能有效提升直播间氛围，对产品销售转化有直接影响。为使直播互动价值最大化，我们应在直播的不同阶段，设计针对性的互动活动。

互动设置需要考虑所处的直播各时段、活动的作用，结合活动类型设置恰当的内容，并尽可能提升活动的创意以达到引流拓客的目标。请根据任务要求，结合直播主题与任务背景，在直播开场、商品介绍、直播收尾等不同环节设计恰当的直播互动方案，如图 9－8 所示。

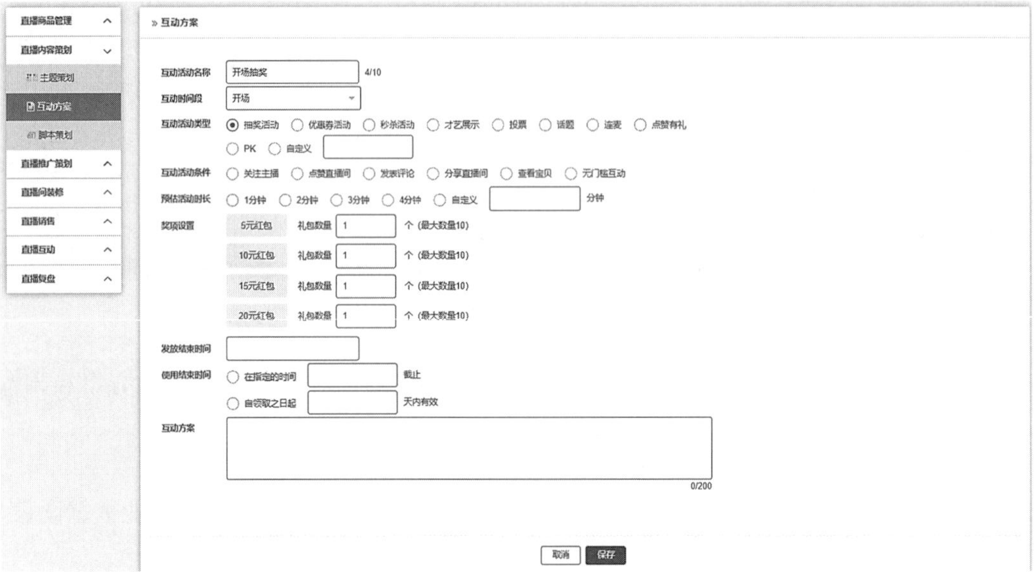

图 9－8　互动方案

（三）脚本策划

脚本的作用是规范单场直播的流程和内容。有了脚本，既可以方便直播筹备工作；亦可以在直播复盘时，进行脚本优化，改进流程，以提升直播质量。

请直播团队根据直播信息和已设置的时间段选择恰当的直播环节，并根据当前环节添加卖点信息及关键话术。操作中结合任务要求及互动方案，注意脚本流程设计要符合任务要求，商品卖点清晰，执行方案明确，关键话术直观有效；同时通过商品、互动和话术等提升脚本创意，如图 9－9 所示。

三、直播推广策划

开播前进行直播推广是提升直播间人气的重要方法，为获得高效的投放效果，直播团队需要明确目标受众，明确投放目的与投放方式，合理分配推广预算，制定直播推广策略，为后续直播推广的实施提供参考。

（一）受众分析

推广前的受众分析应该从用户年龄、性别、地域分布、兴趣爱好、直播平台爱好等维度出发，定位目标人群，从而确保引流精准，推广效果最佳。

请直播团队根据系统提供的商品信息及行业数据，分析目标人群的年龄分布、性别分布、地域分布、兴趣偏好等数据，明确目标受众，形成用户画像，如图 9－10 所示。

图 9－9　脚本策划

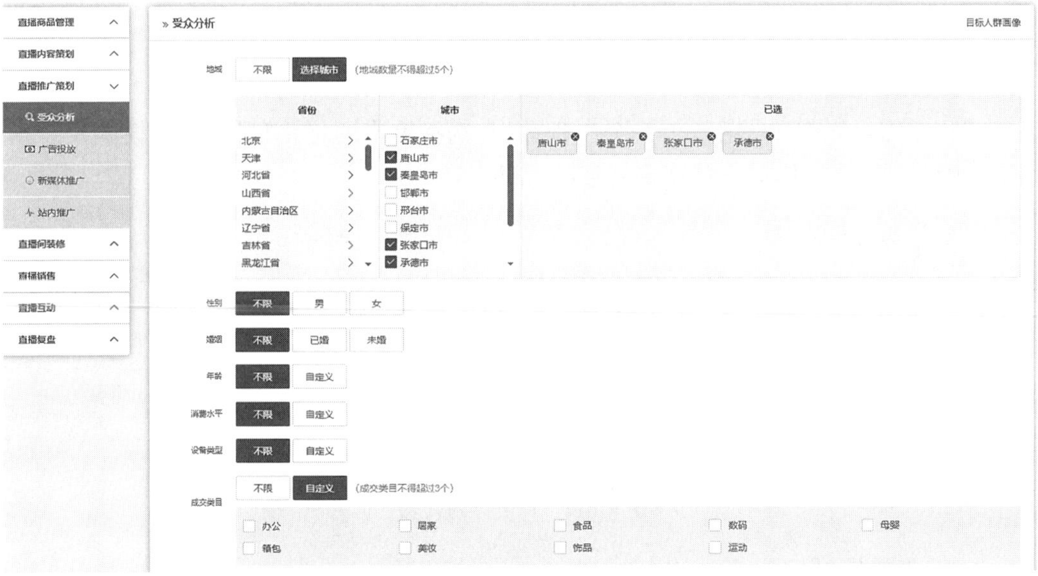

图 9－10　受众分析

（二）广告投放

直播广告投放是一种有效的推广方式，可以帮助品牌在短时间内吸引目标受众的关注，增加品牌曝光度和知名度。在进行广告投放前，需要制定明确的投放策略，确定投放目标，选择合适的广告形式，定向精准的受众，制作吸引人的广告创意，选择合适的广告投放时段，同时应做到广告内容真实可靠，且符合相关法律法规要求。

请直播团队结合目标受众的特点，创建投放计划，设置直播广告投放预算及出价方式，添加推广创意，完成直播广告投放，如图 9-11 所示。

图 9-11 广告投放

操作中需要创建且启用至少 2 个广告计划；选择恰当的优化目标、投放模式及总预算，合理设置出价方式，并设计广告创意，如图 9-12 所示。

图 9-12 广告计划列表

(三) 直播推广

在进行直播推广的过程中，我们需要根据任务要求，分析新媒体渠道各平台特点、引流效果及成本，结合推广预算，综合考虑营销投入产出比，合理选择投放平台，确定投放预算，完成直播新媒体推广实施，如图 9-13 所示。

请直播团队根据任务要求，分析站内渠道特点和引流效果，结合推广预算，综合考虑营销投入产出比，选择合适的站内投放渠道，完成直播站内推广实施，如图 9-14 所示。

图 9－13　新媒体推广

图 9－14　站内推广

任务二　直 播 运 营

一、直播间装修

直播场景搭建是根据直播间用户的特点，设置直播间标题、欢迎语、屏蔽词、快捷短语、直播间信息、高频问题回复等内容。

请直播团队根据直播商品介绍，为三款直播商品编写商品标题，设置商品主图、详情页等内容。

设计直播活动

(一) 商品详情页

请根据任务要求，结合系统给定的商品信息和素材，完成三款商品的商品标题、商品分类、商品库存、商品关键词、商品规格以及商品详情图等信息模块设置，如图 9－15 所示。其中商品标题的设置要注意突出商品卖点和促销信息，详情页设置需要提供详细的产品描述、特点、规格和价格信息，使用清晰的图片和文案展示产品。

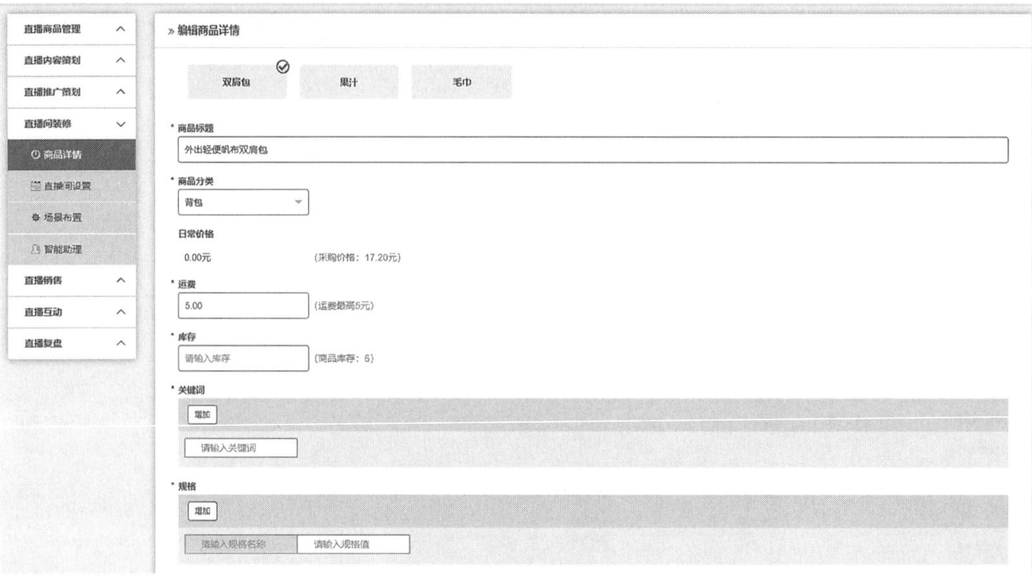

图 9-15　商品详情页

（二）直播间设置

请根据直播开播流程设置直播间名称、直播时间、直播标题、直播封面图、直播头像、直播简介以及商品上架等基础信息。操作中注意主图应具有吸引力，突出产品或主题；文案应简洁明了，概括直播促销优惠或产品特点，如图 9-16 所示。

图 9-16　直播间设置

(三) 场景布置

在布置场景时,可选择主播信息、营销类信息、预告信息及营销素材等需要展示的模块进行编辑保存,这些信息及素材可展示给用户,提升用户体验感及观看时长。操作中应注意场景布置元素合理完整,以便观众可以轻松购买产品或获取更多信息,如图 9 - 17 所示。

图 9 - 17　场景布置

(四) 智能助理设置

请直播团队根据任务要求,设置直播间欢迎语、快捷短语、屏蔽词及高频问题回复,如图 9 - 18 所示。操作中须明确欢迎语应起到欢迎粉丝、引导互动等作用;快捷短语须满足粉丝关于直播咨询的回复。

图 9 - 18　智能助理

二、直播销售

直播销售是指主播在直播平台上创建的直播活动。通过直播活动,主播可以与粉丝或游客进行互动，完成货品展示和销售。在直播中可以使用直播画面、聊天互动、弹幕、礼物打赏、福利包等功能，以提供给观众完整的直播体验。主播也可以通过直播活动来展示自己的才艺、分享知识、展示产品，进行品牌推广等。

本任务要求直播团队根据直播脚本，完成一场120分钟的不间断直播，包括直播开场预热环节、直播中商品讲解环节以及直播结尾环节。在直播过程中，主播人设须特色鲜明，直播过程中能把控直播节奏，营造良好的直播氛围，不得出现不文明用语或手势等。请扫描登录直播App，如图9-19所示。

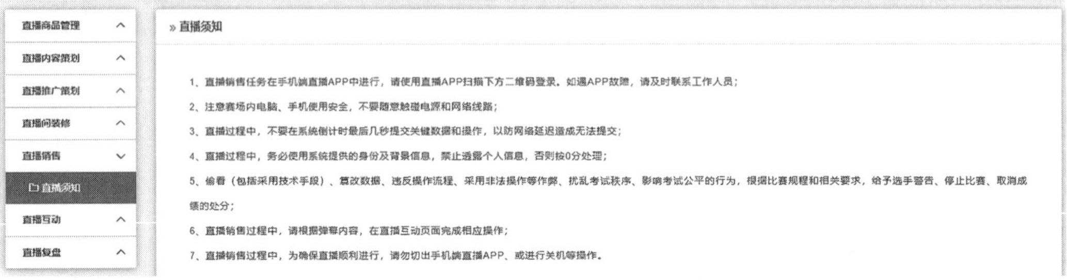

图9-19 直播销售App扫码登录

（一）开场预热

开场讲解需要吸引用户关注、停留，可以通过抽奖、才艺展示、互动小游戏等较有效的方式快速进行开场预热，如图9-20所示。

（二）直播中商品讲解

在商品讲解过程中，主播须强调商品卖点，刺激用户购买欲望，并根据直播动态和实时数据及时调整商品上架顺序和讲解话术。要求主播人设特色鲜明，妆容、发型、服饰搭配适宜，表情管理到位，直播过程中能配合肢体动作，把控直播节奏，营造良好的直播氛围。

在直播的核心阶段，如有条件，需要配备一名场控人员。场控人员的主要任务是协助主播调节直播间氛围、引导粉丝互动、维持秩序、处理突发状况、促进成交、保证供应链等，对主播直播节奏有直接影响。场控和主播配合得当，才能更顺利地实现直播的预期目标。

（三）直播结尾

在结尾环节，直播团队要结合直播销售情况，完成引导用户关注直播间、致谢等任务，以提升商品销售量、粉丝数量等指标数值。

三、直播互动

直播过程中的互动是留住用户的根本。如果没有互动，仅是展示商品会让观众感觉索然无味，大概率会快速离开；积极有效的互动则会调动粉丝积极性，促进成交转化。

（一）互动活动推送

该任务中直播团队须根据直播互动方案，在直播过程中积极引导直播间观众参与抽奖、秒杀、优惠券、发红包、订单处理等互动活动，活跃直播间氛围。团队人员要配合主播的讲解进度推送抽奖、发红包等互动活动，如图 9－20 所示。

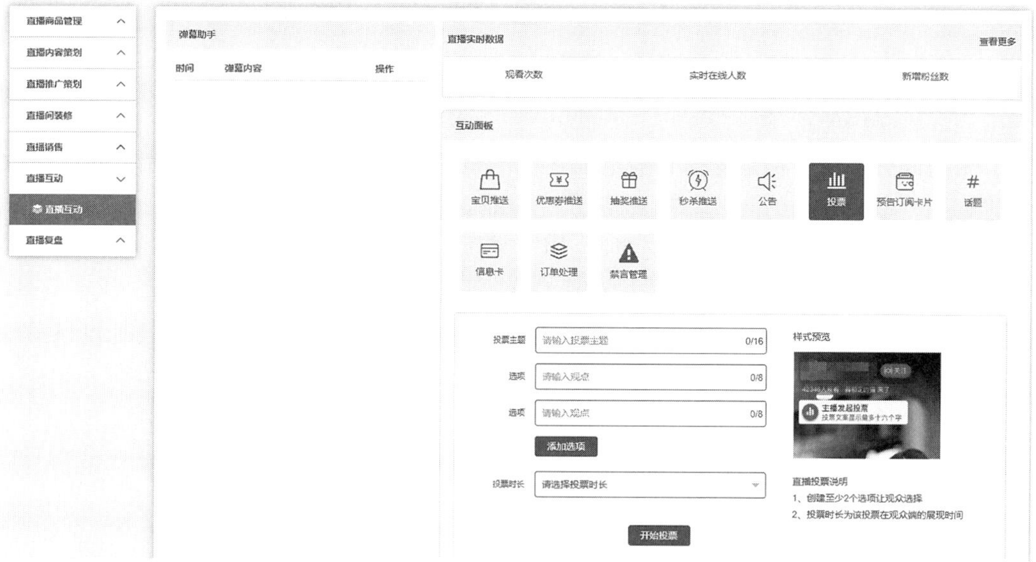

图 9－20　互动活动推送

（二）弹幕处理

当评论区有弹幕问题弹出时，主播须要组织合适的话术，及时完成弹幕问题的处理，如图 9－21 所示。

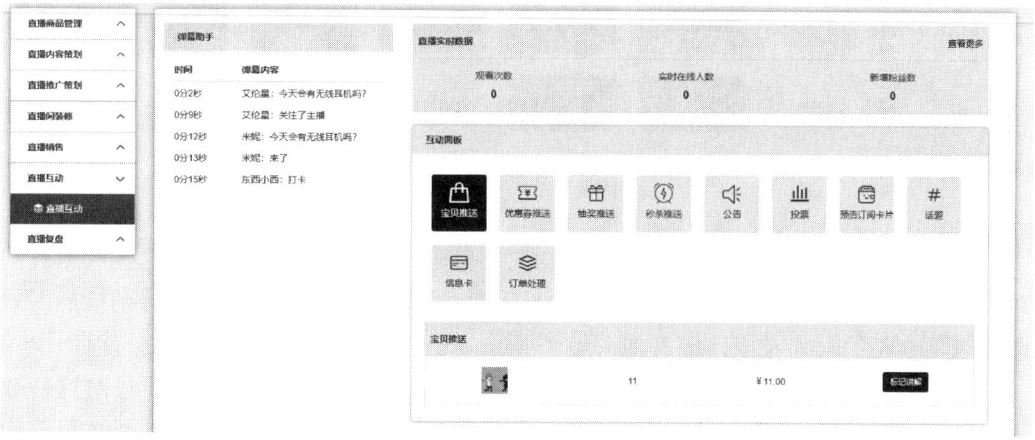

图 9－21　弹幕处理

任务三 直 播 复 盘

一、直播数据分析与优化

直播间数据的分析是支撑直播电商运营的核心。通过数据分析这一环节，我们能够精准识别直播间存在的问题，进而实施优化策略，促进直播间表现的全面提升。

直播数据包括直播概况、成交概况、用户来源分析、商品分析等。其中直播概况主要包括曝光量、观看人数、互动数、平均观看时长等；成交概况主要包括成交信息、成本信息、利润等数据。通过这些数据，我们可以了解直播的观众数量，分析观众规模和增长趋势，评估观众参与直播的活跃程度，如图 9－22 所示。

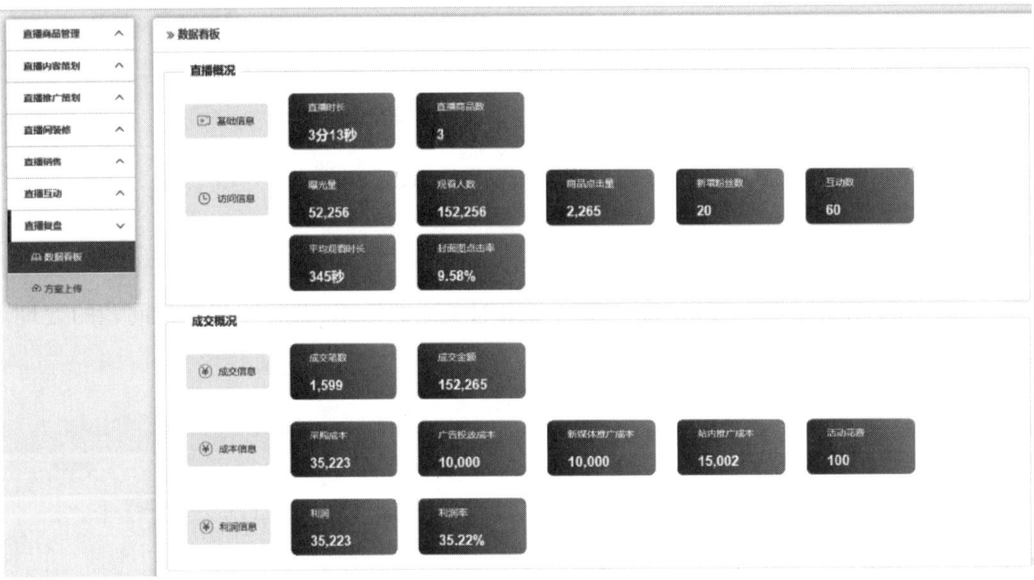

图 9－22 直播数据

用户来源分析主要包括粉丝的性别分布、年龄分布、地域分布等。通过这些数据我们可以了解观众的性别、年龄、地域等特征，分析目标受众的需求和偏好，分析营销推广的效果和可能存在的问题，如图 9－23 所示。

商品分析主要包含商品点击量、成交转化率、下单数量、成交金额等。通过对这些数据的分析，我们可以得到直播中的观众转化为购买用户的比例，了解观众的购买意愿和购买力，分析商品的转化效果，评估直播运营投入产出比，如图 9－24 所示。

二、复盘优化方案

直播团队可以根据直播后台流量、销售、用户等相关数据分析，评估直播的整体效果，

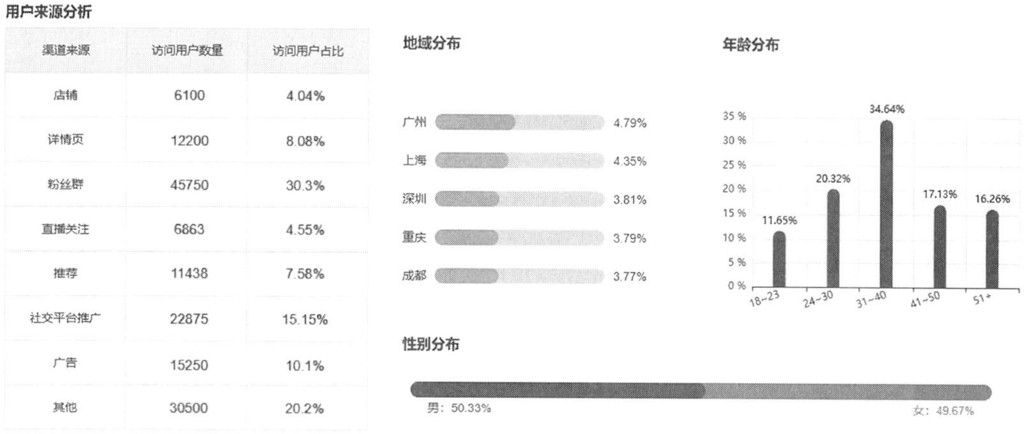

用户来源分析

渠道来源	访问用户数量	访问用户占比
店铺	6100	4.04%
详情页	12200	8.08%
粉丝群	45750	30.3%
直播关注	6863	4.55%
推荐	11438	7.58%
社交平台推广	22875	15.15%
广告	15250	10.1%
其他	30500	20.2%

图 9－23　用户来源分析

商品分析

销量排行	商品	商品点击量	成交转化率	下单数量	成交笔数	剩余库存	成交单价	下单成交金额	成交金额
★1	毛巾	250	11.05%	96	96	5	33	3168	3168
★2	双肩包	262	9.29%	55	55	346	74	4070	4070
★3	果汁	228	0.7%	7	7	294	40	280	280

图 9－24　商品分析

分析直播及推广的亮点与不足，从而设计优化方案。优化方案的设计要考虑商品成交转化率、利润率和运营投入产出比，从而针对性提出解决方案，如图 9－25 所示。

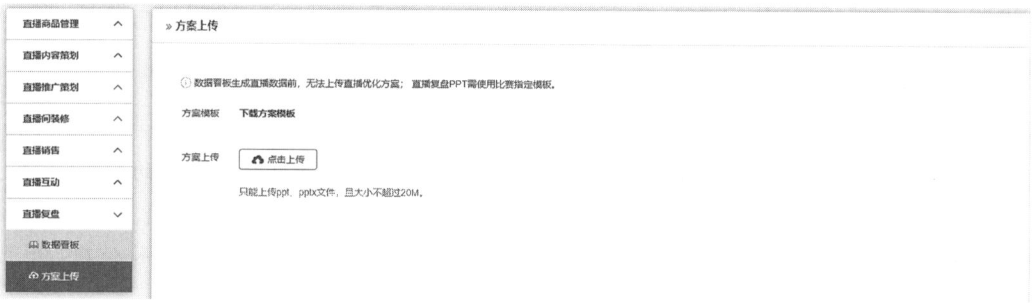

图 9－25　复盘优化方案

项目十 创业策划

学习目标

1. **知识目标**

(1) 了解创业策划的基本内容，掌握创业企业经营基本流程。

(2) 了解电子商务企业创业经营的选品、业务定位和经营规划等内容。

(3) 熟悉电子商务店铺管理基本内容，掌握店铺诊断指标和分析方法。

(4) 熟悉采购管理、出库发货、库存控制流程。

(5) 熟悉绩效管理、薪酬管理和财务管理等相关知识。

2. **能力目标**

(1) 能够进行市场调研，采用合适的定价策略和促销手段，形成完整的可行性报告。

(2) 具备界面布局、图片处理、活动策划、文案编辑等能力。

(3) 能够判断并选择恰当的社交渠道进行精准化的移动营销。

(4) 掌握常见的数据分析工具，能够有效解读各项运营数据、诊断问题、优化决策。

3. **素养目标**

(1) 培养互联网思维，敏锐捕捉商机和产品创新机会。

(2) 培养数字化经营管理思维，具备持续探索开拓创新以更好服务客户的意识。

(3) 遵守创新创业相关的公司、广告、商品、消费者、知识产权等法律法规。

(4) 具备良好的职业道德和追求卓越的企业家精神，弘扬社会主义核心价值观，树立正确的世界观、人生观和价值观。

思维导图

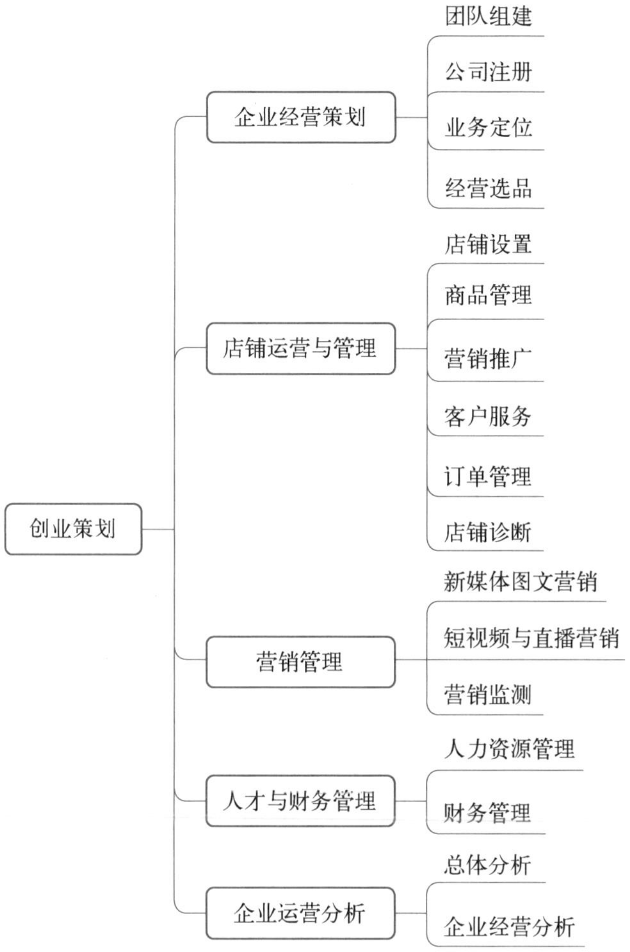

任务背景

灵智电商是一家以电商经营为核心的创业公司，公司的经营行业为男士服饰。在公司创业之初，拥有200万元的启动资金，公司的部门构成符合电商企业的组织架构；目前男士服饰行业有四种商品可供选择，分别为衬衫、T恤、牛仔裤和卫衣，在经营初期，市场上四种商品的热销度依次为T恤、牛仔裤、衬衫和卫衣。同时行业中存在其他多家竞争公司，与公司在经营周期内争夺市场资源。在每个经营周期内，企业需要进行信息研究、研发、采购、营销、客户服务、物流配送、财务管理等企业经营决策，并根据行业竞争现状和企业资源进行战略的调整和实施。

企业数字化模拟运营最多分为四期，每期主要包含两个决策阶段，制定决策和订单处理，运营期内，根据市场和公司资源进行战略决策实施，当期决策结束后系统产生当期订单，处理完当期订单及物流配送后，进入下期运营。当期产生的运营数据用于支持下期运营决策。

任务实训所需环境及设备要求如下：

1. 连接 Internet 的计算机，至少安装有 Windows 7 操作系统。
2. 计算机安装奥派企业经营决策沙盘软件。
3. 计算机安装 Chrome83 浏览器。

任务一　企业经营策划

一、团队组建

任务开始前，组建线下团队，分配职责，根据任务背景，注册并完善公司信息，包括公司 Logo、公司简称、公司类型等。

模拟运营开始前，首先进行线下团队的组建及分工，建议 4～6 人一组，代表一个公司，每组学生座位集中在一起，明确组内各人扮演的角色、职责以及沟通机制。以电商业务为主的创业公司有 6 个核心部门，分别是战略中心、研发部、运营部、营销部、人力资源部和财务部。战略中心为公司战略规划指导部门，研发部主要负责产品的规划、设计、开发和维护，运营部负责企业各类网上店铺的日常运营，营销部负责多种渠道的营销和推广，人力资源部和财务部分别负责企业的人力资源考核以及财务核算，公司组织架构如图 10－1 所示。

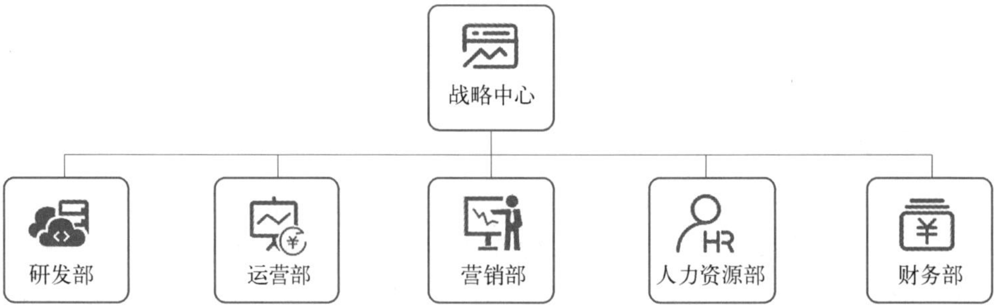

图 10－1　公司组织架构

模拟运营中，以小组为单位进行账号的分配，每组成员同时登录小组账号后，负责对应的角色决策和执行即可。通常情况下，一人可同时负责两个或两个以上的角色，同一角色的任务可由两人同时操作，系统保存最新修改的操作结果，因此，运营中团队的充分沟通和分工尤其重要。

二、公司注册

输入公司简称、公司类型等注册信息，公司简称作为综合实训过程中的唯一识别代号，如图 10－2 所示。

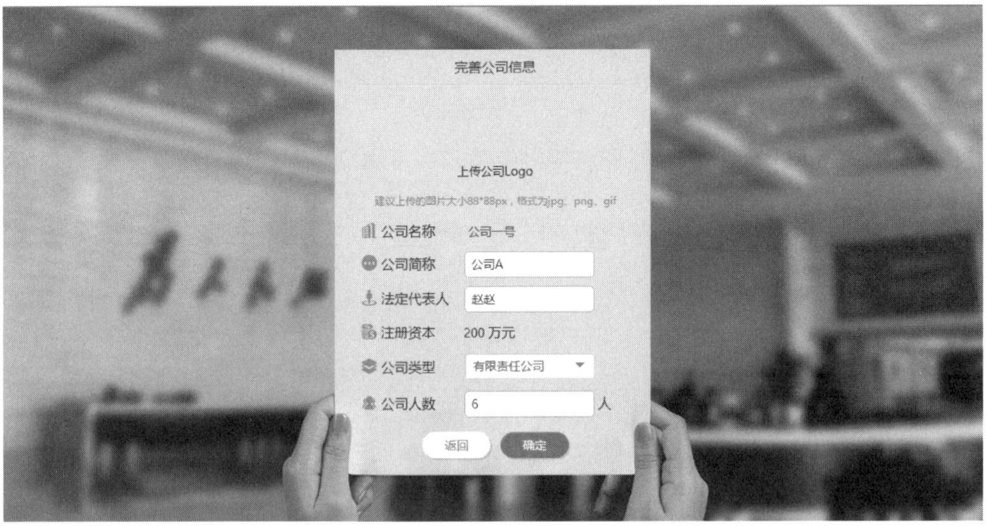

图 10－2　公司注册

注册完成后，查看公司组织架构及业务部门，点击“开始运营”，进入运营操作界面，可以查看运营进度及成果，点击“进入”跳转至当期运营进度及成果页面，如图 10－3 所示。

图 10－3　运营进度及成果

三、业务定位

根据商业背景和市场竞争数据，进行企业第一期经营业务定位。根据公司战略，确定业务方向，勾选复选框即代表选择该业务，当期及后期运营需要进行功能规划与维护；若未勾选，则只能对往期开发过的业务平台进行维护，如图 10－4 所示。

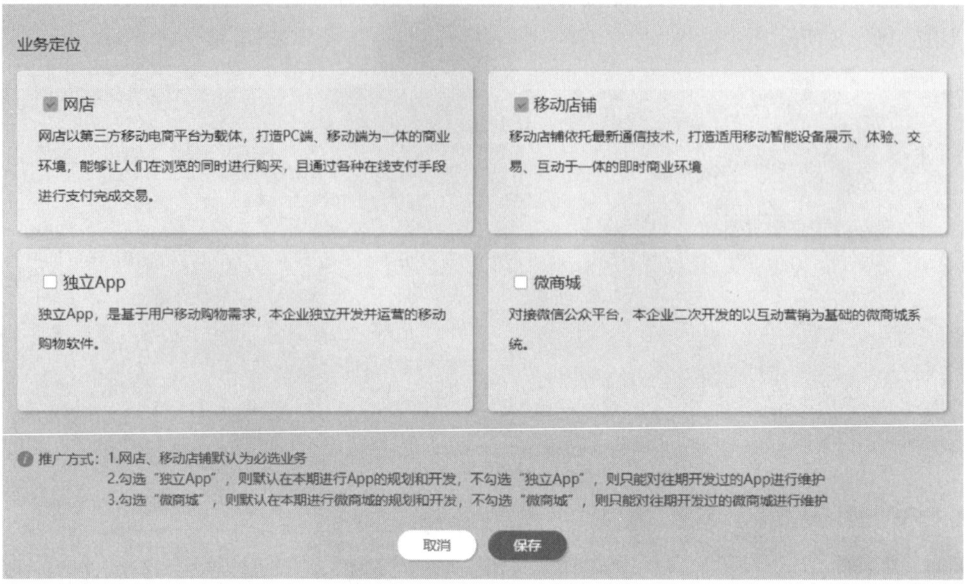

图 10－4　业务定位

四、经营选品

通过对市场交易热度的分析，以及商业背景中各商品的市场需求量的预计，进行选品定位，优先选择市场需求量大且竞争小的商品，并制定目标商品的目标销量，如图 10－5 所示。

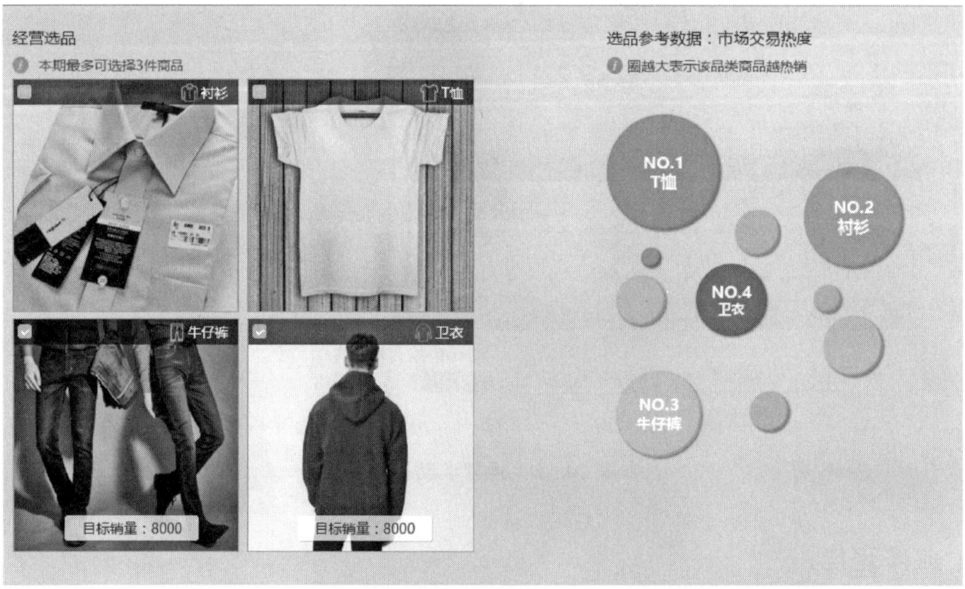

图 10－5　经营选品

任务二　店铺运营与管理

店铺运营包括对基础设置、店铺装修、商品管理、营销推广、客户服务、订单处理等一系列业务模块进行操作决策，形成无线店铺内部业务闭环。

店铺问题需诊断，数据充当“啄木鸟”

一、店铺设置

无线店铺的基础设置包括店铺设置、支付设置、第三方物流等功能，如图 10－6 所示。在“店铺设置”中，输入店铺名称，编辑店铺 Logo 和简介，点击“确定”，完成店铺设置。

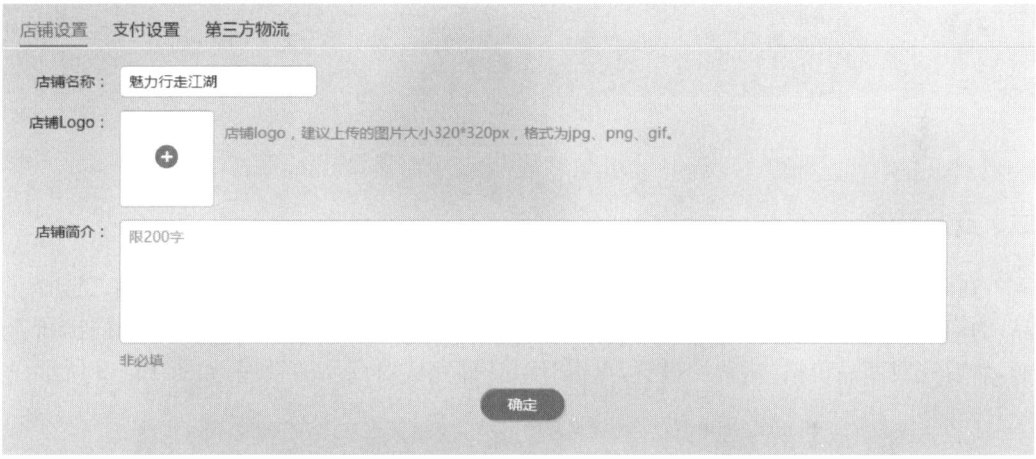

图 10－6　店铺设置

在“支付设置”中，点击“开启”按钮，选择支付方式，如图 10－7 所示。

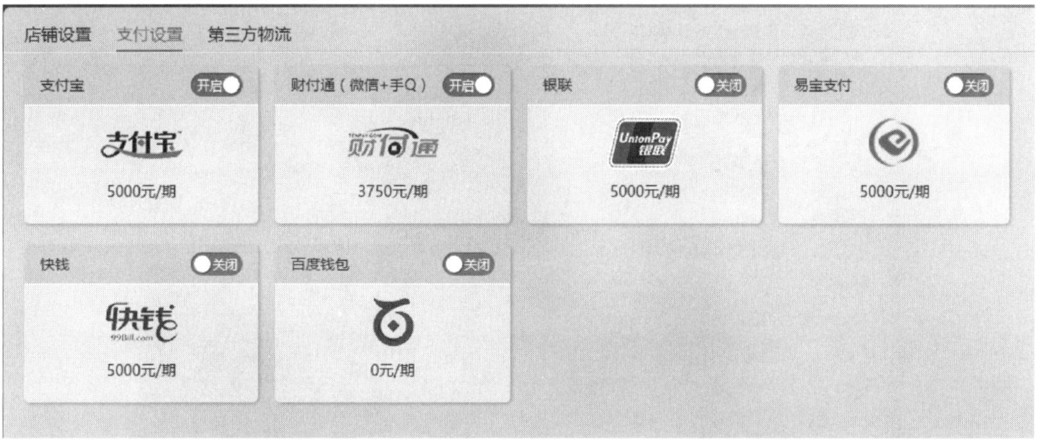

图 10－7　支付设置

在“第三方物流”中，选择物流计价方式，点击“开启”按钮，完成第三方物流设置，如图 10－8 所示。

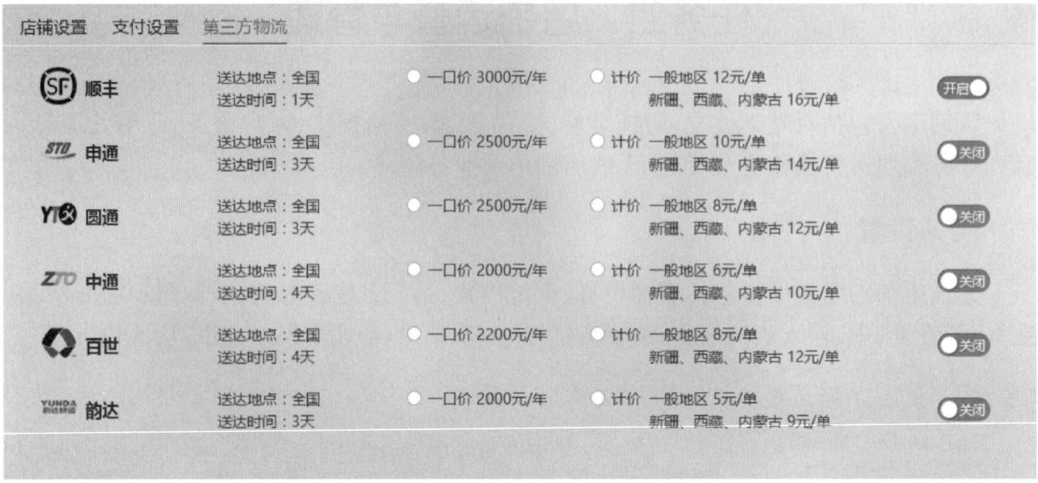

图 10－8　第三方物流设置

二、商品管理

在商品管理之前先要进行采购，采购之后才能对相应的商品进行添加管理。选择商品，为商品设置标题，点击关键词“选择”，为商品匹配热搜关键词，并给出关键词出价金额，然后完成商品价格、运费的设置，点击“确定”即完成对商品的管理，如图 10－9 所示。

图 10－9　商品管理

三、营销推广

在店铺营销推广中，提供关键词优化、活动策划、优惠券、短信提醒四种功能，可根据需要进行四种营销推广方式的自由设置。以活动策划为例，输入活动名称、优惠条件、优惠内容，选择参与活动的商品，点击“确定”即可完成店铺的活动策划，如图10－10所示。

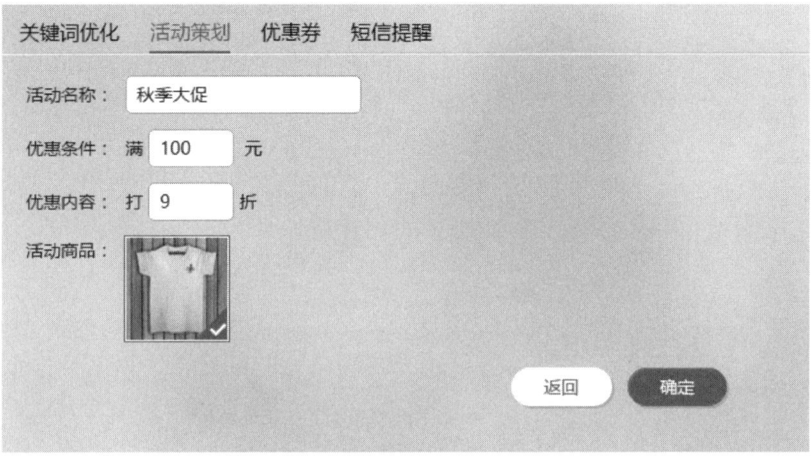

图 10－10 活动策划

点击“开启”按钮，设置短信提醒，如图10－11所示。

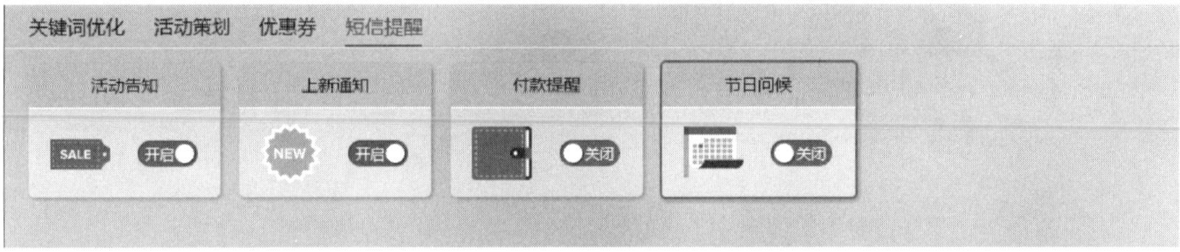

图 10－11 短信提醒

四、客户服务

客户服务包括服务设置和客户咨询。

1. 服务设置

在服务设置中，可选择当期智能机器人的付费服务，设置人工客服的客服人数、咨询回复时间以及订单争议处理服务，如图10－12所示。

2. 客户咨询设置

在客户咨询中，点击“开始服务”，根据系统客户问题，选择相应的回复，完成客户咨询处理，如图10－13所示。

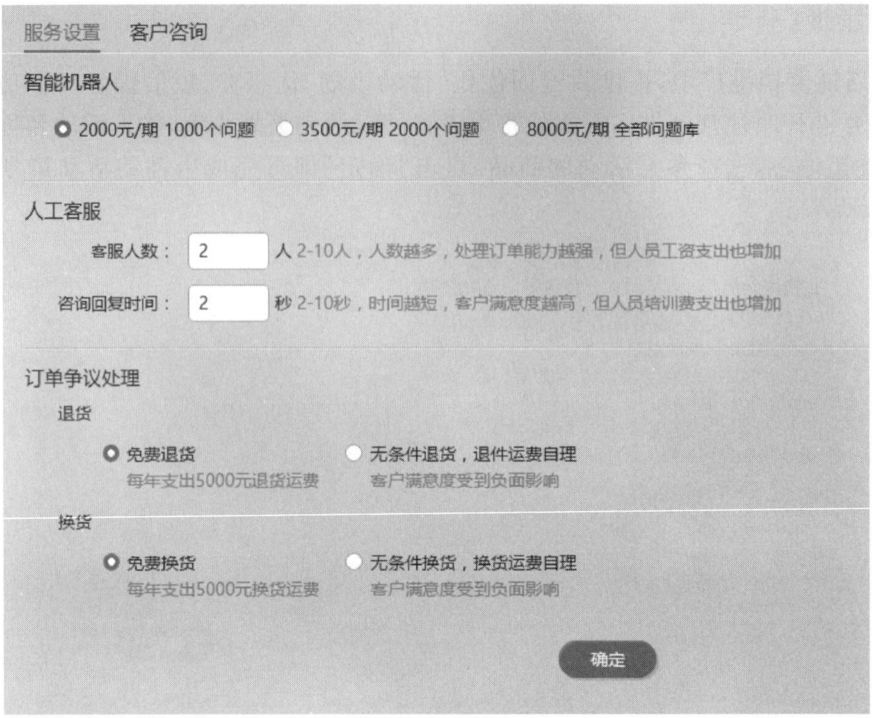

图 10－12　服务设置

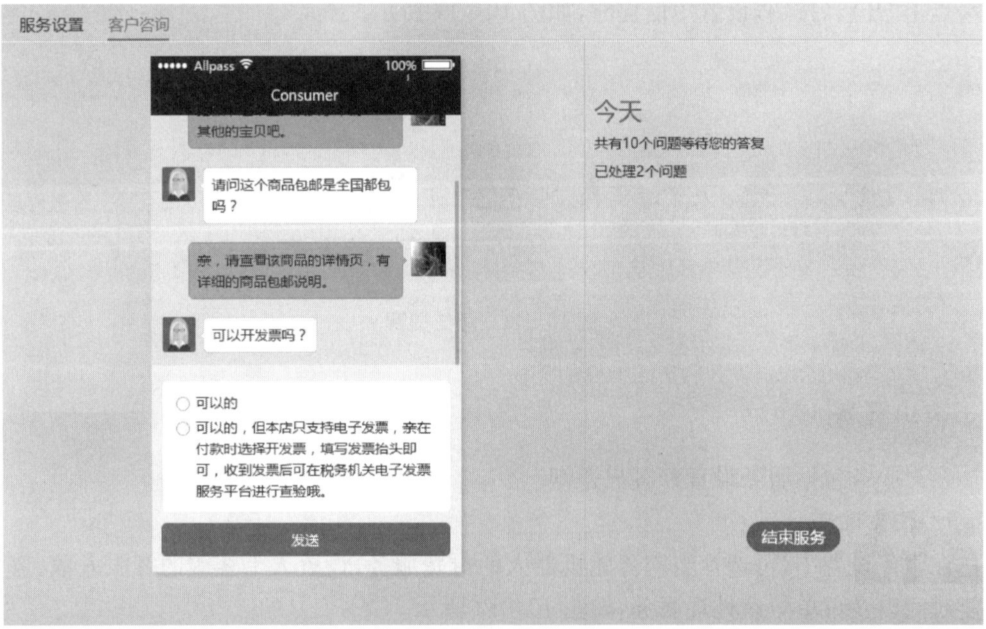

图 10－13　客户咨询

五、订单管理

系统订单生成有两种方式。如实验为自动控制运营节点，则当期运营由系统自动结束，并根据决策操作产品交易订单；如实验为手动控制运营节点，则由教师手动结束当期运营。可通过系统产品交易订单查看订单的处理状态。未发货订单需要到采购与物流页面进行发货处理，如图 10－14 所示。

图 10－14　订单处理

1．预算和采购设置

首先在预算中进行采购成本、库存保管费、物流成本的预算设置。

然后进行商品的采购管理，为无线店铺的运营提供商品基础操作。输入各商品的采购量，点击“保存”，如图 10－15 所示。

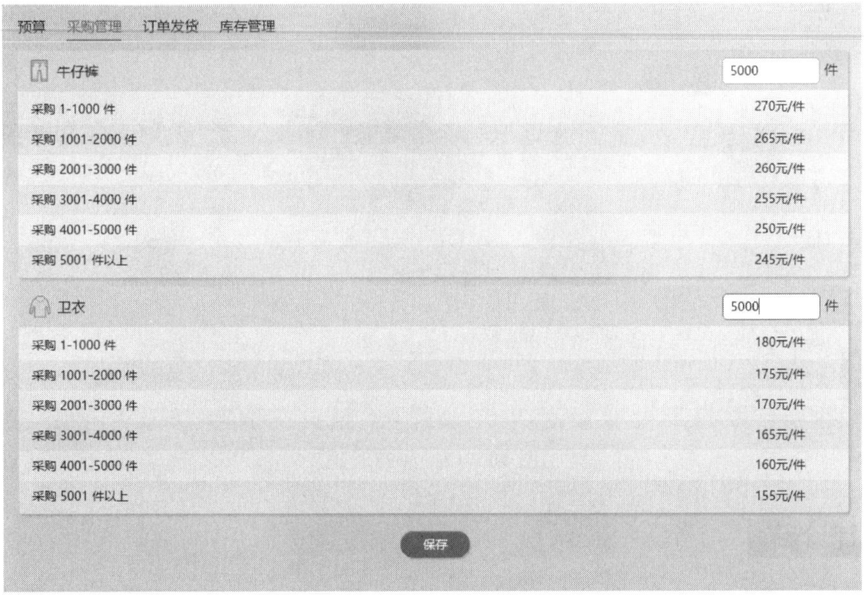

图 10－15　采购管理

2. 发货处理

当期运营结束后，在订单发货中，选中要发货的订单，点击“发货”，选择物流方式，完成订单发货。也可直接点击“一键全发”，将全部订单进行发货处理，如图 10－16 所示。

图 10－16　订单发货

3. 库存管理

库存管理，可实时查看商品的库存情况，如图 10－17 所示。

图 10－17　库存管理

五、店铺诊断

在店铺诊断中可查看上期店铺的运营概况，包括流量和商品交易等数据，通过访客—

订单一付款的转化率数据，分析店铺运营中可能存在的问题，为后期运营优化提供决策支持，如图 10－18 所示。

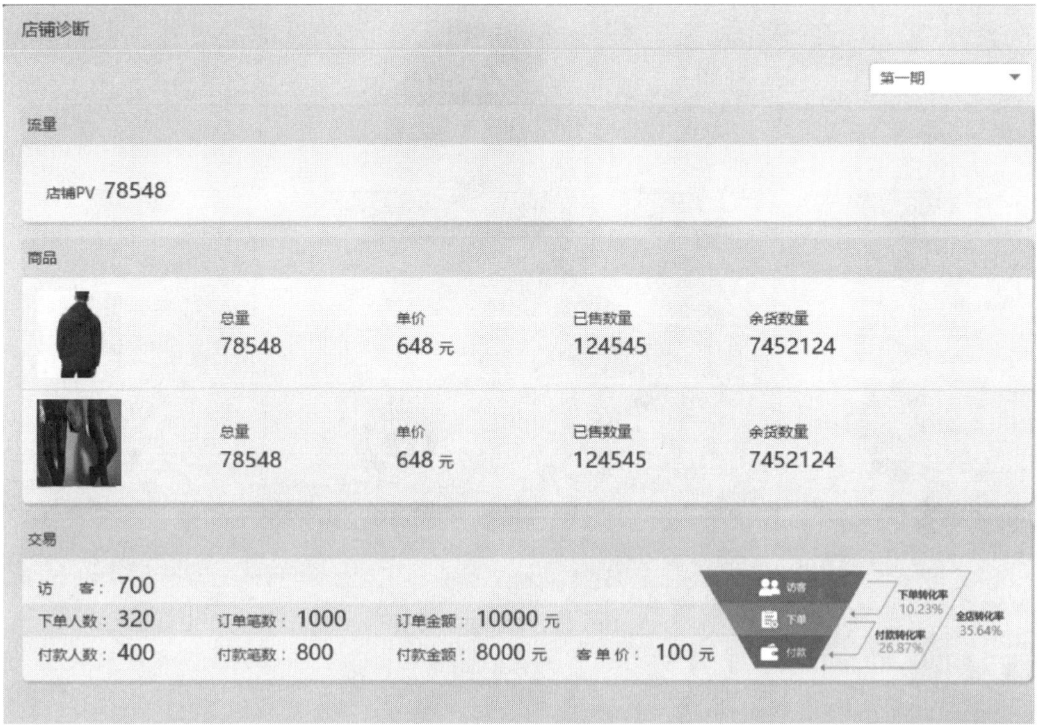

图 10－18 店铺诊断

任务三 营销管理

企业数字化营销需要先设置几大载体的名称和头像，针对 App、微信、微博等营销渠道设置付费推广预算，并创建具有吸引力的营销文案，为企业赢得粉丝关注和互动。

微信"留"量运营

设置应用市场、微信订阅号、企业微博、企业微淘的官方营销渠道的名称和账号头像等信息，编辑后点击保存即设置成功，并填写每个渠道的推广预算，点击保存即完成设置，如图 10－19 所示。

一、新媒体图文营销

新媒体营销包括 App 营销、微信营销、微博营销等。

（一）App 营销

选择要推广的 App 程序，填写广告名称，选择投放形式，编辑推广文案，设置投放出价等，完成 App 营销推广的创建，如图 10－20 所示。

图 10-19 营销基础设置

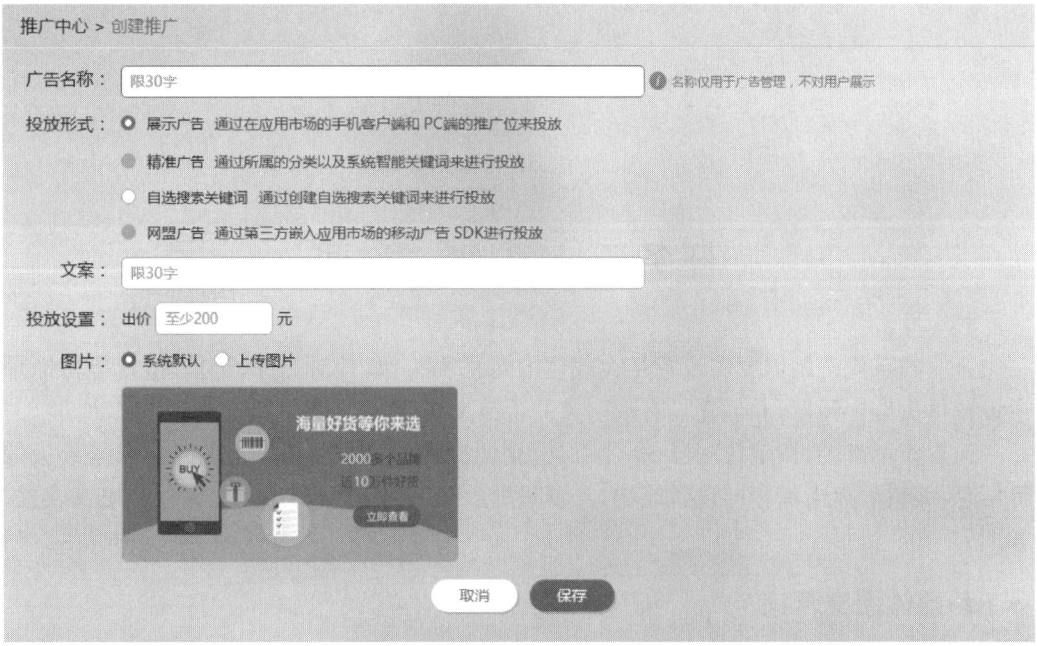

图 10-20 创建 App 营销推广

App 营销推广创建成功后，点击右上角“应用市场”可预览推广页面，如图 10-21 所示。

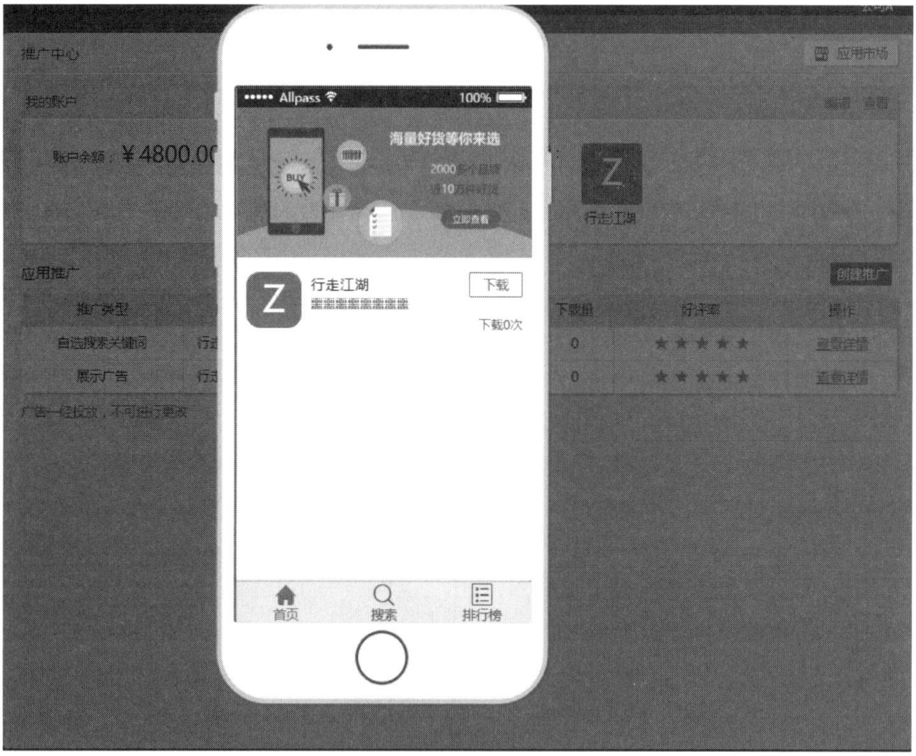

图 10－21　App 营销预览

（二）微信营销

微信营销首先要进行微信认证，填写微信公众号基本信息，开启微信认证，点击“完成”，进行微信认证，如图 10－22 所示。

图 10－22　微信认证

在微信推广中心，点击“创建推广”，选择相应的推广类型后，进行投放设置和方案编辑，然后点击“提交”即完成推广方案的创建，如图 10 - 23 所示。

图 10 - 23 微信推广中心

编辑广告文案、图片等推广信息，如图 10 - 24 所示。

图 10 - 24 方案编辑

微信广告投放后，点击页面右上角“朋友圈”，可查看微信广告推广的预览页面，如图 10 - 25 所示。

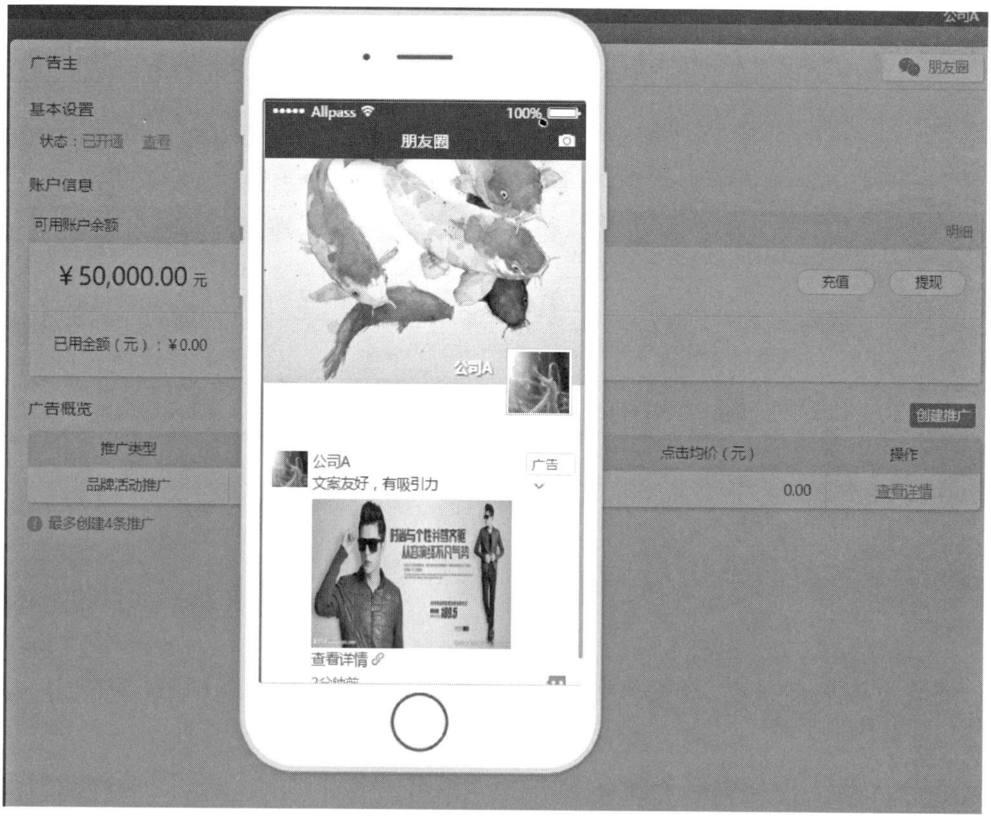

图 10－25　微信营销预览

（三）微博营销

进行微博推广，在“广告中心→创建推广”页面选择一种广告类型，点击“立即创建”后，进行推广组名称的设置，下一步进行微博创意的编辑，如图 10－26 所示。

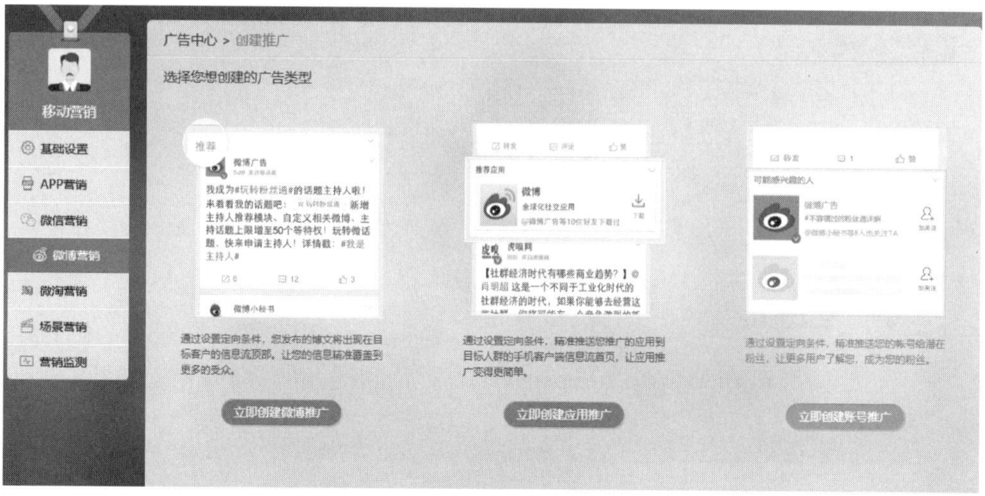

图 10－26　微博推广

选择创建形式，编辑创意设置文案，点击“下一步”，进行投放计划的设置，如图 10－27 所示。

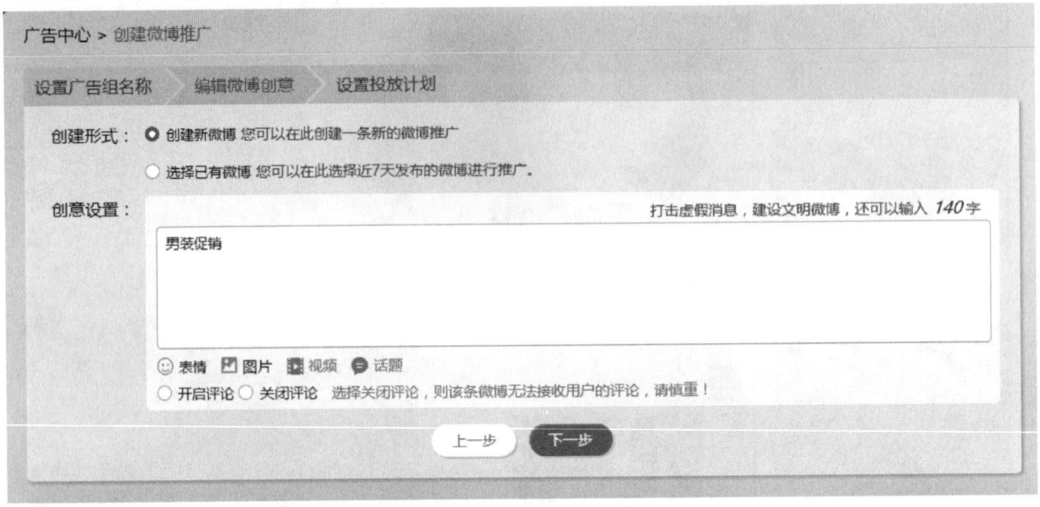

图 10－27　编辑微博创意

设置投放人群属性、社交兴趣、投放计划等，完成微博推广创建，如图 10－28 所示。

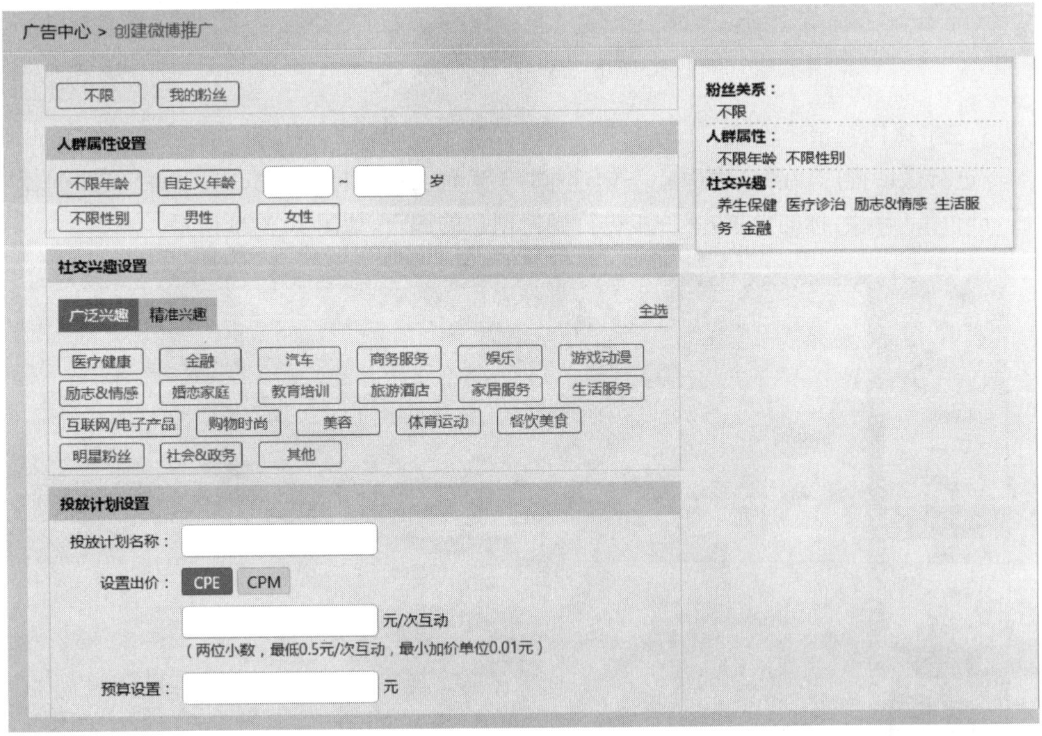

图 10－28　微博推广设置

微博广告投放后，点击页面右上角“手机微博”，可查看微博广告推广的预览页面，如图 10－29 所示。

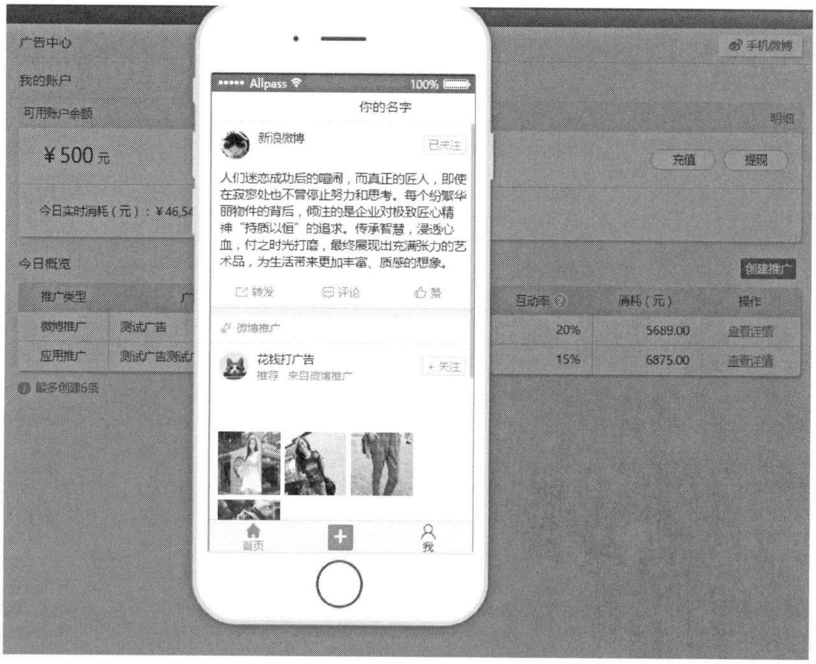

图 10－29 微博推广预览

二、短视频与直播营销

（一）短视频营销

在短视频推广中心页面，点击“新建计划”，选择营销场景和推广方式，点击“确定”，进入短视频推广计划设置页面，如图 10－30 所示。

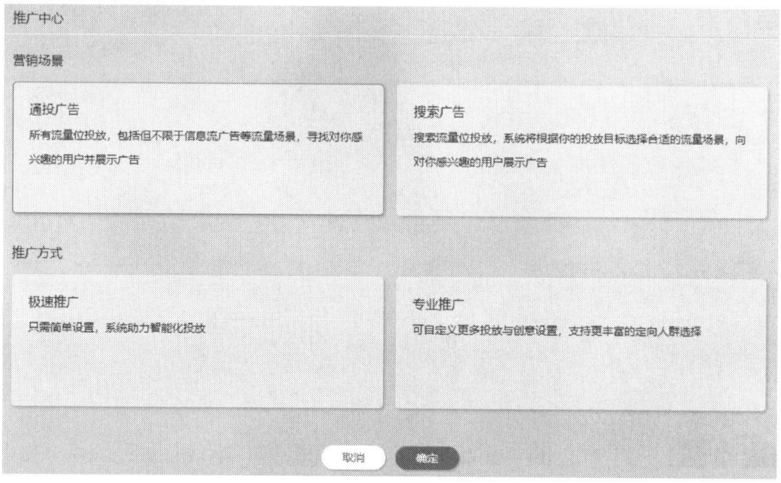

图 10－30 新建短视频推广计划

设置搜索关键词，选择营销目标、预算、出价、投放速度，确定定向人群，完成推广计划设置，如图 10－31 所示。

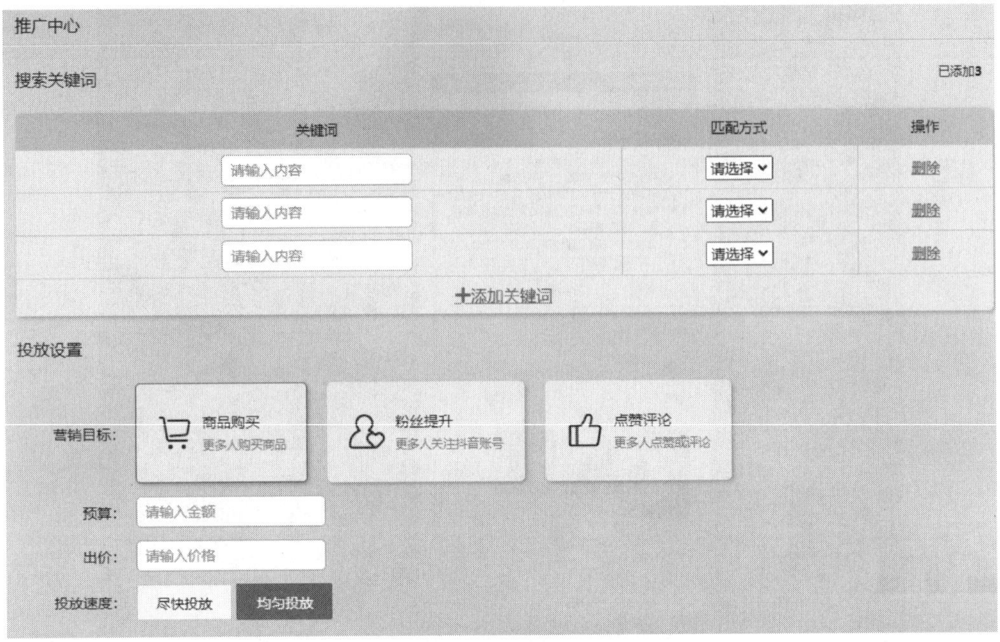

图 **10－31**　推广计划设置

在推广中心，可查看推广记录。点击“查看详情”，可查看计划内容，如图 10－32 所示。

图 **10－32**　推广中心

（二）直播营销

直播营销可通过推广中心的“添加”功能新建直播推广计划，如图 10－33 所示。

系统支持当前直播和预约直播两种类型的推广内容，可设置推广平台、广告位、预算、

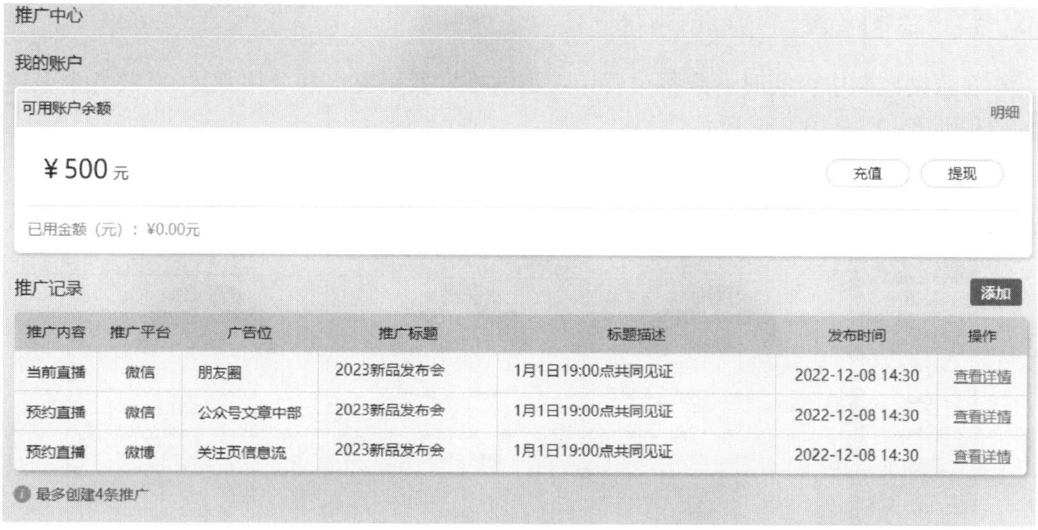

图 10－33　添加直播营销推广计划

出价、投放时段、推广标题、标题描述和直播封面等内容，如图 10－34 所示，点击“发送”可完成推广计划的设置。

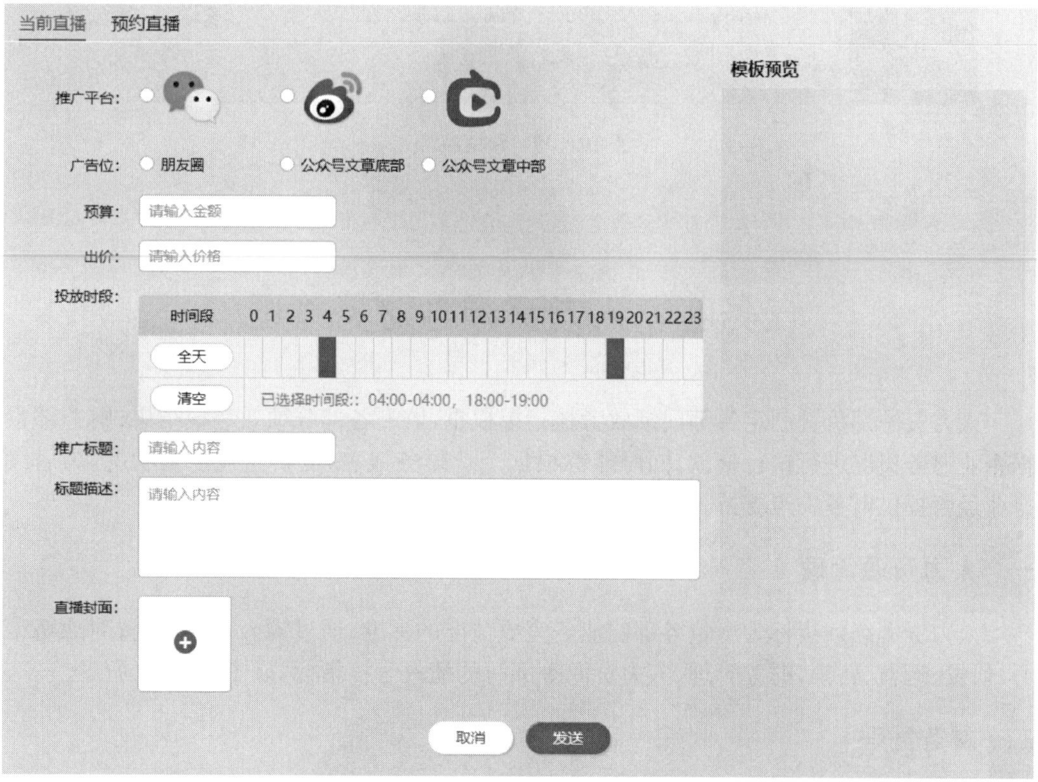

图 10－34　直播营销推广设置

三、营销监测

在营销监测中可实时看到每个营销渠道的推广费用支出和可用预算，以及各个渠道的营销动态，如图 10－35 所示。

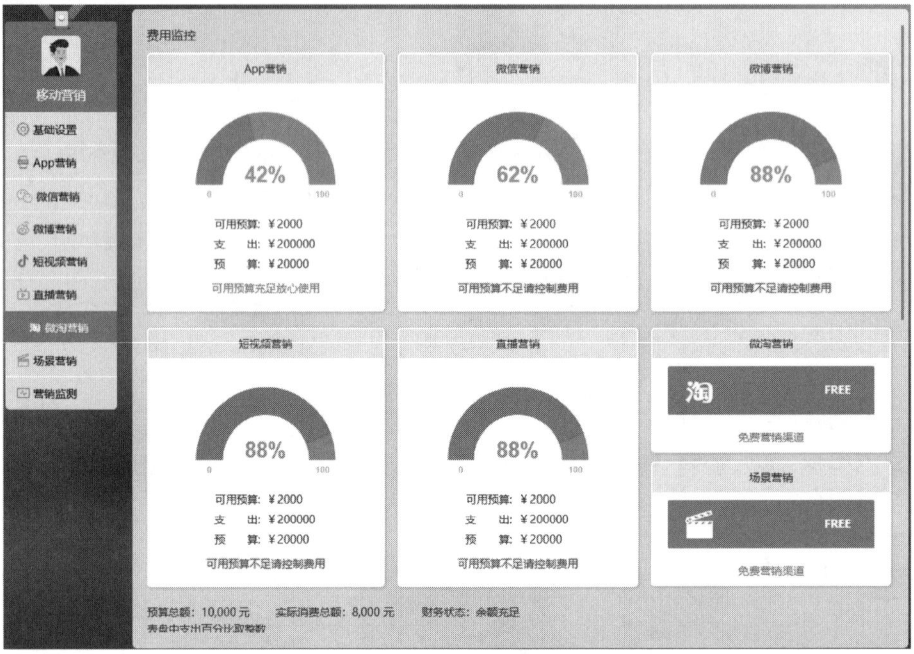

图 10－35　营销监测

任务四　人力资源与财务管理

人力资源部负责制定各部门绩效考核指标权重，监测各部分绩效考核结果；财务部根据企业财务概况进行银行贷款，同时能够根据企业财务报表，分析企业经营状况，为后续企业经营提供财务决策支持。

一、人力资源管理

人力资源绩效指标为衡量各部门业务完成情况的标准，通过输入数值，设置对战略中心、研发、运营、营销、财务管理、人力资源等部门的绩效考核指标，如图 10－36 所示。

二、财务管理

财务部负责企业运营资金的掌控，在企业运营关键点进行适当的借款和放贷行为，增强企业资金活力，如图 10－37 所示。

图 10-36　绩效指标

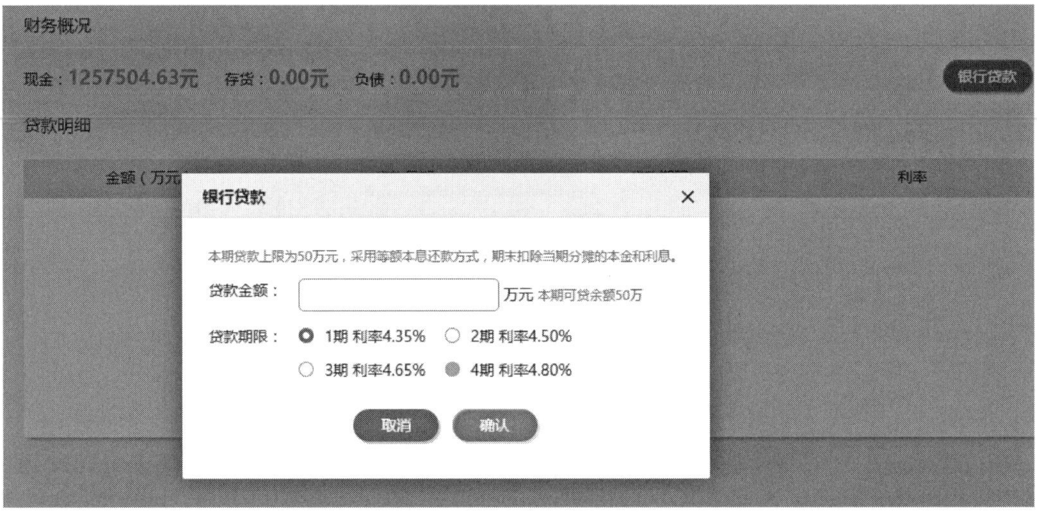

图 10-37　银行贷款

通过选择运营周期，可查看企业财务三大报表，即资产负债表、利润表、现金流量表，了解当期运营情况，如图 10-38、图 10-39、图 10-40 所示。

资产负债表

第一期

资产负债表 单位：万元

资产	金额	负债及所有者权益	金额
现金	20.0200	短期负债	10.2500
存货	12.3000	应付利息	12.3300
		未分配利润	20.3400
资产合计	55.6600	**负债及所有者权益合计**	6.6600

图 10－38 资产负债表

利润表

第一期

利润表 单位：万元

项目	金额
一、商品销售收入	20.2200
减：商品采购成本	20.2200
商品销售费用	20.2200
二、商品销售利润	20.2200
减：管理费用	20.2200
财务费用	20.2200
三、营业利润	20.2200
加：营业外收入	20.2200
四、利润总额	20.2200

图 10－39 利润表

现金流量表

第一期

现金流量表 单位：万元

项目	金额
一、经营活动产生的现金流量	1.0000
销售商品收到的现金	1.0000
现金加油区互动得到的现金	1.0000
现金流入小计	**2.0000**
购买商品支付的现金	1.0000
支付给职工以及为职工支付的现金	1.0000
支付其他与经营活动有关的现金	1.0000
现金流出小计	**2.0000**
二、筹资活动产生的现金流量	1.0000
银行贷款得到的现金	1.0000
现金流入小计	**2.0000**
偿还贷款本金支付的现金	1.0000
偿还贷款利息支付的现金	1.0000
现金流出小计	**2.0000**

图 10－40 现金流量表

任务五 企业运营分析

企业运营分析主要是从企业内外部资源情况入手，分析企业的运营效果，其中企业内部的运营分析包括业务数据分析、营销数据分析、财务数据分析等，企业外部的分析包括竞争市场分析。

一、总体分析

当期运营结束，可以看到公司在本次博弈中的运营排名，从整体上对公司的创业运营效果做出总结，再结合商品数据、店铺数据、营销数据、客户数据、财务数据等，可对下一期运营策略做出调整，如图 10－41 所示。

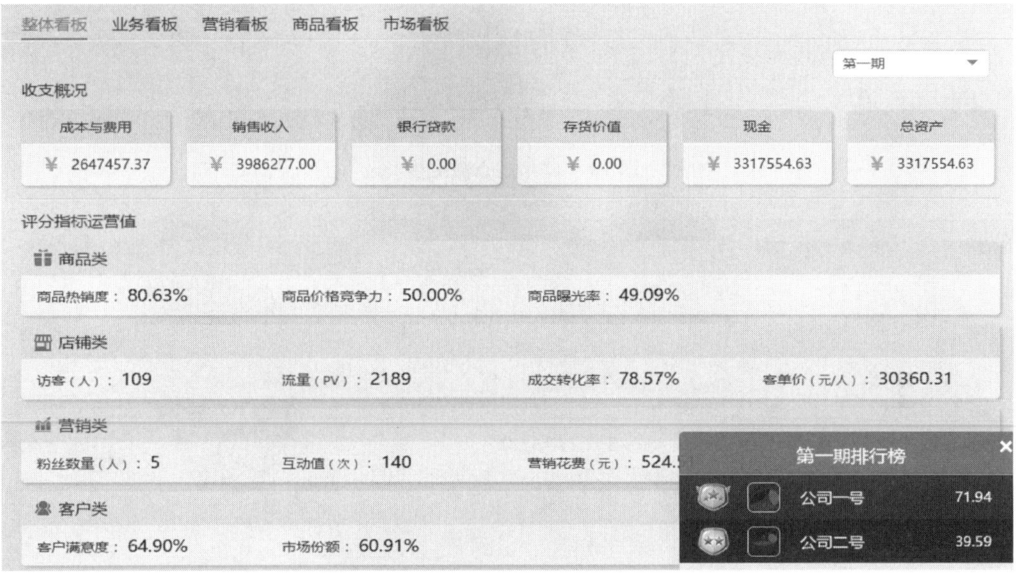

图 10－41 运营概况

结合企业在运营周期内核心运营数据，可分析企业现金收支变化趋势以及市场份额变化趋势，便于对下一阶段的运营进行调整，如图 10－42 所示。

二、企业经营分析

通过业务看板可以看到该期企业的业务渠道，以及每个渠道的流量、访客、付款金额等业务数据，可通过不同业务渠道的数据对比，找到运营侧重点，调整运营战略，如图 10－43 所示。

营销看板可通过选择查看不同运营期内，企业营销渠道的推广数据。通过对比不同营销渠道的点赞、评论、转发等营销互动数据，提高具体营销渠道的推广内容质量，加强与

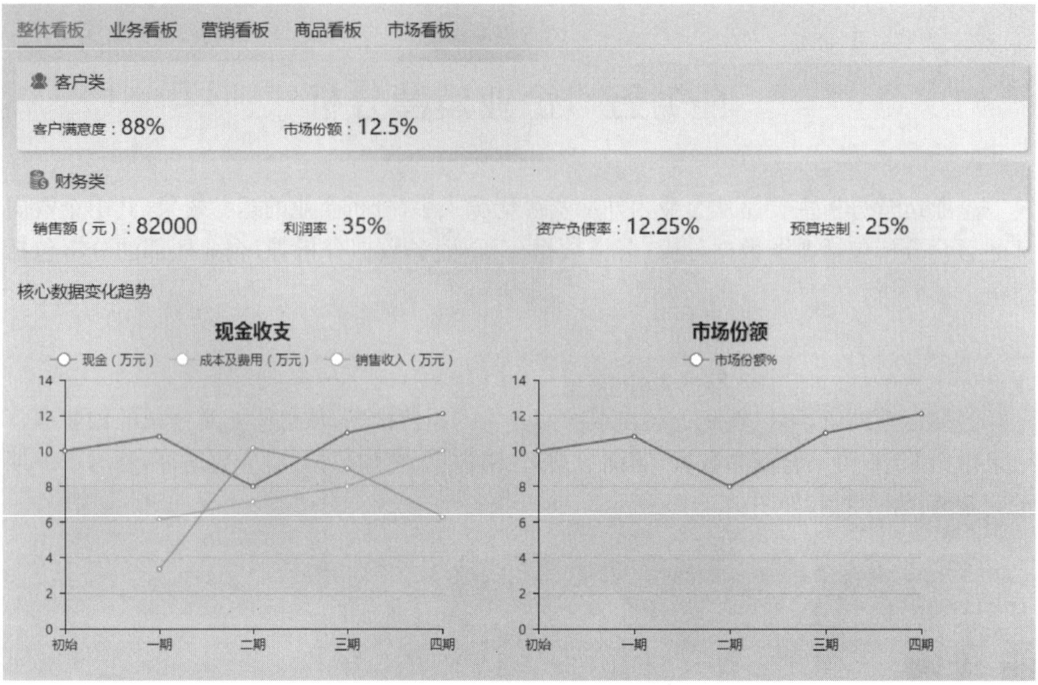

图 10－42　核心数据变化

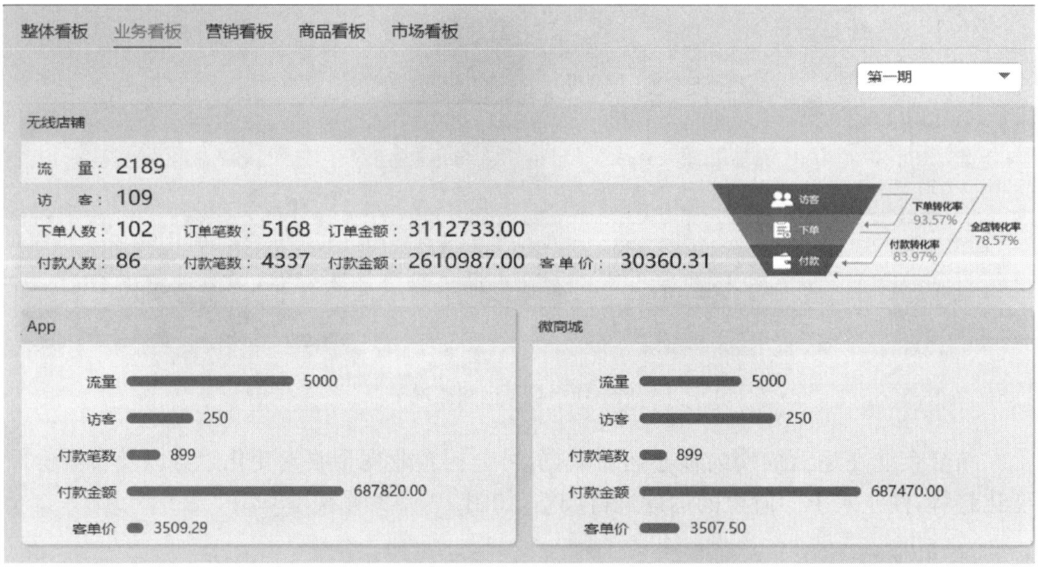

图 10－43　业务看板

客户的互动，如图 10－44 所示。

在商品看板中可查看运营商品的销售情况和库存情况，通过对每个商品的目标销量和实际销量的对比，调整商品的销售计划；同时对不同商品的库存比例的分析，可作为后期运营采购的参考数据，如图 10－45 所示。

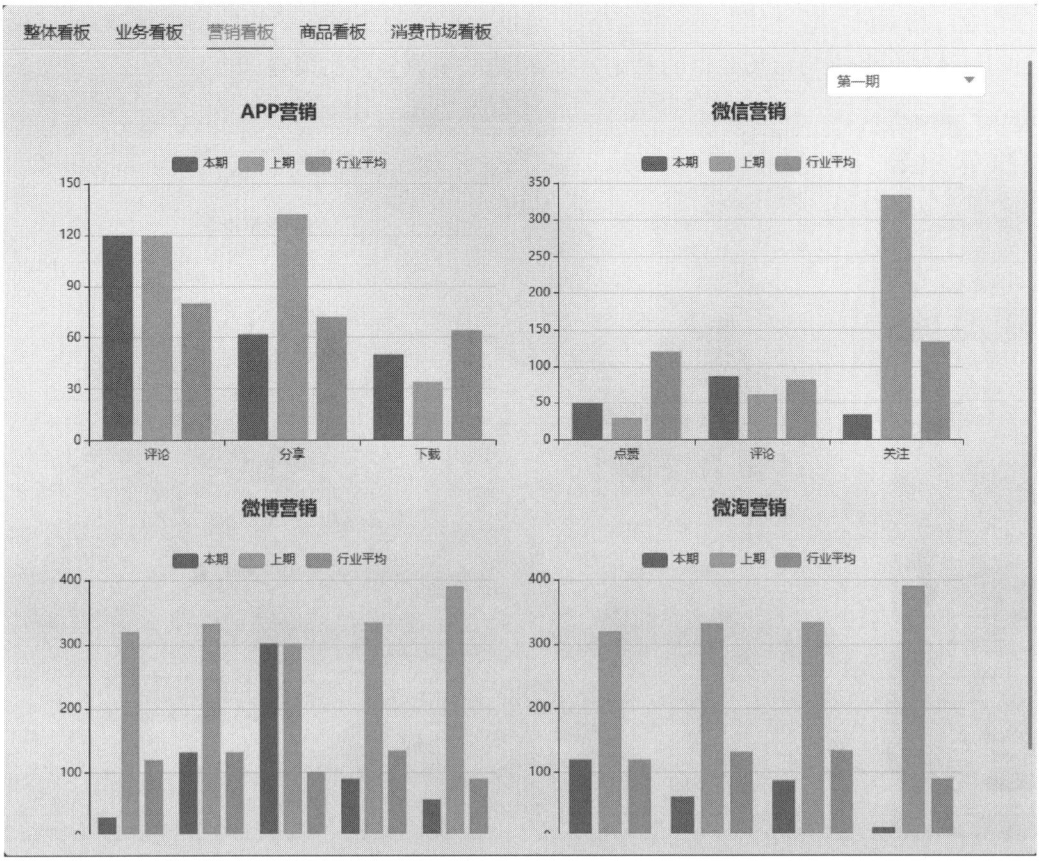

图 10－44　营销看板

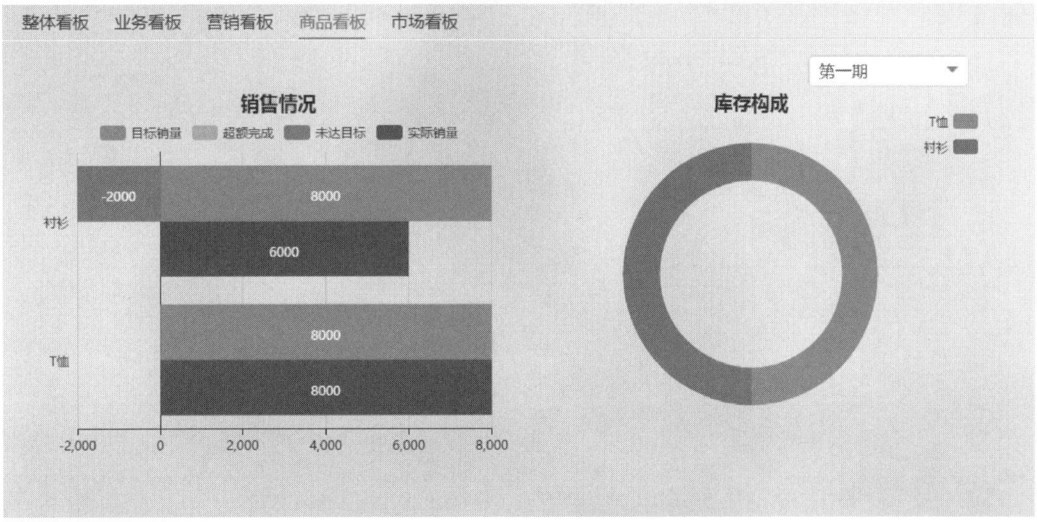

图 10－45　商品看板

在市场看板中，通过对市场中所有公司的销量和销售额的对比，可清晰地了解本公司在行业市场中的位置，如图 10－46 所示。借助数据可制定对应的战略调整策略；同时通过对具体销售数据与市场数据的对比分析，可进一步调整商品策略。

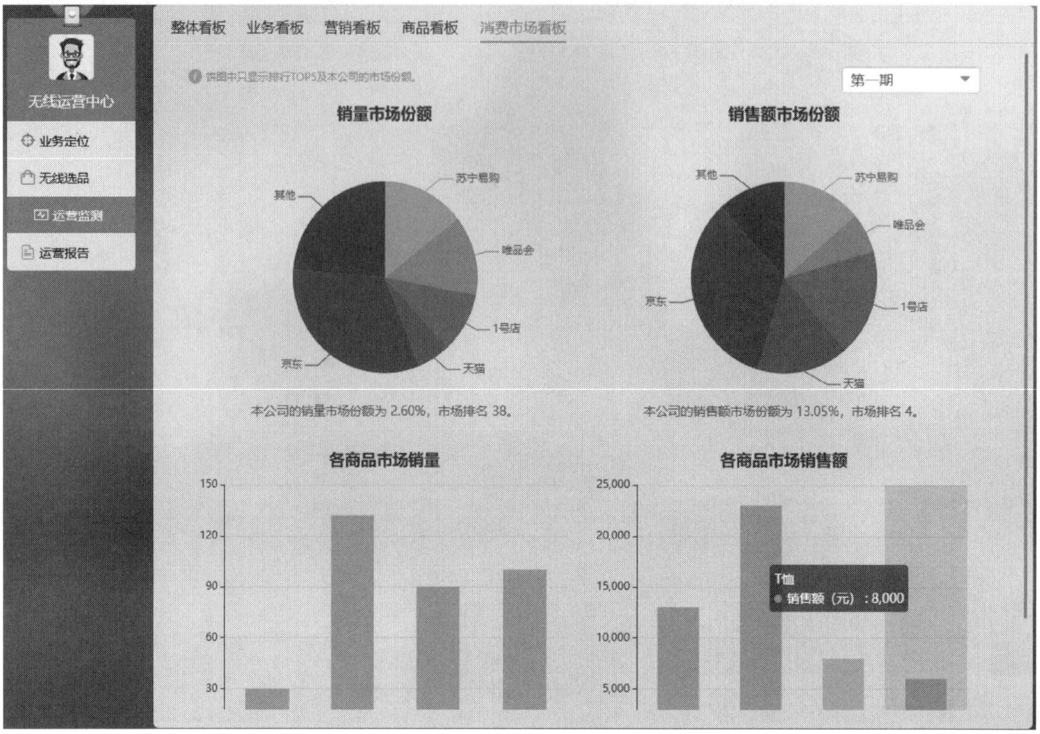

图 10－46 市场看板

主要参考文献

[1] 尹一丁. 市场营销二十讲[M]. 北京：清华大学出版社，2023.

[2] 林海. 新媒体营销[M]. 2版. 北京：高等教育出版社，2021.

[3] 于邢香，杨建曾，谢翠梅. 选品与采购[M]. 2版. 北京：高等教育出版社，2001.

[4] 王振杰，刘彩琴，刘莲花，池云霞. 大学生创新创业基础[M]. 2版. 北京：高等教育出版社，2023.

[5] 南京奥派信息产业股份公司. 直播电商基础(初级+中级)[M]. 北京：高等教育出版社，2021.

[6] 南京奥派信息产业股份公司. 直播电商运营(中级)[M]. 北京：高等教育出版社，2021.

[7] 章金萍，方志坚. 营销策划实务与实训[M]. 2版. 北京：中国人民大学出版社，2015.

[8] 杨群祥. 市场营销概论[M]. 4版. 北京：高等教育出版社，2023.

[9] 吴勇，燕艳. 市场营销[M]. 6版. 北京：高等教育出版社，2020.

[10] 毕思勇. 市场营销[M]. 5版. 北京：高等教育出版社，2020.

[11] 黄金火，陈新武. 现代推销技术[M]. 5版. 北京：高等教育出版社，2022.

[12] 肖涧松. 现代市场营销[M]. 4版. 北京：高等教育出版社，2023.

[13] 孙晓燕. 市场营销[M]. 2版. 北京：高等教育出版社，2021.

[14] 马春和，刘晓钢，马秀文. 市场营销策划[M]. 3版. 北京：高等教育出版社，2022.

[15] 赵红英. 商品营销实务[M]. 北京：高等教育出版社，2022.

[16] 彭石普. 市场营销原理与实训[M]. 4版. 北京：高等教育出版社，2018.

[17] 朱金福. 营销策划实务[M]. 北京：高等教育出版社，2019.

[18] 罗岚，姚琪. 供应链管理基础[M]. 北京：电子工业出版社，2020.

[19] 马翔. 供应链管理基础[M]. 北京：高等教育出版社，2024.

[20] 王薇，陈冰洁，史文雯. 新媒体营销策划[M]. 北京：清华大学出版社，2022.

编号：________________

课程平台申请体验单

学校和院系名称：________________________________（**需院系盖章**）

学校联系人：______________ 联系方式：____________________

感谢贵校使用杨剑钊等编写的《市场策划》（978-7-04-064872-0）。为便于学校统一组织教学，学校可凭本体验单向南京奥派信息产业股份公司（简称"奥派股份"）免费申请试用直播电商实战演练系统、移动商务博弈沙盘系统。（以学校为单位申请免费试用一期、1个教师账号，若干学生账号，自安装日起免费90天使用期）

提货方式：

1. 详细填写本体验单第一行学校和院系名称（盖院系章）及相关信息。
2. 把本体验单传真或者拍照发给高等教育出版社相关业务部门审核（联系方式见下），获得体验单编号。
3. 凭完整的申请体验单编号和院系名称，向奥派股份申请体验。
4. 本体验单最终解释权归奥派股份所有。

高等教育出版社联系方式：

姓名：胡伟峰 手机：13761157915 座机：021-56718737

传真：021-56718517 QQ：122803063

奥派股份联系方式：

客服手机：17361989968

南京奥派信息产业股份公司

教学资源服务指南

仅限教师索取

感谢您使用本书。为方便教学，我社为教师提供资源下载、样书申请等服务，如贵校已选用本书，您只要关注微信公众号“高职财经教学研究”，或加入下列教师交流QQ群即可免费获得相关服务。

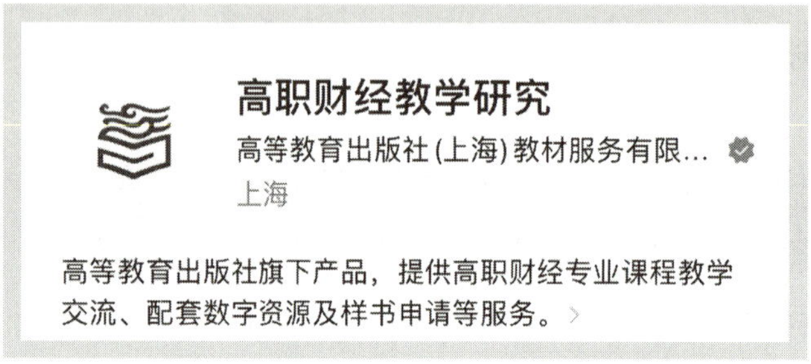

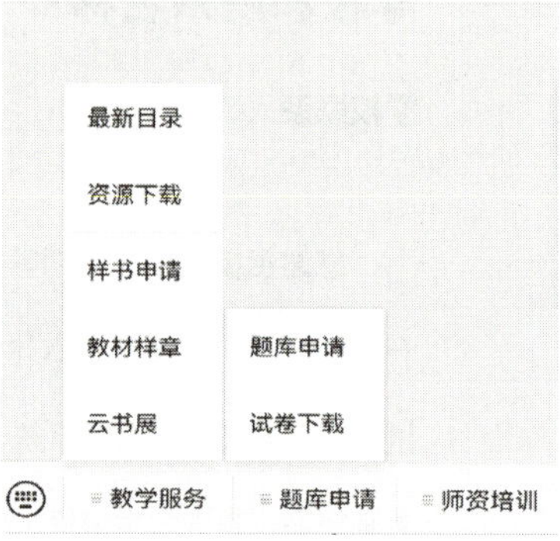

资源下载：点击“**教学服务**”—“**资源下载**”，注册登录后可搜索相应的资源并下载。

（建议用电脑浏览器操作）

样书申请：点击“**教学服务**”—“**样书申请**”，填写相关信息即可申请样书。

样章下载：点击“**教学服务**”—“**教材样章**”，即可下载在供教材的前言、目录和样章。

试卷下载：点击“**题库申请**”—“**试卷下载**”，填写相关信息即可下载试卷。

师资培训：点击“**师资培训**”，获取最新会议信息、直播回放和往期师资培训视频。

联系方式

高职电商营销教师教学交流QQ群：177267889

联系电话：（021）56961310　　电子邮箱：3076198581@qq.com